山东省普通高等教育一流教材

U0794712

新编21世纪新闻传播学系列教材

广播电视系列

出镜报道

第3版

张超 著

Report on Camera

中国人民大学出版社
·北京·

新编21世纪新闻传播学系列教材

编委会

主　编　方汉奇

副主编（以姓氏笔画为序）

张涛甫　周　勇　郑兴东　胡正荣

高晓虹　郭庆光　童　兵

表 1-1 之第 5 幅图

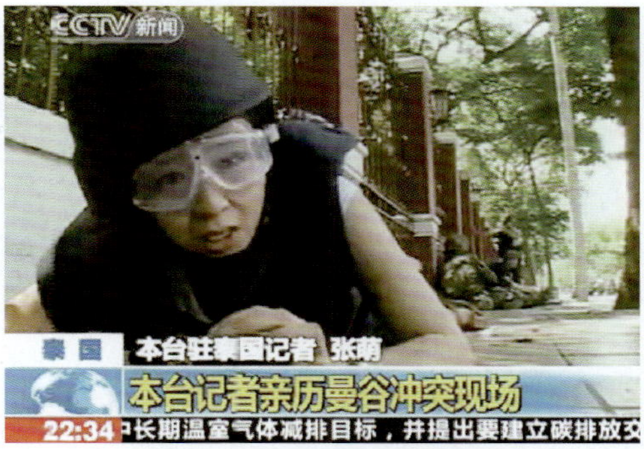

表 1-2 之第 6 幅图

图 3-1

图 3-2

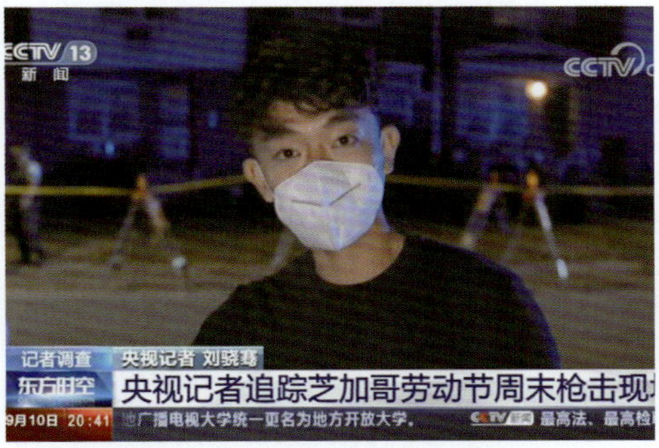

图 4-1

图 4-3

图 5-5

图 6-7

图 6-9

图 6-13

图 6-16

图 6-18

图 6-19

图 7-3

图 7-5

图 8-1

图 8-2

图 8-10

图 9-3

表 9-7 之第 1 幅图

图 9-6

表 9-9 之第 4 幅图

表 9-10 之第 2 幅图

表 9-10 之第 7 幅图

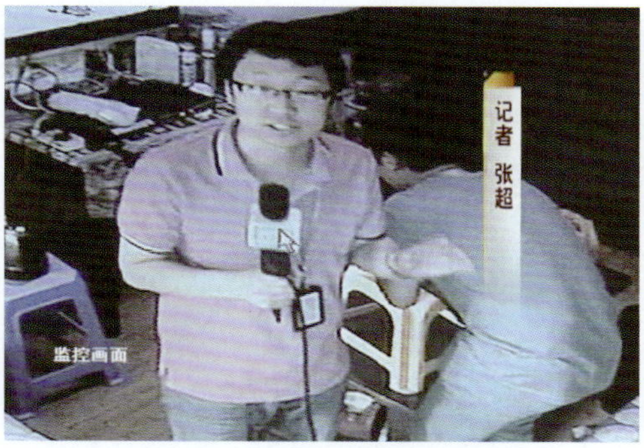

图 9-7

表 9-11 之第 4 幅图

表 9-12 之第 1 幅图

图 10-2

图 11-1

图 11-4

表 11-2 之第 3 幅图

图 12-1

图 13-2

内容简介

《出镜报道》结合传播学、语言学、社会学、叙事学等理论探讨出镜报道的传播规律，通过大量实战案例系统介绍出镜报道的相关知识，涉及从准备到出镜的各环节，理论与实践并重。

第3版大幅增加故事叙述型出镜语的篇幅，详细介绍出镜记者如何讲故事、如何设置悬念、如何让报道的手法更有吸引力，而非采用传统的以提供信息为主的报道思路。此外增加360°全景视频出镜报道的内容，结合典型案例，对这一新技术的运用进行详细讲解。

本书特点如下：

案例丰富：上百个国内外出镜报道案例，涵盖出镜记者遇到的大部分问题；

可视性强：代表性案例皆有图片讲解、视频链接或二维码，可帮助读者迅速、直观地掌握学习要点；

论述集中：各篇章紧密围绕出镜记者和出镜报道展开，主题集中、信息量大；

观点新颖：汇集国内外一线的观点与争鸣，对出镜报道业务有独到见解。

作者简介

张 超 山东大学文化传播学院新闻学教授、博士研究生导师，中国人民大学广播电视学博士。有广播和电视双重从业经历。研究方向为数据新闻、算法风险、视听传播和国际传播。主要讲授“电视新闻学”“出镜报道”“数据新闻实务”等课程。获山东大学青年教师教学比赛一等奖、山东省高校青年教师教学比赛三等奖、山东大学第十届青年教学能手称号。主讲的“数据新闻实务”课程被列为“山东省2019年成人高等教育（继续教育）数字化课程”精品课程。

主持国家社会科学基金项目1项、教育部人文社会科学研究青年基金项目1项。入选“山东大学青年学者未来计划”。攻读博士学位期间两度入选“中国人民大学拔尖创新人才培育资助计划”。以第一作者身份发表CSSCI论文33篇，CSSCI扩展版/集刊论文11篇。1篇论文被《新华文摘》转载，1篇被《新华文摘》和《中国社会科学文摘》做论点摘编，1篇被《人大复印报刊资料·新闻与传播》全文转载，1篇被《中国社会科学文摘》做论点摘编。著有《国际广播通论》（合著，山东教育出版社，2009）、《释放数据的力量：数据新闻生产与伦理研究》（独著，中国人民大学出版社，2020；英文版*The Power of Data: Data Journalism Production and Ethics Studies*，*Routledge*，2023）。以第一作者身份获山东省第三十一届、第三十二届、第三十四届、第三十六届社会科学优秀成果奖二等奖，获2017年山东高校人文社会科学优秀成果奖一等奖，威海市社会科学优秀成果奖一等奖、二等奖和三等奖，山东大学人文社会科学重大成果奖等。

总序

中国人民大学出版社策划出版的“新编 21 世纪新闻传播学系列教材”，是一套在新闻传播学领域内密切联系新闻传播工作的实际，广泛吸收新闻传播学的最新研究成果，高挹遐揽，取精用宏，供 21 世纪的高等院校新闻传播院系教学使用的系列教材。

20 世纪初以来的 120 年，是世界新闻传播事业飞速发展的 120 年。这一百多年来，随着科学技术的不断发展，继报纸、期刊、通讯社之后，广播、电视、网络、自媒体等多种新媒体相继问世，新闻传播的媒介日趋多元化，新闻传播的手段日趋现代化，“地球村”变得越来越小，新闻传播事业对世界政治、经济和文化的影响则变得越来越大。

这 120 年，也是中国新闻事业飞速发展的 120 年。尤其是中国改革开放以来的 45 年，发展进入快车道。

21 世纪以后，中国新闻事业发展的势头更为迅猛。报纸、期刊、通讯社、广播电台、电视台的数量在宏观调控下，虽无大变化，但软硬件的实力都有了很大的提高。进入新时代，媒体融合发展有序进行。据 2022 年 5 月中国记协发布的《中国新闻事业发展报告》和 2023 年 2 月国家新闻出版署发布的《2021 年新闻出版产业分析报告》的最新统计数字，2021 年全国共出版报纸 1 752 种，总印数 283 亿份。共出版期刊 10 185 种，总印数 20.1 亿册。全国共有广播电视播出机构 2 542 家，地市级以上广播电视播出机构开办的广播电视频率频道 2 366 套，其中广播频率 1 166 套、电视频道 1 200 套，另有各级教育电视台开办的 38 套教育教学类频道，中央广播电视总台和全国 25 家省级电视频道基本实现高清化，全国地市级台电视频道已有 73%实现高清化。

另外 2023 年 3 月中国互联网络信息中心（CNNIC）发布的《第 51 次中国互联网络发展状况统计报告》显示，截至 2022 年 12 月，中国网民规模已达到 10.67 亿，互联网普及率达到 75.6%。其中，手机网民数量为 10.65 亿，网民中使用手机上网的比例为 99.8%。网络新闻用户规模达 7.83 亿，占网民整体的 73.4%，短视频、生活平台、“两微一端”成为网民获取新闻信息的重要渠道，抖音、快手、小红书等应用逐渐从娱乐、生活、社交平台转变为具有新闻属性的信息平台，成为网民获取新闻信息的重要渠道。2022 年上半年，新华社、中央广播电视总台、《人民日报》等八家主要央媒机构累计生产 1.5 万篇爆款短视频内容，"央视新闻"微博开设党的二十大相关话题，总阅读量突破 147 亿。网民个人、自媒体等也纷纷利用短视频、生活平台等跟进舆论热点，传播新闻信息，为人民群众及时获取热点资讯创造了条件。

这样大的发展规模，这样快的发展速度，在世界和中国新闻事业史上都是空前的。回顾既往，盱衡未来，新闻传播事业在新时期还将保持旺盛的发展势头。新闻传播，作为上层建筑中意识形态的一个重要组成部分，在全面准确地宣传党的基本理论、基本路线和基本方针以及各项决策，反映人民群众的伟大业绩和精神风貌，以及推动改革开放和社会主义现代化建设等方面，必将继续发挥重要的作用。

与新闻传播事业的发展相配合，这 120 年来，为中国的新闻战线培养和输送人才的中国新闻教育，也有了相应的发展。中国的新闻教育起始于 20 世纪初，迄今有 110 年的历史。中华人民共和国成立前的 30 年，虽然先后在个别院校中设立了新闻系或新闻专科，但规模都不大，设备也不够完善，在校学生人数，最多的时候不超过 400 人，30 年间累计培养出来的毕业生还不到 3 000 人。中华人民共和国成立后，为了给中华人民共和国的新闻事业培养人才，新闻教育有了新的发展，但到 20 世纪 60 年代中期为止，全国的新闻教育机构也还只有 14 家。当时全国只有 343 家报社、78 座广播电台和 13 家电视台，革命老区来的新闻工作骨干正当盛年，足以支撑大局，新闻系和新闻专业的学生统招统分，基本上能够满足中央和省市以上新闻单位梯队建设方面的需要。"文化大革命"爆发后，新闻事业进入低谷，新闻人才的培养也被迫中辍。拨乱反正之后，新闻事业有了飞速的发展，但新闻工作的人才却出现了断层，明显供不应求，因而极大地推动了新闻教育的发展。中国的新闻教育得以重整旗鼓并得到空前迅猛的发展，主要是改革开放以来的这 40 多年的事情。40 多年来，中国新闻教育和中国新闻事业同步发展。根据教育部数据，截至 2021 年，全国设有新闻传播学类院、系、专业的高校已由改革开放之初的两三所增加到 727 所，本科专业布点在全国共计 1 439 个，覆盖以下 10 个专业：新闻学、广播电视学、广告学、传播学、编辑出版学、网络与新媒体、数字出版、时尚传播、国际新闻与传播、会展（交叉专业）。新闻专业的教学已从单一的大学本科教育，发展到博士生、硕士生、本科生、大专生、成人教育、函授教育等多层次的格局，不少院系还设置了新闻传播学方向的博士后流动站。改革开放之初，全国在校新闻系科学生总共只有 500 来人，现在仅在校本科生就有 14 万人左右，硕士和博士研究生 4 万人左右，办学层次、办学规模、办学水平都有了很大的提升。进入 21 世纪以后，随着新闻传播事业的加速发展和新闻战线人才需求的不断增加，中国的新闻教育将由规模扩张迈向高质量发展。

一般说来，新闻教育质量的高低，起决定作用的主要是两个因素：一个是师资，一个是教材。两者之间，教材的作用更大。这是因为，师资的多少和良窳，往往受办学主客观条件的限制，而教材一旦完成，就可以直接嘉惠于学子，风行四海，无远弗届。进一步说，一部好的教材，不仅可以满足教学的需要，培养出一大批人才，而且还可以同时拥有一定的学术含量，推动新闻传播学研究的发展。1919 年出版的徐宝璜的《新闻学》，1927 年出版的戈公振的《中国报学史》，就是这方面的很好的例子。这两本书都是作者在高等学校从事新闻学理论和新闻史教学时作为教材编写出来的，出版之后，立即引起世人的关注和推崇，一再重版，历久不衰，至今仍然是公认的新闻学理论和新闻史方面的传世之作和经典之作。正因为这样，新闻教育的前辈们，历来十分重视教材的建设。中华人民共和国成立初期的十来年，坊间出版的新闻学方面的书籍，绝大部分是教材。改革开放以后，新闻传播学研究空前繁荣，新闻学方面的书籍大量问世，但教材仍然在其中占了很大的比重。这些教材，覆盖了新闻传播学的方方面面，经过出版家和众多作者们的长期努力，门类和品种基本配套齐全，曾经为同时期的新闻教学做出过重要的贡献。但是，随着时间的推移和新闻工作实际的飞速发展，这些教材的体例日显陈旧，观点和内容也亟待调整和更新。一些属于学科前沿和科技含量较高的新开课程的教材尚付阙如，使现有的教材出现了不少缺口。在 21 世纪已经到来之际，集聚力量，重新编写出一套体系完整，门类齐全，能够为 21 世纪的新闻教育和新闻人才培养服务的新闻传播学的系列教材，已经成为人们的共识和新闻业界与新闻教育界的迫切需求。

呈现在读者面前的，就是应这样的需求产生的一套系列教材，它将涵盖新闻学、传播学两个二级学科的方方面面内容，满足新闻、广播、电视、广告、媒体经济、新媒体等多个专业的教学需要。负责这些教材编写工作的，是中国人民大学、复旦大学、北京大学、清华大学、中国传媒大学等多所著名院校长期从事新闻传播学方面教学与研究工作的专家学者，其中有相当大的一部分编写者是相关学科的国家级的学术带头人，堪称一时之选。收入本系列的教材中，既有国家级重点教材，也有部级重点教材，其他的也是经过严格筛选的精品，所以，本套系列教材的质量是有保证的，其权威性也将得到社会的认同。

21 世纪是一个高度信息化的时代，是信息经济和知识经济占主导地位的时代。信息经济和知识经济有两大支柱，一是以高科技为代表的传播技术产业，二是从事新闻和信息产品生产的媒体产业。新闻传播学作为将这两大领域有机联结的桥梁，在今后的国家建设和社会发展中必将发挥越来越重要的作用。中国人民大学出版社经过精心策划，隆重推出这套系列教材，是具有高度的前瞻性和战略眼光的。在这里，我谨代表编委会和全体作者向中国人民大学出版社表示由衷的感谢。

这套系列教材开始策划于 20 世纪的最后一年，21 世纪初起陆续问世，迄今已编写出版了 180 余种。在体例和内容的创新和开拓等方面，远远超过同时期出版的同类教材。其中有些教材，还根据整个新闻传播理论与实践的发展和新闻传播学教学与研究的发展，陆续做了必要的补充和修订，重新出版，实现了内容的与时俱进。

这批教材的问世，将会为新闻传播事业和新闻教育事业的发展和繁荣、为 21 世纪新闻传播人才的培养做出它应有的贡献。这是出版者和全体作者共同的一点希望。是为序。

方汉奇

2023 年 7 月

于中国人民大学宜园

第3版前言

很高兴《出镜报道》（第 3 版）和各位见面了，本书出版之际恰逢笔者从业界调入学界十年。弹指一挥间，媒体转型、融合成为这十年的关键词，实践的创新必然带来教学的改进。身居教学一线，我深知业务课的教学要跟进业界前沿，否则业务课极有可能变成“历史课”——讲授“久远”的业务知识。每次开业务课时，我都会更新一部分课程内容，日常也与业界的人士交流、学习，互通有无。如此，不仅课程内容新，上课也更有底气。

延续本书一贯的风格，本版修订的核心目标便是“新”。

新内容。“讲好中国故事，传播好中国声音”是近年来学界和业界探讨的热门话题。对记者来说，“讲好中国故事”需要转变业务思维；对教学来说，如何“教”讲故事需要钻研。知名媒体人白岩松曾说：“今天，我们才意识到要让传媒人学会讲故事，有点儿晚了；但如果到今天还不好好学会讲故事，传媒就死了！”① 在信息爆炸、内容生产主体多元的新媒体时代，新闻消费中传者和受众的关系已经发生了“倒置”，由“你播我看”变为“我点你播”，如何提升报道的吸引力，如何在激烈的内容市场竞争中提升主流媒体影响力，“讲好中国故事”是题中之义。在教学中，笔者也尝试在“出镜报道”课中加强讲故事的训练，并取得了一定的效果，相关的内容会在本书中与大家分享。当然，案例更新也是修订的重要任务，一些有趣、新鲜的案例等待读者去发现。

新手段。出镜报道的媒介文本形态已由传统的视听作品拓展到 360 度全景视频。这一拓展不仅关乎用户的终端，更从采、编的前端改变着视听节目的制作理念。如果说传统的二维画面可以依靠镜头的框架限定观众看什么，记者拥有更大的“后台”空间的话，那么 360 度全景画面不仅赋予观众更大的观影自由，而且只要摄像机打开，记者的“后

① 白岩松．白说．武汉：长江文艺出版社，2015：129.

台”将直接变成“前台”。这对出镜记者的团队协作和业务能力提出了更高的要求。在本版教材中，笔者增加了360度全景视频出镜报道的相关内容，让我们一同探索这一新的出镜实践。在创新教学手段方面，笔者策划设计了出镜报道综合训练虚拟仿真系统，该系统将免费提供给本教材的任课老师和学习者，链接为 http：//alice. college. vrmajor. com/p/185. html。由于系统还在不断完善，有关最新情况和资源获取，请关注“出镜记者与出镜报道”公众号，也可以回复“虚拟仿真”口令（不带引号）获取，读者使用该系统时遇到任何问题可以联系客服：891848022@qq. com 或 15106916345（手机号/微信号）。

新结构。本版教材章节的变动较大，由第1版和第2版的十章拓展到十三章。一些是原有章节的拆分，一些是新内容独立成章。变成“章”意味着强调、凸显这部分授课内容的重要性。例如，出镜语创作就因为其重要性而扩展为两章，这部分在第2版中的篇幅约占五分之一，只安排了一章的体量，本次修订对其做了拆分，补充了“讲故事”的环节。

本次修订要感谢很多人的支持与帮助。感谢山东大学文化传播学院叶梓铭、陈佳林、宋雪辰、王勇华、郭竞择在资料整理上提供的帮助；感谢山东省互联网传媒集团大众网贺辉、陕西广播电视台殷旭、中央广播电视总台刘骁骞提供的宝贵业界经验；感谢中央广播电视总台乌尔都语部王茜婷提供的乌尔都语案例翻译帮助；感谢我的学生，书中有他们的习作，课堂也因他们而精彩。

实践在创新，研究要继续，本版教材的出版也意味着第4版修订周期的开启，期待与新朋老友的下一次见面。

谨以此书献给我的母亲。

作者

2023年2月18日

再版前言

承蒙读者厚爱，《出镜报道》第 2 版得以面世。从 2017 年 1 月首版首印以来，本书得到众多高校教师、学生和业界人士的认可和信赖，首版印刷三次，销量近万册，这对笔者来说既是肯定和鼓励，也是第 2 版修订的动因和动力。

本次修订前，笔者搜集了部分授课教师对教材的使用建议，并结合本人在“出镜报道”课程中的教学经验，明确了修订的方向：新和精。

在“新”上，第 2 版教材注重内容新和手段新。内容新是指增加了国内外出镜报道的新实践、新探索和新理念；手段新是指大幅增加了教材配套资源的二维码，以方便教师教学和读者自学，并对“出镜记者与出镜报道”公众号内容进行了充实，读者可以在公众号往期推送中找到一些有用的资源和有趣的内容。移动直播出镜报道和无人机拍摄记者出镜是近年来出镜报道领域的“新景观”。为了更好地回应这些“新景观”，笔者约请业界人士撰写了移动直播出镜报道的相关内容，笔者系统总结了无人机在出镜报道中的应用，让教学内容与时俱进。

在“精”上，第 2 版教材保留上一版教材的精华内容和经典案例，为了让讲授的内容更集中，删除了部分阅读材料，改之以二维码呈现，保留了读者不容易检索到、内容又比较重要的阅读材料。同时，自 2017 年本书出版以来，笔者又从自己新积累的数百个案例中精选了部分案例放于书中，或涉及创新，或涉及教训，这些案例的共同特点是“典型”，它们所折射出的业务问题在相当长的一段时间内都有借鉴意义。

此外，第 2 版教材还对部分彩色图片进行了替换和更新，以便读者更直观地了解案例播出时的视频画面，更清楚地辨识画面中的各类信息。

借再版之机，笔者想对教学和学习中的一些问题进行回应。

在教材使用方面，不同高校同类课程的学时设置存在差异，有的高校 32 学时，有的 48 学时，其中还包含大量的实践学时，因此在教材使用上，授课教师可根据自身情况、课程培养目标、课程性质、学生短板等因素灵活调整各章比例。对播音主持专业的同学来说，应侧重新闻业务，尽可能练习动态新闻事件的出镜报道；对于新闻专业的学生来说，应侧重语言表达和镜前表现。例如，针对播音主持专业的出镜报道课程，第二章“出镜记者的有声语言表达”就可以弱化，第四章“出镜语的创作”应当是教学重点，尤其是动态新闻事件的即兴创作；针对新闻专业的出镜报道课程，第二章“出镜记者的有声语言表达”可能比第四章“出镜语的创作”更为重要。无论是哪个专业，笔者都建议理论学时最好不少于 16 学时。

在课程练习方面，笔者建议按照直播的要求，模拟真实情境，循序渐进地进行出镜练习。例如笔者会要求学生在中午食堂人最多的时候去做现场描述，只录一遍。这种练习可以综合锻炼学生的语言表达、心理素质和应变能力。

在修课人数方面，笔者建议这门课采用小班教学方式，每班 30 人以内为宜。

本次修订得到了业界朋友的大力支持，感谢山东省互联网传媒集团大众网贺辉、中央广播电视总台刘骁骞、中央广播电视总台帅俊全、新疆广播电视台崔万龙、山东广播电视台齐鲁频道周昕、山东广播电视台齐鲁频道王志伟等提供的宝贵一线经验。实践出真知，笔者也做过出镜记者，到目前离开一线工作已经六年，如今在和业界朋友进行交流时，感受最深的一点是一线业者的实践探索敢于创新，也实现了创新。一线实践是我们教学和学习的重点，也是技巧、规律和理论的源泉。笔者也希望出镜记者和准出镜记者们能借助本书，系统全面地了解业界实践，并通过更高的理论视野，学以致用，用创新引领业界。

最后，感谢笔者的好友周奕凤、陈佳林、陈俊桦、蒋贤成在国外出镜报道资料整理、翻译上给予的支持。感谢责任编辑赵建荣、胡颖老师的悉心编校。

在第 2 版教材编辑之时，工信部于 2019 年 10 月 31 日宣布 5G 商用正式启动。5G 会给移动直播、出镜报道带来何种影响？业界又是如何进行理念和实践创新的？这些问题此时还没有答案，我们会在微信公众号“出镜记者与出镜报道”及时关注，也会在将来的教材修订中予以回应。

您对本书有任何意见、建议或资料提供，欢迎通过电邮（zhangchaosdu@126.com）或课程公众号“出镜记者与出镜报道”与笔者联系。

作者

2019 年 11 月 8 日

课程微信公众号：

出镜记者与出镜报道

前言

劳埃德·拉奎斯塔站在一个废弃的停车场里，外套紧扣，叹了一口气，呵出些许白雾。这是 11 月一个寒冷的深夜，拉奎斯塔身后的建筑物在街上的黄色霓虹灯的照射下显得暗淡，而白天，他在塞西尔·怀特中心边对免费午餐问题进行采访的时候，这里聚满了蜗居的人。

但那是几个小时以前的事情。现在拉奎斯塔站在原地等待直播开始，直播开始后在现场他只需在开头和结尾说几句话就可以回家了，因为其余的部分早已事先录好。

这样的直播方式在当地电视圈里被称为“黑洞”直播报道（“black hole” live shots）。所谓黑洞直播报道指尽管拍摄地点选在与新闻相关的地方，拍摄时现场却没有任何事情发生，拍摄的灯光完全被周遭的空旷所吞噬。

这是约翰·麦克马纳斯（John McManus）在《“黑洞”直播报道：不菲的噱头还是进步的新闻?》[①] 中给我们讲述的案例。这种出镜直播报道形式不仅被美国电视台经常采用，在中国也成为一种常态化的电视新闻运作模式。细想一下，这种出镜形式有意义吗？观众会认可这种出镜直播报道吗？有人认为，欧美电视台就是这样做的，国内借鉴这种模式没有什么不妥，如果这种模式不好，欧美电视台又为何经常采用呢？也有人认为，根据电视台过往的经验，只要有记者出镜，只要是直播，必定拉升收视率，至于是不是“黑洞”直播报道无所谓，电视台要的是“出镜+直播”这种形式。

以上的观点都很具代表性。第一种观点说明一些电视新闻业者在向欧美同行学习时只是在模仿；第二种观点说明虽然一些电视新闻业者已意识到电视新闻的某些传播规律，但仅此而已。我们再进一步想，出镜、直播，这些电视新闻中的要素，难道仅仅是形式吗？如果不仅仅是形式，使用这些元素的深层原因又是什么？这种报道模式真的“必定”

---

① MCMANUS J. “Black hole” live shots：expensive gimmick or better journalism? . [2016 - 03 - 02]. http：//www.gradethenews.org/dreamhost%20files/pagesfolder/Black%20Holes1.htm.

拉升收视率吗？

当我们的思考一步一步深入下去的时候，就会发现，出镜报道既具备一般的电视新闻传播的规律，也有自身的特殊规律。只有认识、了解到底什么是电视媒介、电视新闻、出镜报道，才能在出镜报道业务问题上超越单纯的“模仿”与“盲从”，让其真正成为电视新闻的竞争“利器”。

从人才需求的角度看，近年来各电视台在招聘时更加注重出镜报道人才的选拔和培养，不少高校也将出镜报道课程纳入专科生、本科生甚至研究生的培养计划之中，还有的高校设立了出镜记者班，进一步强化播音主持专业和新闻专业学生在出镜报道能力方面的培养。然而出镜报道的相关研究虽有增长，却落后于实践需要，尤其是系统研究出镜报道的专著、教材更是少之又少。而本书则既是一部探讨出镜报道的专著，也是一部教材。说它是专著，是因为书中有相当一部分内容是笔者结合传播学、语言学、叙事学、社会学等相关理论对出镜报道传播规律所做的一些思考；说它是教材，是缘于本书的写作遵循了教学规律和教材写作体例，理论与实践并重，兼具可读性和实操性。

作为从事过出镜报道的出镜记者，又兼研究广播电视新闻业的教师，笔者并不想在本书中单纯讲授技巧，也不建议学习者只对技巧感兴趣。从培养人才的角度来说，为什么做和怎样做同等重要，“渔”和“鱼”要兼得，这样才能走得更远。

通过阅读本书，你也会发现，我们探讨业务的重心围绕出镜记者展开，如出镜记者的有声语言/非言语表达、出镜语的创作、记者出镜（而非出镜报道）的调度与拍摄等。内容之所以这样设计，主要是基于新闻业务间的共通性。本书的内容集中探讨与出镜报道、出镜记者直接相关而与其他新闻业务又有明显区别的内容，而出镜报道的采访、写作不在本书的探讨范围之内，因为这些内容与电视新闻采写的相关教材重复。

本书在写作中注重国际视野，不仅参阅了国外学界、业界的研究成果，也有众多国外出镜报道案例，并对有争议的出镜报道业务问题进行了探讨，还对当今出镜报道的新发展有所涉及。

笔者希望本书能开拓出镜记者对于出镜行为、出镜报道的思路，让出镜记者借鉴和汲取国内外优秀出镜报道的经验和创意。

学习和研究出镜报道，笔者认为要抓住以下关键词：拟人际传播、现场、现场感、角色扮演，其中拟人际传播是我们认识出镜报道的起点。

同为视听媒介，电影有“第四堵墙”，演员在电影屏幕内的特定时空中进行表演，摄像机是观众的眼睛，被描绘的世界与观众的现实世界截然隔绝。[①] 电视是拟人际传播媒介，采用“直接交谈”[②]（direct address）的方式与观众对话。电视通过各种技术，实现屏幕内外的信息交流、情感共享，不仅可以使身处现场的观众实现心理交流，还可以让电视机屏幕前的观众获得“在场”的心理感受，产生参与的愿望。[③] 出镜报道最大的特点

① 马骏．“看镜头”的实践流变与美学价值：以美剧《纸牌屋》为例．现代传播（中国传媒大学学报），2014（11）．

② 麦克奎恩．理解电视：电视节目类型的概念与变迁．苗棣，赵长军，李黎丹，译．北京：华夏出版社，2003：7.

③ 林奇．电视新闻视听心理研究．北京：中国传媒大学出版社，2014：99.

在于它将电视拟人际传播的特点发挥到了极致。播音员、主持人通过镜头面向观众说话，很多情况下属于二度创作，文稿多由编辑提供，播音员、主持人是“二传手”；出镜记者则不同，他需要在新闻现场“书写”，用一度创作的方式直接面向观众交流。

1956 年霍顿（Horton）和沃尔（Wohl）提出，广播电视人物和受众之间建立了一种虚幻的类社会交往关系。受众常以一种类似于人们之间交朋友的方式，将特定的媒介人物看作自然的、真实的、对他们有吸引力且与他们相似的人①。这种类社会交往关系密切了观众与电视媒体的关系。作为电视台人格化符号的载体，出镜记者的优劣无疑会影响这种类社会交往关系的发展。

现场对于电视新闻的重要性不言而喻。现场除了能够带给观众“在场”的感觉外，更重要的是它是电视新闻文本的核心，具有“四两拨千斤”的作用。当然，并非所有的出镜报道都有现场。没有现场怎么做？我们要围绕现场感做文章。现场与现场感并非对应关系，出镜记者抓住了现场，出镜时并不一定有现场感；出镜记者错失现场，出镜时并不一定没有现场感。现场很重要，现场感也很重要。

角色扮演意在强调出镜记者的角色定位和角色实现问题。张泉灵曾说：现场永远比你的脸更有魅力。② 出镜记者的真正角色是记者，不是主持人，不是明星，不是演员，记者出镜是出镜报道文本的有机组成部分，“但不要试图变成出镜报道的焦点”③。是否出镜、如何出镜取决于新闻文本和观众接受的需要。在特殊情境下如何扮演好出镜记者的角色，不仅是专业能力问题，也考验出镜记者的智商和情商。

出镜报道表面上与记者的形象、语言表达直接相关，实际上它与记者的专业素质和采编能力关联更加密切。在学习本书前，建议读者先学习新闻采访写作的相关课程，出镜记者只有采、写、编、播、评能力兼备④，才能真正达到当今电视新闻集约、高效的制作要求，满足融媒体时代对复合型人才的期待。

作者

2016 年 4 月 11 日

① 布莱恩特，兹尔曼．媒介效果：理论与研究前沿．2 版．石义彬，彭彪，译．北京：华夏出版社，2009：401－402.

② 张泉灵．突发新闻和大型公共信号直播现场记者能做什么：泉灵讲课之三//杨华．咱们电视有力量．北京：中央民族大学出版社，2009：32.

③ Conceiving and shooting the stand-up. [2016－03－21]. http：//svnmorningnews. com/on-air/93-conceiving-and-shooting-the-stand-up.

④ 通常对“播”的要求会低于主持人和播音员。

目录

第一章 出镜记者与出镜报道

第二章 出镜记者的有声语言表达

第六章
出镜记者的非言语表达

第七章
出镜报道中的细节及运用

第八章 出镜报道的典型环境选择

第九章 记者出镜的调度与拍摄

第一章
出镜记者与出镜报道

本章学习要点

出镜记者与出镜报道的定义
现场报道、连线报道与出镜报道的联系与区别
出镜报道的分类
“黑洞”直播报道
出镜记者的作用
出镜记者的素质要求

2015年11月13日，法国巴黎遭受连环恐怖袭击，上百人死亡，山东卫视《调查》栏目在巴黎没有驻点记者的情况下，联系在法华人以特约记者身份做出镜报道。[①] 虽然节目中特约出镜记者的表现水准不如专业出镜记者，却是节目不可或缺的一部分。

或许你会疑惑，电视台为何煞费苦心一定要让记者出镜？为何没有条件也要尽可能创造条件让记者出镜？

“在重大新闻事件中，是否有记者在现场是衡量一个媒体实力和权威性的重要标志。”[②] 凤凰卫视著名主持人吴小莉有一句名言：大事发生，我存在。无论是央视还是地方台，无论是时政新闻还是民生新闻，无论是可预测性事件直播还是突发事件直播，出镜记者的意义都不只限于“在场”，更在于媒体的视点和立场在现场。

“今天中国的传统主流媒体拼的就是两个场——现场＋立场。”[③] 记者是否“在场”，是否有记者出镜，不仅关乎节目质量本身，更从心理层面影响观众对新闻、对节目、对媒体的判断与评价。

出镜报道是“现场＋立场”的最佳实现载体，它以人格化的传播形态带领观众置身新闻现场，亲历事件进程，满足观众在心理上“参与”新闻的需要。当今世界各大电视新闻媒体无一不强化出镜报道在新闻中的地位，这恰恰体现了出镜报道的价值。

---

① 何桂子．综艺当道，新闻节目照样能做成“现象级”．微信公众号“山东卫视”，2015-12-13.

② 孙玉胜．十年：从改变电视的语态开始．北京：三联书店，2003：274.

③ 杨禹．在挨骂中调整呼吸：从“你幸福吗？”遭遇的网络暴力说起//中央电视台新闻中心．央视新闻·内刊外读．北京：三联书店，2015：72.

第一节　出镜记者概说

记者面对摄像机直接向观众报道的行为被称为“出镜”（stand-up）。在观众眼中，出镜记者似乎和主持人无异：他们都是电视台的人格形象；在电视新闻制播流程中，同一个人在演播室被称为新闻主播，在演播室外则“变成”出镜记者……很多人对主持人、出镜记者、外景主持人辨识不清，甚至认为这只是不同场合下的不同称呼而已。出镜记者到底是什么？是否可以和外景主持人画等号？这一职业身份是怎样诞生与发展的？本节将重点回应这些问题。

一、出镜记者的定义

出镜记者的称谓来源于国外，英文全称是 on-camera correspondent and reporter，意指在镜头前进行报道的通讯员和记者。

在国内，有代表性的定义包括：

> 出镜记者是在电视采访中出现在镜头里的记者或主持人。[①]

该定义强调了出镜记者出镜的场合——电视采访，以及外在的形式——出现在镜头里。这一定义是 20 世纪 90 年代末学者对出镜记者的认知。从出镜记者的功能看，现在出镜记者已不局限于电视采访，还可以发表评论。

> 出镜记者是指在新闻现场、在镜头中从事信息传达、人物采访、事件评论的电视记者和新闻节目主持人（新闻主播）的总称。[②]

这一定义将出镜记者的身份和职责进一步具体化，把出镜记者的场合限定在“新闻现场”，明确了出镜记者的新闻人属性，并指出出镜记者担负的职责是信息传达、人物采访、事件评论等功能。该定义对出镜记者的概括较为全面，但缩小了“出镜记者”这一称谓在实际电视新闻中的应用范围。因为按照该定义，出镜记者必须在“新闻现场”，不在“新闻现场”进行报道的记者，即便出镜了，也不属于出镜记者。

在这里我们有必要界定一下电视新闻中三个至关重要的术语：“现场”“新闻现场”“现场感”。

现场是“正在变动的当下情景”[③]，是新闻事件正在发生的特定时空。现场的概念，对于电视新闻工作者来说，不仅指涉空间维度（事件发生的所在地），也指涉时间维度（指事件在发生和进行中）。如此看来，真正意义上的现场不是永存的，而是在事件发生及进行时间段中存在的。事件发生前和事件发生后的现场（地理意义上）都不具有事件

---

① 朱羽君，雷蔚真．电视采访学．北京：中国人民大学出版社，1999：33.

② 宋晓阳．出镜记者现场报道指南．北京：中国广播电视出版社，2008：29.

③ 崔林．电视新闻语言：模式·符号·叙事．北京：中国广播电视出版社，2009：98.

发生时及进行时的现场所具有的全部内容和意义。①

在一个新闻事件中，现场往往不止一个，而是贯穿于事件发生的始终。例如一起车祸：车祸发生的特定时空是一个现场，也就是事故现场，这个现场最重要，因为这个现场包含着因果解释，也被称为“第一现场”。随着事件的进展，如伤员被救送到医院，这也是一个现场，反映的是事件进程的一个片段，这一现场往往被称为“第二现场”。由这起车祸引发的其他事件，则构成了与事件有关的其他现场。对日常新闻报道而言，赶到“第一现场”是一种理想的状态，然而在很多情况下记者赶到新闻事件发生地时，新闻事件已经结束或趋于结束，“第一现场”没有了，这时的出镜虽然也被称为“出现场”，但实际上是指在新闻事件发生过的地点所做的出镜报道，只具有地理上的意义。

“新闻现场”与“现场”在内涵上是一致的，强调了现场的新闻性。

现场感是客观现场在记者和观众心里引起的主观感受。② 电视新闻的现场感是借由视听元素实现的。需要注意的是，现场感并不一定只能在现场体现，出镜报道是否有现场感与拍摄手法、出镜记者的表现和蒙太奇语法等多方面有关。出镜记者作为出镜报道的一个结构性因素，也是现场感的体现者。有的出镜报道如果删掉记者出镜，现场感尽失；也有的出镜报道，没有记者出镜反而更具感染力。

在辨析了三个概念之后，我们结合当前国内外出镜记者在实际新闻报道中的作用及未来发展趋势，给出镜记者做如下定义：

在镜头前以记者身份进行新闻采访报道、事件评析的新闻工作者。

其中“在镜头前”限定了出镜记者与其他记者在形式上的区别。有的直播连线，记者只出声音，画面是实时画面或回传画面，观众并未在屏幕上见到记者，这类记者不能被称为出镜记者。

“以记者身份……的新闻工作者”中的“记者身份”意在强调，只要是以记者名义出现的新闻工作者，无论是文字记者、摄像记者、编导还是主持人，都可以被称为出镜记者。

“新闻采访报道”和“事件评析”是出镜记者的主要功能。

之所以不限定出镜记者必须在“新闻现场”，是因为如此限定将使出镜报道与现场报道的范畴完全重合（现场报道定义见本章第二节）。从电视新闻生产实际看，出镜记者既可以在新闻现场进行报道，也可以在事发地点进行报道，还可以在模糊的地理空间进行报道。

现在有一种观点，将外景主持人等同于出镜记者，尤其是一些纪实性节目，如探访式的纪录片（或专题），出镜的明明是外景主持人，却打上“出镜记者”的字幕。诚然，出镜记者和外景主持人都是在演播室外借助镜头向观众传递信息，从传播方式看都属于拟人际传播，二者似乎可以画等号，然而出镜记者与外景主持人有着本质的区别。

“记者”的身份决定了这一角色的新闻属性。出镜记者在新闻范畴之中，而外景主持

① 任金州．重视现场 立足现场//中国广播电视学会．中国电视奖获奖新闻作品选评（1994 年度）．北京：中国广播电视出版社，1995：9.

② 方杰．电视新闻现场感刍议．采写编，1996（4）．

人则在新闻范畴之外。外景主持人可以根据节目需要进行夸张的表演、幽默的表达，一切依节目风格、节目内容而定。而出镜记者必须符合新闻报道者的身份，所言所述受到新闻真实性的制约，出镜记者的一切表现以新闻真实性为基础，体现新闻真实，所以出镜记者不等于外景主持人。

声 音

哪里能够发现突破性的信息，哪里就是新闻现场①

在马航事件中，中外媒体的对比告诉我们，仅仅“到达”，仍然不是“媒体的力量”本身。因为有一些新闻没有“现场”，而有一些“现场”无法到达。“媒体的力量”包含机制、经验、资源等几个方面，这几个因素相互涵育。对于不少中国媒体而言，日常承担着较大的宣传功能使其在面对突发事件时的临场判断能力和资源调动都不免打折扣，日常的经验与资源积累也自然不够。尤其是专业性的经验与资源，有就是有，没有就是没有，不是仅凭媒体经济实力“到达新闻现场”那么简单。实际上，对于马航失联事件这样一个特殊的、可能极具标志性的事件而言，把到达吉隆坡的新闻发布会现场叫作“到达现场”，或者把登上在海上巡航搜索的飞机叫作“到达现场”，可能都是有一点可笑的事，这不仅反映了思维的局限，也反映了姿态的被动，尽管站在打开舱门的直升机上航拍大洋搜寻具有很好的画面感，既反映了“新闻”，也就是搜索本身，也反映了在“新闻”中的记者。“搜索报道”，这样一种对“继发性事件”的报道，非常耐人寻味。它在真正的新闻无法获得时重新定义了新闻，也为新闻记者找到了一个心安理得且风光无限的位置，尽管它可能离真正的新闻仍然很远。马航失联事件的新闻现场在哪里？在茫茫大洋里？在吉隆坡的新闻发布会上？或是在你因为没有相应的知识和资源而无法到达的地方？马航失联事件作为一个标志性的事件，也许根本打破了灾难新闻现场报道的一般概念。哪里能够发现突破性的信息，哪里就是新闻现场。

资料来源：马少华．马航失联，中国媒体落后在哪里．微信公众号“仟言万语”，2014-03-20.

二、出镜记者的诞生与发展

在电视发展早期，不少广播主持人、记者转行做电视，将广播的一套运作模式应用于电视传播。出镜记者与广播现场报道有着很深的渊源，这种渊源是由广播和电视在媒介属性和传播方式上的相似性决定的，如二者都采用拟人际传播的方式、都属于家庭媒介、都属于线性传播等。

（一）出镜记者的诞生与发展

在欧美广播大发展的20世纪三四十年代，广播的主要功能是提供休闲和娱乐，其中

① 本书中的“一线者说”“声音”“案例”“拓展阅读”等小栏目中的标题，如与引用文献题目不同，则为笔者所加。

游戏节目、戏剧、广播剧占据主要时段，广播新闻基本上是通讯社和报纸的翻版。

1938 年美国哥伦比亚广播公司（Columbia Broadcasting System，CBS）创办了广播新闻节目《现在请听》（*Hear It Now*），爱德华·R. 默罗（Edward R. Murrow）担任报道记者。1938 年 3 月 12 日，默罗在德军进占维也纳的同时向美国听众播送了他的第一篇战争报道。

1940 年 9 月，默罗从英国伦敦发来现场广播报道——《这里是伦敦》（*This is London*）。他以平静而富有感染力的声音对“不列颠战役”进行生动描述，对被炸弹飞崩、烈火燃烧的伦敦进行翔实的刻画：

> 这里是伦敦。我现在站在屋顶上，俯瞰着伦敦全城。我想大概不出一分钟，在我们周围，就会听见炮声了。探照灯现在就是向着这一边移动。你就会听到两颗炸弹的爆炸声。听，炸弹响了！过一会儿，这一带又会飞来一些弹片。弹片来了，愈来愈近了。飞机还是飞得很高。刚才我们也能听到一些爆炸——又响了，那是在我们上空爆炸的。早些时候，我们似乎听到许多炸弹落下来，落在附近几条街上。现在在我们头顶，就是高射炮弹的爆炸声。可是附近的炮又似乎没有开火。探照灯现在几乎射向我们头顶上空了。你们马上又要听到两声爆炸，而且是在更近的地方。听，又响了！声音是那样的冷酷无情！①

默罗发自伦敦的一系列现场报道促使当时仍然保持中立的美国人意识到了这场战争的性质。“默罗和一批才华横溢的美国记者关于不列颠空战的报道造成了一种气氛，它帮助美国总统罗斯福摆脱孤立主义的掣肘，转而大规模援助英国，最终出兵参战。”②

《现在请听》的巨大成功使默罗感受到了现场报道对听众的吸引力。从 20 世纪 50 年代开始，美国电视业蓬勃发展，电视和广播展开了竞争。电视新闻也借鉴了广播现场报道的经验。在电视记者中，除了文字记者、摄像记者，还多了一个工种：出镜记者，在现场以最快的速度组织语言，对事件发生的现场状况进行描述、分析、采访和评论。默罗将广播现场报道节目转变为电视现场报道节目《现在请看》（*See It Now*），这个后来开办了八年的电视节目，对美国电视新闻发展起到了极大的推动作用。

1963 年 11 月 22 日，美国总统约翰·肯尼迪在美国南部的得克萨斯州达拉斯市遇刺身亡。当时正好有电视记者在现场拍摄，记录下了这一刺杀案发生的经过。随后，美国三大电视网插播了这一爆炸性消息，CBS 记者丹·拉瑟（Dan Rather）将肯尼迪遇刺的消息第一时间发回 CBS，比竞争对手快了 17 分钟。这是电视新闻史上第一次对重大突发事件进行直播。

此后，电视现场报道一直出现在重大事件的报道中。海湾战争期间，以美国有线电视新闻网（Cable News Network，CNN）为代表的电视媒体异军突起，垄断了战争期间来自伊拉克的新闻报道。著名电视记者威廉·杜马斯在巴格达楼顶做的电视现场报道轰动世界，使舆论朝着美国期望的方向发展。③ 事实证明，电视现场报道感染力极强，更能

---

① 曼特斯特．光荣与梦想：1932—1972 年美国实录．北京：商务印书馆，1979：729.

② 展江，杨鲁江．新闻与战争．上海：上海人民出版社，1991：90.

③ 丁宇明．电视现场报道的生命力．电视研究，2011（1）．

吸引观众和引导观众。

在电视新闻大战中，各电视台在拼独家、拼第一现场的同时，还拼出镜报道。在电视新闻竞争激烈的地区，如欧美、日本等地，每档电视新闻节目几乎都有出镜报道，所创造的“拟态环境”调动了观众的所有感官，成为电视新闻提升收视率的“杀手锏”。

（二）中国出镜记者的诞生与发展

从1958年9月北京电视台（中央电视台的前身）正式开播到1980年的20多年间，中国电视屏幕上没有“出镜记者”这一称谓，只有出图像的电视播音员。中国电视史上第一次出镜报道出现在1980年7月12日，当时中央电视台开办了中国第一个电视新闻评论节目《观察与思考》。在首期节目《北京居民为什么吃菜难》中，播音员庞啸完全以记者的身份采访居民进行评述，开创了中国记者出镜采访的先例。① 与当时播音员出图像的电视播出模式不同，出镜采访的新颖形式“被认为是与观众交流的重要手段，迈出了主持人出镜采访报道的第一步”②。

然而中国的出镜报道并未在20世纪80年代得到长足发展。当时的中国电视还在思考如何和电影分开，探索“走自己的路”，那时的电视理念还未真正意识到出镜报道是体现电视拟人际传播的核心竞争力之一。

进入20世纪90年代，随着中国市场经济体制的进一步深化，电视传播理念从以传者为中心向以受众为中心转变，中国的电视新闻制播理念才逐渐与世界接轨。1992年10月1日，中央电视台中文国际频道《中国新闻》一开播，即采用出镜记者现场报道的形式报道国庆升国旗仪式。在20世纪90年代初开始的央视新闻改革中，增加现场报道是一项重要举措，尤其主张本台记者手持话筒在现场开口说话。③

让中国出镜记者的现场报道成为常态并以此作为看点的是1993年5月1日中央电视台开播的《东方时空》，该栏目中出镜记者的现场报道已内化为电视新闻节目的一部分，原本身居幕后的电视记者走到前台，他们风格各异、个性多样、观点独到，丰富了电视新闻的呈现样态。从《东方时空》中走向前台的出镜记者，有相当一部分在日后转型成为记者型主持人。

随着中国电视频道专业化的发展，出镜记者这一岗位对记者的专业能力要求日益提高，出现了专门报道某一专业领域的出镜记者，如财经出镜记者、体育出镜记者、娱乐出镜记者等。在1996年亚特兰大奥运会期间，中央电视台体育频道的报道画面中出现了几张主持人之外的新面孔，他们没有坐在演播室的主播台，而是以各个赛场为背景，实现了体育赛事新闻现场报道。这种形式对中国体育爱好者来说耳目一新，很多人将此种形式称为体育新闻出镜记者在中国电视上的首秀。④

进入21世纪，随着卫星新闻采集（Satellite News Gathering，SNG）在各电视台的广泛应用，民生新闻蓬勃发展带来的电视新闻业竞争加剧，出镜报道日渐受到各级电视

---

① 高贵武．出镜报道与新闻主持．北京：中国传媒大学出版社，2012：15.
② 岳淼，迟月利．应用电视新闻学．厦门：厦门大学出版社，2014：236.
③ 孙玉胜．十年：从改变电视的语态开始．北京：三联书店，2003：274.
④ 程蔚．体育新闻出镜记者的现状与培养．新闻战线，2015（1）.

台的重视。无论大事小情，出镜记者来自“第一现场”的报道都成为电视台提升收视的重要策略。一些调查性报道节目采用“出镜记者中心制”的制度模式，选择新闻专栏节目优秀主持人、记者作为出镜记者，以他们为中心搭建前方报道团队，由他们带领团队快速、出色地完成重大新闻报道。

还有一些电视台重视出镜记者的名片效应、品牌效应，以出镜记者为核心打造新闻节目。如浙江卫视的“七姐妹”、山东广播电视台齐鲁频道的《小溪办事》等。帮办类节目的兴起，记者主动介入新闻事件进程的功能强化，需要节目本身具有可识别的人格化符号强化观众对新闻事件的认知、认同，“明星”出镜记者成为一些帮办类节目的主打品牌。

第二节　出镜报道概说

出镜报道是记者在镜头前进行的新闻报道，它具有声画兼备、视听合一、拟人际传播等特点。出镜记者的出现本质上是电视探寻自身传播规律的产物。在电视新闻实践中，现场报道、连线报道都会采取记者出镜的形式，辨析现场报道、连线报道与出镜报道三者间的关系有助于我们正确理解这三种电视新闻样式之间的关系。

一、现场报道、连线报道与出镜报道

（一）现场报道

对现场报道的定义，国内学者的观点主要有以下几种：

> 现场报道是电视记者在新闻事件现场，面对摄像机（观众），以采访者、目击者和参与者身份做出图像的报道。①
>
> 现场报道是电视报道者置身于新闻现场，面对摄像机，以采访者、目击者和参与者的身份向观众描述新闻现场、叙述新闻事实、点评新闻事件，并同时伴以图像报道的一种报道形式。②
>
> 现场报道是广播电台、电视台记者在新闻事件发生的现场直接向听众、观众做口头报道（也可以配置音响和画面）的报道形式，它有利于充分发挥电子媒体现场感、真实感和面对面的优势。③
>
> 电视现场报道是电视记者在现场采访并做口头报道的报道形式，是最能体现电视新闻报道优势的报道形式之一。④

通过以上定义我们可以看出，现场报道与其他电视新闻样式最大的不同在于：记者

① 叶子，赵淑萍．电视采访：探寻事实真相．北京：北京师范大学出版社，2009：209.

② 宋晓阳．出镜记者现场报道．北京：中国广播电视出版社，2008：30.

③ 王斌，王佳平．现场报道的即兴口语组织．中国广播电视学刊，2009（3）

④ 饶立华，杨钢元，钟新．电子媒介新闻教程：广播与电视．北京：中国人民大学出版社，2000：277.

必须在新闻现场进行出镜报道。有人认为：现场报道以最具电视报道特质的方式，满足了社会人群获得事物运动历史的真实面貌的心理要求而获得了首肯。[①]

电视现场报道在20世纪70年代初起步于美国电视界，20世纪80年代美国有线电视新闻网CNN将其推向高峰。我国电视新闻界在20世纪80年代初尝试现场报道，趋于成熟则在20世纪90年代。[②] 鉴于广播也有现场报道的形式，本书中的现场报道仅指电视现场报道。

现场直播报道与现场报道限于一个事件和时空统一的地点，区别在于现场直播报道做到采录报道与传播共时同步，时效性达到了极致。现场直播报道是一种特定意义上的现场报道，或者说是现场报道的一种时效性最强的特殊形式。[③]

（二）连线报道

连线报道分为广播连线报道和电视连线报道两种形式，较有代表性的电视连线报道的定义有：

> 电视新闻连线报道就是以主演播室为中心，单线、复线或放射线状与其他分演播室主持人或外景地记者相互串联，共同来完成信息传输的一种报道方式。[④]
>
> 电视连线报道是通过电话、微波、光纤、卫星、网络等传输技术手段，在同一时间不同空间里，由新闻主持人与现场主持人或出镜记者或采访对象共同参与的对接报道。[⑤]

在电视连线报道中，记者不一定出图像，他可通过电话、海事卫星等进行音频连线，也可以通过卫星、互联网、4G/5G直播技术进行视频连线。其中出镜记者在新闻现场所进行的连线报道可等同于现场报道。但有时新闻现场已经消失，记者在新闻事件发生地点也会进行连线，回顾先前发生的新闻事件，这时的连线报道就不能被称为现场报道，只能被称为来自事发地点的连线报道。连线报道出镜记者与主持人是实时交流的状态，而现场报道则不一定。

连线报道可分为引入式连线、交谈式连线。

引入式连线是指播音员、主持人负责把出镜内容做简单介绍，引出出镜记者，通常播音员、主持人与记者只在开始和结尾处有互动，有时甚至完全没有互动，连线内容全部掌握在记者一方。假连线[⑥]往往出现在引入式连线中。

交谈式连线是指播音员、主持人与出镜记者通过一问一答的方式共同推进连线内容的方式。本书中的连线报道仅指电视连线报道。

---

① 裴高．论电视现场报道的特色与创新．复旦学报（社会科学版），2002（4）．

② 叶子，赵淑平．电视采访：探寻事实真相．北京：北京师范大学出版社，2009：210.

③ 同①.

④ 敬思秋．中国电视新闻连线节目发展研究．成都：四川大学，2007：1.

⑤ 杨刚毅．关于电视新闻连线报道的理性思考．电视研究，2003（3）．

⑥ 真连线是指播音员、主持人通过直播手段与记者进行实时连线。假连线是指出镜记者提前录制好出镜内容，模拟真连线的情况，播音员、主持人在节目播出时声称这是实时连线。我们认为假连线由于改变了时空关系，是一种假新闻。

（三）现场报道、连线报道与出镜报道的关系

现场报道、连线报道都有记者出镜的形式，三者间的关系可以概括为，出镜报道包括现场报道，连线报道与出镜报道、现场报道均有交叉（见图 1-1）。

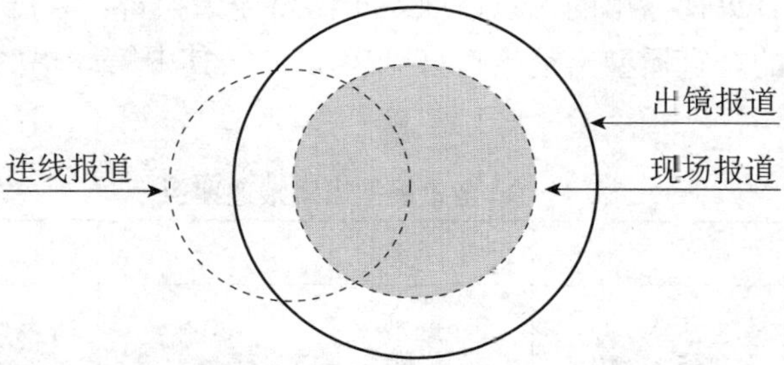

图 1-1 现场报道、连线报道与出镜报道的关系

出镜报道与现场报道有重叠，只有记者出镜的现场报道才是出镜报道；出镜报道与连线报道有重叠，只有记者出镜的连线报道才是出镜报道；现场报道与连线报道有重叠，只有在新闻现场的连线报道才是现场报道。

二、出镜报道的样式

出镜报道的样式可以做多种区分，为了便于理解，我们从技术角度将出镜报道分为全直播型出镜报道、半直播型出镜报道和录播型出镜报道。

（一）全直播型出镜报道

全直播型出镜报道是基于卫星新闻采集或 4G/5G 等无线实时传输技术进行的实时[①]出镜报道。出镜报道完全在直播的状态下采制播出，镜头记录的是正在发生的新闻事件。

全直播型出镜报道的形式为：演播室直播＋出镜直播报道。这种方式的特点是，出镜记者是出镜文本的主要叙事者（有时采访对象也参与），整个报道一气呵成，现场采用单机或多机拍摄，画面切换是在直播状态下进行的。

全直播型出镜报道可分为编辑式的直播型出镜报道和无编辑式的直播型出镜报道。

编辑式的直播型出镜报道是指出镜记者的声音完全是直播，解说画面可能是直播时即时插入的直播画面，也可能是提前回传到电视台经过编辑的画面。无论插入画面是直播画面还是提前拍摄的画面，由于经历了一个编辑过程，我们都称之为编辑式。

无编辑式的直播型出镜报道是指出镜记者的声音和画面没有经过除摄像机摄录外的任何编辑。声音和画面都是直播状态，这种情况以单机直播连线居多，通常是通过一个

① 我们这里所说的实时是近似实时的状态。在实际直播中不可能做到完全的时空同步传输，而是会有延时：一种是信号传输过程中产生的延时，一种是电视台为保证节目安全播出所采用的延时。前者不可避免，后者则是人为的。

机位的固定景别或运用长镜头进行拍摄的出镜报道。这种形式也被美国电视新闻界称为“裸播”（naked live），即在直播中，只有一名记者远程对着镜头讲话，没有支持视频或者事先录制好的采访。[①] 这种直播形式可视性稍差，但比电话连线的可视性强，通常用于单个记者出镜采访或直播紧急，但又无法提前传送素材的情况。

2014 年 5 月 16 日央视播出的《京广铁路黄河桥今天换桥：京广铁路换桥施工正在进行》[②] 就是一个典型的全直播型出镜报道（见表 1－1，其中第 5 幅图参见文前彩页）。扫一扫二维码观看视频。

表 1－1　全直播型出镜报道案例

序号	1	2	3
画面			
出镜语	主持人（女）：在上一档的直播当中，我们为大家介绍了今天堪称世界上最繁忙的铁路线——京广铁路黄河大桥要进行换桥手术。而且在直播的过程当中我们也目送了最后一辆老的黄河公路大桥的列车经过，之后换桥工作就正式开始了。 主持人（男）：嗯，那么现在我们就再次连线我们的同事、本台在前方的记者王涛。王涛，你好！ 出镜记者：你好！ 主持人（男）：上一档的连线当中，通过你的直播介绍，我们也总结了一下，这个换桥手术大概要持续四个半小时，时间紧、任务重，而且难度是相当的大。最新的情况怎样呢？来给我们介绍一下。		
序号	4	5	6
画面			

① 舒克，拉森，塔尔西奥．电视现场制作与报道．5 版．雷蔚真，译．北京：中国人民大学出版社，2013：300.

② 京广铁路黄河桥今天换桥：京广铁路换桥施工正在进行．（2014－05－16）［2016－01－10］．http：//tv.cctv．com/2014/05/16/VIDE1400197144653362．shtml．需要说明的是，为了兼顾出镜语的实际表达和读者的准确理解，本书对一些出镜语略微做了改动。对于用词和语法错误，如果不妨碍理解，一般不做修改。在这里也提醒学习者，口语表达乍一听往往问题不大，但每字每句记录下来，则会发现很多问题，日常训练要精益求精。

续表

出镜语	出镜记者：好的。我们经常把铁路比作我们祖国的大动脉，今天就在最主要的动脉、最关键的部位来进行“手术”了。用他们专业的话来说，今天的“手术”名称叫“线路的拨接”。拨接是个比较专业的词，以我的理解就是把老的线路切开、拨离，然后再把新的线路连接上。 我们来看一下现场。现在我脚下的这条轨道就是连接新的黄河大桥的轨道。在它旁边，我们可以看到颜色发黑的、旧的铁轨就是连接老的黄河大桥的一条铁轨。这个“手术”说起来也很简单，就是把这个老的黄河大桥的铁轨切开，然后慢慢平移到新的铁轨上，再把两个铁轨连接到一块儿，这样京广线就可以直接连通我们新的黄河铁路大桥了。 这个“手术”可能看起来很简单，做起来却不容易，总结来说时间紧、任务重。这个时间紧体现在哪儿呢？我们可以来说一下，四个半小时的时间要进行五个一级施工，并且必须完成。为什么说京广线是最繁忙的铁路线？耽误一分钟可能有很多人的出行会受到影响。		
序号	7	8	9
画面			
出镜语	出镜记者：好的。我们现在看到的画面，是我们安装在一个铁路职工头上的一个摄像头拍摄下来的，这名职工叫郑君宝，今年 44，从业已经 20 多年了。那今天呢，像他一样进行施工的大部分都是从业超过 20 多年的老职工了，就是要确保我们整个的施工顺利进行。说到时间紧，我们必须在四个半小时内顺利地完成施工；说到任务重，这个重呢，我觉得更体现在它的重量上。我们看这条铁轨。正常的铁轨一米的重量是 60 公斤，而且铁轨下面还有枕木，枕木是水泥的，一根枕木就达到 250 公斤重，这样算下来，今天要平移的铁轨距离是 500 米，这 500 米的重量就达到了 28 万公斤。想一想 28 万公斤在规定的时间内顺利地移到新的位置，确实不是一件很容易的事。		
序号	10	11	12
画面		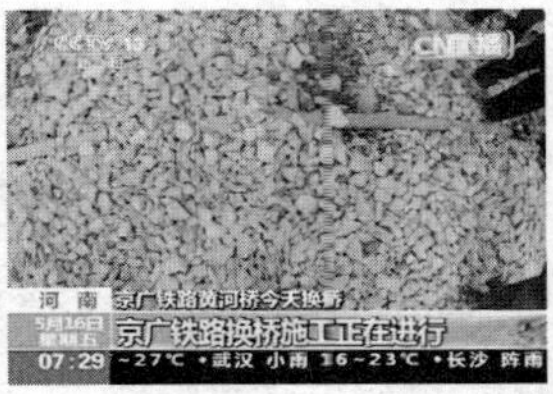	
出镜语	出镜记者：好的，大家可以看到现场正在紧张地进行施工。与现场这种热火朝天的景象相比，距离我们直播位置向北 4 公里（千米）的地方就是黄河大桥的位置了。在画面当中左手边红色的桥就是新的黄河大桥，现在画面上方的较小的、颜色是黑（色）的黄河桥就是我们老的黄河桥。现在两座黄河桥上已经没有火车了，现在是一个老桥与新桥历史交替的时刻。这两座桥也与我们一起静静地等待着这场施工能够顺利地进行，我们也期盼着第一辆列车能够顺利地通过新的黄河铁路大桥。		

这条出镜报道通过陆地、空中多个机位，立体地呈现了京广铁路黄河桥的换桥进展情况。记者报道的是正在发生的新闻事件，机位的切换是在实时的状态下进行的。直播中有一个机位是铁路工人安全帽上的摄像头（见表 1 - 1中的第 9 幅图和第 11 幅图），这实际上是一个主观镜头，强化报道的观众参与感。

京广铁路黄河桥今天换桥：京广铁路换桥施工正在进行

全直播型出镜报道的水平是评价一家电视台新闻采编能力和应急

报道能力的重要标准。一个操作成熟的SNG（satellite news gathering，卫星新闻采集）小组到达新闻现场后，在3分钟内可完成卫星定位，5分钟内完成播出前的准备，8分钟内开始向电视台输送新闻信号。对于常规的ENG（electronic news gathering，电子新闻采集）系统而言，这是不可想象的。①

在中国台湾地区，一些新闻台24小时的新闻节目中不断会有连线插入正常新闻的播报中。通过卫星连线，电视媒体才能保证其在报道突发事件上的时效优势。在这时，所谓节目编排的整体性被放在了次要的位置上，对重点新闻的连线报道可以随时插入，其他的新闻则成为一种陪衬和过渡，电视荧幕上打着的"LIVE"才是观众的注意力之所在。②

（二）半直播型出镜报道

半直播型出镜报道是指出镜报道的播出形态是直播，其中有部分报道内容先期制作完成，有录播部分。

半直播型出镜报道的结构通常是：出镜记者开场（直播）＋"罐头"（录播）＋出镜记者结尾（直播）。其中"罐头"（package，又译为"包裹"）是指提前录制好的短片。短片既可以是一个完整的录播新闻，也可以是先前录制的一段采访同期和现场展示，在直播中会被单独播出。如果只是在记者报道时插入实时或者提前拍摄好的画面，这种情况不属于半直播型出镜报道中的"罐头"。半直播型出镜报道也是常见的一种出镜报道类型（见图1－2）。

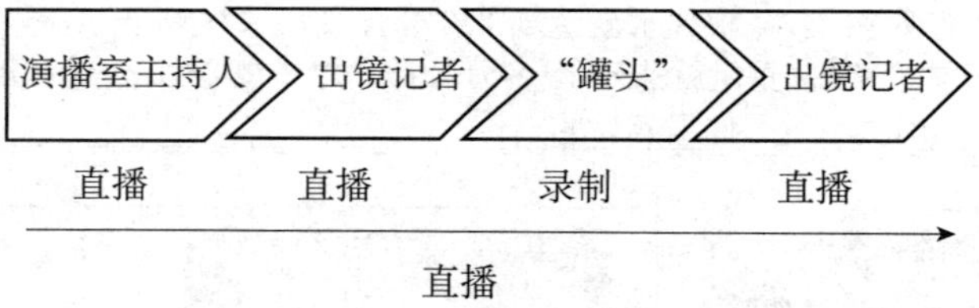

图1－2　半直播型出镜报道示意

在实践中，半直播型出镜报道还往往与追踪报道结合。江苏电视台城市频道2013年11月播出的《培训学校不退费 记者介入退回费用》分为两条新闻：第一条是先前的采访内容，属于一个完整的成片；第二条是追踪报道，以半直播型出镜报道的形式连线记者，介绍事件的最新进展。在直播中，对培训学校负责人的同期声采访属于提前录好的"罐头"，在直播时插入。

以下是追踪报道的文稿：

（演播室）主持人：我们看到，在采访的过程当中，我们的维权记者也向这家培训机构的负责人出示了江苏省在这方面的地方性管理规定。但是这个机构的负责人表示，他们的总部在武汉，所以要跟总部沟通之后才能做答复。显然他不明白一个问题：什么叫属地管理。既然你是在江苏营业，就要遵守江苏的法律、法规。现在

① 王科．我眼中的SNG．传媒，2005（12）．

② 林祥雨．台湾电视新闻的放大意识和操作．东南传播，2007（4）．

他们的态度是怎么样的？这个事情有没有解决的可能？我们的SNG小组已经赶到了现场。（直播）

（出镜）记者：你好，主持人。今天，我们再次来到了位于江宁的××国际英语学校。现在，我手上拿着的这一份就是刚刚我们所提到的由江苏省财政厅和江苏省物价局联合发布的《江苏省培训收费管理办法》。这里面的第十九条非常明确地规定：授课课时在总课时一半以内（含一半）时，培训人员提出退学的，培训单位应当退还一半的培训费用。而朱同学和她的姐姐，两个人的情况完全符合这样的退费条件。这两天学校的负责人也一直在和武汉的总部联系。在今天，他们终于可以给两姐妹一个明确的答复。（记者在培训学校门口出镜，直播）

（同期）南京江宁××国际英语学校校长：了解学生这边实际的困难，我们根据地方法规，现在的处理是：按照江苏省物价局的规定，给她退还一半的学费。一部分是用现金付款，现金会原封不动地退给她。剩下的一部分是银行分期的学费。银行分期这一块，我们也会在获得她本人的授权之后，通过学校跟银行这边把她的一部分额度释放掉。（录播短片）

（出镜）记者：如果在生活当中您也遇到了类似的问题，也可以拨打物价部门12358价格监督举报热线来进行投诉。同时，我们也想提醒这些培训机构，你们在帮学生办理这样的贷款业务的时候，除了要征求学生本人同意之外，一定要详细了解他们的偿还能力，进行好核实的工作。否则的话，当中如果出现了任何问题，导致课程无法继续，还是要给他们完全退费的。目前现场情况就是这样。（记者在培训学校门口出镜，直播）

（演播室）主持人：最后的结果还是不错的，这个结果令我们欣慰。我们再次强调，也提醒一下所有的培训机构，不管你们的总部在哪儿，只要在江苏营业，在某一个地方营业，你们就要严格地遵守地方性的法律、法规。（直播）

在国外的出镜报道实践中，半直播型出镜报道的常规模式是：记者先完成一段现场报道的开场白（live open），电视台播放编辑好的声画片段，最后再由记者出镜完成一段现场报道结语（live close）。[①] 报道所处的时空并非严格意义上的“现场”：现在（现场消失，只有地理意义上的现场）—过去（现场存在，正在发生的事实）—现在（现场消失，只有地理意义上的现场）。这种半直播型出镜报道往往让“现场”变成了一种形式，直播实际上也成了一种形式，这在美国电视界被称为“黑洞”直播报道（“black hole” live shots）。

知识窗

“黑洞”直播报道

“黑洞”直播报道描述的是这样一种直播情形：新闻事件在日间已经结束，晚间新闻节目需要出镜记者在节目播出时进行所谓的直播报道，而此时出镜记者的典型环境已经

① 巴纳斯，怀特．广播电视新闻：写作、报道与制作．5版．黄雅堃，译．北京：清华大学出版社，2013：195.

和新闻现场无关。其典型的模式是直播＋“罐头”的形式。这种现场也被称为“空现场”(empty live shots)。根据“新闻评分”网站（Grade the News）11 个月的统计，第二频道 10 点新闻前半段的新闻中有 76%的直播报道属于“黑洞”直播报道。这一比例与第四频道 6 点新闻一样。第五频道 6 点半新闻中有 78%，第七频道 6 点新闻中有 56%。空现场之所以经常出现，是因为很少有新闻在下午 6 点到 7 点发生，10 点到 11 点发生的就更少。①

需要注意的是，并不是所有的半直播型出镜报道都是“黑洞”直播报道。判断一个报道是否属于“黑洞”直播报道的标准是现场是否已消失，以及此时此刻的典型环境是否与事发时产生强关联。2014 年 1 月 22 日下午，“今日俄罗斯”在直播报道乌克兰首都基辅反政府示威民众与警方的冲突时，记者在开场环节结合所处现场介绍了的最新情况，之后播出警民冲突的“罐头”，结语环节指出，随着时间的推移，暴力冲突肯定会越来越多。由于记者连线时冲突现场人群还未散去，事态并未平息，记者描述了现场的情况，这个报道就不属于“黑洞”直播报道。

声　音

现场是空的为何还要进行直播？

为什么要在没有事情发生时进行现场连线呢？

对此，批评者及一些记者观点如下：

(1) 记者可以有更多时间用于采写新闻，而不是待在新闻现场“闲逛”或重返事件发生地搜集素材。

(2) 这种手法能诱导观众思考那些值得关注的故事。可是除此之外呢？

(3) 现场直播的能力源自把雇用更多记者的钱投在了购买造价不菲的直播车上。电视台此举购买了现场背景“墙纸”，而牺牲了实质性的报道。

(4) 直播车总要物尽其用，因此新闻播报变得更加浅陋——更倾向于视觉效果和现场画面感强的新闻，不那么关注事件本身。

而另一些包括新闻主管在内的支持者则认为：

(1) 即使画面空洞，这种新闻形式变换了原本一成不变的背景，给人一种现场感，因而也更加有趣。

(2) 直播报道比录播的新闻更具可信度。

(3) 直播车的使用让记者得以在现场就地获取最新素材，节省了时间。

(4) 直播报道让新闻主播有机会向记者提问。

(5) 直播报道能让当地人产生一种电视台与他们“无处不同在”的感觉。

人人都清楚，新闻中常常出现的直播报道是电视台的顾问们提议的，他们受电视台雇用，帮电视台增加收视率。与此同时，这些电视台备有装载微波或卫星接收器的卡车（有直播报道的硬件设施）。

第四频道一位不愿透露姓名的资深记者说道：“我们上周刚聘请了一名顾问。他告诉

---

① MCMANUS J. “Black hole” live shots: expensive gimmick or better journalism?. [2016－03－02]. http://www.gradethenews.org/dreamhost%20files/pagesfolder/Black%20Holes1.htm.

我们，记者在直播连线中须不停走动和指指点点，与身后的背景产生互动。”不过他也表示，编辑室对这种提议产生了怀疑：“记者们担心会走出灯光照射区，或者现场光太暗无法向观众展示细节，甚至现场根本没有可以指点讲解的东西。”

另一点毋庸置疑的是，无论直播是否有事件发生，今后直播报道的数量都可能继续增加。第二频道报道消费新闻的记者汤姆·瓦卡（Tom Vacar）说道：“我们就期待有更多直播报道的到来吧。如今这个势头迅猛，甚至今后每个摄像师都将具备直播报道的能力。因此，我希望记者们能慢慢明白，直播报道将成为他们职业中的重头戏。”

资料来源：MCMANUS J.“Black hole” live shots：expensive gimmick or better journalism?. http：//www.gradethenews.org/dream-host%20files/pagesfolder/Black%20Holes1.htm.

（三）录播型出镜报道

录播型出镜报道是使用电子新闻采集手段，利用便携式摄像机进行采录，经由后期编辑得以呈现的出镜报道。

录播型出镜报道具体可分为剪辑式和无剪辑式两类。剪辑式录播型出镜报道是指新闻素材需要经过记者后期编辑；无剪辑式录播型出镜报道是指出镜报道一气呵成、没有剪辑，直接截取入点和出点播出的出镜报道样式，是一种直播状态录制的出镜报道，多用于不具备直播能力但快到节目截稿期的情况，电视台为了保证新闻播出而采取这种方式。

2010 年 5 月央视播出的《本台记者亲历曼谷冲突现场》①（见表 1－2，其中第 6 幅图参见文前彩页）就是一个典型的录播型出镜报道。扫一扫二维码观看视频。

表 1－2　录播型出镜报道案例

<table>
<tr><td>序号</td><td>1</td><td>2</td><td>3</td></tr>
<tr><td>画面</td><td>
</td><td>
</td><td>
</td></tr>
<tr><td>出镜语</td><td>我现在是在“红衫军”的示威游行区域拉差巴颂商业区的一个关键路口。大家可以注意到，就在百米之遥，政府已经部署了军警，将整个区域完整地包围起来。</td><td>就在这边，“红衫军”成员正在示威抗议，他们刚才就发射了自制的火箭炮，同时也把周边的一辆大巴士车烧毁了。
现在我们沿着这条路的栏杆一侧，走到政府那边，去看一下情况是怎么样的。</td><td>我们现在已经来到了军队的这一边，我们目测了一下，大概有 200 多名军人在这里驻守。所有的“红衫军”成员都只许出不让进，同时对进入里面的车辆进行严格的把控。尽管目前看似一切比较平静，但是却是危机四伏，这个广告板的后面就是伦皮尼公园。</td></tr>
</table>

① 本台记者亲历曼谷冲突现场.（2010－05－14）[2016－04－25]. https：//v.qq.com/x/page/m01949kwtsg.html.

续表

序号	4	5	6
画面			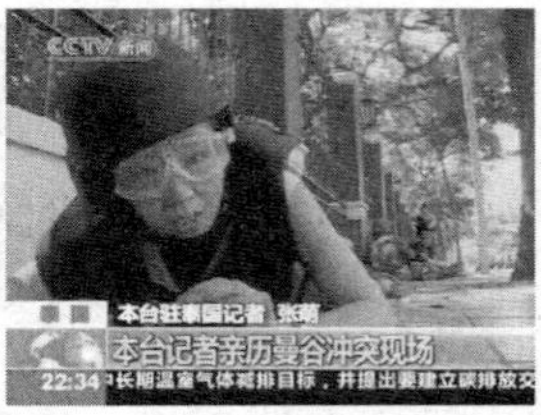
出镜语	我们也注意到，很多军人正把枪对着伦皮尼公园的一些危险因素，有可能一些射击就从里面发出来。	啊（尖叫）……刚才从伦皮尼公园的里面，投掷出来了一个 M－79 手榴弹。	我们刚刚来到了军警这一方的时候就发生了枪击事件，枪声是从这边，也就是伦皮尼公园这一侧传过来的，不知道是谁打过来的，刚才军方已经予以了还击。你也看到，刚刚军方给了我这样一个眼镜，他们刚刚投掷了催泪瓦斯。

全直播型出镜报道有时为了滚动播出、重复利用，会转化为录播型出镜报道。例如对某一事件，第一次连线采用的是直播，在第二档节目播出时，事件并无最新进展，于是将第一次连线的内容从节目库中调出，或经剪辑或不经剪辑播出。在这种情况下，主持人通常会说："请看本台记者稍早连线时的报道。"

本台记者亲历曼谷冲突现场

录播型出镜报道在出镜报道中所占比例最大，这种样式的出镜报道大量存在有以下原因。

1. 频道运行机制的制约

在我国电视频道中，真正全天滚动直播的全新闻频道较少，对直播型出镜报道的需求偏少。由于打断式直播直接影响频道后面的整体编排（也影响电视广告的播出），除非是遇到重大突发事件，一般非专业新闻频道不会轻易进行打断式直播。

2. 新闻制作成本的考量

直播报道需要购置卫星转播车，连线时需租用卫星信号，成本较高。对于电视台的日常运营而言，ENG 的采编方式成本低，一条出镜报道一两个人便可完成采、编、播的所有工作。

3. 节目质量和播出风险的考虑

直播报道需要动用记者、摄像、技术人员、责任编辑、导播等环节，环节越多，对团队协调能力、协作能力的要求就越高。如果没有常态化的直播经验，直播的质量是一个大问题。此外直播还存在播出风险，这是电视播出中的大忌。而录播型出镜报道一方面可以使新闻报道精耕细作，另一方面由于节目播出前需提前审看，可以有效避免播出风险。

以上三种出镜报道的样式可根据具体情况相互转化。假如早晨有一起重大突发事件，电视台派 SNG 小组进行现场报道，上午可采用打断式直播；假如突发事件在午间即接近尾声，在午间新闻时段可以进行半直播式报道，记者在事发地或相关地点，将先前拍摄的新闻进行剪辑，报道最新事态；在傍晚的新闻中，可能要对一天的新闻进行汇总，现场连线可能没有必要，SNG 小组将素材编辑，保留当时的出镜，以录播的方式播出。

第三节 出镜记者的作用

出镜记者以出镜的形式进行报道，这种“出镜”的形式已超越形式本身，在电视新闻传播中具有重要的作用。

一、从单条电视新闻角度看

（一）增强电视新闻的可信度

可信度是一种主观感受，是人或事物可以信赖的程度。从媒介特性上看，电视新闻的可信度主要依靠视听符号，虽然“有图未必有真相”，但人们对于图像的优先信任是天然的。消息来源、论证逻辑、选取的事例等也能影响人们对电视新闻可信度的判断。

出镜记者的出场是一种提升电视新闻可信度的方式。《NHK 播音训练：应用篇》对现场报道的定义就是，“通过出镜记者的人格来传递信息情报”①。记者出镜是一种用人格来担保新闻真实的行为，在镜前的所言所行不仅代表自己，也代表媒体。置身于新闻发生的真实场景中，见证在新闻现场所发生的新闻事件以及事件的最新状况，记者出现在新闻现场，本身就证明了新闻的真实性，而记者的现场解说，与现场画面相配合，也大大提高了电视画面的可视性。② 同一条新闻，记者出镜和记者不出镜，给观众带来的可信度判断是不同的。

例如《东方时空》多年前对“重庆氯气泄漏事故”的报道，记者王跃军报道事故发生三天后当地居民开始陆续返回居住地，他随着居民一边行走一边做报道，当说到“目前这个地区的空气质量已经有了明显改善”时，忽然用手往上一指：“看，连小鸟都回来了！”摄像迅速把镜头摇向树端，画面中能明显看到几只麻雀在叽叽喳喳叫。这个出镜报道几乎可以称为“经典出镜”，因为小鸟回来了，一定是这里的空气质量好了——这是最好的证明！人，可以摆拍，甚至可以造假，但是小鸟可不听你的。所以说这才是最好的出镜报道。记者在现场“感受到了一个最明显的变化，并且把它传递给了观众”③。这是“用事实说话”最好的手段。

（二）增强新闻的亲近感

由于出镜报道的拟人际传播特点，在镜头与观众之间，出镜记者成为连接新闻与观

---

① 宋晓阳．出镜记者现场报道指南．北京：中国广播电视出版社，2008：36.

② 谭天，叶芳．电视记者角色的符号解读．广东外语外贸大学学报，2008（3）.

③ 薛宝海．“出镜记者”就是“外景主持人”．[2016-04-08]. http://blog.sina.com.cn/s/blog_570eb8fe010011rf.html.

众的桥梁。出镜记者的“我”和电视机前的“你”构成一种“面对面”的交流状态。记者就好像是观众的朋友一般，虽然形式上对着摄像机，但实际上，他们是直接对着观众讲话的。从观众的角度来说，这种形式是非常乐于接受的。现在的出镜报道大多由出镜记者自己合音，个性化的表达方式（而不是字正腔圆的播讲方式）令观众耳目一新。记者在现场的所知、所观、所感通过“我在现场看到”“我在现场闻到”等第一人称叙事，拉近了观众与新闻事件的距离。

记者在进行事件叙述的时候，逻辑性比较强，自然而然地让观众对事件信息的理解也更加清晰和有条理。有些新闻事件的报道需要的时间很长，记者就会在事件发生的关键地方进行出镜报道，从而突出了重点，将事件全面展现出来。还有一些新闻事件十分复杂，为了让观众能够更好地理解事件的内容，记者出镜厘清事件，将复杂事件简单化，帮助观众更好地理解。①

（三）增强新闻报道的现场感

“9·11”事件中飞机撞向世贸中心大楼发出的巨大爆炸声，无须记者出镜，画面的现场感已然十分强烈。错失新闻现场，但是现场的采访对象惊魂未定，在镜头前慌慌张张地讲述刚才发生的一幕，同期声也可以有现场感。出镜记者本身也是出镜报道视听符号的一部分，可以通过言语和非言语通道体现和凸显现场感。

体现现场感是由于记者基于事件时空的本能反应折射出了现场感。假如记者在世贸中心出镜，对眼前的情景不敢相信但不得不信，语言中充满着激动和恐惧，这种本能的反应就体现了现场感。

由于有些新闻事件偏静态，或受制于采访条件，无法通过视听符号呈现现场感，这时就需要出镜记者调动自身的感官和情感，凸显现场感。实践中我们往往看到，成熟的出镜记者在出镜时现场感往往是强烈、明显的。出镜本身就会带领你进入新闻事件的特定情境中，无论新闻事件自身的现场感是否能通过镜头表现得强烈、明显。例如媒体无法进入的庭审现场，记者就要选取和庭审案件相关的现场进行报道，实现非现场信息的现场性表现，无论何种营造方式，拉近与观众的距离感，就都可以产生新闻的现场感，从而提高新闻传播的有效性。②

需要注意的是，出镜记者增强新闻报道现场感的前提是对新闻事件情境的真实把握，也是自身在那种情境下的真切反应，而不是“演”出现场感。

声 音

避免记者与新闻现场的“两张皮”

电视新闻报道的现场性远非“记者出镜+现场画面”就能完全体现的。有记者现身于新闻事件的现场，未必就等于电视新闻具有现场性。正如我们强调电视新闻中，声音与画面应该有机结合，不能割裂，形成声、画“两张皮”，我们也必须认识到，那种对现

① 张秀文．电视新闻记者出镜要点解析．今传媒，2014（6）．

② 孙永旭．试论电视现场短新闻的现场感．新闻爱好者，2012（22）．

场报道的程式化的简单理解，实际上也形成了记者与新闻现场的“两张皮”，割裂了二者有机的、内在的联系。如果驻外记者在报道国际新闻的过程中仅仅是为出镜而出镜，只负责在节目的开头露一下脸，展示一下 CCTV 话筒的标志，余下的工作一概交给后方的编辑去完成，那实在有悖于派遣驻外记者、设立驻外记者站的初衷。因为观众期待的绝不仅仅是在国际新闻事件中看到一张大家熟悉的面孔一闪而过，而是指望这张面孔能带领自己“进入”事件现场，“参与”事件过程，并且听他对事件的来龙去脉娓娓道来。

资料来源：夏丹．如何发挥驻外记者的现场报道优势．现代传播（中国传媒大学学报），2005（2）．

二、从电视新闻栏目角度看

（一）提高节目编排的多样性

雷蒙·威廉斯（Raymond Williams）在《电视：科技与文化形式》（*Television: Technology and Cultural Form*）中，第一次从理论上就“电视是什么”做了深入阐发，提出“流程”（flow）的概念，认为这是电视文本的根本特性。① 一套编排得当的电视新闻节目，能产生“1+1>2”的传播效果，而一档电视新闻是否能通过好的编排“抓住观众”，考验的是电视新闻编辑的功力。出镜报道由于形式多样，可提高节目编排的多样性，为节目编排锦上添花。

例如，获 2002 年中国广播电视新闻奖电视节目编排奖的山东电视台的《今日报道》，当天的节目 8 条新闻中 5 条有记者出镜，使节目现场感十足、节奏明快，丰富了节目编排手段（见表 1-3）。

表 1-3　《今日报道》节目编排

序号	主题	是否出镜	出镜地点	报道内容
1	南水北调今天开工	是	山东济南市济平干渠施工现场	南水北调开工
2	南水北调世界第一	—	—	南水北调工程介绍
3	南水北调为北方“解渴”	是	山东平阴县柿子峪村	南水北调工程的现实意义
4	南水北调构想起自 1952 年	是	河南兰考县	毛泽东在兰考提出南水北调构想
5	南水北调半个世纪漫漫求索	—	—	南水北调工程前期准备
6	长江黄河位山“握手”	是	山东聊城市穿黄实验洞	介绍长江水如何穿越黄河被引到天津
7	津门百姓企盼长江水	是	天津市大塘水库	天津百姓对南水北调的期待及水质保证
8	自来水街上白白流	—	—	管道老化爆裂导致自来水浪费

资料来源：江欧利．中国广播电视新闻奖 2002 年度新闻佳作赏析．北京：新华出版社，2004：434-442．本表格由作者根据文稿整理。

以江苏城市频道的《零距离》为例，其主要板块有四个：现场报道、新闻发布厅、

① 易前良．美国“电视研究”的学术源流．北京：中国传媒大学出版社，2010：121.

读报和调查。“现场报道”板块全部由记者现场出镜引出，短小精悍却具有最强的现场感。该板块每天由 5～8 条报道组成，主要内容是当天的突发新闻、有现场感的民生新闻等，形成连续、快节奏、极具现场感的新闻板块。①

即便不设置专门的出镜报道板块，不少电视新闻节目也以出镜报道为主要呈现形式。例如美国全国广播公司（National Broadcasting Company，NBC）《晚间新闻》2012 年 2 月 19 日的节目，当天的 12 条新闻中 6 条为出镜报道，虽然新闻条数与非出镜报道平分秋色，但在时间上却占全部时间的 76%，6 条出镜报道共有 8 位出镜记者。②

英国广播公司（British Broadcasting Corporation，BBC）《十点新闻》2011 年 6 月 16 日的节目中 9 条新闻中有 6 条（约占 66.7%）使用了记者出镜，7 月 29 日的节目中 9 条新闻有 5 条（约占 55.6%）采用了记者出镜。③ 足见欧美主流电视新闻节目对出镜报道的倚重。

而打断式的出镜直播报道，则会使整个新闻节目的编排更具灵活性。2003 年 10 月 11 日，大庆电视台《绝对现场》的连线内容是“城南某小区附近一根 500 毫米主供水管突然爆裂”。该栏目进行第一次卫星连线的时间是 2 分 10 秒，随后按照正常节目串联进行，15 分钟后第二次连线 1 分 40 秒，27 分钟后进行第三次连线，介绍抢修最新进展。④

山东广播电视台齐鲁频道《一天零一夜》每晚对 SNG 的应用也是其他晚间新闻节目不常见的。每晚《一天零一夜》都会有 SNG 的卫星连线，记者出镜报道省内最新的突发新闻，在节目结束之前，《一天零一夜》随时可以改变节目编排，插入最新的 SNG 新闻和画面。在收视率统计中，卫星连线的分钟收视率都会出现不同程度的提高，一般会提升 0.5 至 2 个百分点。该频道有不成文的规定，如果发生特别重大事件，《一天零一夜》整档节目可以 SNG 直播。⑤

（二）增加节目的可视性

可视性是指值得看的程度。与播音员、主持人端坐或站在演播室或端庄、或郑重、或亲切、或幽默的播音、主持不同，出镜记者置身新闻事件现场，形象各异、风格迥异，涉及的新闻题材也不尽相同；与演播室的播音员、主持人的场景和形象相对稳定不同，出镜记者处在更为开放的时空中，在报道中发挥的余地较大，出镜记者可以边走边出镜，也可以运用景别变化出镜，还可以拿道具出镜，增加了节目的可视性。

（三）作为应急播出的重要环节

现在的电视新闻栏目大多是演播室直播，栏目的时间版面是有限的，有时由于各种原因，某天的新闻节目可能存在时长不够，用主持人填充可能会打破原本的节目样态，

---

① 张婷．形式升级 理念不变：从《零距离》节目编排看民生新闻的创新与拓展．视听界，2011（6）．

② 高贵武．出镜报道与新闻主持．北京：中国传媒大学出版社，2012：71－72.

③ 冯德兵，高萍．徘徊在“现场”与“演播室”之间：BBC《十点新闻》与央视《新闻联播》播报结构比较研究．重庆理工大学学报（社会科学），2014（1）．

④ 李响．从《绝对现场》看现场连线直播．中国广播电视学刊，2003（11）．

⑤ 张超．《一天零一夜》靠深度赢得高收视．视听界，2010（5）．

所以在某些紧急情况下可以采用出镜记者直播报道的方式“救火”。因为提前做好的电视新闻如果要进行修改，需要从文稿、合音、剪辑、合成、字幕等一系列环节进行，在紧急情况下不光救不了急，反而容易导致节目出错。

出镜记者在直播中，可根据新闻价值大小、新闻可视性大小、新闻节目时长等因素灵活调整报道内容和时长。有些地方电视台为了弥补节目时长空缺，往往会要求出镜记者在直播时多说。

还有一种情况是节目出现了特别编排。2012 年 7 月 1 日晚 8 点，香港维多利亚港举行庆祝香港回归 15 周年烟花会演，原本当天《东方时空》的安排是 5 分钟的单边连线，后变成 23.5 分钟的全程连线解说。节目编排的改变对出镜记者提出了新的要求，也体现出直播型出镜报道在时长上的灵活性。

一线者说

如何“填充”这 23.5 分钟？

对着 23.5 分钟的烟花，说什么？还有比烟花更绚烂的形容词吗？在这种情况下，只能说大家看不到的背景，而这个背景绝不能是“死背景”。在完成香港特区新政府就职典礼采访，离燃放烟花只有 5 个多小时的时候，笔者展开了艰难的采访。几经周折拿到当晚烟花燃放总导演的电话号码，拨通电话，把所有能想到的细节都问了个遍。其间，对方几次要收线，笔者起码说了 3 次“这是最后一个问题”。可以想象，在烟花会演前 5 个小时采访总导演给人家添的乱有多大。但这是在可行情况下，最大限度挖掘“活背景”的唯一的机会，不能放弃。正是因为有了这次采访，在当晚直播时，笔者才能把从背景音乐、火药填装、设计师的细节构想，到每一章节的主题，一直到现场的温度、风力，以及烟花生产的幕后故事，一一作为“活背景”讲述给观众。

资料来源：沙晨．活背景、新解读、真情绪：简析直播常态化下记者连线的影响力．电视研究，2015（7）．

第四节　出镜记者的素质要求与评价标准

要胜任出镜报道，需要出镜记者具备一定的素质。本节我们来探讨对出镜记者素质的一般要求与评价标准。

一、出镜记者的素质要求

（一）政治素质

新闻媒体是上层建筑的一部分。在中国，新闻媒体作为党、政府、人民的“喉舌”必须坚持党性原则，新闻工作者是党和政府联系人民群众的桥梁纽带。出镜记者的政治素质要求出镜记者必须坚持以马克思列宁主义、毛泽东思想和新时代中国特色社会主义理论体系为指导开展新闻报道工作，全心全意为人民服务，坚持正确的舆论导向。

出镜记者作为在新闻现场的叙事者，也是出镜报道的第一个把关人，一旦出镜语录制或直播完成，通常不可更改。录播出镜报道可以通过电视台内部审稿，不合适可以删掉，但是直播中，除非电视台有充足的延时时间，否则不能更改。某电视台曾经在一次现场直播前夕发现，有不法分子举着牌子在周围晃悠，领导当即决定停止直播。①

对于重大突发事件，报道什么、从哪个角度切入、把话说到什么程度、如何吃透“两头”，在与境外媒体连线时如何向世界正确说明中国，都是需要出镜记者具备良好的政治素质才能处理好的问题。

记者还要考虑新闻界自身坚持的纪律性、政策性。能否报道、怎样报道、报道到什么程度、选择什么样的角度，这些都来自记者日积月累对方针政策、路线思想、纪律规定的掌握程度，也体现着记者的政治意识、大局意识和责任意识。②

（二）业务素质

出镜记者的业务素质包括新闻敏感度、观察能力和合作能力。其中新闻敏感度的高低在很大程度上决定着记者在现场的观察能力和新闻报道的视野。

1. 新闻敏感度

新闻敏感度是新闻工作者迅速而准确地捕捉客观世界的变动信息，并衡量其新闻价值大小的职业反应能力，是新闻工作者在长期的新闻实践中将新闻职业意识内化而成的本能反应。

电视策划人薛宝海认为：“观众不关心你（出镜记者）到了哪里，而关心你到了之后有哪些震撼你的事情，你的感受是什么。出镜的目的就是让新闻更真实、更生动。”出镜记者须有一双善于发现的慧眼，即具备新闻敏感度，能够发现新闻现场的细节，找到报道切入的角度，也就挖掘出了新闻价值。③

新闻敏感度的主要内涵有：

(1) 迅速判断某一新闻事实对当前工作的指导意义。

(2) 迅速判断某一新闻事实能否吸引较多受众。

(3) 透过一般现象挖掘出隐藏着的有价值的新闻事实。

(4) 在同一事物的诸多事实中，迅速判断、鉴别出最具有价值的新闻事实。

(5) 在对事物进展过程充分调查分析的基础上，预见有可能出现的新闻。

一线者说

白岩松：香港回归直播临时换直播地点

1997年6月30日晚上8点，皇岗联检大楼和与之相连的落马洲大桥成了举世瞩目的焦点。由509名海陆空三军士兵组成的中国人民解放军驻港部队的先头部队，分成39辆军车向皇岗口岸进发。当我们今天重新搜寻十年前的记忆时，在当天晚上的直播里，我们发现了这样一个细节。

水均益：“各位观众，我们待会儿，我们有一位现场记者白岩松，他也在这个地

---

① 陈城．论现场直播在电视新闻中的作用．新闻大学，2007（3）．

② 丁晓军．走出误区 提高素质：关于电视新闻现场报道的思考．中国广播电视学刊，2010（7）．

③ 张欢．突发现场，记者如何出镜？．南方电视学刊，2011（4）．

方。我们现在请导播先把信号切到他那里，看一看能不能跟他联系上。白岩松?”

其实在这十年间，好多人都说，在直播中，当时水均益怎么找你半天都找不着了。问题出在哪儿呢？我得把这个故事给大家讲一下。其实我原来最早的直播点不是在这里，而是在前面的这个皇岗口岸。但是在6月30号的头一天，突然知道在这个之间会有一条标志性的管理线。当时我就印象很深了。我用脚给主任比画。我说：“主任，这块有一条管理线，你看这面就是深圳，这面就是香港，咱能不能不在前面直播，而到这儿来直播啊?”当时主任就说，好了，明天就在这儿直播。但是在第二天直播的时候，可能是依然按照原有的计划，把信号切到了前方，所以最初出现了一点点的空白，导致水均益会喊“白岩松?”，其实背后隐藏着这样的一个故事。

资料来源：岩松看香港：重走1997关键地标.（2007-06-25）［2023-05-20］. https：//news. sina. com. cn/c/2007-06-25/195813307316. shtml.

声　音

主持人转型出镜记者应提升新闻素养

主持人不等于出镜记者，出镜记者不等于主持人。主持人转型为出镜记者时需要注意主持和采编的差异，从理论和实践上查漏补缺。扫一扫二维码，阅读《主持人转型出镜记者应提升新闻素养》。

主持人转型出镜记者应提升新闻素养

2. 观察能力

观察是感官与头脑并用，在事物自然状态下对其知觉信息进行积极的收集与处理的过程。善于观察应该是对所有记者的基本要求。对于电视记者而言，还需要通过记录和传播观察到的感性信息来进行报道，因而要求他们具有更加敏锐的观察力。①

观察能力考验的是出镜记者去伪存真、识别关键信息的能力。央视《面对面》节目主持人王志曾说过，在现场你没有任何东西可以伪装，也没有任何捷径可行，只有通过自己的眼睛去观察，用自己的心灵去体会。② 在一次对“假楷模”的调查中，王志发现贴满墙的学习体会材料只有两三个人的字迹，仔细看看这些稿子的内容，开头、结尾都是一样的，只是中间有几句稍有变化，后经证实，这面墙上50多份“学习体会”是两三个人一夜之间抄出来的。③

汶川地震报道中，白岩松在四川绵阳九州体育馆灾民临时安置点出镜时，抓住了场馆外墙上贴满“寻人启事”这个最有说服力的“信息物”，引出现场报道话题，向观众讲

① 周小普. 广播电视概论. 北京：中国人民大学出版社，2014：150.
② 曾祥敏. 广播电视新闻采访报道. 北京：高等教育出版社，2013：157.
③ 赵华. 央视《新闻调查》幕后解密. 北京：中国广播电视出版社，2008：200.

述了地震不仅震毁了房屋建筑，还让灾区无数个家庭正承受着难以想象的精神煎熬。在那个特殊时刻、特殊地点，这样的“寻人启事”所负载的信息意义非同一般，它不正是汶川地震这场巨大灾难留给我们巨大伤痛这一事实的真实写照吗？这样的话语比干巴巴的讲述要真实可信得多。①

3. 合作能力

合作能力有两个层次的要求：第一个层次是安全，保证出镜报道顺利制作完成进入播出系统；第二个层次是出彩，出色地完成出镜报道任务，让报道成为精品。

出镜报道是出镜记者与摄像记者协同完成的新闻作品，如果是直播，还涉及直播技术人员、导播、主持人。

（1）与摄像记者的合作。

出镜记者的出镜、叙事内容的呈现、画面细节的抓取、采访过程的记录，都需要摄像记者密切配合。出镜记者与摄像记者的合作程度直接关乎出镜报道的品质。NBC记者莫顿·迪恩认为应该和摄像师多沟通，例如“谈谈你想要找些什么素材，你期望做成什么样的片子，以及你对整个节目的大致安排等”。前哥伦比亚广播公司新闻记者本·西尔弗说，如果记者和摄像师不能建立良好的合作关系，就很有可能各自为政，这样是做不出好节目的。他建议：“如果你想要摄像师为你的节目提供好的画面，那就必须准确地告诉他们你想如何做节目。”②

一线者说

张泉灵：声画“两张皮”

我曾经看了一个直播片子，内容是讲在青藏铁路的一个小站上，第一班列车要进站了。整个镜头当中我们看到摄像显然是有设计的，摄像想远远地用镜头调到火车进站。因为距离很远，摄像就需要上架子。在整个直播过程当中，摄像的设计是上了架子，远远调到火车进站，一个缓慢的摇镜，一直跟到火车到站上停下来。

但是，出镜记者却完全没有跟摄像沟通，他不知道摄像是这样一个设计，摄像也不知道出镜记者要说什么，出镜记者在摄像慢慢移动着的大概长达一分钟过程当中只有一句话要说：你看第几次列车几点到我们这儿……他说完这句话，就再也没话了。可是，摄像却还在自顾自地摇镜头！于是，出镜记者一说完之后，坐在演播室里的主持人就撑不住了，赶紧问出镜记者：你有没有算过火车从上一个站到这一个站多长时间？这一班火车到下一班火车间隔多长时间？出镜记者就得回答这个问题。这里，大家不要忘了，现场直播实际上与现场的内容脱节了，完全是两张皮。接下来记者想起做现场观察，说：“你看上面的乘客都在跟我们打招呼呢！”可是，摄像还在那儿创作他的作品，他的镜头推得非常好，跟着火车走，车上面还有人打招呼。整个过程，我就没有看到记者在此之前露过脸，一直在做现场报道，因为摄

① 刘静．出镜记者要善于“借题发挥”：以白岩松为例探讨．当代电视，2008（12）．

② 巴纳斯，怀特．广播电视新闻：写作、报道与制作．5版．黄雅堃，译．北京：清华大学出版社，2013：158-159.

像一直在跟着摇。终于列车停下来了，记者这个时候一看，我可以出现在镜头里了，于是一个小步跳，就撞进了镜头里，再然后呢，进入镜头之后的记者，又不知道自己要说什么，因为原来自己准备的词都说光了！

资料来源：张泉灵．现场直播中的出镜记者需要具备什么：泉灵讲课之一//杨华．咱们电视有力量．北京：中央民族大学出版社，2009：24.

（2）与后方编辑部的合作。

在直播中，责任编辑会根据节目时长和新闻重要程度等因素综合考虑分配给出镜记者的报道时间。与后方编辑部合作首先要守时、讲信用。例如某次连线的时长是 3 分钟，出镜记者要严格遵守这一约定，不能随意缩短或延长出镜时间。因为无论缩短或延长都会影响整个节目的编排，可能由于你的一次延长，挤掉了一条应该在当期节目播出的新闻，也可能因为你的一次缩短，造成节目空播，尤其是在当期新闻不够、没有备片的情况下，空播的风险是非常大的。

一线者说

白岩松：在摄像机前面挂表

我从 1996 年就开始自己训练自己的直播能力。当时很多人觉得简直是搞笑，因为看不到未来。《东方之子》的摄像全知道，在 1996 年，从奥运人物开始，我已经开始在摄像机前面挂表了。要求自己原来一个小时完成的采访，现在必须在 25 分钟之内完成。当时他们都不理解为什么，我说我要为直播做准备。因为录播时代，大家都是一个十分钟的节目，采访一两个小时，回去再剪。我就觉得这不行，如果直播时代到来，直播给你 5 分钟就 5 分钟，请问你能不能在这 5 分钟内，把最精彩的东西给挖掘出来？

资料来源：邹煜，白岩松．一个人与这个时代．上海：上海交通大学出版社，2013：74.

一直以来人们倾向于认为记者身处一线，掌握的现场信息就一定比后方编辑部要多，因为记者就是媒体在前线的“眼睛”。这种观点在实践中有偏颇之处。一线采访会遭遇很多局限，甚至极有可能记者采访的意义仅限于媒体“到场”，记者在获取信息的广度和深度上反而不如后方编辑部。为了扩充报道内容，媒体通常会利用后方大编辑资源，进行信息的逆向传输。后方编辑把搜集到的一些适合该报道地点的信息告知记者，记者结合自己亲手获得的信息，进行整合之后，成为出镜报道的有声语言内容。[①]

在前方记者采集的信息较为充分的情况下，出镜记者需要和后方确认报道内容以及报道重点。在媒介融合（media convergence）时代，一些电视台的出镜记者可能还被要求给本媒体的官网、微博、微信等平台供稿，甚至不同的平台还有不同的要求，需要出镜记者依据后方要求为不同平台“定制”报道内容，这时出镜记者不仅是一名电视记者，

---

① 宋晓阳．出镜记者现场报道指南．北京：中国广播电视出版社，2008：172.

更是一名“超级记者”[①]（super reporter）。

案例

超级记者的工作流程

“融合新闻”（convergence journalism）在个体层面的标志是那些掌握了多种媒介技能的“超级记者”，这些人在美国还有“背包记者”（backpack）等多种称号，他们掌握了全面的多媒体技能，能够同时承担文字、图片、音频、视频等报道任务，为多种不同媒体提供新闻作品。如在美国“融合新闻”做得最成功的美国媒介综合集团（Media General Inc.）有一位名叫杰基·巴伦（Jackie Barron）的女电视记者，曾用四周的时间在圣安东尼奥采访一起重要的联邦案件。她每天的工作日程是：早晨6点给网站写一篇专栏文章，介绍案件的情况，然后到法院去采访当天的最新进展情况，上午10点通过电话给电视台发去最新报道；下午两点半到三点编制一个晚间电视节目传回去，然后再回到法院采访下午的进展情况，通常到晚上7点才结束采访；最后，还要给第二天出版的报纸写一篇新闻稿。这样技能全面的记者在今天已经成为非常抢手的人才。媒介集团对融合新闻人才的需求还成为推进新闻教育改革的动力。

资料来源：蔡雯．从“超级记者”到“超级团队”：西方媒体“融合新闻”的实践和理论．中国记者，2007（1）．

原央视主持人赵普认为，记者和主播是电视新闻生产中的两个重要角色，无论是在单位内部还是在观众看来都重要。需要强调的是，同一条新闻，不同的人报道会不一样；同一条新闻，不同的人连线也会不一样。对容易滔滔不绝的记者，要控制时间；对容易紧张的记者，要放慢节奏；对容易跑题的记者，要帮他打圆场；对观察发现不够的记者，要帮他发掘；等等。一句话，主播与记者是一唱一和的搭档而非心怀不轨的挖沟人。[②]

在直播前，前方记者最好与导播或主持人就提出的问题做好沟通。这不仅能让记者有时间准备如何作答，也能够让主持人提出有质量并能提高新闻信息含量的问题。[③] 这样可以避免出现主持人提问题时记者频频说“不清楚”的情况。

一线者说

“175米意味着什么”的思考

在有关“三峡175米蓄水”的直播中，主持人正襟危坐地问前方记者：“你认为

---

① 超级记者指的是在传统媒体与新媒体融合背景下，运用一体化的新闻采集、生产、加工、呈现平台，借助文字、图片、音频、视频等报道手段，为报纸、广播、电视、网站、电子阅读器等多种终端提供新闻服务的职业记者。多媒体技术的运用与多终端产品的提供，是衡量超级记者的主要标准。参见：任媛媛．“超级记者”的现实困境与未来出路．青年记者，2013（4）。

② 赵普．连线记者 看在咱是同事的份上 请呼叫我的名字//中央电视台新闻中心．央视新闻·内刊外读．北京：三联书店，2015：98-99.

③ 巴纳斯，怀特．广播电视新闻：写作、报道与制作．5版．黄雅堃，译．北京：清华大学出版社，2013：197.

达到 175 米意味着什么？”之后现场记者讲了达到 175 米使三峡工程的四大效益发挥到最大值。时任地方记者部副主任的何绍伟批评我们：“175 米意味着什么，是主播应该懂的，或者说，是主播所代表的媒体应该懂的，这是普通的背景信息，不是现场中不可替代的独家信息。连线的现场记者应该说什么？后方的提问应该是什么？要认真研究。”

资料来源：张鸥．视频连线≠现场报道≠实况转播：电视新闻直播的三层空间//中央电视台新闻中心．央视新闻·内刊外读．北京：三联书店，2015：75.

一线者说

记者与主播的直播配合

直播连线连着演播室里的主播和新闻现场的记者，这两个人要配合默契才能连好线，好比打电话的两个人，哪一个掉链子都不成。但每个做直播连线的记者不是天生就有镜头感，直播一来就能活灵活现地为各位介绍新闻现场的情况，他们也和各位一样上学、毕业、工作，人多了也可能说不出话。连线另一端的主播也一样，也不是天生随口就能来脱口秀。面对直播现场，记者问什么问题，问到什么程度，这都需要主持的功底。这时候直播编辑们就必须登场了，编辑们要提前摸清记者现场的内容，又要把主播的问题想法弄清楚，最后再把双方的意图统一起来反馈给两位，达成最终一致后，就呈现在了直播中。屏幕上只见连珠炮似的问到点的主播和妙语连珠的记者，两个人有问有答，吸引了观众的眼球。有成功就有遗憾，有时候遇到突发事件，双方来不及沟通，就会出现各说各话的情况。

资料来源：张柱．直播那点事//中央电视台新闻中心．央视新闻·内刊外读．北京：三联书店，2015：422.

（三）心理素质

心理素质是以生理条件为基础的，将外在获得的刺激内化成稳定的、基本的、内隐的，具有基础、衍生和发展能力的，并与人的适应行为和创造行为密切联系的心理品质。[①] 记者的心理素质是指记者在新闻工作中所应具备的心理品质以及由这些心理品质相互作用所表现出来的综合能力特征。[②]

心理素质的结构包括五个方面：元认知能力、一般认知能力、社会智力和实践智力、人格心理素质、心理行为的适应水平。[③]

元认知[④]能力是指个人监督和控制认知活动的能力。

一般认知能力指一般认识能力，包括观察（知觉）能力、注意能力、记忆能力、思

① 张大均．论人的心理素质．心理与行为研究，2003（2）．

② 张雅明．论记者的心理素质．河北大学学报（哲学社会科学版），1999（3）．

③ 刘金平．心理素质的本质和结构新探．河南师范大学学报（哲学社会科学版），2002（4）．

④ 元认知又称反省认知、监控认知、超认知、反审认知等，是指人对自己的认知过程的认知。

维能力和想象能力。

社会智力可被概括为人们在社会情境中理解他人、理解非言语信息的能力以及与别人友好相处的能力。实践智力是指以未明言的[①]实际生活知识和技能为基础的能力。

人格心理素质可以理解为内在的、稳定的、独特的、适合社会生活的心理和行为特征。主要的人格素质有：动机与理想、独立性、坚持性、自制力、自信心、责任感、正确的自我意识、团结协作精神、乐观进取精神和创造性等。

心理行为的适应水平是指个体在社会生活中，改变自身或改变环境，使自身与环境和谐的能力。对出镜记者而言，如何在镜头前、在直播中适应这一特殊的情境至关重要。张泉灵在一次讲座中谈到出镜记者直播时的紧张心理状态："在直播当中很多的错误和害怕、紧张有关，这是一个恶性循环，越害怕越出错，越出错越害怕。有很多人可能会跟我有同样的习惯，越紧张说得越快，越快越容易出错，越出错脑子越空白，越空白说得越快。这种恶性循环一旦建立，你就需要特别高的技巧和特别丰富的经验才能把这种循环打破。"[②]

白岩松给过一个基本秘诀：要开好一个头。如果头能开好的话，就给自己的心理打下了厚实的基础，你就等于成功了一半。所以要准备好开场白，而不是整段的词。千万不要企图准备整段的词，这会给你套上一个枷锁；你只准备三五句开场白，心就会踏实下来。[③]

在灾难报道中，作为亲赴现场的见证者，许多记者常常会因为目睹惨状而情绪失控。但是作为出镜记者，还是需要在报道前收敛起内心的波澜，把现场情况客观地反映给观众，这才是出镜记者的职责。过度传递自身情绪，则有可能会造成"模糊报道焦点"的后果。2014 年，龙卷风袭击俄克拉何马州穆尔市（Moore），KFOR（北约驻科索沃国际安全部队）的一名记者在直升机上报道灾后伤亡情况时，不禁失声痛哭，报道不得不终止。而与之形成对比的是，同样是报道灾情，美国国家气象频道的记者迈克·贝蒂斯（Mike Bettes）在报道龙卷风袭击密苏里州乔普林市（Joplin）时，一时哽咽无法说话，但他却努力克服情绪，最后顺利完成报道。[④]

二、出镜记者的评价标准

评价一位出镜记者须遵循一定的标准。在这里，我们引入胜任素质（能力）模型（competency model）这一概念。胜任素质（能力）模型又叫素质模型，是个体为完成某项工作、达成某一绩效目标所应具备的一系列不同素质要素的组合，分为内在动机、知识技能、自我形象与社会角色特征等几个方面。这些行为和技能必须是可衡量、可观察、

---

① "未明言的"是指一种从不明确传授、很多情况下未经言语化的知识。

② 张泉灵．现场直播中的出镜记者需要具备什么：泉灵讲课之一//杨华．咱们电视有力量．北京：中央民族大学出版社，2009：21.

③ 同②23.

④ 全媒派. 台风里的"崩溃式出镜"反挨批?! 学学老外记者咋做连线. (2015-07-14) [2016-03-20]. https: //mp. weixin. qq. com/s/Iuqm5mBe5hrbR2uCKqSRUA.

可指导的，并对员工的个人绩效以及企业的成功产生关键影响。高贵武总结了出镜记者的胜任素质模型（见表1-4），涵盖出镜记者素质的方方面面，容易观察和测量。建议本书的读者对照这一模型找出自身需要提升的素质，有的放矢地进行学习和训练。

表1-4　出镜记者胜任素质模型

素质类别	要项		行为表现
个人发展特征	1	丰富的专业知识	熟悉所报道领域的专业知识。
	2	扎实的电视功底	具备扎实的电视新闻业务基础，并对电视相关技术有基本了解。
	3	适应能力	能够快速适应不同报道环境，进行角色调整。
	4	抗压能力	在高度紧张、形势危急之类的报道条件下，具有强大的心理承受能力，仍然能正常进行出镜报道。
	5	学习能力	具备学习新知识、新技能及其他优秀出镜报道的动力与能力。
	6	内省	总结自己采访报道的经验与不足。
执行力特征	7	快速反应能力	能够快速反应，到达新闻现场；在出镜报道中的随机应变能力。
	8	现场观察能力	能够察觉出镜报道现场的新鲜、独特之处，善于发现细节与亮点。
	9	获取背景及相关信息能力	在出镜报道之前，短时间内获取新闻事件的背景及相关信息的能力。
	10	独立思考分析能力	快速有效地分析梳理所获信息，提出独特的出镜报道视角。
职业技能特征	11	采访能力	出镜前，快速与新闻现场人物进行沟通；出镜时，掌握采访节奏与方向。
	12	镜头表现力	通过非言语符号传播与现场画面呈现，能够准确传达出镜现场的气氛，感染观众。
	13	语言表达能力	语言流畅清晰；快速组织语言的能力；细节描述能力和提炼概括能力。
	14	突发情况处理能力	在发生突发情况时，能够快速判断其新闻价值，采取适宜的出镜报道方案。
控制能力特征	15	思路清晰	在出镜报道的过程中，能够清晰地掌控报道过程，把握报道节奏。
	16	迅速抓住事件核心的判断力	能够迅速判断新闻事件的核心所在，从而选择最具代表性的出镜地点、采访对象与报道内容等。
	17	全局观	了解整体新闻报道的计划、进展与后续报道的需求。
个体人格特征	18	积极自信	在报道中积极主动寻找问题、解决问题，保持自信的精神风貌。
	19	良好的职业道德	真实、客观、公正地进行出镜报道，慎用形容词、副词，在画面呈现时，保护未成年人等弱势采访群体。
	20	敬业，有职业追求	认真对待出镜报道工作的每一个问题，主动通过学习、交流等方法追求出镜报道能力的提升。
	21	团队意识	与摄像等工种进行积极配合，与编辑等后期人员沟通交流。
目的导向特征	22	报道目的明确	知道出镜的意义，并懂得用目的引领出镜报道的方向。
	23	情绪控制力	理性进行出镜报道，情绪不可大喜大悲，或波动太大。

资料来源：高贵武．出镜报道与新闻主持．北京：中国传媒大学出版社，2012：208-209.

本章小结

出镜记者的出现是电视媒体探寻电视新闻传播规律的产物。出镜记者不是外景主持人，出镜报道也与现场报道、连线报道有同有异。辨析这些关键概念将有助于加深我们对出镜记者、出镜报道的认识和理解。

需要注意的是，出镜记者不能以自我为中心。如果一条出镜报道播出后，观众记住的不是出镜内容而是出镜记者，你就要思考：自己是不是在出镜报道中太“突出”了？同样，出镜记者也不是“人肉话筒”，而是观众在现场的“眼睛”，代表着媒体的“在场”和“立场”。政治素质、业务素质、心理素质是合格的出镜记者素质构成的三个重要维度。出镜记者水平的高低在很大程度上缘于素质上的差异。“木桶定律”是讲一只水桶能装多少水取决于它最短的那块木板，对于出镜记者而言，你能走多远，取决于你最弱的那项素质能提高到什么程度。

推荐阅读书目

1. 高贵武．出镜报道与新闻主持．北京：中国传媒大学出版社，2012.
2. 常昕．广播电视新闻业务．北京：中国人民大学出版社，2019.
3. 孙玉胜．十年：从改变电视的语态开始．北京：三联书店，2003.
4. 邹煜，白岩松．一个人与这个时代．上海：上海交通大学出版社，2013.

思考题

1. 出镜报道的样式有哪些？各有什么特点？
2. 请从媒体和观众两方面谈谈你对“黑洞”直播报道的看法。
3. 简述出镜记者在电视新闻传播中的作用。
4. 做一名合格的出镜记者需要具备什么素质？

练习题

1. 观看电视新闻节目找出三种电视新闻报道：无记者出镜的电视新闻报道、有记者出镜但画外合音是播音员的电视报道、记者出镜且画外合音为出镜记者本人的出镜报道。感受这三种电视新闻，分析一下哪种电视新闻更具吸引力。

2. 比照“出镜记者胜任素质模型”找出自己欠缺的地方，制订一个提升自己的计划，争取在学习本课程时，弥补短板、强化特长。

拓展阅读

“黑洞”直播报道：不菲的噱头还是进步的新闻？（节选）

直播报道是吸引观众的必要手段吗

“新闻评分”网站（Grade the News）在问卷中向大多数受访者提出了一个问题：没有或很少直播报道的新闻是否能吸引最多的观众？

前第四频道新闻部主任艾尔·戈德斯坦提问道：“（记者在镜头前报道的）录像新闻是否能与直播报道效果相同？从新闻报道角度讲一般是可以的。没有直播报道观众是否会觉得自己受了欺骗？从新闻报道角度讲不会。可是观众的直觉会告诉他们，这种新闻并不吸引人，很无聊。”

第二频道的新闻部主任安德鲁·芬雷森补充道：“观众使用遥控器或鼠标投票选择那些能让他们身临其境的新闻。”他认为，坚持进行直播报道有助于提升电视台的声誉。

芬雷森解释道：“直播报道有能量使新闻更加有趣，更有吸引力。我在曾经担任记者的时候，常常感觉自己在直播报道的时候状态最佳，一遍就能过。此外，直播报道能告诉观众：我在直播，我有能力讲述好那些正在发生的事情。”

然而也有另一些人唱反调。前第四频道记者、现任第六十频道（KCSM）《新加州传媒》主持人埃米尔·吉勒莫（Emil Guillermo）就认为：“直播常常是自找麻烦，记者必须在过程中高度专注才可以……”

第四频道新闻部主任斯特西·欧文认为，直播报道对于新闻的“节奏”十分重要。“不需要主播来播报，那些全天现场跟踪的记者们能让新闻增添即时性，让新闻的背景和视角更加丰富。录播新闻却没有这么生动。”吉勒莫先生补充道：“直播报道‘战胜了千篇一律的播报’。”

直播报道是否能使受众数最大化？旧金山湾地区另一名不愿透露姓名的记者称：“顾问、销售人员（他们往往经营着电视台）和所谓的新闻部主任们（更多时候被业绩和市场需求所驱动，而非真正的新闻人）坚信观众对现场报道的反响远好于录播新闻。”他还说道：“有点讽刺的是，直播的新闻中核心部分都是前期制作完成并录播的，而往往只有开头和结尾是真正直播完成。”

www. tvspy. com 是由广播电视记者开设的网站。许多人质疑该网站上的直播报道。其中的一条典型留言是：“电视台那些顾问们告诉电视台管理者‘直播是大势所趋’。他们说‘人们会停下手边的工作’看看到底是什么事情值得电视台进行直播报道。这些事情肯定很重要，不然电视台不会动用直播连线进行报道。”

“有一段时间公众对这种想法很买账（对此我表示遗憾），但是你知道吗？实际上，公众变聪明了，一开始他们对自己被骗出离愤怒，如今他们对此根本不在意（跟‘狼来了’同一道理）。”

另一条留言是：“只要有制片人和顾问存在，无谓的直播报道也就总会存在。这有害于有意义的电视新闻的发展。”

直播报道会阻碍新闻报道的发展吗

北卡罗来纳大学的一名新闻学教授花了 16 年时间研究当地电视新闻。近日他通过调查当地 211 家媒体的新闻编辑室发现：“接受访问的记者一再强调他们面对画面空洞的镜头时，搜集和讲述新闻的能力便会下降。”塔格尔（C. A. Tuggle）在《哥伦比亚新闻评论》三/四月刊中写道：“由于记者们在直播报道中无法离开特定位置，因此他们实际上无法挖掘出更多背景信息进行报道。”

旧金山湾地区的记者们各自有着不同的看法。第四频道的一名记者说道：“正如记者们一直抱怨的那样，直播报道确实削弱了记者们的报道能力，让他们无法接触到有趣的信源，写作和制作出的新闻缺乏信服力，也不够专业。如此一来，地方新闻就会更加肤浅。”

然而第五频道的托尼·鲁索曼诺（Tony Russomanno）认为：“我不觉得直播报道会占用记者收集素材的时间。”他指出，直播车的使用可以让记者在采访地传回新闻，无须回到演播室中。在寻找新闻或酝酿报道想法时又会怎样呢？他说：“当我在外景现场报道新闻时，我是全神贯注投入其中的。”

第二频道的瓦卡（Vacar）先生也认为直播报道并不影响新闻的搜集，然而有一点是例外的：“如果直播报道必须在该条新闻的某个重要元素（如新闻发布会）发生时或发生前后进行，那么情况就很棘手。因此，如果记者们在为《十点钟新闻》准备一条消息，而《午间新闻》需要对州公共事业委员会就利率上调一事进行表决这个新闻进行直播报道，那么记者们就要停下手头的工作，制作和报道这条新闻，之后再忙自己的事情。”

直播报道是否更有说服力

第二频道新闻部主任芬利森称观众认为同一记者在同一地点的直播报道比提前录制的新闻更有信服力。“我认为现场直播能把事情直观地告诉观众，这一点录播新闻永远做不到。”

前电视新闻人、田纳西大学广播新闻专业教授马克·哈蒙称，他从未见有任何研究表明现场直播更有说服力：“即使有这样的数据，也是个人统计所得。”这类由顾问个人研究所得的数据被学术界广泛质疑缺乏严谨性。

哈蒙教授认为，空洞的直播会削减可信性，是因为“在没有事情发生的情况下，它们经过精心设计，让人产生具有即时感的幻觉。爱思考的观众会好奇，为什么录播的画面是白天，而直播的开头与结尾是晚上”。

塔格尔教授称他的研究显示，当直播报道镜头可有可无时，观众也会质疑新闻。他们中“绝大多数人都承认有时现场报道毫无意义。一名观众将其归纳为诱导转向法。他认为直播报道的新闻意味着重要新闻，然而总是令人失望，因为并没有任何真正的新闻可看”。

资料来源：MCMANUS J. “Black hole” live shots：expensive gimmic or better journalism. ［2016-03-02］. http：//www.gradethenews.org/dream-host%20files/pagesfolder/Black%20Holes1.htm.

第二章

出镜记者的有声语言表达

本章学习要点

出镜记者有声语言表达的特点

出镜记者有声语言表达的策略

冗余信息

模糊语言

口误的类型与修正

有声语言表达是出镜记者的必备技能，也是出镜记者传递信息的重要方式。然而在实践中很多出镜记者在有声语言表达这一基本而又重要的环节存在问题，如书面语表达、词不达意、冗长啰唆、条理不清等。

出镜记者的有声语言表达是个性和共性的统一。个性是由出镜记者的性格、行事风格、日常说话方式等多种因素决定的，它在出镜报道时会有意无意地被透露出来：女记者的表达通常较为感性，善于捕捉带有情感的细节，语言表达细腻；男记者的表达通常较为理性，逻辑性强，倾向于客观叙述。共性是由出镜报道的本质——新闻报道决定的。出镜报道需遵循新闻报道的一般规律和原则，出镜记者的语言表达不能随心所欲，要受新闻事件、媒体立场、节目定位、目标受众等多方面的制约。

第一节　出镜记者有声语言表达的特点

出镜记者的有声语言表达有自身的特点，主要包括风格的独有性、语体的口语化和叙事的贴近性。

一、风格的独有性

风格的独有性是指出镜记者的有声语言表达所体现出的个性特点。独有性意味着唯一性，即便是两位出镜记者风格相似，也会在风格上有微妙差异，观众依然可以“闻声知人”。而所谓的“微妙”差异，实际上带有明显的可识别性。如央视的白岩松和王志，二者的语言风格都可概括为理性、睿智、犀利，但是白岩松善用修辞，语言浓缩，风格平易近人，而王志善于质疑，步步紧逼，风格严肃庄重。

出镜记者的语言风格形成是受多种因素影响的，包括内部因素和外部因素。内部因素包括思维特点、性格气质、声音条件、审美情趣、文化素养、生活阅历、社会经验、理解和感受、对技巧运用的方式不同等。外部因素包括宏观因素和微观因素，其中宏观因素有时代风格、民族风格、文化特点，微观因素有电视栏目或节目风格。①

案例

语言风格彰显个性

敬一丹在 2015 年杨澜主持的《杨澜访谈录：人生相对论》节目中谈到她观看《实话实说》节目录制时的一番思考：

有一次崔永元采访一个下岗女工。他说："如果将来有再就业机会的时候，你有什么愿望，什么想法？"这个下岗女工说："以后如果我再找工作，得找一个收入高点的、离家近点的。"然后小崔在旁边说："那还得让工厂搬得离你家近点？"

当时他说完了以后，就像现在大家此刻这样笑了一样，大家都会心一笑，这种笑声里也有一种很善意的否定。我在旁边听着，就想，假如说要我评价一下这个女工的话，我会怎么说呢？我脑子里就出现了我自己在《焦点访谈》里的那种样子，我想我肯定得说成这样：在面对下岗再就业的时候，是我们去适应环境呢，还是让环境适应我们呢？（这样说）就显得事情很严重。扫一扫二维码，收听敬一丹的讲述《语言风格彰显个性》。

语言风格彰显个性

资料来源：北京卫视《杨澜访谈录：人生相对论》，2015 年 4 月 29 日播出。

从总体上看，出镜记者的语言风格大体分为感性和理性两种。感性风格包括亲和朴实型、敏感真挚型、咄咄逼人型、幽默风趣型等；理性风格分为儒雅沉稳型、犀利思辨型等。当然语言风格的独特性是相对的，在不同情境下会产生语言风格间的交叉，由于角色的不同，出镜记者的语言风格也会因不同情况做出调整，但是其个性的一面总会透露出来，无法遮挡。正是这种差异使出镜报道打破了电视新闻节目"画面＋主持人/播音员解说"的统一风格，在新闻节目的内部编排上体现出多样化的视听感受。

二、语体的口语化

语体是人们在各种社会活动领域中，针对不同对象、不同环境，使用语言进行交际时所形成的常用词汇、句式结构、修辞手段等一系列运用语言的特点。语体分为口头语体和书面语体两类。

① 谢静．略谈电视节目主持人的语言风格．江西科技师范学院学报，2010（6）．

口语与书面语相比有以下特点：(1) 现想现说。(2) 语音稍纵即逝。(3) 语言灵活多样。口语对语境的依赖性强，交流速度快，提供的信息量大，听众对象又常常在眼前，因此句式多变化，多采用短句、自然句、省略句，结构比较松散；词语生活化，上口入耳，通俗易懂；语气变化多，停顿多。(4) 语音和态势语有特殊功效。口语表达超越死板的文字符号，可以运用丰富多彩的语音、调式、语气、节奏、表情、姿态、手势这些口语表达的特有手段来表情达意。①

出镜记者使用的语体是口头语体，而且是正式的口语，即“经过一定的自觉思考或总体上的准备而表达出来的口语，特点是积极的思考、情绪上较为紧张地应对”②。出镜记者选择口头语体是由电视的拟人际传播特点决定的。无论是录播出镜还是直播出镜，出镜记者通过镜头面对的都是“虚拟”的观众，在直播连线中，出镜记者还需与演播室主持人进行交流，建立起一种“真实”的人际交流语境。这种拟人际传播特点需要出镜记者使用口头语体，通过镜头建立起与观众的交流状态。

口头语体在带来亲切感、对象感、交流感的同时，如果遇到记者出镜时紧张、准备不足、没有养成规范表达的习惯，口头语体往往会沦为“啰嗦体”。例如某台一则新闻《胶济铁路事故路段恢复通车后运行正常》的记者出镜，在不到两分钟的报道里，“这个”一词出现了 39 次，以至于观众并没有听清楚报道的内容，只记住了“这个”。③ 所以，口头语体并不是加上“这个”“那么”就可以变得亲和，口语也需要规范、简练地表达，需要在日常生活中加强训练。

三、叙事的贴近性

叙事的贴近性意味着出镜记者在报道中要考虑到观众对于所获信息的接受能力，在遣词造句上要通俗易懂、直白常用。由于电视媒体的线性传播特点和新闻时长的制约，要求出镜记者的表达能即时即刻被观众理解，所以不能选择过于书面的词汇进行表达，以防引起晦涩难懂、多义歧义等传播障碍。从传播策略看，使用贴近性的词汇，也是电视媒体拉近传受双方心理距离的手段之一，可以产生“自己人效应”④。

叙事的贴近性与新闻真实并不矛盾。出镜报道的本质是新闻报道，出镜语言要忠于新闻事实，事实是第一位的，新闻是第二位的，个性化的表达是第三位的。出镜报道的表达内容必须以准确为前提。

实现“准确”的前提是细致采访、辩证思考、深入挖掘、小心求证、多方核实。由于出镜记者使用的是口头语体，在词汇选择方面，要坚持准确性和贴近性的统一，如果

---

① 王斌，王佳平．现场报道的即兴口语组织．中国广播电视学刊，2009（3）．

② 崔应贤．修辞学讲义．北京：清华大学出版社，2012：284.

③ 史加辉．出镜记者语言规范问题研究．语言文字应用，2012（4）．

④ 苏联社会心理学家肖·阿·纳季拉什维利认为，“自己人”之间具备“共同规律”，这种规律是指双方存在的共同点：立场相同（世界观、阶级立场、信仰、理想），背景相同（民族、籍贯、职业、经历、年龄），个性相投（兴趣、爱好、性格、气质），观点一致，利益一致。只要满足以上条件中的任何一项，便有可能成为自己人，并且这种可能性会随着满足条件的增多而提升。参见：陈力丹，邵甜甜．从传播角度看“自己人效应”．现代视听，2012（11）。

二者不能兼顾，以准确性优先。具体运用时，应在准确理解术语的前提下，进行语言说法的转换，如果限于时间或其他原因，这种转换不能尽意，则需要出镜记者加上限定语句，如“我们可以粗略地理解”“打一个比方”。此外还要避免各种术语的混用、乱用甚至错用，体现新闻真实性。否则，轻则影响国家规范语言文字的传播，重则影响新闻真实性。

例如某台记者去农村采访，当地称呼患有抑郁症的老人为“老糊涂”，开始记者以为这是形容老人神志不清，后来仔细询问并看了服用的药物发现，村民口中的“糊涂”指的是抑郁症，这一说法在该地区有相当的普遍性。出镜记者如果想要实现贴近化的表达（假设节目的目标受众是该地区的农村观众），可以用“糊涂”一词，但在拉近传者与受者在语言表达距离的同时，也要对“糊涂”做出科学解释。

再如 2016 年 1 月 7 日央视《午夜新闻》播出的《美国：奥巴马宣布一系列控枪举措》中，出镜记者在报道结尾对奥巴马推行的控枪措施的性质——行政措施进行了解释，让观众对奥巴马控枪举措的效果有了一个基本判断（见图 2－1）。扫一扫二维码观看视频。

图 2－1　央视记者报道奥巴马的控枪举措

美国：奥巴马宣布一系列控枪举措

记者出镜：行政措施相对于行政命令来说并不具备法律效力，而是美国总统可以在联邦政府内部推行的一些规定。下一任美国总统可以选择继续保留或者是取消这些规定。面对一个由坚决反对控枪的共和党所控制的参众两院，美国总统奥巴马在今天的演讲中也坦然承认，真正有效的枪支管控，并不会在他任期内达成。分析人士也表示，今天发布的这些行政措施，究竟有多少实质性的意义和作用，也还有待观察。

声　音

别淡忘了《计量法》

2014 年 8 月 3 日 18 时 5 分，某电视台正在播报有关昆山金属工厂爆炸后的情况，一位前方记者指着该厂被炸后的一截石墙对主持人说：“这堵墙至少被削掉了 40 公分！”这里的“公分”用错了！

早在 1986 年 7 月 1 日，《中华人民共和国计量法》便已正式施行。《中华人民共和国计量法》的核心内容是废止了“公尺”制，实行了“米”制。在“米”制方面，具体地说，即分为“纳米”“微米”“毫米”“厘米”“分米”“米”“千米”等七个等级。国家以法律来规范计量单位，也体现出要在计量单位领域里树立起国际通行的标准的意识。然而，在28年后的今天，上述电视台的记者仍然抱着“公分”不放，而不肯采用“厘米”！更加令人纳闷的是，此电视台出现上述类型的差错，不是偶尔这一次。本人在观看此台的新闻节目时，隔三岔五地会听到“公分”。这说明此台的新闻节目主持人和记者似乎已经淡忘了《计量法》。

资料来源：方孜行．别淡忘了《计量法》．新闻与写作，2014（9）．

第二节　出镜记者有声语言的表达规范

有研究统计发现，《新闻联播》虽然权威性很高，语音比较规范，但存在声调错误，声调错误主要是由后台的配音员和出镜记者造成的。[①] 在各级电视媒体的新闻节目中，出镜记者语言表达规范问题不止声调这一种问题，有的记者词不达意，有的记者不仅啰唆，语法还不通……出镜记者的语言表达规范问题应当引起注意，提高自身的语言表达水平也应成为出镜记者日常训练的重点。

知识窗

《中国广播电视播音员主持人职业道德准则》（节选）

第二十一条　广播电视播音员主持人要积极推广、普及普通话，规范使用通用语言文字，维护祖国语言和文字的纯洁，发挥示范作用。

第二十二条　除特殊需要，一律使用普通话。不模仿有地域特点的发音和表达方式，不使用对规范语言有损害的口音、语调、粗俗语言、俚语、行话，不在普通话中夹杂不必要的外文。

第二十三条　用词造句要遵守现代汉语的语法规则，语序合理，修辞恰当，层次清楚。避免滥用方言词语、文言词语、简称略语或生造词语。

第二十四条　表达要通俗易懂、准确生动、富有内涵、朴素大方。避免艰涩、易生歧义的语言和煽情、夸张的表达。

资料来源：中国广播电视播音员主持人职业道德准则．（2007-02-28）[2016-04-16]．https：//www.cctv.com/profile/special/C17724/20070228/102601.shtml.

一、语音标准

在电视这个大众传播平台上，出镜记者同样也是普通话的示范者和推广者，对于出

① 卢迪迪．电视播音主持有声语言规范问题研究：以推普周期间中央电视台新闻类、专题类、综艺类节目为例．北京：中国社会科学院研究生院，2013.

镜记者的语音要求虽不需等同于同媒体的播音员和主持人，但并不意味着对出镜记者的语音要求无底线。

一般来说出镜记者的普通话至少应达到二级甲等及以上，或比同媒体的播音员、主持人略低。如《广东省广播电视系统普通话播音员主持人普通话水平上岗达标规定》（2004年1月1日起施行）中，播出节目中出镜出声记者和外聘嘉宾主持人上岗标准为：省级广播电台、电视台为一级乙等，广州、深圳广播电台、电视台为一级乙等，地级市及以下广播电台、电视台为二级乙等[①]，均比同媒体的播音员、主持人略低。厦门电视台的招聘标准是普通话一级乙等以上。

国家广播电视总局（原国家新闻出版广电总局）2002年2月1日起施行的《播音员主持人持证上岗规定》提出"出声、出镜的编辑、记者，参照本规定执行"，普通话水平应达到国家《普通话水平测试实施办法》规定的标准。出镜记者是国家规范语言文字的传播者，因此应加强普通话的练习力度。出镜记者不能因为自己是记者，不是播音员、主持人，就降低自己对语音的要求。

在某台关于国家公祭日的连线报道中，出镜记者说："现在等待的人群呢，大都是表情凝重，寂寞等待。"其实记者要说的是"静默"，结果咬字不准发成了"寂寞"。这不光影响观众对信息的接收，也影响到这次直播的品质。

有研究发现，出镜记者语音方面的问题主要有以下几方面[②]：

（1）声母方面：平翘舌不分是最常见的问题，很多人把舌尖后音发成了舌尖前音，有的干脆就没有舌尖后音，一平到底；还有的该平的时候翘，该翘的时候平，或者干脆不平也不翘。

（2）韵母方面：有些人经常把圆唇音"o"发成不圆唇音"e"，如把"打破（pò）了世界纪录"说成"打破（pè）了世界纪录"；有的人前后鼻音分不清楚；还有人习惯将声母和主要元音鼻化，或分不清韵母"ie"和"üe"等，影响了字音的准确清晰。

（3）声调及语流音变方面：声调的问题也是比较普遍的，如"报道"的"道"应读去声被误读成上声、"气氛"的"氛"应读阴平被误读成去声、"比较"的"较"应读去声被误读成上声、"禁止"的"禁"应读去声被误读成阴平或上声的情况比比皆是。有些出镜记者的语音带有很浓重的方音语调，词的轻重格式混乱，轻声、儿化不规范，港台腔也常有表现。

二、用词准确

新闻文本是由一系列明确的事实判断语句构成的，原则上排除意见和情感的主观表达，对开放性的理解形成语义上的限制。[③] 新闻的真实性要求新闻报道的措辞务必准确，相较于平面媒体和录播新闻有相对充裕的甄选措辞的时间，用词准确在直播中直接体现

① 广东省广播电视局．广东省广播电视系统普通话播音员主持人普通话水平上岗达标规定．（2004－03－02）[2016－04－16]．https：//gbdsj. gd. gov. cn/gkmlpt/content/2/2159/post _ 2159681. html＃1820.

② 史加辉．出镜记者语言规范问题研究．语言文字应用，2012（4）．

③ 杨保军．新闻文本的个性特征．当代传播，2004（2）．

了出镜记者的语言功力。用词不准确，轻则体现出出镜记者的语言功力不强，重则影响报道效果，甚至新闻真实性。

2015 年 3 月 25 日在某台关于"德国之翼客机失事"事件的报道中，出镜记者的现场报道内容是这样的："我身后看上去是一片漆黑的空地，但实际上在昨天白天，这里是非常的热闹，因为这里是所有的救护车以及前往事发地点的直升机起降的场所。"这位说"热闹"的出镜记者，在微博中就受到网友批评，被认为缺少人文关怀。

知识窗

出镜报道中容易用错的词

始作俑者是开创者吗？万人空巷是巷子里空无一人吗？拘留就是逮捕吗？扫一扫二维码，了解出镜报道中容易用错的词。

出镜报道中容易用错的词

三、语法规范

现代汉语规范化不仅指语音的规范化和词汇的规范化，还包括语法的规范化。凡是不符合语法规范的句子，都应视为病句。[①] 出镜记者的语体虽然是口语，但属于规范口语，不能将日常口语中的错误表达或错误语法带到出镜表达中。

语法错误主要的类型有：词类误用、语序失调、虚词错用、结构混乱（包括残缺、多余、杂糅等）、搭配不当、关系不清（分句或句子之间）。每一类还可分若干小类。[②] 出镜记者应当在语法规范上多加学习。

知识窗

语义重复举例

"波及到""不良陋习""亲自操刀""再次重返""个人私事""出乎意料之外""好楷模""目前……已于昨日""在……的重视和关注下""一些个别""包含有""……中，其中""并肩一起""更加变本加厉""不必要的浪费""进行投票""生活安居乐业""首开先河""国外舶来品""令人堪忧""凯旋而归""免费赠送""提出质疑""目前的当务之急""第一部处女作""立刻顿悟""感到自惭形秽"。

① 李国英．从"出乎意料之外"谈语法规范．语文学刊（高教版），2006（13）．

② 庄文中．语法规范和语法错误：论语法教学之一．课程·教材·教法，1986（4）．

知识窗

结构杂糅举例

“目的是为了……”“大多以……为主”“平均……以上”“来自于……”等。

四、修辞恰当

修辞是表达者为了达到特定的交际目标而应合题旨情境，对语言进行调配，以期收到尽可能好的表达效果的一种有意识的、积极的语言活动。① 其中口语体修辞的三大基本原则是：（1）选词用语宜通俗性与丰富性相结合。（2）句式锻炼以“简”“短”为宜。（3）修辞文本的建构宜切情恰境灵活把握。② 出镜记者在出镜语中的修辞需要满足传播目的原则和适合语境原则。

满足传播目的原则是指不同的修辞手法可以实现不同的传播效果，因此出镜记者作为信息传递者，使用修辞是为了实现特定的目的，而不是随心所欲的行为。

有学者总结了一些辞格在表达上的侧重③：

侧重形象的：比喻、夸张、比拟、借代、幻变。

侧重折绕的：反语、回环、委婉、别解、设问。

侧重联系的：对偶、顶真、拈连、移觉、双关。

侧重精警的：悖显、仿拟、顿跌、对比、用典。

适合语境原则是指出镜表达是在特定的语境中进行的，受语境的制约，在表达前应以语境为依据，不可张口就来。

曾有刚出校门的年轻记者为了把一条公路被重型卡车碾压损坏的状况说得生动些，在现场这样说：“现在这条路就像是遭受了地震或炮火轰炸……”他想通过夸张的语言来强化被损坏程度，结果适得其反，因为画面上出现的仅是几个浅浅的坑而已。记者夸大事实，受众会觉得记者在说假话。如此，不仅起不到引人关注的效果，反倒连最起码的信任也失去了。④

出镜报道的真实性决定了只有那些既能使话语生动、形象，又不影响新闻真实的修辞格才能被纳入出镜报道中。我们试举记者出镜时常用的修辞格和实例如下。

1. 换算

在出镜报道中，当出镜记者面临数字时，为了让抽象的数字形象化，便于观众理解、加深印象，通常会采用“换算”这种修辞格。

---

① 吴礼权．现代汉语修辞学．3版．上海：复旦大学出版社，2016：1.

② 同①407.

③ 崔应贤．修辞学讲义．北京：清华大学出版社，2012：241.

④ 茅震宇．出镜记者之忌．视听界，2014（6）.

例 1

修改前：首相宣布从今晚午夜开始，对烈酒价格加收 5%的税收。

修改后：从今晚午夜开始，一瓶威士忌将要多花 60 便士。首相宣布将对烈酒加收 5%的税收，这将每瓶烈酒的价格至少推高了 5 便士。①

例 2

修改前：在惠灵顿市中心，政府批准了一个巨大的新的商业大楼。起重机塔将高达 297 米。

修改后：……起重机塔大约有 300 米高……这比埃菲尔铁塔还要高，几乎是圣保罗教堂高度的三倍。②

例 3

观众朋友，我手中拿的这个瓶盖大小的东西就是海信的"中国芯"。别看它小，里面却有着很深的奥秘。专家们说，它里面装了 200 多万个逻辑门、700 多万个晶体管。要是把它的线路拉开，能绕地球整整三圈。③

2. 比喻

比喻是根据事物之间的相似点，把某一事物比作另一事物。

例 1

我现在所在的国际广播中心就好比是此次世界杯电视转播的大心脏，那么在未来一个月当中全世界所有的球迷所看到的赛事画面都将在这里制作和发出。各国的媒体包括我们中央电视台也在这里设立了工作站，以保证在第一时间将精彩的赛事画面传递给大家。④

例 2

在孟加拉国内规模最大的这个工地上，人们正在把这些 14 吨重的钢板卷成一个筒状，然后再把 39 节卷好的钢桶焊接成 120 多米长、550 多吨重的巨无霸钢桩。之所以称它为钢桩，是因为不久的将来，它们会被运送到首都达卡郊外的帕德玛大河，然后像钉子一样，被钉进河床之下 100 多米深的地方。⑤

例 3

这个堰塞湖一旦溃坝，不光会影响到下游的中方的居民，更会让下游 14 公里以外的很多的尼泊尔的村庄也处在这样一盆可能已经顶在头上的水的恐怖的影响之下，所以现在呢，武警交通四支队已经调集了工程机械通过专家的论证开始制订抢险的一个方案。⑥

---

① 博伊德，斯图尔特，亚历山大．广播电视新闻报道．6 版．嵇美云，译．北京：清华大学出版社，2012：64.

② 同①.

③ 《中国芯 海信造》，青岛电视台 2005 年 7 月 2 日播出。文稿引自：中国新闻奖评选委员会办公室．2005 年度第十六届中国新闻奖作品选．北京：新华出版社，2006：362。

④ 《巴西世界杯国际广播中心正式运行》，中央电视台 2014 年 6 月 4 日播出。

⑤ 《数说命运共同体·通往世界的路》，中央电视台 2015 年 10 月 4 日播出。

⑥ 《尼泊尔 8.1 级强震波及我国西藏 本台记者到达吉隆县堰塞湖地带》，中央电视台 2015 年 4 月 27 日播出。

例4

就是这样一块炙手可热的土地，南昌市委市政府却下了一道暂停开发、封地收储的禁令，不仅如此，南昌市人大还以《决议》的形式为扬子洲的保护筑起了一道法制化的“铁篱笆”。①

一般人很难区分气象学中常用的术语“卷云”“卷积云”“积云”和“高积云”。如果气象新闻也照搬不误，受众自然难以把握与理解。有人充分发挥想象力，用“白色的羽毛”“洁白的绫纱”比喻卷云，用“微风吹过水面引起的鳞波”比喻卷积云，用“棉花团”比喻积云，用“草原上雪白的羊群”比喻高积云。② 通过比喻转化，卷云、卷积云、积云、高积云的形状被描绘得逼真传神，栩栩如生，令受众过目难忘。

3. 拟人

拟人是把事物人格化，将本来不具备人的动作和感情的事物变成和人一样具有动作和感情的样子。

接下来我们的工作就是交会对接，我们都知道我们的“天宫一号”和“神舟九号”交会对接，叫作“太空的深情一吻”。我把我们的海上交会对接叫作“深海的深情相拥”。这整个动作要持续很长的时间，马上就要进行。③

4. 仿拟

仿拟是根据语言表达的需要，模仿已有的词语、词组、句子或篇章格式，临时创造，融入新的表达内容的修辞方法。它可分为词语仿拟、短语仿拟、句子仿拟、篇章仿拟。④

1969年7月担任“阿波罗11号”任务指挥官的阿姆斯特朗成为第一个登上月球的人。而阿姆斯特朗的名言“这是个人的一小步，却是人类的一大步”也成为名垂青史的经典之语。

在央视1997年香港回归直播⑤中，白岩松对深圳和香港交界处管理线的报道就运用了句子仿拟的方式。

各位观众，这条线并不长，大家也看到了车速也并不快，但是今天驻香港部队越过管理线的这一小步，却是中华民族的一大步。为了这一步，中华民族等了一百多年。

5. 同字

同字是指相同的字放在两个以上的语句的开头或者结尾处，互相呼应，使话语和谐悦耳，语义重点突出，话语具有很强的艺术感染力。⑥

2008年11月27日央视记者在做连线时，以“不”字做串联，总结泰国局势：

---

① 《江西南昌：为“绿色规划”筑起法制“铁篱笆”》，中央电视台2010年9月16日播出。
② 邝云妙．高级新闻写作．广州：广东高等教育出版社，1996：34-35.
③ 《荔湾3-1天然气平台：海上加工厂平台组块安装作业今天启动》，中央电视台2013年5月22日播出。
④ 胡吉成．修辞与言语艺术．北京：中国广播电视大学出版社，2005：192.
⑤ 中央电视台1997年6月30日播出。
⑥ 同④224.

当前，泰国政坛政府、军方和民盟三种力量之间存在着六个“不”，致使对峙局面无法缓和。就是政府坚持既“不辞职”，也“不解散议会”；军队坚持既“不政变”，也“不镇压”；民盟坚持既“不谈判”，也“不撤出”。所以，这六个“不”就引出了一个由更大的“不”字开头的结果，那就是泰国政治纷争、社会动荡的局面不会马上被打破。[①]

6. 对比

对比是指把两种相反、相对立的事物或同一事物相反相对的两个方面加以对比、比较，突出双方特征。[②]

例 1

观众朋友，这里是灵石县静升镇。今天上午，这个镇一条山沟两个相邻的山村同时发生了两个事件：一个是晋中首富南浦村投资 800 万元的炭黑生产线投产了，一个是穷得叮当响的南原村变卖集体的最后一点家当——村党支部的办公窑洞。[③]

例 2

我现在是在（老挝）琅勃拉邦非常著名的景点光西瀑布。在“中老铁路”开通之前，大部分游客都要从老挝的首都万象开车过来，行程大概是七八个小时，而且途中有非常多的山路；在铁路开通之后，最快的一班火车只要两个小时就到了。[④]

7. 释词

释词是对词语在具体语境中的含义加以临时的引申、发挥或做形象化的说明，赋予词语特殊的含义。

关于释词，第一，交际对方完全知道这个词的本义，讲演者或写文章的人也知道这个词本身是用不着解释的。第二，它所解释的不是词的本义，而是根据交际目的的需要，对词义的引申和发挥。第三，它解释词语的方法也比一般的词语解释特别。一般的词语解释总是紧扣词的本义，力求用最精练的语言表达出来；而作为修辞方式的词语解释则总要扯开去，而表达方式也大都有意地和上下文不协调，给人一种特殊的感觉。[⑤]

给大家介绍一下，这个是全钢结构，全重量是三万两千吨，是我们钢铁界的“高富帅”。说它“高”，大概有三四层楼那么高，体量是三万两千吨。“富”呢，是说它的年产油量是 120 亿立方米，可以达到我们西气东输的一线的总量。“帅”呢，有两个含义：一个含义，它是我们深海石油开发的一个表率；另一个含义，说它帅是因为其他的管道都需要通过它来处理，它是一个终端的处理平台，所以说它“中

---

① 王玉国．驻外电视记者提升视频连线报道生动性的方法：以持续关注泰国政治纷争为例．电视研究，2009（9）．

② 胡吉成．修辞与言语艺术．北京：中国广播电视大学出版社，2005：208.

③ 《南浦南原两村党支部作用不同效果不同》，中央电视台、山西电视台 1994 年 12 月 11 日播出。该新闻获全国电视新闻一等奖。文稿引自：石长顺．电视文本解读．武汉：华中科技大学出版社，2003：84。

④ 中老铁路成区域旅游发展“大动脉”.（2023-04-10）[2023-04-15]. https://tv.cctv.cn/2023/04/10/VIDEOK8NLC7Rn9DH2hnYReu0230410.shtml.

⑤ 王希杰．汉语修辞学．北京：北京出版社，1983：250.

心帅霸”。[①]

当然，在一些偏静态的媒介事件报道中，出镜记者在修辞格的运用上会有更充分的设计和准备。如 2010 年央视直播钱塘江一线潮时，出镜记者对一线潮做了这样的解说：

> 我们现在在等待一线潮的最后的形成。因为每次一到水文站的时候，潮水的中间会有一个缺口……这个缺口总是在抵达了占鳌塔的时候突然合龙的，那现在我们看到的就是这个合龙的过程。一过了占鳌塔之后，一条白线（比喻）就正式形成了，之前它还温柔地逶迤而行（“温柔”是移觉，“逶迤而行”是比拟），而现在呢，我们慢慢从翻腾的、沸腾的江水中，已经能够感受到它千军万马奔腾的气势（夸张）。现在声音开始震动我们的耳膜，像是从地底传来的万面鼓声（夸张、通感）……[②]

这一段解说，综合运用了比喻、比拟、夸张、通感等修辞格。不看画面，听解说观众亦可通过语言感受到钱塘江一线潮的壮观景象。

五、明白晓畅

“高语境（high context）传播或信息是：绝大部分信息或存于物质语境中，或内化在个人身上，极少存在于编码清晰的被传递的信息中。低语境（low context）传播正好相反，即大量的信息被置于清晰的编码中。”[③] 传播者创制新闻文本的目的在于为人们传播明确的事实信息，因而要求信息置于明晰的编码之中，文本的意义不能过于依赖语境、依赖言外之意或字里行间的表达。出镜报道显然是一种低语境传播。“信息越是艰涩，句子就应该越简单。”[④] 句子中如果包含了太多的信息，就会增加理解的难度，导致“信息过量”[⑤]（information overload）。

知识窗

如何防止信息过载

能源部长沃尔特·格雷格表示，能源部计划明年将注资 24 亿美元，并在接下来的四年中增加至每年 37 亿美元对国家废弃的核武器制造厂进行改造，使其符合环境法及安全法方面的要求。

如果把这个句子念给你的朋友听，然后让他们复述听到的内容，你会发现，除非是拥有非凡的专注力和记忆力，一般人是不能够记下所有细节的。这段冗长、复杂的句子可以改写成这样的广播电视新闻稿：能源部打算明年投资近 25 亿美元用来改善核武器制造厂。这笔资金将主要用来改造那些废弃的制造厂，使其符合环境法与安全法有关方面

---

① 《荔湾 3-1 天然气平台：海上加工厂平台组块安装作业今天启动》，中央电视台 2013 年 5 月 22 日播出。

② 徐秋霞．SNG 直播中出镜记者角色研究．兰州：兰州大学，2014.

③ 莫滕森．跨文化传播学：东方的视角．关世杰，胡兴，译．北京：中国社会科学出版社，1999：36.

④ 里奇．新闻写作与报道训练教程．6 版．钟新，王春枝，译．北京：中国人民大学出版社，2012：141.

⑤ 巴纳斯，怀特．广播电视新闻：写作、报道与制作．5 版．黄雅堃，译．北京：清华大学出版社，2013：100-101.

的要求。能源部长沃尔特·格雷格表示在接下来的四年中政府预计还将拿出近 150 亿美元对上述核武器制造厂进行后续的清理完善及安全检查工作。

改写后再念给你的朋友听，相信他们记住的内容会比之前的报纸新闻要多一些。我们来看看这则新闻应如何修改：首先，将原句拆分为三个短句，以减少一个长句中的信息量，对于普通受众而言，一句话中的信息含量越少越好理解。报纸新闻中出现了两个大的数字，分别是 24 亿美元和 37 亿美元。改写后第一句话对第一个数字做出了说明，而第二个数字则出现在第三句话中。

资料来源：巴纳斯，怀特．广播电视新闻：写作、报道与制作．5 版．黄雅堃，译．北京：清华大学出版社，2013：101.

明白晓畅的标准是主次分明，让人听得懂、记得住。我们来看 2015 年央视一条有关英国大选的报道[①]，在投票结束之后，央视新闻频道第一时间连线前方记者介绍选情，文字实录是在连线后由电视台重新编辑的版本（见表 2-1）。

表 2-1 文字实录

段落	出镜语	要点归纳
1	随着大本钟的敲响，BBC、SKY 和 ITV 也公布了它们的一个出口民调，结果就是保守党 316 席、工党 239 席、自民党 10 席、SNP58 席。这个结果和之前的民调差距非常大，十分出乎人的意料。因为在这个之前的民调显示，工党和保守党，他们大概的支持率都是 35%和 34%，在这个范围内徘徊。如今的这个出口民调显示保守党赢得了 316 个席位，也就是获得了大约 48%的一个支持率。那么这个支持率就可以使它非常轻松地组成一个联合政府，或者组成一个少数派政府。	BBC、SKY 和 ITV 联合发布的出口民调结果
2	在同一时刻，英国的另外一个机构 YouGov 也公布了它所做的一个出口民调。它的民调结果是保守党 284 票、工党 263 票、自民党 36 票、SNP48 票。这个数据和 BBC、SKY 和 ITV 的出口民调还是有很大的差别的。	YouGov 的出口民调结果
3	那么我们要知道什么是出口民调。出口民调就是在投票站外做的一些对选民的问卷调查，在选举结束之后把数据集合起来，对选举的最终结果做出一个判断。在英国这个出口民调的正确率可以说还是相当高的，唯一的一次有重大失误的就是在 1992 年。当初出口民调预测会出现一个悬浮议会[②]，但在最后实际上还是保守党获得了绝大多数的席位，获得了胜利。所以说，我们最终要等待的结果，还是在伦敦时间星期五下午出的最终结果，这个数据才是我们最终要等待的数据。	出口民调释义及准确率
4	无论出口民调还是之前的民调都显示，英国在这次大选中一定会出现一个悬浮议会。如果根据 BBC 的出口民调，保守党拥有 316 个席位，工党 239 个席位，自民党 10 个席位。就是说，如果保守党和自民党再组成联合政府的话，也就是 316 个席位加上 10 个席位，正好等于 326 个席位，也刚刚满足了席位占绝大多数的硬性要求。那么，也就是和现在一样，我们也知道现在的联合政府就是保守党和自民党组成的一个联合政府。所以说这次保守党和自民党联合政府的可能性将大大增加。	悬浮议会的一种可能性是保守党和自民党组成的一个联合政府

① 《英国大选投票结束·出口民调：保守党获 316 席 工党获 239 席》，中央电视台 2015 年 5 月 8 日播出。

② 悬浮议会（Hung Parliament），英国政治术语，就是无任何党派赢得下议院（House of Commons）650 个席位中的大多数席位。

续表

段落	出镜语	要点归纳
5	当然我们也不能排除这种可能性，就是说，因为保守党已经有了 316 个席位，那它也可以选择另一种方式，也就是组成一个少数派的政府。这样的话，它在每一个反对派提出议案交到议会进行审议的时候，只要得到议会其他小党派的支持，也能顺利地被通过。	悬浮议会的第二种可能性是少数派政府

这段出镜语如果进行阅读，逻辑非常清晰，但在线性传播的情况下，出镜记者的出镜语存在信息超载的情况，原因在于“数字”太多。出镜记者其实注意到了观众可能会忘记他之前说的数字，在后续又说了一遍，增加了冗余信息。这次的出口民调数据并不是选举的最后数据，虽然历史上很准，但毕竟不能等同于最后的选举结果。所以这段出镜无须向观众详细介绍出口民调的数据，大部分国内观众不是关注英国政治动向的专家，他们感兴趣的就是出口民调结果可能体现出的英国政治动向。或许有观众对具体民调结果感兴趣，出镜记者要么在现场将数据列在白板上，要么在直播前与后方导播沟通好，在屏幕上显示数据，否则单靠出镜记者的线性传播表达，观众会被出镜报道中的诸多细节信息所“拖累”，引起接受疲劳。

另外出镜语中还有一个专有名词——悬浮议会并未解释，出镜记者应当在说出这个专有名词之后解释一下该名词的含义。

我们再看一个案例。

福建省某县电视台 2012 年播出了一条新闻，出镜记者报道了一重点项目首条生产线成功下线的新闻，他是这样说的：

> 观众朋友，在我身后就是金煌新能源项目 LR6 碱性干电池生产线，经过三个多月的安装调适，目前，这条生产速度快、精度高、稳定性强且具有国际领先水平的生产线已投入生产，每分钟可下线 400 只环保碱性干电池。①

从中不难看出，这名记者的意图在于为观众提供尽可能多的信息，这一点是非常值得肯定的。但整个出镜内容的细节并不突出，句式冗长、啰唆，形容词较多，看完之后能够让人记住的关键性信息不多。

所以出镜记者对信息的处理要本着少而精当、直观形象的原则。少而精当意味着要重点突出某个或某几个关键信息。直观形象意味着对关键信息要进行形象化的转换，便于观众理解和接受。

六、避免不良语言习惯

不少出镜记者在日常表达时就有一些不良语言习惯，这种不良语言习惯往往也会带入出镜报道中。尤其在紧张的情况下，由于出镜记者在注意力分配上集中于调整自身状态或应对其他干扰，因而并未有意识地控制自己的语言表达。还有一种可能是记者非常

① 卢晓雯．浅析导语式出镜如何才能“言之有物”．东南传播，2015（10）．

紧张，出现忘词、逻辑线索断裂等情况，导致不良语言习惯的出现。

第三节　出镜记者有声语言的表达策略

美国哲学家格莱斯（Herbert Paul Grice）在《逻辑与会话》（*Logic and Conversation*）中提出合作原则，即在所有的言语交际活动中，为了交际需要，说话人和听话人应共同遵守一些基本原则。[①] 这些原则包括：数量准则——语言表达要充分；质量准则——内容真实有根据；关联准则——内容要贴切，与话题相关；方式准则——简洁明白、条理清晰，避免晦涩、歧义。这对出镜记者的有声语言表达具有借鉴意义，我们认为出镜记者的有声语言表达应注意以下三种关系。

一、表达准确与恰当使用模糊语言的统一

新闻语言的首要要求是准确。新闻语言的表达准确，从逻辑学的角度说，就是概念明确、判断准确、推理合理；从语义学的角度说，就是表意明确、不产生歧义，合乎分寸、没有偏差，符合实际、没有虚假。[②]

出镜记者的有声语言属于新闻文本的一部分，表达必须准确。表达准确包括描述（叙事）准确、定性准确。描述准确是指出镜记者在描述现场所看到的画面时，应当使用贴切的词汇，对现场涉及的人物、事件、进展、地点等重要信息的描述是准确的。定性准确是指对事件运动过程中的性质认定是准确的，如抢夺与抢劫、民事责任和刑事责任、死亡与死伤等。

需要注意的是，表达准确与表达精确是有差异的。表达精确的核心本质是表达准确，但表达精确并不一定适合出镜报道，这是由电视传播的线性特点决定的。如一则有关车祸的出镜报道，如果按照表达精确的要求来出镜，可能是这样的：

> 记者：现在是下午4点25分，我现在是在×市×镇×村，在×国道和×省道的交汇处以南35米的地方，一辆车牌号为××的某品牌红色小轿车和一辆车牌号为××的某品牌小货车相撞，小货车已经侧翻，小轿车司机被救出，小货车司机被困在车里面出不来，现在×市消防支队第一大队的消防队员正在进行救援，现场的5名群众和6名消防队员正在将小货车扶正……

假如记者真的采用表达精确的方式出镜，效果可想而知：出镜报道时间越长，观众产生的信息疲劳就越严重，新闻事件的重要内容就越被稀释。

与精确相对，模糊语言是一种弹性语言，是指外延不确定、内涵无定指的特性语言。与精确语言相比，模糊语言具有更大的概括性和灵活性。模糊语言具有双重性特点：在

---

① 傅建华．模糊语言的产生及语用功能．现代语文，2013（7）．
② 宋嘉扬．论新闻语言的准确性与模糊性．新闻界，2006（5）．

本质上是明确的，在表象上是模糊的；在定性表述上是肯定的，在定量表述上是变化的；在内容上是确指的，在形式上是灵活的。①

如出镜报道中，记者描述现场的情况，使用“许多人”“一部分人”“空气中弥漫着一股怪味”等，都是模糊语言。许多人是多少人？一部分人又是占几分之几？怪味是什么味？这些就是模糊语言。从表面上看，模糊语言的表述并不精确，但模糊语言并不意味着削弱电视新闻报道的真实性和准确性，恰当地运用模糊语言反而可以提高新闻报道的传播效果。如在出镜报道犯罪案件时，对于作案的细节需要做模糊化处理，防止电视新闻成为犯罪的“教科书”；在纠纷类事件报道中，一方当事人可能出于拟诉诸法律的需要，要求记者在采访对方或在新闻报道中对某些细节进行模糊化处理，但是这样的模糊化处理不会削减新闻的真实性和准确性。

对于模糊语言的使用，应当注意：

（1）使用模糊语言的前提是建立在对事件细节和全貌较为准确的把握上。模糊语言不等于含糊语言，含糊语言是指对应该了解的内容没有掌握，所采取的模糊化处理方式，可能最后呈现在屏幕上的结果是一样的，但是由于信息掌握不全面或不自信，呈现在电视镜头上的感觉将是不一样的。

（2）使用模糊语言应建立在传者目标指向性和受众信息需求的角度上。出镜报道也要掌握传者和受众的统一，满足受众的信息需求也非常重要，否则出镜报道就成了传者的“独白”。

二、语言简练与适当信息冗余的统一

语言简练是新闻语言的基本要求。对于出镜记者的口语表达，简练来自必要的省略，不懂得省略，也就很难做到简练。② 电视的版面是不可逆的线性时间，出镜记者的出镜语短则几秒，长则几分钟，但是作为口语传播形式，出镜记者的有声语言必须简练。简练的结构表现为短句式和插入句式的使用。短句式是新闻语言的特征之一，在电视新闻报道中体现得更为明显。

如张泉灵在汶川地震报道中的一次出镜：

> 在都江堰，很多生活常识在发生着改变，比如我们平时听到消防车的警报都会想：你看，出事了！然而在都江堰，有消防车和救护车驶过，人们就会想：又有生命获救了。③

插入句式，如“在我看来”“那么”“我呢”等既是出镜记者填补思维空白的体现，也是加强与观众拟人际交流的手段，但这些插入语的使用有一个度的限制，如果太多了，就会显得琐碎、啰唆，给语流的流畅度带来负面影响。④

---

① 陈茜．浅谈模糊语言在公文的运用中应注意的问题．中共成都市委党校学报，2009（6）．

② 艾丰．新闻语言的具体特点（下）．新闻与写作，2011（4）．

③ 张鸥．直播幕后：电视突发直播一线手记．北京：北京师范大学出版社，2013：59．

④ 任前方，何晓红．现场报道中出镜记者的语言特点分析．中国广播电视学刊，2009（10）．

语言简练并非要求惜字如金，在线性的口语传播中，尤其是缺少互动的拟人际交流状态，需要出镜记者在有声语言表达中适当运用冗余信息。

如果信息系统中的一个信号所载有的信息可以从该系统其他信号中再次获得，那么这个信号所载的信息即为冗余信息。[①] 人们进行传播的时候，所发出的信息并不是彻底精练的，它所包含的除了能够消除不确定性的那一部分以外，还有重复的，可以使整个信息更完整、更适于传播的那一部分，这就是冗余信息。在传播学理论中，冗余信息并不是一些不必要的、多余的内容。冗余信息有助于大脑对记忆中各种信息线索的回顾和预测，减轻短时记忆的负荷，加快信息处理速度。[②]

在信息传递过程中，人们往往要发出比正确理解所需的最低量多得多的信息，多出最低需要量的那部分信息就是冗余信息。在日常生活中，冗余信息作为言语行为的语用策略，出现得更加频繁。[③] 出镜报道中是否需要冗余信息，是由以下情况决定的：线性的传播方式、口语化的表达，更为重要的是出于接收者准确理解信息的需要。此外，传播过程中还存在着“噪声”，“噪声”越多就越需要冗余信息。

某些专业性较强的新闻报道，如财经报道、法制报道，有专门的术语，如果所在的节目不是专业频道，出镜记者在使用这些术语的时候，有可能会为了便于观众知晓而变换说法。

> 记者：我们经常把铁路比作我们祖国的动脉，今天就在最主要的最关键的部位来进行“手术”了。用他们专业的话来说，今天的“手术”名称叫线路的拨接。拨接是个比较专业的词，以我的理解就是把老的线路切开、拨离，然后将新的线路连接上。我们来看一下现场，现在我脚下的这条轨道就是连接新的黄河大桥的轨道。在它旁边，我们可以看到颜色发黑的、旧的铁轨就是连接老的黄河大桥的一条铁轨。这个“手术”说起来也很简单，也就是把这个老的黄河大桥的铁轨切开然后慢慢平移到新的铁轨上，再把两个铁轨连接到一块儿，这样京广线就可以直接连通我们新的黄河铁路大桥了。[④]

在相对专业的报道中，出镜记者不能假定受众是具备这些专业知识的，因此要尽量少用行话。如果绕不开行话，则需要及时用容易理解的语言向观众加以解释；如果这种生僻的信息点是被采访者提出的，则要继续发问，让被采访者用通俗的语言解释，从而利于受众接受。[⑤]

三、有声语言传播与非言语传播的统一

有声语言表达固然重要，但是容易导致误区，如有人认为在出镜报道中侃侃而谈的

---

① 何星．冗余信息与语言理解．外语研究，2000（4）．

② 同①．

③ 李元胜．“冗余信息”作为语用策略的顺应性研究．北京第二外国语学院学报（外语版），2007（4）．

④ 《京广铁路黄河桥今天换桥》，中央电视台 2014 年 5 月 16 日播出。

⑤ 王楠．电视新闻出镜记者语言传播行为研究．东南传播，2012（8）．

就是好的出镜记者。这容易让出镜记者将自己的身份等同于外景主持人和机械背稿者。

语言[①]可分为言语语言（verbal）和非言语语言（nonverbal）。言语包括有声语言和书面语言；非言语是没有言语词汇的语言，如体态语（面部表情、身体动作、姿势、气味、服饰等）、副语言（音色、音质、音高、语调、节奏、语气等）、时空语等。

美国著名心理学家艾伯特·梅瑞宾（Albert Mehrabian）指出，在一条信息的表达过程中，语言的作用占 7%，声音的作用占 38%，而其余 55%的作用则来自人体的动作和各种体态语言。伯德惠斯特（Birdwhistell）也做了类似统计，发现人们在面对面交谈时其有声部分占比低于 35%，而 65%的交际信号是无声的。[②]

出镜记者是全息化的传播媒介，除了运用言语符号外，还同时使用非言语符号进行信息传递。非言语符号可对有声语言表达起到补充、辅助、强化的作用。作为电视传播特有的传播要素，非言语符号与出镜报道的可信度、现场感密切相关，因为非言语符号本身蕴含着信息。这些信息或明了、或含蓄、或微妙，它与言语符号共同构成立体、多维的信息场，参与出镜记者的叙事。

所以言语符号与非言语符号在出镜报道中同等重要。有研究显示，当言语和非言语信息相抵触时，信息接收者通常相信非言语信息。言语传播的说服力取决于是否陈述了明确的说理论证，但非言语传播的说服力则更多地与印象的形成和情感的表达有关。[③] 因此有声语言的有效传播是需要与非言语传播相配合的。而言语符号和非言语符号的统一意在强调，言语符号的所指与非言语符号的所指必须一致，不能出现不协调的情况。

这种不一致、不协调大致有两种情况：一种情况是言语符号的所指与非言语符号的所指相反。比如紧张的抢救现场，出镜记者在出镜时流露出的情绪不是关切，也不是镇定，而是漠不关心。有声语言的情绪表达与非言语的表达相反，致使观众认为记者言不由衷甚至表里不一。另一种情况是非言语符号未能被有效地利用以参与传播，使观众对信息的获取受到干扰，分散了观众的注意力。比如在一次出镜中，出镜记者的眼神对出镜内容产生了严重干扰。有的记者在出镜时为了缓解自己的紧张，一只手拿着话筒另一只手插进裤兜里，但给观众造成的印象是记者心不在焉，另一只手没有参与到有声语言的表达中。

正如语言学家戴维·阿伯克龙比（David Abercrombie）所说，我们用发声器官讲话，却用整个身体交谈（We speak with vocal，but we talked with the entire body）。出镜记者要重视非言语传播，运用面部表情、手势动作或是道具，来使出镜报道的有声语言传播更生动。如在 2010 年张萌在报道泰国紧张局势时，趴在地上进行报道；在台风中，记者声嘶力竭地报道；在寒风中，美国记者披棉被出镜……这些都是非言语符号有效参与出镜报道的体现。

出镜记者的有声语言表达既是一种技术，也是一种艺术。说什么、怎么说看似简单，但如果不与模糊语言、冗余信息、非言语相结合，往往会变成出镜记者的个人“独白”，

---

① 本书所采用的“语言”的定义是：一切能够传递信息、表达情感的符号系统都是语言。参见：宋昭勋．非言语传播学.上海：复旦大学出版社，2008：6。

② 赵秋野．身势语的符号、认知、心理、文化机制．外语学刊，2005（2）．

③ 周勇．理解电视：从理论到方法的路径．北京：中国广播电视出版社，2012：156.

出镜报道的出镜往往会沦为形式，而不是出镜报道的有机组成部分。

知识窗

如何让报道有亲历感

如果你打算让你的报道有亲历感，……尽量让你的报道含有我们可看、可听、可嗅、可尝和可触摸的元素。很大程度上，一个记者或者摄像记者的优秀程度取决于你抓拍新闻时刻和传达这一时刻的本质的能力，因为当我们亲身经历这个事件时，我们才更有可能了解它。

资料来源：舒克，拉森，塔尔西奥．电视现场制作与报道．5版．霍蔚真，译．北京：中国人民大学出版社，2013：284.

第四节　出镜记者的口误与应对

口误是正常人在言语行为中偶然不由自主地偏离想要使用的语音、语义或语法形式的失误现象。[①] 出镜报道通常是脱稿，口误在所难免。诸如前言不搭后语、语无伦次、超常停顿、超常添加或脱落、过多的附加语或口头禅、磕巴等。[②]

口误的外显现象是言语错误，内部根源是大脑信息加工时出现的冲突和紊乱，包括概念之间的互换、替换、增加和省略。[③] 有学者研究了主持人口误出现的原因，认为“情绪亢奋、注意力过于集中、漫不经心，使语言知觉麻痹、预设性记忆残留潜伏干扰”[④] 是造成口误的主要原因。

狭义的口误只指语音口误，广义的口误包括语音口误、词汇口误和语法口误。[⑤]

口误是否有意识，要看说话者在发生口误的当下是否已进入意识活动。已经进入意识活动的，即口误之后说话者立刻能够意识到自己口误的，是有意识的口误；没有进入意识活动的，即口误之后说话者不能意识到自己口误的，是无意识的口误。[⑥]

有意识的口误最明显的标志就是说话者话语一说出后便能发现自己的错误，大多数情况下都能立即纠正自己的口误。因为有意识的口误者在言语产出的当下就已经意识到自己的言语错误。在这种情况下，说话者一般会立即纠正之前的口误。[⑦]

无意识的口误则是言说者并没有意识到自己的口误已经产生。还有一种无意识口误是对某些概念、词汇的重新加工，如对一些人名、专有名词的表达错误等，之前有主持

---

① 张宁．语言研究与口误．外国语，1990（4）．
② 应天常．主持人口误现象研究．电视研究，2003（2）．
③ 王小潞，汪运起．口误的意识性探究．自然辩证法通讯，2010（5）．
④ 应天常．节目主持人口误及其规避与化解．修辞学习，2003（3）．
⑤ 李咸菊，黄丽．口误研究述评．现代语文，2008（7）．
⑥ 同⑤.
⑦ 同⑤.

人把惠特尼·休斯敦说成惠妮特·休斯敦，还有人把 BBC 说成 BBS。前者是认为那样称呼语言更顺，后者则是日常接触 BBS 比 BBC 多。

一、口误的修正

口语的发送和接受有很强的临场适应性和灵活性。在特定语境中，口语里难免出现多变的省略句、不完全句以及逻辑或词序颠倒的奇特组合句式。这些当然不能都算作“口误”。因为在口语交往中，接受一方以捕捉话语信息为目的，他们会全面观照话语的内语境和外语境加以理解，即使对方出于某种原因有所隐略或选词用语不太恰当，听者通常也是不太计较的，这是口语交往中的所谓“容错”现象。如果用语不慎，说者也可以及时“改口”，或追加或重说，这就是口语表达中的“自纠”现象。①

口误的修正可分为：即时修正和延缓修正、局部修正和整体修正。

即时修正就是口误一发生就立即停下来修正；延缓修正不是口误发生后立即修正，而是继续说了一些别的词语后再开始修正。② 在出镜报道中，一旦出现重大口误，一定要进行修正。例如记者将“抢夺”说成了“抢劫”。至于采取即时修正还是延缓修正，视情况而定。如果记者在口误发生时就意识到了，就应采取即时修正；如果没有立刻意识到，而是后续根据语言逻辑或他人提示意识到口误，就只能采取延缓修正。有时出镜记者出于有声语言表达可听性的角度考虑，会对一些小口误采取延缓修正，即表达完上一个意思之后再进行修正，这也是可以的。还有些情况是，口误的出现不影响观众对内容的理解，一般可以不修正。

局部修正则是哪个成分出错修正哪个成分，整体修正是对包含出错成分的大成分整体上加以修正。③ 采取局部修正还是整体修正依情况而定，但宗旨是修正必须彻底、明确，不能影响观众对出镜内容的理解，不要试图以一个错误掩盖另一个错误。

还有一种情况是修正之后还是错误的。这与记者表达时的整体状态有关。例如 2015 年 10 月 31 日某台对当天俄罗斯一架客机在埃及坠毁一事进行报道，连线中，记者说飞机飞行的高度为“9 000 公里”（实为 9 000 米），当记者说完后意识到了口误，飞机怎么可能会飞到 9 000 公里外的太空呢？于是采取了即时修正和局部修正，结果还是说成了“9 000 千米”。因此纠正口误时大脑一定要保持清醒，要“走心”。

二、避免和减少口误的方法

（一）集中注意力 识别关键词

注意力分配能力差是导致口误发生的重要原因。在出镜报道中需要对注意力进行分配，如果注意力分配能力掌握不好，有可能顾此失彼，导致出镜记者在口语表达的一定

---

① 应天常．节目主持人口误及其规避与化解．修辞学习，2003（3）．
② 姜美玉．汉语口误的修正和词的心理地位．语言科学，2004（1）．
③ 同②．

时段内处于无意识表达阶段或“本能”表达阶段。这种情况比较“危险”，由于记者并未有意识关注这一时段内所说的信息，即便发生了口误，自己也不知道。因此提升注意力分配能力、集中注意力至关重要。

在直播型的出镜报道中，出镜记者一定要注意在关键信息点上不能出错，如上文中的“9 000 公里”。为了避免信息点表述不准确或者表达错误，应当做好笔记，以备不时之需。

知识窗

记笔记的方法

你的笔记要尽可能便于阅读。

不要一段一段地写。

写要点就可以了，特别是在直播拍摄中。

要点是从调查、报道以及问题中提炼出来的关键词。

包含地名。

包含人名。

写下与事件有关的数据。

注明重要的引用。

所有必要的信息都应该在你的要点中。

这样的方式，可以使你扫一眼笔记就知道什么是你需要的内容。目的是让你看一眼就知道，而不是要仔细看才知道写了什么。要点可以促使你在直播报道的时候，大部分的时间都在看镜头。

如果你是初出茅庐，你可能觉得需要把新闻故事一段一段都写下来。如果是这样也可以，但是你之后必须进行精简，直到它们变成要点。你可能还要给要点标上序号，这样你在尝试读笔记中的整段话的时候不至于看丢，特别是还有大量让人分心的东西。如果你有要点提示，低头一看就知道自己说到哪里了。要点提示在采访中也很有用，它使你注视你的嘉宾或镜头，而不至于自始至终都低着头看笔记本。

新闻报道中，什么都有可能会发生，所以要确定自己已经尽可能把所有要说的都清楚地写下来了。要点笔记是我迄今为止发现的最有效、最清晰的阅读索引方法。

资料来源：里尔登，弗林．镜头前：如何报道、主持、采访．成倍，张东岳，译．北京：人民邮电出版社，2015：102.

（二）适当运用延缓标记语 留出思考时间

延缓标记语又称迟疑标记语，是推迟后续话语的一种会话方式。如果说话人要表达的信息暂时还没有想好，为了避免过长的停顿，说话人可以加上“嗯、啊、这个”等标记语。在电视新闻直播节目中，现场记者面对一个又一个新信息，没有事先准备好的稿件，他们只能在报道中组织话语，大量新信息的涌入给记者处理现场信息、组织话语带来了干扰。在这种情况下，记者可以使用“呢、啊、嗯、这个”等延缓标记语来赢得思考和组织话语的时间。记者在可以停顿的地方适当地使用延缓标记语，有利于话语的组织。使用延缓标记语需要注意以下两点[①]：

（1）“呢、啊、嗯”等标记语尽量置于旧信息后、新信息前，这样一方面可以提请受众注意下面的新信息，另一方面也为记者组织话语赢得了宝贵的时间。

（2）至少要在表达完一个完整的信息单位之后使用延缓标记语，如果过多地使用延缓标记语，就会影响表达的流畅性。

（三）表达要有条理 遵循一定的顺序

言多必失的道理大家都明白。出镜语越长，发生口误的概率就越大；表达越没条理，发生口误的概率也会越大。

对于出镜超过一分钟的出镜语（超过 250 字），出镜记者要特别注意出镜语的条理。电视线性的传播特点要求出镜记者的表达一次完成，几乎没有现场修改的余地（如果多次采取口误修正，会被业内人士和观众视为专业水平有问题）。同时遵循一定的顺序进行报道也是比较安全的表达方法，这样做不容易遗漏信息，也会减少口误的发生。

（四）控制语速 切忌求快

对于为数众多的有意识的口误，只要集中精神，放慢语速，心平气和地讲话，是可以避免的。[②] 越说越快，越快越容易出错，越出错越紧张，越紧张越出错……这种恶性循环在很多从业不久的出镜记者身上发生过。有的出镜语其实并不长，只有十几秒、二十几秒，但需要录好几遍，甚至惹得摄像师都不耐烦。其中一个重要原因是语速太快，不少出镜记者将口语表达水平等同于语言流利程度，认为流利的标准是语速快、不出错。然而，语速快最容易导致出错，尤其是有的人思维速度慢于语言表达速度，就会导致语流断档。而有的人思维很快，说话也很快，但留给语言表达的时间有限（例如要把字音发标准，但语速快导致字音只发到一半，发生吃字的情况），同样易引发口误。

我们认为合理的语言表达速度不是单纯以出镜记者的个人判断为标准的，而是以观众的接受判断为标准。什么样的语速能让观众听清楚、听明白，这是选择语速的最终标准。

（五）养成良好的言语表达习惯

白岩松曾说：“如果把所有的词都背下来，那么你的脸上永远呈现的是下一句话的表情，因为你永远在想下一句话该说什么。”[③]

笔者在整理出镜案例时发现，在通常情况下，有播音主持背景的出镜记者语法口误、语音口误相对较少。这说明日常大量的训练、养成良好的言语表达习惯，对出镜报道中口误的减少有很大的帮助。

---

① 赵雪，王昕．电视新闻直播节目口误的对策．长江学术，2011（1）．

② 王小潞，汪运起．口误的意识性探究．自然辩证法通讯，2010（5）．

③ 张泉灵．出镜记者要做哪些准备：泉灵讲课之三//杨华．咱们电视有力量．北京：中央民族大学出版社，2009：29.

有的出镜记者常常有这样的心理：虽然我平常说话不太讲究，但我知道如何规范地说话，等到出镜录像（或直播）时我再注重语言表达的规范性和准确性也不迟。然而站在镜头前，无论直播或录播，不少记者或多或少都会有紧张心理，而且出镜的环境中充满着各种干扰因素，因此把语言表达的规范性和准确性的希望寄托在出镜之时是不太现实的。

第五节　出镜记者的合音

在西方和我国台湾地区，出镜报道的合音基本上都是由出镜记者自己完成的，鲜有新闻主播为其稿件合音的情况。出镜记者为自己的出镜报道合音，其优势不言而喻。具体来说，出镜记者合音，可以使整个出镜报道成为一个风格统一的视听文本。出镜记者说完出镜语后，画外却是身在演播室的播音员为其合音，从观众听觉接受的角度来看比较突兀，缺少出镜记者叙述自己文稿的那种真实感、现场感和交流感。出镜记者为自己的出镜报道合音可以以自己的有声语言为线，串起出镜语与画外音，让出镜报道浑然一体。况且出镜记者的语言表达风格各异，还可以使出镜报道更具有个性化，让整体栏目的新闻编排具备可听性。

一、出镜记者合音存在的问题

与记者现场报道时置身情境的语言表达感觉和方式不同，记者合音时，缺少出镜的表达情境，会出现出镜报道和后期合音感觉以及表达方式脱节的情况。

（一）现场感不足 合音变成 “旁观者”

记者在出镜报道时，由于情境的烘托，表达极具现场感，但当后期进行文稿合音时，坐在录音间，则往往失去现场感。原因是出镜记者面对撰写的文稿，注重的是字正腔圆，或者模仿某些记者的风格进行合音而脱离了自己所报道的语境。现实报道中常见的现场感缺失的情况是：突发事件记者的现场报道充满紧张、急促的现场感，但是后期合音则平缓、淡定，甚至“读稿”，给人的感觉是记者由现场目击者突然间转换到了旁观者、局外人，在同一报道中形成两种感觉的巨大反差。

（二）表达方式脱节 合音变成 “另一个人”

出镜记者在一定时期内的表达方式是相对稳定的，语言表达方式也是体现出镜记者语言特色和风格个性的重要方面。我们在实践中发现，不少出镜记者在“说”（出镜语）的时候，语言表达很具有识别性，但是在“写”的时候，语言表达的模式和风格会不自觉地变成了“另一个人”，导致合音的时候让人觉得出镜语与文本的其他部分不协调。

这一问题的突出表现是，出镜语表达是口语化的，而文稿写作则书面化比较严重，忽略了整个出镜报道文本都应是口头语体这一基本要求。出镜报道在文稿的语言表达上应以出镜记者的表达方式和风格为核心，这样才能与之前的出镜相传承而构成一个整体。出镜记者在进行文稿写作时要思考：我是这样说话的吗？合音时也要继续保持原有的方式。

二、出镜记者合音的技巧

记者合音与播音员、主持人后期合音不同，后者是基于文稿的二度创作，而记者则是一度创作，对文稿中的信息有更直观、深切的感受。找准合音的感觉有以下几种简单的方式。

（一）情景再现

与播音创作中的情景再现不同，出镜记者的情景再现是基于现场采访获得的真实体验，有切身的体会。如果出镜记者对合音的状态把握不准，可通过对采访过程的回忆，调动感官，找到出镜时的感觉，合音时的情绪、语气等也会与出镜时的感觉一致或呼应。

（二）回看录像

在合音前到素材库回看录像，尤其是找到一些关键的情绪点，可以帮助你找准合音的感觉。

（三）声音还原

要将自己的合音置于当时采访的情境之中。例如当时的采访状态是紧急的，则在声音的表现上就要体现出紧急的感觉；如果当时的采访是轻松的，则在声音的表现上要让人觉得轻松。

有的出镜记者为了让自己的有声语言表达更有张力，学习了一些播音创作技巧，这很有必要。需要注意的是，出镜记者一定要摆正自己的身份：你是面向观众报道的记者，不是端坐在演播室中的播音员。合音时，感染观众的是具有现场感的状态，而不是字正腔圆的“播”稿。

本章小结

出镜记者的有声语言表达具有风格的独有性、语体的口语化和叙事的贴近性等特点。作为国家语言文字的传播者，出镜记者必须提高有声语言表达的水平，做到语音标准、用词准确、语法规范、修辞恰当、明白晓畅，尤其应避免不良的语言习惯。基于出镜文本的自身特点，我们认为出镜记者的有声语言表达应当坚持：表达准确与恰当使用模糊语言的统一、语言简练与适当信息冗余的统一、有声语言传播与非言语传播的统一。记者出镜无论是录播还是直播，口误往往都不可避免，因此应当依据实际情况选择恰当的口误修正方式。当然最好的方法就是避免口误，这一目标的实现不仅事关表达问题，更涉及心理问题。出镜报道的合音，如果条件允许，多由记者完成，记者在合音时切忌模仿播音员、主持人，把原本的一度创作变成二度创作。合音时要牢记，自己就是身处新闻现场、了解新闻事件的报道者。出镜记者面对镜头进行报道就是在虚拟语境中与观众进行类交流。提高有声语言的传播质量需要从三方面入手：一是通过学习播音学理论中的“对象感”，建立虚拟语境中交流的信念和类交流的心理技巧；二是通过对语言声音形式的调节，运用语气的变化及停顿技巧使类交流获得富于交流状态的语言效果；三是适应特定对象的心理需求、接受能力和接受习惯，调节有声语言。①

推荐阅读书目

1. 黄伯荣，廖序东．现代汉语（上、下）．增订 5 版．北京：高等教育出版社，2011.

2. 王希杰．汉语修辞学．3 版．北京：商务印书馆，2014.

3. 张颂．中国播音学．北京：中国传媒大学出版社，2003.

4.《咬文嚼字》历年合订本．

5. 刘培．出镜报道与新闻主持．北京：中国人民大学出版社，2019.

思考题

1. 出镜记者在报道时如何做到语言表达规范？

2. 出镜记者有声语言的表达策略是什么？

3. 如何减少或避免口误的发生？

4. 在合音时，如何保证出镜语与合音的协调？

练习题

1. 在电视台网站上选取一则出镜连线报道，将出镜记者所说的每一个字记录下来，之后挑出该连线报道在语言表达上的各种问题，并基于原稿修改，使其变成一篇符合现代汉语表达规范的连线报道。

2. 准备一个记录自己日常语言表达不规范之处的笔记本，定期整理、回看。

3. 观察出镜记者的直播连线，看记者在发生口误时是如何修正口误的，哪些修正（或不修正）不影响观众的理解，哪些会影响。

4. 找一条出镜语运用了修辞手法的出镜报道，指出记者所用的修辞手法，并对其运用进行评价。

5. 找一条出镜报道，基于报道内容运用修辞手法改进出镜语，创新出镜表达。

① 吴郁，侯寄南．广播电视新闻语言与形体传播教程．北京：中国人民大学出版社，2001：84.

第三章
出镜记者的叙事视角与叙事角色

本章学习要点

出镜记者叙事视角的分类
叙事视角的选择对出镜报道的影响
出镜记者的叙事角色类型

出镜报道作为一种“现场书写”的电视新闻文本，与其他新闻叙事文本最大的不同在于叙事者的“出场”——出镜记者的外显，这是体现电视拟人际传播的重要形式之一。本章我们从叙事学的角度来了解出镜记者的叙事视角和叙事角色。

第一节　出镜记者的叙事视角

出镜记者的叙事视角是指出镜记者对某一新闻事件进行叙述时所选定的口吻、身份，它体现的是出镜记者与所述事件的表述关系。叙事视角之所以重要，原因在于“叙事视角包含着对事件的认知、判断和情感倾向，具有较强的意识形态属性”①。“视角的研究在新闻叙事中是关系到叙事者身份与叙事真实、客观的问题。”②

叙事视角体现的关系包括：（1）出镜记者与新闻事件的关系：出镜记者对新闻事件的了解程度、价值判断、立场倾向。（2）出镜记者与受众的关系：出镜记者对于受众而言是居高临下的传达者还是平等的交流者。（3）出镜记者与所在媒体的关系：出镜记者的视角是否与媒体的要求相一致，是否很好地承担了本职工作。

一、出镜记者叙事视角的类别

现有新闻叙事研究认为，叙事视角的分类大体有以下四种：“按照叙事者所知信息是否大于文本人物所知，分为全知视角和限知视角；按照叙事者是否参与或目击情节，分为外视角和内视角；按照叙事者数量，分为一元视角或多元视角；按照叙事者在文

① 何纯．新闻叙事的视角与聚焦分析．求索，2006（2）．
② 何纯．新闻叙事学．长沙：岳麓书社，2006：66.

本中所出现的人称，分为第一人称视角和第三人称视角。”[①] 无论稿件的最终写作者是不是出镜记者，出镜报道的内在规定性都决定了出镜记者是叙事者。根据出镜记者在出镜报道中的角色，我们认为出镜记者的叙事视角总体可分为全知视角、限知视角和复合视角。

（一）全知视角

全知视角被罗兰·巴特称为“用居高的视点，即上帝的视点传发故事”[②]。因为拥有这一叙事视角的叙事者像无所不知的“上帝”，具备超人的知识、广阔的视野和无可指责的道德观，对所述内容拥有表达权、解释权、评价权。当然全知视角并非真的全知，而是在一种特定情境和条件下的“相对”全知。在出镜报道中，无论是现场报道还是现场评论，新闻职业的专业性和记者身份的合法性都赋予了出镜记者使用全知视角的合理性。如山东广播电视台齐鲁频道 2011 年播出的《用一条腿换一条命 值!》[③]，出镜记者出镜时采用的就是全知视角：

（出镜）记者：我现在是在龙口的通海路，我身后是 10 月 23 号傍晚发生车祸的地方，接连发生的两起车祸本来可能会使一个姑娘重伤甚至死亡，但是由于另一个热心姑娘的出现，让这起车祸化险为夷。

（画外）这是第一起车祸的伤者小王，她静静地躺在病床上打着点滴，说话的时候她的嘴有些歪，这是因为车祸已经伤到了她的神经。

（同期）山东龙口市民小王：我的肋骨断了 10 根，锁骨断了 4 节，耳膜烂了。

（画外）10 月 23 号傍晚，小王下班骑着摩托车回家，通海路没有路灯，当天又下着小雨，不知怎么的，她就被车撞飞了，失去了知觉。

（同期）山东龙口市民小王：肇事司机跑了。

（画外）刚刚下班的刁娜和丈夫一起开车回家，模模糊糊见到前面有个黑乎乎的东西，下车一看，一个女子浑身是血，这个人就是小王。

（同期）山东龙口市民刁娜：当时我想找其他人把她抬走，怕万一再次受到碾压，我就自己在那里指挥了。

（画外）120 的急救车还没赶到，一辆又一辆汽车从伤者身边穿过，在漆黑的街头，刁娜冒着雨站在小王的前边指挥车辆绕开。

（同期）山东龙口市民刁娜：每次都是车快到我身边才看到我。

（画外）十多分钟过去了，危险再次来临，刁娜眼看着一辆轿车边超车边冲过来，这次倒在血泊里的是刁娜。

（同期）刁娜的母亲：当时我很害怕，我没想到我的女儿会这么做，万一她没命了。

（同期）山东龙口市民刁娜：当时我的思维没有他的车轮转得那么快，我本能地

---

① 何纯．新闻叙事学．长沙：岳麓书社，2006：46.

② 瓦莱特．小说．陈艳，译．天津：天津人民出版社，2003：104.

③ 山东广播电视台齐鲁频道 2011 年 11 月 9 日播出。

就想保护她。

（画外）轿车司机肇事后赶紧停了车，庆幸的是两个人的命都保住了，但是刁娜的右小腿粉碎性骨折。

（同期）山东龙口市民刁娜：我觉得用一条腿换一个命很值，腿可以治好，命就没了。

（同期）山东龙口市民小王：我得好好谢谢她，要不是她我现在就不会在这儿了，即便在这儿我也会伤得更重。

案例中出镜记者采用全知视角，从整体上把握新闻事件，新闻事件的来龙去脉和关键信息点一览无余。

全知视角给出镜记者带来很大的叙事自由，出镜记者可以根据需要交代事件发生的背景、场景、因果关系、人物的外在表现和内在思考。出镜记者运用全知视角的优势在于：全知视角可增加权威感，这种权威感来自出镜记者在叙述中对信息点的确定和对事件的整体把握，出镜记者需要对自己的所言、所评负责，是一种以出镜记者人格作为保证的叙事视角。

但是出镜记者使用全知视角也存在局限：

（1）出镜记者在提供了受众未知、欲知的信息的同时，使受众接收信息时产生依赖心理，缺少批判思考。

（2）说教味太浓。出镜记者的姿态高高在上，叙事和评论的主观性较强、自由度较大，易导致受众的逆反心理。

（3）全知视角缺乏对消息来源的交代，会影响受众对新闻内容的判断，模糊事实与评论之间的界限；同时，全知视角会越过出镜记者的叙事权力，导致“合理想象”：看似记者在叙述事实，实际上他是在进行基于“合理想象”的评论。

在中国新闻史上，由于“合理想象”引起巨大争议的典型案例是新华社发表的《马特洛索夫式的英雄黄继光》。

声 音

“合理想象”合理吗？

1952年12月21日，新华社发出了一篇长篇通讯《马特洛索夫式的英雄黄继光》，写的是抗美援朝上甘岭战役中，黄继光去爆破敌人的火力点。稿件这样写道：在黄继光中弹倒下后，“他回过头来望了望，看见他的两个战友都一声不响地躺在那里，爆破的任务就完全落在他的身上了……”“一阵阵的冷雨落在黄继光的脖颈上，敌人的机枪仍然嘶叫着，他从极度的疼痛中醒来了。他每一次轻微的呼吸都会引起胸膛剧烈的疼痛。他四肢无力地瘫痪在地上。”“四十分钟的期限快到了，而我们的突击队还在敌人的火力压制之下冲不上来。后面坑道里营参谋长在望着他，战友们在望着他，祖国人民在望着他，他的母亲也在望着他，马特洛索夫的英雄行为在鼓舞着他。这时，战友们看见黄继光突然从地上一跃而起，他像一支离弦的箭，向着火力点猛扑过去。用自己的胸膛抵住了正在喷吐着火焰的两挺机关枪……”

这篇通讯当时在全国引起了强烈的反响，黄继光的英雄事迹、伟大的牺牲精神鼓舞了正在建设新中国的全国人民。然而，当人们冷静下来之后，就有人提出了疑问：既然黄继光已经牺牲了，他在扑向敌人的火力点之前内心的想法和感受，记者是怎样采访到的？很有意思的是，新华社当天还发了一则编者按，说“11月20日发《马特洛索夫式的英雄黄继光》，系前线通讯员在战斗中仓促写成，与实际战斗情节略有出入。此稿是经各方仔细核实最后判明的情节”。正是“此地无银三百两”，再怎么核实，也不可能核实到黄继光牺牲前怎么想的了。

很可惜的是，这篇通讯暴露出来的有悖新闻真实性原则的情况，并没有引起高度的、广泛的重视，反倒使得为歌颂英雄人物而合理想象成为合理的了。在以后的英雄人物报道，尤其是牺牲了的英雄人物报道中，几乎都可以看到这种合理想象、拔高典型的情况！

资料来源：吴谷平．治顽症，须常抓不懈：党的新闻事业史上两次反虚假新闻运动．新闻记者，2005（9）．

（二）限知视角

限知视角中叙事者所知道的内容与特定人物知道的一样多，叙事者需借助某个人物的感觉和意识去表达，这是出镜记者较为常用的视角。理论上，在出镜报道中，限知视角可分为两种情况，一种是“叙事者＝出镜记者”，另一种是“出镜记者＝新闻事件中的某一人物（除出镜记者外）”，实践中以第一种情况居多。

出镜记者以目击者、亲历者的身份出现，运用自身对新闻事件的所观、所思、所感进行报道，这是一种严格依据某个人物的知觉、知识和情感来叙事的视角。由于限知视角仅能看到特定人物视野之内的事物，这种叙事视角具有个人化特点，符合人们日常的认知习惯，会给叙事营造出一种真实的效果，产生生动感和形象感。

人称限知视角在出镜报道中较为普遍，出镜记者通常以事件的目击者、亲历者的身份出现，出镜记者或主动或被动地“介入”新闻事件中，成为新闻事件、新闻现场的一部分。由于现场掌握的信息不足以掌握该事件的全局，记者此时只能从自己的视角出发进行报道，将自己的所知所感告诉观众。

1. 第一人称限知视角

第一人称限知视角以“我”“我们”这样的个人化“出场”叙事主体呈现在观众面前。“我看到”“我听到”“我了解到”“我闻到”是限知视角重要的感知维度。

如凤凰卫视记者卢宇光在2004年“别斯兰人质事件”中的连线报道：

卢宇光：（俄罗斯）部队又运动上去了，现在我们看到，我们现在看到的是什么情况，哎呀呀，现在恐怖分子已经向我们这边冲过来。那边突围的部队已经打伤了很多人。哎呀，我们现在正在跑，现在恐怖分子突围冲出来了。

主持人：宇光请你小心。

卢宇光：现在不要紧，冲出去很多人，打伤好几个，现在都躺在地上，就在我们周围。

主持人：现在你能判断，冲出来的是人质，还是武装分子呢？

卢宇光：根本看不出来到底是谁，我现在趴在地上。现在打伤了好多人，天哪！

第一人称限知视角在表达上“主观性”的自由度较大，利于主观叙事，抒发作者的真情实感，直接表达作者的观点。记者此时不再是整个事件的旁观者，而是事件的亲历者，他本身就是事件的角色，甚至有可能成为整个事件的核心人物。

2. 第三人称限知视角

新闻文本是对现实世界的投射，“与第一人称鲜明的主体性比较而言，第三人称也许更能客观地再现这种投射”[①]。与第一人称限知视角明显的报道主体意识相比，第三人称限知视角体现客观。第三人称客观视角有两种情况，一种是将出镜记者本人的视角第三人称化，另一种是出镜记者以新闻事件某一人物的视角向观众提供信息。

第一人称第三人称化介入新闻事件，即叙事主体不是以第一人称“我”，而是以“记者”的身份出场，这其实是新闻叙事的真实性与叙事者主体表达相互博弈的结果[②]。采用“我们”是自己人策略，召唤观众，建立记者与观众的共通的平台，拉近了彼此间的距离。回避自我在场的主要目的是表明自我主体的消失。

出镜记者：而记者在撤离时发现，尽管居民区距离机场已经超过了一公里，但是仍有部分民宅房屋被流弹损坏。[③]

人物有限视角仅能看到人物视野之内的事物，建立在对现实生活的直接模仿上，这时他的视角是个人化的，类似于现实生活中的个人视角。这无疑会给叙事营造出一种真实的效果，产生生动感和形象感，但它也约束了对更广阔时空进行感知的自由度；同时，人性化、个性化的视角又使叙事带有较强的主观性和偏见，可能会损害叙事的客观与公正。

（三）复合视角

复合视角是指在同一新闻文本中或某一文本片段中，同时采用全知视角和限知视角，出镜记者可以根据需要灵活地变动叙事视角。

叙事视角问题从根本上说是叙事者的叙事权力问题。特定的视角只能让叙事者感知到某些信息；当叙事者为了达到某种目的，在叙事中安排合理的视角转换，使叙事超越了某一单一视角所限定的信息，同时又不影响受众对信息的理解和判断时，复合视角是必然的选择。对叙事文本视角的转换，托多罗夫称之为“视点的变化”，热奈特称之为“变音”。[④]

复合视角可以在线性传播中打破单一视角带给观众的收视疲劳。通过视角的变换，消除单一视角带来的叙事局限，有助于全方位展现出镜报道内容。

---

① 周苹．第三人称叙述者及其在文本中的介入．黑龙江社会科学，2005（2）．

② 李凌燕．新闻叙事的主观性研究．上海：中国出版集团东方出版中心，2013：148.

③ 《记者亲历26日顿涅茨克机场激战》，中央电视台2014年5月27日播出。

④ 黎明洁．新闻写作与新闻叙述：视角·主体·结构．上海：复旦大学出版社，2007：55.

二、影响出镜记者选择叙事视角的语境因素

出镜记者选择叙事视角看似是出镜记者的个人行为，实际上记者的出镜行为与叙事视角的选择受制于多重因素。

（一）社会语境

“社会语境是指在一定社会历史时期中政治、经济、思想、道德等因素形成的语境。”① 社会语境包括社会文化、民俗习惯、价值观念、社会心态、舆论环境等诸多方面。②

中国电视史上的第一次出镜报道出现在1980年7月12日中央电视台的《观察与思考》中。30多年来中国的出镜报道大体上存在“播音员体”“主持人体”“记者体”等三种主要样态。③ 在叙事视角上，出镜报道大体经历了以全知视角为主到多种视角并存的演变趋势。任何的新闻生产都是在社会中进行的，新闻生产作为一个场域必然受到政治、经济、文化等其他场域的影响。计划经济向市场经济转型、媒介体制由单一事业体制向双轨制转型、传播理念由传者本位向受众本位转变，这些都导致叙事视角在使用上的变化。

社会语境对报道者传播行为的影响，涉及报道者对题材的选择和报道角度的选择两方面。在传者本位的社会语境下，出镜记者的叙事视角多以全知视角为主；在受众本位的社会语境下，出镜记者的叙事视角则以限知视角和复合视角为主。“在新闻叙事中，叙事人采用什么视角，决定对什么聚焦，都是为了制造意义，也都是为了引导接受。”④ 在当今的社会语境下，对于不同事件，主流价值观的引导在很大程度上决定了用谁的叙事视角，或哪种叙事视角成为主流。

（二）传者语境

在传者语境中，节目定位和记者角色选择制约着出镜记者的叙事视角选择。叙事视角决定了“谁在看”，与接受者的关系是怎样的：是居高临下地看还是平等地看。通常政令传达类的新闻节目，记者的叙事视角是全知视角；民生新闻节目，则以限知视角和复合视角居多。

出镜记者的角色选择是新闻题材、节目定位、职业角色和个人角色综合作用的结果。按照介入新闻事件的程度，记者的角色可分为目击者、参与者、评论者、旁观者、调查者。角色的不同导致出镜记者的叙事视角的差异，因为角色制约着叙事视角、角色制约叙事者的叙事能力与叙事范围。目击者的角色以限知视角为主，参与者的角色以限知视角为主，评论者的角色以全知视角和复合视角为主，旁观者的角色以全知视角和复合视

① 李水仙．电视新闻语体研究．北京：中国传媒大学出版社，2007：28．

② 郭光华．论社会语境对新闻报道的反作用．江苏社会科学，1998（1）．

③ 高贵武，张紫赟，张瑾．中国电视新闻出镜报道的样态及其演变．新闻记者，2012（2）．

④ 何纯．新闻叙事的视角与聚焦分析．求索，2006（2）．

角为主，调查者的角色以全知视角为主。

（三）新闻客体语境

理论上任何新闻题材都可以用不同的叙事视角来进行报道。一般而言，宏大、重要、情节复杂的题材通常选取全知全能的叙事视角，如重要的时政新闻、正面典型人物的宣传等。由于叙事者所处的位置是自由、灵活的，可以充分实现权威信息的传达和整合功能。如果用限知视角，虽然可增加新闻的亲和力，但无法从宏观全局上把握新闻事件，会削弱新闻的权威感。此时出镜记者并不承担新闻事件亲历者、目击者的功能，而是新闻信息的传达者和评论者。

而对于更为丰富的日常新闻题材，则适用限知视角和复合视角，体现电视媒介作为家庭媒体的“交流感”和“现场感”。

（四）受众接受语境

审美心理中包含着感知、注意、联想、想象、情感、理解等基本要素，它们彼此之间有着极其微妙的和复杂的作用，进而形成有机统一的审美心理动态结构。[①] 接受美学观点认为，创作意识来源于传播者，实现其作品价值必须依赖于受众的接受和理解。

电视媒体是人格化的媒介，通过视听符号使新闻事件“自然化”。出镜报道在传播时必须考虑观众的认知心理结构、习惯，“尽量避免出现传播主体与传播客体之间认知心理的疏离”[②]。

在注意力稀缺的受众本位时代，出镜报道要适应观众的收视期待，受众对于叙事视角的偏好也会影响出镜记者对叙事视角的选择。以电视民生新闻中的帮办类新闻为例，“新闻故事化、故事细节化、细节放大化”使电视新闻越来越接近文学中的故事形态，这其实是受众本位的体现。而当前民生新闻大行其道，正是来自叙事视角的受众接受语境。

三、叙事视角对出镜报道传播效果的影响

叙事视角本身无优劣之分，关键在于如何选择恰当的叙事视角进行出镜报道，以避免影响出镜报道的传播效果。

（一）影响出镜报道的“表征”真实

文学叙事对人物、故事的要求在于艺术上、逻辑上的合理性，而非事实上的真实性。新闻的真实是基于客观真实基础上的“表征”（representation）真实。记者是新闻叙事文本的“可靠叙事者”。叙事视角的可靠，一方面来源于叙事者的声誉和专业权威性，另一方面取决于视角策略的运用，二者相辅相成、互相促进，共同建构表现客观效果的新闻

---

① 彭吉象．影视美学．北京：北京大学出版社，2002：322.

② 李水仙．电视新闻语体研究．北京：中国传媒大学出版社，2007：36.

文本。[①]

叙事视角本身不会影响新闻的真实性，但会影响受众对真实性的判断。叙事视角与新闻真实的关系主要取决于两个因素：一是叙事视角与新闻事件的距离，二是叙事视角与叙事者的认知能力。

新闻报道中有“越接近现场，就越接近真实”的说法。叙事视角体现了叙事者与新闻事件的距离。在文学中有所谓“零度关照”，即作为认知主体的受众尽可能近距离甚至是“零距离”地感知、体会作为认知对象的客观外界。对出镜报道而言，近距离甚或零距离地与现实生活直接“对话”，已成为我国当代受众接受大众传播时的又一显著特征。[②]

无论是全知视角还是限知视角，利用视角呈现真实的前提是，基于视角的认知能力、叙事视角与身份、角色、认知、立场有关。“不可靠”的主要根源是叙事者的知识有限，他亲身卷入了事件以及他的价值体系有问题。[③] 作为“可靠”的叙事者的出镜记者，在选择叙事视角时，如果选择不当，则会成为“不可靠”的叙事者。

以 1999 年浙江电视台播出的《村官不为民办事 村民依法免村官》[④] 为例，记者在出镜时采用的是全知视角：

（记者）各位观众，对于温州市瓯海区梧涎镇辽东村的村民来说，1999 年 5 月 25 号是个不平常的日子，因为这个村要在这一天举行有史以来的首次罢免村委会主任的村民大会。

（画外）一大早，辽东村享有选举权的村民陆陆续续来到特地放假一天的梧埏二小，连外村的人们也赶来了。村民们首先在学校门口签名认证。就是行动不便的老人也纷纷赶到会场。由于是生平第一次遇上罢免村委会主任的事情，村民们格外激动。

（同期）村民：“这里的大队（村）没做好工作，干部没做好。”

（同期）村民：“很激动，因为我们把不好的干部罢免掉，好的干部就可以选出来。”

（同期）村民代表吴锡铭：“新的（《村委会组织法》）颁布后，更加具体、更好操作，所以我们这次能够顺利进行。”

（画外）瓯海区人大常委会副主任陈占克代表工作指导组宣布会议纪律后，村民代表吴锡铭接受 836 位联名要求罢免村委会主任的村民委托，上台宣读罢免理由。

（现场）“辽东村村委会主任潘洪聪于 1996 年当选，在两年多任职期间，不依法办事，没有依法经营管理村级集体资产，违反法律规定，利用职权侵占农民合法权益，使集体资产大量流失，财务管理失控，各项事业停滞发展，严重脱离群众关系，村民对此意见极大。”

---

① 袁黎．电视新闻叙事视角对新闻客观性的建构．苏州：苏州大学，2008.

② 陈立生．我国当代受众接受心理的七大基本特征．编辑之友，2005（2）.

③ 里蒙-凯南．叙事虚构作品．姚锦清，黄虹伟，傅浩，等译．北京：三联书店，1989：181.

④ 浙江电视台 1999 年 5 月 26 日播出。

（画外）吴锡铭根据瓯海区农村合作经济审计总结指出：辽东村存在财务管理混乱的情况，支出凭证85%以上是白条子；吃喝支出达44万元，占总收入的24.5%；随意侵占集体资产；等等。

（画外）村委会主任潘洪聪上台申辩时，首先表示理解村民的罢免要求，并提出三点理由。两个小时的村民会议结束后，村民们在设置票箱的六个教室门口排队投票。尽管11点左右天下起了雨，但人们还是热情高涨。不少村民投完票也不回家吃饭，一直坐在走廊里等待投票结果。下午3点，工作人员开始在主席台上的黑板上填写表决结果。这时村里的男女老少把台下的操场挤了个水泄不通。工作人员每填写一个结果，就有人发出鼓掌声。村民代表吴加云准备宣读表决结果时，激动得拿不稳话筒。在村民的掌声中，吴加云清了清嗓子，大声念道：

（现场）“辽东村共有选举权的选民1 351人，参加投票表决的1 295人，本次表决共发出表决票1 295张，收回票数1 241张，表决结果是赞成罢免1 222票（口误，应为1 122票），反对罢免94票，弃权17票，废票8票。”

（画外）至此，我省首例由村委会主持召开并经民政厅批准的罢免村委会主任活动圆满结束。散会后，很多村民还在写着表决结果的黑板前反复观看，村民们认为这次罢免充分体现了民意。

（同期）村民：“对于这次表决，这是大家的心愿，很高兴，因为我们一定要有一个很好的带头人，把我们村的事情办好。”

这段出镜报道在今天看来，有些地方值得商榷：“不平常的日子”“有史以来首次”等定性描述增加了新闻的权威感，但似乎超出了记者的叙事权力范围。记者如何认定罢免村干部对全村人“不平常”？该村有多少年的历史，可以说罢免村干部是“有史以来首次”？在当时的社会语境下，用全知视角进行叙事是权威的、可信的，而放在当下，并不是所有的观众都认为该报道使用全知视角合适。

（二）影响观众的“解码”立场

理想的传播效果要求将叙事眼光投射到新闻事实的“有意味”处，集中在最能反映事实本质、最能表现叙事者立场观点、最能满足受众需求的某一个侧面或某一个点上。[①]

观众对出镜报道的内容有选择性注意、选择性认知、选择性理解的行为过程。斯图亚特·霍尔（Stuart Hall）在《编码/解码》中提出，受众在解码过程中会有三种方式：主导-霸权式解码（dominant-hegemonic position）、协商式解码（negotiated code opposition）和对抗式解码（oppositional code）。传播学研究表明，受众对新闻事件的认知会有一个基模或图式。观众倾向于选择与自己观点一致的信息立场。因此，叙事视角与观众的视角的契合程度决定了被认可的程度。出镜记者的叙事视角能否得到观众的认同取决于以下几个方面：

（1）视角的重合度，即观众想从谁的视角切入新闻报道。

---

① 吴昊．新闻叙事视角与聚焦对传播效果的影响．湘潭师范学院学报（社会科学版），2009（5）．

（2）视角信息的满足度，即叙事视角提供的信息是否足以消除观众在这一视角上的不确定的量。如果限知视角提供的信息不足，需要用全知视角叙事，但记者没有使用，则限知视角是不成功的。

（3）视角价值观念的重合度，即是否与观众的价值观一致。我们可以称之为叙事视角与观众接收视角的共鸣效应。叙事视角越合理，越能使出镜报道传递的立场、价值观念在观众的接受阐释中取得主导-霸权地位。

（三）影响出镜报道感染力的强弱

感染力是能引起别人产生相同思想感情的力量。电视的感染力来自"第四堵墙"① 的消失。电影有"第四堵墙"，演员是在电影屏幕内的特定时空中进行表演，摄像机是观众的眼睛，被描绘的世界与观众的现实世界完全隔绝。② 电视则完全是拟人际传播的媒介，被称为家庭媒介，经常采用"直接交谈"（direct address）的方式与观众对话。③ 电视通过各种技术，实现屏幕内外的信息交流、情感共享。它不仅可以使身处现场的观众实现心理交流，还可以让电视机屏幕前的观众获得"在场"的心理感受，产生参与的愿望。④ 出镜记者在镜前的拟人际传播，重要的是营造一种交流感，让观众不是"看客"，而是事件的同步经历者。

"叙事视角的层面包括感知层面（叙事者的感官范围）、心理层面（叙事者的思想和情感）和意识形态层面。"⑤ 不同的叙事视角带给出镜报道的感染力不尽相同。想要提升新闻的感染力，必须选择恰当的视角，借助不同叙事视角的优势，否则会使新闻的感染力打折扣。

全知视角使出镜记者与新闻事件和观众保持一定的距离，其感染力在于具有权威感的信息发布和评论。央视 1997 年香港回归直播中，白岩松在深圳管理线的报道成为出镜报道中的名篇，其所使用的就是全知视角。

> 白岩松：各位观众，这条线并不长，大家也看到了车速也并不快，但是今天驻香港部队越过管理线的这一小步，却是中华民族的一大步。为了这一步，中华民族等了一百多年。⑥

限知视角的感染力在于体验，让观众通过特定人物的叙事视角进入特定的情境中，这种视角使观众对新闻事件的感知更为真切、具体，也更容易引起体验和情感上的共鸣。复合视角的感染力在于出镜报道的多维视野，全面客观地呈现新闻全貌，在叙事上更为自由、灵活，集全知视角和限知视角的感染力于一体。

---

① "第四堵墙"是指把舞台与观众分开的一道无形的"墙"。

② 马骏．"看镜头"的实践流变与美学价值：以美剧《纸牌屋》为例．现代传播（中国传媒大学学报），2014（11）．

③ 麦克奎恩．理解电视：电视节目类型的概念与变迁．苗棣，赵长军，李黎丹，译．北京：华夏出版社，2003：7．

④ 林奇．电视新闻视听心理研究．北京：中国传媒大学出版社，2014：99．

⑤ 里蒙-凯南．叙事虚构作品．姚锦清，黄虹伟，傅浩，等译．北京：三联书店，1989：139－147．

⑥ 中央电视台 1997 年 6 月 30 日播出。

第二节　出镜记者的叙事角色

出镜记者是出镜报道的叙事者，由于叙事的视角、角度、功能等方面的差异，出镜记者在出镜报道文本中的角色会存在差异。出镜记者的叙事角色大体可以分为导游型叙事者、亲历型叙事者、见证型叙事者、侦探型叙事者、评论型叙事者和干预型叙事者。这些角色没有优劣之分，只有选择是否恰当之分，即在特定的新闻生产-接受语境中，选择恰当的叙事角色。当然也会发生不同角色叙事者同时融合两个叙事角色的情况，如导游型叙事者和评论型叙事者融合，所以这里的分类只是为了便于理解而进行的简单分类。

一、导游型叙事者

导游型叙事者是出镜记者角色选择中最常见的类型之一，在出镜文本中承担的是介绍、说明的功能，扮演的是“导游”的角色，通常使用全知视角。导游角色的使命在于：一方面引导受众在所述事物间建立起内在联系，降低受众接受难度；另一方面适时提供新闻背景信息，为受众释疑解惑。①

我们来看张泉灵在2008年汶川地震中的出镜报道《通往汶川213国道道路抢修现场》。

> 记者出镜：在通往汶川的各种交通方式当中呢，大家最希望陆路赶紧通。因为这样可以运送过去更多人和物资。那么通往汶川有四条陆路，最希望能够快点打通的就是成都经都江堰通往汶川的213国道。因为更多的人员和物资是聚集在了成都这样一个方向。但事实上如果你从都江堰出发，车行了20分钟到第一个山坡你就看道路在这儿完全终止了。就是我身后的这一块，那么事实上呢它不是我们比如说在通往北川的路上看到的一些巨大的滚石，而是整个的山体垮塌下来。那么根据工程人员告诉我们说呢，这个聚集了大概一万方的这个土量，而事实上像现在这样的挖掘机每小时不断地工作只能挖掉30方，那么你计算一下，需要300多个小时也就是十几天的时间才能把这一段的土方完全地挖走。而且你可能面对这样的一个情况你还会有疑问。为什么现在是看的人多工作的人少？这其实也是一个相当无奈的事情，大家可以注意一下，这一段路是一个什么样的情况？它宽也就是七米左右，往这一边下面就是岷江，是一个断崖，你在下面你能看到水库的大坝，往这一边就是山体。这样宽的一个路面的话，它事实上只允许一辆挖掘机在上面工作（见图3-1，参见文前彩页）。

---

① 谭天，叶芳．电视记者角色的符号解读．广东外语外贸大学学报，2008（3）．

图 3-1　张泉灵报道抢险情况

这条出镜报道在当时的重要意义在于向全国观众解释了一个疑惑：为什么救援缓慢？当观众看到画面上巨大的山体滑坡横亘在道路上，现场只能允许一辆挖掘机工作，挖掘机司机也在冒着生命危险抢挖道路，还要提防随时可能发生的较大余震时，观众就会消除对救援工作进展缓慢的不解和抱怨。承担好导游角色的关键在于对新闻事件的总体把握、对观众兴趣点的敏锐捕捉、对当时报道情境的准确判断。张泉灵这条出镜报道，看起来只是一条对地震救援的个案报道，但其实很具代表性，因为其他地震灾区的情况与报道点的情况类似，甚至更严重。

作为导游型叙事者，出镜记者可以是了解情况转述给观众，也可能将亲身经历介绍给观众。但是导游型叙事者描述的是相对静态的事件，既然是导游型叙事者，则应在采访中对事件的总体有一个把握，通常是了解完之后再出镜。

二、亲历型叙事者

亲历，即亲身经历。从广义上看，记者采访新闻事件也可以是一种亲历。这里所说的亲历型叙事者，即作为目击者、当事人或事件相关人的角色，意在强调出镜记者在事件进程中的参与作用。出镜记者报道时的姿态不是站在事件之外，而是融入事件之中，甚至在表达上有明显的主观性，带有强烈的情感因素，在叙事视角选择上多用限知视角。

亲历型叙事者，通常报道正在发生的事件，出镜记者出镜时知道的并不一定比现场其他人多。我们以上文的报道为例，假设张泉灵在采访时恰好遇到塌方，她用焦急的语气报道此时此刻正在发生的状况，那么她就变成了亲历型叙事者。

我们来看台湾东森新闻台的一个例子[①]（见图 3-2、图 3-3，其中图 3-2 参见文前彩页），这是记者在报道台湾台东县太麻里水灾的情况。扫一扫二维码收听案例。

① 东森记者哽咽报新闻．（2009-08-12）［2016-01-22］．https：//www.youtube.com/watch? v=W0xRtF7gCu4.

图3-2　东森新闻台记者报道水灾

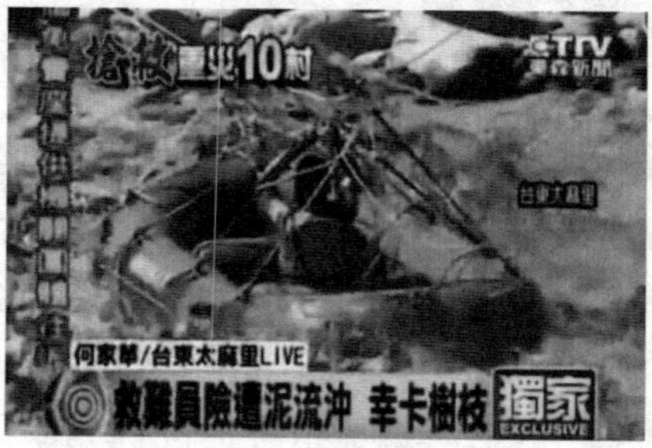

图3-3　水灾报道画面

记者出镜：好的，主播，我们现在可以看到台东太麻里的状况真的是非常危急。因为今天早上，消防队员们试图把抛绳抛到对岸，希望可以运送救护人员到对面来进行抢救。不过我们可以看到，稍早的时候人员吊挂过去非常的危险，因此改用这个橡皮艇，上面有个消防队员就坐在橡皮艇的上面，几乎被水冲——走——了，我们看到他几乎完全冲下去了！（声音陡然升高）还好，还好他现在是卡在岸边，我们的消防队员现在赶紧将他抢救起来。真的是非常危险，整个船身几乎翻覆了，而且旁边的水还是非常急的，正在滚涌当中。我们现在看到的情况真的是非常危急，消防队员很可能被淹没到水底下了。好的，以上是我们在太麻里掌握到的最新情况。

东森新闻台太麻里水灾报道

当出镜记者在报道现场发现救援人员被水冲走时，略带哭腔，声音陡然升高，把现场的紧张感传递了出来。

三、见证型叙事者

见证型叙事者特指对媒介事件[①]进行出镜报道的出镜记者。由于媒介事件具有强烈的

① 关于媒介事件的定义，丹尼尔·戴扬和伊莱休·卡茨两位传播学专家在其1992年出版的专著《媒介事件》一书中将媒介事件界定为“一种特殊的电视事件”，即那些令国人乃至世人屏息驻足的电视直播事件——主要是国家级的。这些事件是“电视仪式”或“节日电视”，甚至是“文化表演”。这里选择了戴扬和卡茨对媒介事件的界定，即那些干扰日常生活流程、带着仪式性表演、使巨大的观众群心驰神往的电视直播体育赛事。参见：安平．体育媒介事件的构建：以世界杯为例．新闻知识，2010（8）。

仪式感、距离感、权威感，导致这种叙述者在叙述新闻事件时与亲历型叙事者有所不同。

我们来看一下导游型叙事者、亲历型叙事者、见证型叙事者的差别（见表3-1）。

表3-1　导游型叙事者、亲历型叙事者、见证型叙事者的比较

叙事者类型	特点	叙事视角	情感介入	内容、目的	事件	出镜语准备情况	时态
导游型叙事者	信息量大	全知视角为主	少	提供信息为主	偏静态	准备充分	现在进行时、过去时兼备
亲历型叙事者	现场感强	第一人称限知视角为主	多	体现过程为主	偏动态	准备不充分	现在进行时为主
见证型叙事者	仪式感强	全知视角为主	多	塑造观念认同为主	偏静态	准备充分	现在进行时为主

应当说这三种叙事角色间的差别不是本质上的，而只是微妙的差别。每一部分细微的差异都会导致出镜时给人的感觉和报道的风格有较大差别。

四、侦探型叙事者

侦探型叙事者是调查性报道中出镜记者的常见形态，要求记者有敏捷的逻辑思维能力，又必须具备与刻意隐藏真相的势力周旋的智慧。但是记者并不是事件中的当事人，而是就事件中的悬疑点以第三者的身份凭借肢体语言或动作语言带领观众去现场，去看、去提问、去分析。①

在节目一开始，或记者进行新闻调查前，事实真相和新闻事件的发展走向对记者和观众而言都是不可预知的，随着记者采访的深入、事件的进展，新闻真相层层揭开，观众的好奇心理得到极大的满足。这种限知叙事的方法增强了节目过程的悬念感，利用不可预知性来吸引受众的注意力，其深层表意是解密电视新闻。②

调查记者通过调查活动和现场叙述来建构事实。调查记者具有叙事者代言人和人物的双重身份，调查记者与事实距离较近、认知程度较深、真实感强，其调查不是个人行为，而是公共行为，因而客观性、可靠性更强一些。③

以下是山东广播电视台齐鲁频道2010年播出的连续报道《大熊猫之死》④ 的第一集，出镜记者积极介入事件，推动着谜底的揭开。

（演播室）主持人：将近三年前，有一个动物朋友来到我们这里。它很可爱，它是国宝，它给人们带来了无数的欢乐，这就是山东省内唯一一只长期展出的大熊猫——泉泉。但今天，却传来一个不幸的消息！

（画外）今天上午，齐鲁频道新闻热线平台上收到了这样一条新闻线索。

---

① 阚华燕．论《新闻调查》出镜记者的叙事特质．苏州：苏州大学，2009.

② 谭天，叶芳．电视记者角色的符号解读．广州外语外贸大学学报，2008（3）.

③ 胡宏云．论调查记者在电视调查性报道中的作用．新闻知识，2009（12）.

④ 山东广播电视台齐鲁频道2010年7月23日播出。该新闻获山东广播影视大奖二等奖。

“济南动物园一只大熊猫昨天晚上死了，希望得到关注。”

（画外）记者随即联系济南动物园，得到的回答不是否认，而是中午将召开新闻发布会，一切等会上再说。来到济南动物园，熊猫游玩区空荡安静，熊猫馆大门紧锁，挂上了“馆内检测，谢绝参观”的牌子。从门缝往里看去，怎么也见不到大熊猫的身影。随后的发布会证实了这个噩耗。

（同期）济南动物园管理处副书记刘俊刚：今天由我向大家通报一个不幸的消息，我园展出的大熊猫泉泉于7月22日晚10点突然死亡，目前死因正在调查当中。

（画外）大熊猫泉泉是2007年济南动物园从四川卧龙自然保护区以长期借展方式引进的。它曾繁育过5胎7崽，被誉为“英雄母亲”，因为长得靓，又被称为“卧龙第一美女熊猫”，来的时候它还没有名字，只有一个谱系号——“20号”。

（现场）字幕：2007年9月25日凌晨“20号”空运抵达济南。

（画外）经过公开征集，“泉泉”这个带有济南特色的昵称成了“20号”大熊猫的新名字。18岁的“泉泉”也成了山东省内唯一一只长期展出的大熊猫，深受喜爱，备受呵护。

（同期）济南动物园管理处马战：说明咱们从饲养到老年大熊猫保健都有一套完善的措施。

（同期）卧龙自然保护区饲养员王群：我希望它能在这里健康地生活，健康地成长，给山东人民带来欢乐。

（画外）到现在泉泉在济南才待了不到三年，21岁的年龄只是刚刚步入老年，怎么会突然死了？

（同期）记者：熊猫有没有异常？之前有异常看不出来吗？

（同期）济南动物园管理处副书记刘俊刚：这个问题今天实在是抱歉，实在是抱歉。

（画外）对于记者关于熊猫死因和死亡过程的提问，动物园负责人都选择了回避。但一个看起来与事件完全不相干的词，却让人疑云顿起。

（同期）记者：听说是在防空洞（死亡的）。

（同期）济南动物园管理处副书记刘俊刚：应该说中间我们抢救了，抢救了接近三个小时。

（同期）记者：是在咱公园里一个避暑的防空洞里吗？

（同期）济南动物园管理处副书记刘俊刚：这个问题先到这里吧。

（画外）熊猫在动物园里，它的死怎么会跟防空洞有关？随后，记者联系上了新闻线索的爆料人张先生。

（同期）爆料人张先生：7月23号凌晨的时候，我和我同事去的现场。进去的时候，里面气味很大，里面有刺激性气味。我不能确定是不是在防空洞里，但肯定在防空洞里避暑了。

（同期）记者：您说跟防空洞是有关的？

（同期）爆料人张先生：对！

（画外）这个神秘的防空洞究竟在哪里？记者再次来到动物园熊猫馆附近寻找。

（同期）附近居民：山底下全部是空的，（防空洞）范围挺大。

（画外）在离熊猫馆最近的动物园南门旁边，记者发现了一个防空洞入口。

（出镜）记者：这里就是动物园附近防空洞的其中一个洞口。不过这里现在是大门紧闭，但是看这个锁的样子不像是常年关闭，因为旁边也没有什么锈蚀的痕迹。而我从大门的缝隙里探进手去，可以感到里面丝丝的凉气直冒出来（见图 3－4、图 3－5）。

图 3－4 记者在防空洞入口处出镜

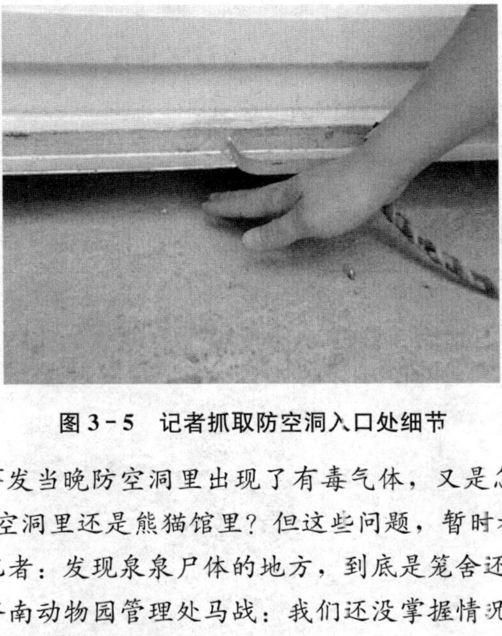

图 3－5 记者抓取防空洞入口处细节

（画外）即使事发当晚防空洞里出现了有毒气体，又是怎么殃及大熊猫泉泉的？泉泉到底是死在防空洞里还是熊猫馆里？但这些问题，暂时都得不到解答。

（电话采访）记者：发现泉泉尸体的地方，到底是笼舍还是防空洞？

（电话采访）济南动物园管理处马战：我们还没掌握情况，再见。

（画外）就在这时，记者无意中发现，大约一个月前的 6 月 29 号，齐鲁频道记者去采访动物园里动物如何避暑，在熊猫馆，曾听饲养员这样介绍。

（同期）熊猫馆饲养员：是防空干道引上来的冷风，这种风比较舒适凉爽，也能达到一定的湿度。

（画外）似乎在接近真相，但一切还只是推测。出风口，防空洞，它们究竟和泉泉的死有什么关系？我们期待着答案。

在《大熊猫之死》这条出镜报道中，出镜记者扮演“侦探”的角色，通过质疑、核实、求证，在大熊猫的死因这一观众最关心的问题上进行调查。在大熊猫没有任何外伤和疾病征兆的情况下，记者敏锐地捕捉到防空洞这一疑点，而后续的报道证明这一疑点的选择是正确的，大熊猫泉泉的死因是防空洞通风孔排出的烟雾进入熊猫馆，熊猫大量吸入后导致呼吸衰竭死亡。而烟雾是人防设施承包人员在防空洞内点燃药物（优氯净，其化学成分是二氯异氰尿酸钠）进行消毒杀菌时所产生的。

五、评论型叙事者

评论型叙事者是以对问题的分析、探讨和鲜明的观点作为主要叙事功能的出镜记者。他们对某一事件或某一社会问题具有一定的了解和独到、深入的认识。评论型叙事者既可以出现在专门的有记者出镜的电视新闻评论节目中，也可以出现在观点较为鲜明的日常出镜报道中。

以下是 2012 年伦敦奥运会刘翔因伤退赛后，中央台记者冬日娜在连线时做的即兴评论（见图 3－6）。

（出镜）冬日娜：我们没有想到刘翔以这样一种方式告别了自己的第三次奥运会。当他站在起跑线的时候，也让我们这些曾经的雅典和北京奥运会的经历者感到这个日子非常不同。

今天是 2012 年 8 月 7 号，也是我们用摄像机记录刘翔整整 12 年 8 个月零 7 天的日子，他今年表现出的最好成绩恰好也是 12 秒 87，可以说刘翔用 12 秒 87 的时间讲述了一个用 12 年时间跨栏的故事。刚才刘翔摔倒的时候，是他第一次出现在我们镜头当中摔倒的图像，刘翔没有像四年前那样从通道中回去，而是经过一个短暂停留又折了回来。尽管他一瘸一拐不能走，靠一只单脚支撑回到了终点，我看到他重新返回了赛道，拍着属于他的最后一个栏架，好像在跟它说再见，我们不知道这是不是刘翔的最后一届奥运会了，但是我们能体会到刘翔的心情。

图 3－6　冬日娜在赛场报道刘翔退赛

在过去的 12 年当中，刘翔带给了我们无数的荣誉。2004 年雅典他用震惊世界的平世界纪录的成绩实现了中国体育历史性的突破，奥林匹克从此改变了他的生活，他也从此成为中国体育的一面旗帜，成为一位世界名将。在之后的跨栏跑道上他创造了世界纪录，获得了世锦赛冠军，完成了大满贯的梦想。没想到在 2008 年北京自己家门口的奥运会他因伤退出了比赛，由此他的人生也跌入到了最低谷。在过去的四年当中刘翔并没有因为脚受伤而停止一天的训练，在四年时间当中，伤病每一天都在困扰着他，在我们所有记录他的画面当中，每一次的画面都会出现两位医生的身影。

我们希望今天刘翔能够赶紧治好脚伤，能够马上给我们传来一个好的消息。[①]

六、干预型叙事者

干预型叙事者的主要作用是推动事情的处理和解决。干预型叙事者在立场和身份上与其他记者的本质不同在于，在一开始，出镜记者就已经站在了一方、双方或多方的立场上思考问题。民生新闻中的帮办类记者多属于这类。所以干预型叙事者的目标指向已经超越了记录者、报道者的职责范围，而是上升到了参与者、干预者。

当然作为干预型叙事者要求出镜记者不能越界，或者以媒体影响力“逼迫”问题以非正常途径解决。作为记者而言，通过报道使问题得到迅速解决无疑有成就感，有助于树立媒体公信力。但解决问题是在法律、政策的合情合法范围内而不是享有特权，否则在电视媒体上就形成了错误的示范，夸大了媒体的能力。其实一些问题的解决需要“天时、地利、人和”诸多因素，并不是记者一介入就会被解决的。作为干预型叙事者的出境记者要清楚地意识到这一点，不能为了追求在镜头前塑造“为民办事”“侠肝义胆”的形象，而逾越道德、法律、政策的界限。

声　音

论帮忙类节目的媒介越位

在我国的电视节目中有一类节目叫“帮忙类节目”或者“帮办类节目”，节目多以出镜记者为参与者，推进问题的展开和解决。作为记者，参与的“度”如何拿捏？在现实中，这类节目如何让媒介越位了呢？扫一扫二维码，阅读《论帮忙类节目的媒介越位》。

论帮忙类节目的媒介越位

中国电视新闻出镜报道的样态及其演变

我国电视新闻的出镜报道从报道角色、报道内容以及报道形式方面大致经历了从播

① 央视 12 分钟悲情解说：身躯冲敌人堡垒 刘翔再见.（2012－08－08）[2016－04－12]. http：//2012. sina. com. cn/cn/at/2012－08－08/092848855. shtml.

音员到主持人再到记者的发展历程，即中国的电视新闻出镜报道大体上存在“播音员体”“主持人体”“记者体”等三种主要样态。扫一扫二维码，阅读《中国电视新闻出镜报道的样态及其演变》。

中国电视新闻出镜报道的样态及其演变

本章小结

本章我们从叙事学的角度探讨出镜记者的叙事视角选择、制约因素，以及叙事视角对传播效果的影响。无论出镜记者对叙事视角的选择是有意的还是无意的，其视角都是立场、角度、态度的体现。传播学中有一个“不可能不传播原理”（the impossibility of not communicating)[①]，“记者的话语可以表示自己是一位冷静、客观的叙事者，只要他在场，他的一举一动都具有叙事的功能”[②]。如果出现叙事视角选择不恰当、叙事角色选择不恰当，必然导致传播效果出现偏差，甚至背道而驰。这也是我们在本章中加入叙事学内容的重要原因。

推荐阅读书目

1. 谭君强．叙事学导论．北京：高等教育出版社，2008.
2. 方毅华．新闻叙事导论．北京：中国广播电视出版社，2014.

思考题

1. 出镜报道中出镜记者选择的叙事视角有哪几类？各有什么特点？
2. 全知视角在什么条件下不会被观众认同？
3. 在帮办类民生新闻中，干预型叙事者在采访报道以及处理问题时的“度”如何把握？

① “不可能不传播原理”是指所有的行为都有传播潜力，不管发送者是否希望行为像信息一样被理解。参见：丹顿，泽雷．传播理论的职业运用．2版．陈世华，译．北京，清华大学出版社，2014：58。

② 李岩．电视现场新闻的事件建构．浙江大学学报（人文社会科学版），2000（4）.

第四章
出镜语的创作类型

本章学习要点

片段式出镜语的特点
片段式出镜语的功能
故事母题
讲好故事的技巧

记者出镜通常有三个地方，分别是开场白（open）、过渡（bridge）和结语(close)。[①] 记者出镜面向镜头所说的内容被称为出镜语。出镜语在出镜报道中并无固定的套路，出现的位置依出镜记者对出镜报道的把握而定。在美国电视新闻界，出镜语以“结语”的形式最为常见，即记者向观众做简短的总结，并报出自己的名字和电视台名称；在中国，出镜语多出现在开头，即开场白。

出镜语短则几秒，长则几分钟、十几分钟。孙玉胜曾在《十年》中写道：无数的经验表明，并不是一个经常出现在报道里的人就会给观众留下良好印象，观众是否记得住他，关键是他说的内容是否能够吸引观众。[②] 因此出镜语的创作至关重要，好的出镜语可起到以一当十、画龙点睛、吸引收视的作用。

出镜语有多种分类方式：按出镜语与出镜报道的结构关系，可分为片段式和整体式；按出镜语的叙事方式，可分为信息提供型和故事叙述型；按出镜语的制作方式，可以分为事前策划型、现场即兴型和事后录制型；按出镜语的表达方式，可分为介绍式、对比式、悬念式和述评式。

第一节　按结构关系分类：片段式和整体式

从出镜语与出镜报道的结构关系看，片段式出镜语是指出镜语是出镜报道的一个或几个片段，是出镜报道的有机组成部分——出镜语“小于”出镜报道；整体式出镜语是

---

① 巴纳斯，怀特．广播电视新闻：写作、报道与制作．5版．黄雅堃，译．北京：清华大学出版社，2013：217.

② 孙玉胜．十年：从改变电视的语态开始．北京：三联书店，2003：276.

指出镜语即是出镜报道——出镜语“等于”出镜报道。

一、片段式出镜语

片段式出镜语多出现在录播型出镜报道中，每个出镜语的时长较短。但这并不是说片段式出镜语就可以简单创作，作为出镜报道的有机组成部分，它的创作也要放在出镜报道整体中去把握。

（一）片段式出镜语的特点

1. 内容的阶段性

内容的阶段性是指出镜语的内容只表达新闻事件某一阶段的内容，提供某一部分信息，而非出镜报道的所有信息。在出镜前，记者需要一个关于报道的清晰框架——不是一个完整的报道脚本，而是心中有一个提纲。[①]

我们以央视新闻频道 2020 年 9 月 10 日播出的《央视记者追踪芝加哥劳动节周末枪击现场》（见图 4-1，参见文前彩页）为例，来看片段式出镜语是如何体现出镜内容的阶段性的。扫一扫二维码观看视频。

（演播室）主持人：今年的 9 月 7 号星期一是美国的劳动节。劳动节周末期间往往暴力事件频发，所以被称作“血腥劳动节周末”。在 7 号之前，这样一个特殊的周末，央视驻美国记者刘骁骞用镜头去追踪了多个枪击现场，记录下了一个个特殊而又寻常的芝加哥夜晚。

（画外）在芝加哥，几乎每天都有枪击案发生，即使在新冠疫情期间，也没有例外。周末和节假日是枪击的高峰期，等待我们的就是这样的一个夜晚。

（出镜）记者：9 月 7 号前的这个周末是美国的劳动节小长假，它是美国人一年中很重要的一个节日。不过，在芝加哥，这个特殊的周末又被称作“血腥劳动节周末”。

（画外）在 2019 年的劳动节周末，芝加哥有至少 43 人遭枪击，其中 8 人死亡。今晚，我们将实时追踪枪击报警记录，挖掘隐藏在冰冷数字背后的犯罪现场。

（出镜）记者：我们今晚遇到的第一起枪击案的一个受害者是 29 岁的男子，他的背部和右手臂遭到枪击，但是我们抵达现场的时候，他已经被送到了医院。

（画外）案发地距离最近的警察局只有 800 多米，可见凶手在开枪时并没有地理上的顾虑。

（同期）夜班警察：目前这是今晚的第一起。

（同期）记者：这是第一起？

（同期）夜班警察：是我们这一组处理的第一起枪击案。我想要提醒你们注意安

① POTTER D. Tips for better stand-ups.（2011-11-10）[2023-05-23]. https://newslab. org/tips-for-better-stand-ups/.

全，我不知道你们是否熟悉芝加哥。有些区域非常危险，我们现在所在的这个街区，在晚上很不安全，所以最好离危险远一点。

（画外）然而，芝加哥才刚刚向我们揭开它的另一面。

（出镜）记者：我们刚刚抵达了一个有枪击警报的地点，它是位于南区的一个非常普通的居民区，路上隐约有行人，但是没有看见枪击的迹象，现场也没有出现警察。

（画外）异常的平静，让人觉得蹊跷。不过，下一起枪击案，并没有给我们留出徘徊的时间。

（出镜）记者：可以看见道路两旁的很多居民都出来围观。我们刚刚抵达新一起枪击案的事发地点，这个遭枪击的人已经被送往了医院。但是，我们在现场还看见大概有 30 多位警察，说明这个枪击案还是比较严重的。枪击案就发生在——大家顺着我的手指的方向看过去的这栋民居里头。我们待会儿会向警方或者和周围的居民问一下到底发生了什么事。

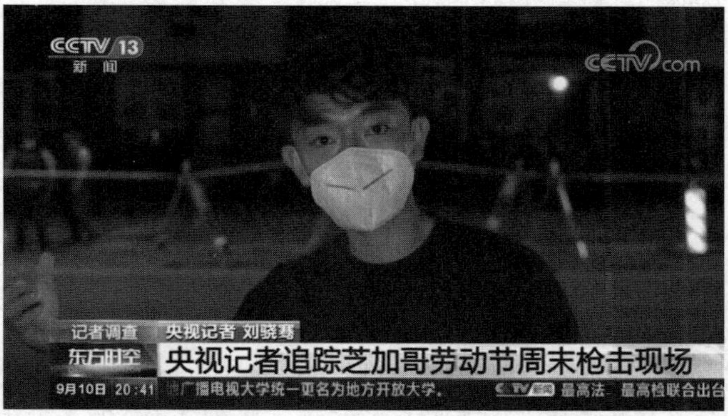

图 4-1 记者介绍现场情况

（同期）记者：这里发生了什么？

（同期）枪击受害者家属：无可奉告。

（同期）记者：你可以不用在镜头里说。

（同期）枪击受害者家属：不行。

（画外）对街的一名居民愿意和我们聊几句，前提是不透露她的姓名。

（同期）案发地居民：那是一栋新房子，我不认识住在里面的人。

（同期）记者：一个人也不认识？

（同期）案发地居民：不认识，我打开门发现到处都是人，于是问警察发生了什么，他们说和食物有关。

（同期）记者：和什么有关？

（同期）案发地居民：和食物有关，他们吃着吃着，就开枪了。

（出镜）记者：后来我们了解到，枪击是由晚餐的争执引起的，然而现场警察数量之多，不禁让人对受害者的真实身份产生联想。众所周知，芝加哥拥有势力强大的黑帮组织。唯一能确认的是伤者在送到医院后不治身亡。

（同期）案发地居民：这个街区经常能听见爆竹声，我都懒得出来看发生了什么。很难分清是枪声还是爆竹声，所以即使听见“砰”的声响，我们也不会报警，因为太频繁了，我们都不想确认了。

（出镜）记者：现在已经过了午夜零点，我们又来到了一个新的枪击案的现场。据说有两个人中弹，而且其中一个还是小孩。

（画外）有目击者称，受害者——一个18岁的女子和一个4岁的男童，当时站在屋外，子弹从一辆路过的车辆内射出。

（同期）记者：你听见枪声了吗？

（同期）案发地居民：我听见了几声，但我的邻居说她听见了七八声枪声。

（出镜）记者：这起枪击案发生在芝加哥第八十七号大街的附近。根据芝加哥的城市布局，数字越大，它的方向、它的位置就越往南，发生枪击的频率也越高。刚才，我们和几个居住在这条街的居民对谈。他们一开始和我们强调说，这是一个非常平静的街区。但是在追问之下，我们就发现这个区域，其实在过去三个月发生过至少两起恶性的枪击事件。

（同期）案发地居民：另一起枪击案发生在下一条街。

（同期）记者：具体发生了什么？

（同期）案发地居民：大概是三个月前，一个男子枪杀了他女友的母亲、女友的表亲和女友。

（同期）记者：枪杀了三个人？

（同期）案发地居民：两死一伤。

（同期）记者：凶手在逃吗？

（同期）案发地居民：是的。

（同期）记者：你觉得芝加哥安全吗？还是越来越危险？和过去相比的话。

（同期）案发地居民：在我看来，芝加哥没有任何变化，城市的每一个角落都是暴力的。

记者调查“谋杀之都”芝加哥再现“血腥周末”

央视记者追踪芝加哥劳动节周末枪击现场

在这条出镜报道中，记者辗转前往不同的案发地，每一次出镜都只交代部分信息，其他的信息则通过画外和同期声提供。消息写作要求“5个W+1个H”，这种写作方式不能带入片段式出镜语的创作中，因为一旦片段式出镜语具备了5个W和1个H，就意味着接下来的内容将与片段式出镜语重复，后面的稿子基本没有存在的必要了。因此，片段式出镜语一定不要说“全”。

2. 地位的结构性

片段式出镜语应在出镜报道中具有结构性作用，不是可有可无的形式或者环节。判断出镜语有必要存在的一个重要标准是抽离出镜语后，是否会影响余下的出镜报道内容。

在央视《新闻调查·罪恶旅程》中，记者在报道中有三次出镜，每次出镜选择的地点都是罗彩芬贩婴过程的重要地点。

出镜一：这里是宣威市西宁路上一处普普通通的住所。然而，自从宣威市乐丰乡妇女罗彩芬把自己通过各种渠道获取的婴儿暂时寄养在这里以后，这个地方就成了罗彩芬等人囤积婴儿的仓库。很多婴儿被抱走以后，就再也没有回来。可以说，这个地方是罗彩芬等人贩卖婴儿的第一站。

出镜二：在罗彩芬等人的贩婴过程中，宣威火车站是一个非常重要的地方。每天下午两点左右，从昆明开往武昌的 K110 次列车会路过这里。而罗彩芬等人就会踏上这趟列车进行有组织的跨省贩卖活动。据警方初步调查，经他们的手贩卖出去的婴儿已经超过了 20 名。

出镜三：武昌火车站是"5·31"特大贩婴案团伙的中转站。在经过近 30 个小时的颠簸之后，罗彩芬等人来不及做任何休整，将在这里换乘其他列车前往河北、安徽、山东等地贩卖婴儿。而在大多数情况下，他们则会搭乘 K186 次列车前往他们最重要的目的地——河南省鹤壁市。现在，我们也将踏上这趟列车，对婴儿的去向进行调查。①

出镜记者通过这三个地点串起了贩婴团伙的贩婴路线和过程，观众不需要看报道全文就能大致了解整个报道的内容。这一方面体现了出镜的结构性，另一方面也看出出镜记者在出镜内容选择上的精当以及三次出镜的连贯和整体设计。

3. 形式的灵活性

片段式出镜语可长可短，在内容和形式上都可灵活设计，有时可以与现场采访结合在一起。

（出镜）记者：走进伊朗国家馆就像置身于地毯的海洋。在这里，我最迫不及待地想带您去看的就是这里的镇馆之宝。看，这就是伊朗馆的镇馆之宝。那么它价值多少呢？我们来问一问身边的游客。您给个价吧。

（同期）游客：五千。

（同期）游客：三千。

（同期）游客：一万。

（同期）游客：两万。

（同期）游客：五万。

（出镜）记者：那么到底价值多少呢？我们请伊朗馆的负责人为我们揭开谜底，有请。

---

① 罪恶旅程.（2002-07-27）[2016-01-20]. https://www.cctv.com/zhuanti/newsprobe/dangan/dangan86.html.

（同期）负责人：这个价值大概是380万。

（出镜）记者：天价！380万。这么小的地毯380万，在我们看来是天价，怎么这么贵？

（同期）负责人：因为一个人花了20年时间，用放大镜把这个画出来，又是双面的，百分之百全丝的，所以价格比较高。

在以上案例中，出镜记者使用片段式出镜语将传递信息的任务交给采访对象，使出镜与采访合二为一。

（二）片段式出镜语的功能

片段式出镜语的功能可分为导语功能，连接、过渡功能和总结、评价功能。

1. 导语功能

在中国，出镜报道中常见的出镜语是作为导语出现的出镜语，又称为引导式导语。[①]导语功能使出镜记者替代演播室主持人，直接面向观众播报。

例1

观众朋友，现在是北京时间11月16日的深夜11点40分，现在您看到的是东航空客A600大型客机，从上海浦东机场飞往新加坡。在此之前，这架飞机已经整整停飞五天，停飞的原因是一只老鼠。[②]

例2

观众朋友，这里是酒泉卫星发射中心，我现在所处的位置离发射点只有1 000米，这也是我们被允许进入的离发射点最近的地方。现在是北京时间8点59分，大家可以看到我身后的发射架已经完全打开，场上的工作人员也已全部撤离，“神舟五号”飞船发射已经进入倒计时，中华民族的飞天梦就要实现了。[③]

导语功能的出镜语本身就是出镜报道的导语，如果使用的话分为两种情况。一种情况是不必撰写演播室导语，出镜报道直接播出。例如央视《新闻联播》在播出国家领导人出访的新闻时，如果有记者出镜，演播室就不再撰写导语了，直接由出镜记者播报导语。

另一种情况是演播室的导语与出镜记者的导语区隔。在日常的新闻报道中，某一档节目的导语写作通常会形成固定的某几种模式，出镜记者应当跳出演播室导语的写作模式，创作自己的出镜语，否则会和演播室导语重复。导语重复问题在目前出镜报道中较为常见，也是一些媒体和出镜记者没有意识到的问题。

一线者说

避免演播室导语和出镜语重复

（演播室）主持人：下面来看一条突发新闻。今天上午9点半，在××路和

① 饶立华，杨钢元，钟新．电子媒介新闻教程：广播与电视．北京：中国人民大学出版社，2000：269－270.

② 《小老鼠危及大飞机 保安全不惜数百万》，上海东方电视台播出。文稿引自：何志武，石永军．电视新闻采写．武汉：武汉大学出版社，2008。

③ 《中国第一艘载人飞船发射升空》，上海东方卫视播出。该新闻获2003年度中国广播电视新闻奖一等奖。

××路的交界处发生了一起交通事故，一辆 SUV 撞上一辆小轿车。事故有没有造成人员伤亡？一起去看看。

出镜一：今天上午 9 点半，在××路和××路的交界处发生了一起交通事故，一辆金色 SUV 撞上一辆蓝色小轿车，两名司机已经被送往医院。

这两段话所提供的有效信息几乎一模一样，而观众希望了解的是记者在现场看到的第一手信息。

出镜二：记者在现场可以看到，金色 SUV 在撞了蓝色小轿车之后，又直接向路中间的护栏撞去，车头死死卡在了护栏中间，一半的车头已经撞烂了，前方挡风玻璃散落一地，从我这个角度看过去，隐约还可以看到驾驶座位和方向盘上都有血迹，而另一边被撞的蓝色小轿车已经被拖到了路边，轿车右车头撞得比较严重。

通过现场报道，观众随着镜头清楚地了解到车祸发生的过程。到底撞哪儿了？多严重？这才是出镜记者需要带出的信息。当然，出镜记者还可以添加其他出镜内容，包括伤员情况、现场观察到的路边情况等。

资料来源：蔡翊岚．出镜记者：变“过去式”为“现在时”．南方电视学刊，2013（3）．

布洛克·默文（Block Mervin）在《广播电视新闻写作》（*Writing Broadcast News*）中提出：“思考自己想说什么，如何最有效地表达，使用清晰、准确的语言和谈话式风格……要有一个引人入胜的精彩开头，良好的开始是成功的一半。”① 在美国，教科书和一些电视台主管甚至不建议记者在开头出镜，原因很简单：出镜记者很难在现场写出像样的导语，而一段报道的开头对于整个报道来说至关重要。“除非你已经看过录制的同期声，事先写好了稿子，并对新闻有全局把握，否则贸然录制开场白就要承担很大的风险。开头几秒钟对于整条新闻至关重要。如果你在新闻现场匆匆做一段导语，那么就将浪费掉使用更好的素材的机会。一些新闻部主任也比较反感这种开场白式②的出镜，因为这会显得记者比新闻更加重要。如果你是一名资深记者，请谨慎地使用；如果你还只是一名实习记者，就请别尝试，它会给你未来的雇主传递这样的信息——这家伙把他的脸看得比真正的新闻还重要。”③

在美国旧金山星岛电视台一则关于海湾大桥安全问题的新闻中，出镜记者为了避免出镜语和演播室导语重复，开头不按照导语形式写，而是开门见山，直奔主题回答导语中提出的问题。

（演播室）主持人：生活在湾区的民众总会有机会使用连接旧金山和奥克兰的海湾大桥。而让人担忧的是海湾大桥东段新桥从施工到通车，负面新闻就一直不断，一直存在工程质量问题，除了螺栓折断、桥面出现裂缝和漏水之外，当局今天又公

① 里奇．新闻写作与报道训练教程．6 版．钟新，王春枝，译．北京：中国人民大学出版社，2012：111.
② 开场白式的出镜是指起导语作用的出镜语。
③ 巴纳斯，怀特．广播电视新闻：写作、报道与制作．5 版．黄雅堃，译．北京：清华大学出版社，2013：217.

布了一个新问题，我们请星岛记者带我们去了解最新情况。

（出镜）记者：最新发现的一个问题是桥身上一共26个接口，其中有10个并不完全吻合。

（画外）大桥的桥身一共分为28个板块，相互连接，一共有26个接口，有问题的接口一边高一边低，分别出现了3至8毫米的误差。加州运输局的检查员和独立专家已经对有问题的接口进行了评估，确定有问题的长度只有总长的7%，不会影响到大桥的安全。①

以上案例的有趣之处在于整个出镜报道的导语其实是由演播室的主持人和出镜记者共同完成的。

下面我们再来看一个案例，演播室和出镜记者都有各自的导语，角度、分工各不相同。

（演播室）主持人：眼下，有不少原本在外务工的农民工返回了家乡，农民工返乡对成年人来说是工作环境的变迁、生活方式的改变，而对于跟随家长回到家乡的孩子们来说，这些变化又会造成哪些影响呢？

（出镜）记者：这里是安徽省六安市舒城县万佛湖镇中心学校，从去年夏天开始，有50多名农民工子女进入这所学校。虽然相对于全校2 000多名学生来说，50人并不算是一个大数目，但是当他们走进教室的那一瞬间，人们还是发现了他们与其他学生不一样的地方。②

这个案例中主持人的导语重在引出问题、交代背景，出镜记者的出镜语则是引出案例、设置悬念，实现了演播室导语与出镜记者导语的区隔。

一线者说

出镜导语要“言之有物”

2007年6月5日，中央电视台《新闻联播》节目播出了关于在云南普洱地区发生6.4级地震后开展灾后援助的新闻。出镜记者在报道中是这样介绍的：

“今天来自全国各地的救灾物资，正在源源不断地送往云南普洱地震灾区，物资将以最快的速度发放到灾民的手中。”

在电视画面中，记者身后有一批官兵正忙着装载赈灾物资。通过分析，我们不难发现这条出镜报道所存在的问题，它的问题正是导语式出镜最容易出现的典型毛病。首先，记者的报道内容与播音员的口播内容出现了信息重复，报道没有提供给观众更多、更新、更深入的信息内容。其次，出镜记者身在新闻现场的目的模糊。

而同样是有关于云南地震的新闻，记者公海泉在当天的《新闻联播》中的出镜报道则更加有侧重点，内容更加翔实。由于云南发生地震有可能影响到当地的高考

---

① 美国星岛电视台2014年2月25日播出。

② 《返乡民工子女上学调查》，中央电视台2009年3月31日播出。参见：曾祥敏，周逵．电视新闻学．2版．北京：中国传媒大学出版社，2015：104－105。

工作，为此教育部要求云南省政府启动国家教育考试紧急预案，以下是公海泉所做的现场报道：

“这里是宁洱中学。宁洱县唯一一处高考考点就设在这里。今天上午在校园搭起了几十个这样的大帐篷，根据应急预案的要求，在考试中一旦发生震情，同学们将被转移到这些帐篷里，继续考试。”

相较于前一则新闻，公海泉所采用的虽然也是新闻导语式出镜，却提供了更多的信息，他让观众知道了：当地唯一的高考考点在哪里；预案已经开始实施，而搭帐篷就是其中一项措施，预案的主要作用在于保证学生能顺利考试。这几个信息点和云南省当时如何开展高考工作紧密相关，体现了新闻的时效性。

资料来源：卢晓雯．浅析导语式出镜如何才能“言之有物”．东南传播，2015（10）．

2. 连接、过渡功能

片段式出镜语的位置比较灵活，它还可以出现在出镜报道中间，起连接、过渡的作用，这种形式被称为“过渡式”出镜，常被用于串接一则报道的两段内容。

例如记者采访一支正在为大赛做赛前训练的足球队，但不凑巧天降大雨，将整个训练场变成了一片汪洋，于是教练召集球员到室内体育馆里继续训练。这样一来，同一条新闻里便出现了两个不同的地点，在这种情况下就有必要让记者出镜向观众做出解释。新闻可首先呈现被大雨浸泡的训练场，然后再将镜头切换到室内体育馆记者身上：

教练说外面雨太大，如果继续进行室外训练的话，球员有可能因滑倒而受伤，于是他把球队带到室内体育馆做分组对抗训练。①

通过这种方式，可将两个不同地点连接，可以转接某事的不同侧面或某人的两种不同身份。当新闻出现转折或富有冲突性时，可以考虑使用“过渡式”出镜。需要注意的是，出镜记者不要无理由地突然出现在镜头中，这会使报道混乱。

这种处理方式要求出镜记者在材料组织上注意逻辑衔接。为了保证前后材料逻辑上的完整连贯，材料和材料之间必须要有作为衔接、呼应或过渡的语言，以避免因信息缺失而产生跳跃感，使观众理解困难。②

一线者说

出镜报道的串场意识

“串场意识”要求记者出镜时把整个报道串起来，因为长报道中的场所和人物非常丰富。如果记者在户外拍摄，还会遇到不同的地形、气候和时段。这时记者需要把看似零星的报道片段联系起来。在专题报道《寻路“银三角”：央视记者拉美制毒链条调查》（以下简称《寻》）中，从城市到内陆，再到古柯种植园和制作可卡因的基地，拍摄地点递进变化，我也拍摄了一系列递进出镜，用

① 巴纳斯，怀特．广播电视新闻：写作、报道与制作．5版．黄雅堃，译．北京：清华大学出版社，2013：217.

② 王楠．电视新闻出镜记者语言传播行为研究．东南传播，2012（8）．

于后期“串场”。

例如我搭农民的摩托车进入古柯时说：“因为昨天晚上下了一整夜的雨，所以山路非常泥泞，好在当地人的驾驶技术还是不错的。”这段出镜语虽然很短，但“串”起了很多部分：首先交代了时间的变化，从抵达当地到出镜时已经过了一夜，可以和前一晚拍摄的夜晚画面衔接；其次是天气，因为当天清晨雾气很大，雾散开后到处都是水洼，所以交代了环境变化的原因，不会显得很突兀；再次是把记者的真实感受传递给观众：山路很滑，中途一度感觉会翻车，但最后都挺过来了，也可以显示出种植古柯的农民恶劣的生活环境。类似的出镜在《寻》中多次出现，也使后期编辑方案更为灵活。

以上节选自中央广播电视总台记者刘骁骞专门为本书撰写的文章。扫一扫二维码看全文及相关视频。

刘骁骞：出镜中的串场意识和选择性描述

3. 总结、评价功能

这种功能的出镜语多出现在出镜报道的结尾，出镜记者或对报道内容做一番概括，突出主题，或对新闻事件及报道内容做出评价、展望。需要注意的是，在报道结尾时，出镜记者的总结、评价一定要凝练、精简，并与整个出镜报道有机联系起来。如果不能高度概括或者做有吸引力的评价，这种出镜就应该取消。

我们以上海第一财经频道《谁在猎杀中国公司》[①] 为例，在报道的结尾，记者出镜对报道的观点进行了阐释，深化了主题，升华了内容。

记者出镜：长期以来，在美国这个自由的资本市场上，除了证监委之外，律所、各个行业的分析师等也在密切关注上市公司可能存在的问题。做空就如同另一支监管力量，对上市企业进行大浪淘沙；但如果控制不好，做空机制也会成为被资本利用的手段，产生不可估量的后果。这或许是中国在是否发展放开做空机制时踌躇的原因。但是不能因为担心就不发展做空机制，这是因噎废食。就此次做空潮而言，长远来看，对赴美上市的中国企业，在运营、规范信息披露等方面，有着积极的警示意义。

但是有的出镜报道，所谓的总结、所谓的评价，有形式大于内容的倾向。例如某台的出镜报道《韩国纪念“三一运动”96 周年：韩总统敦促日本直面历史》。该出镜报道分为两个主要部分：第一部分是韩国前总统朴槿惠在纪念“三一运动”96 周年之际敦促

① 上海广播电视台第一财经频道 2011 年 7 月 21 日播出，获第二十二届中国新闻奖电视专题二等奖。

日本直面历史；第二部分是朴槿惠呼吁南北对话，展开合作，推动和平统一。出镜语在最后，属于总结式出镜语，但是该出镜语与前文画外重复。

（画外）谈到南北关系时，朴槿惠说将持续不断地推动半岛统一进程，她呼吁朝鲜积极参与南北对话，尽快重启离散家属会面常态化、促进交换等工作，在文化、体育、艺术等领域展开交流，扩大人道主义的援助和合作，她还希望在朝鲜半岛迎来光复70周年的时候，朝韩能够一道举行庆祝活动。

（出镜）记者：朴槿惠总统在刚刚结束的纪念“三一运动”96周年的活动当中，再次强调了南北双方和平统一的构想。而今年朝鲜半岛光复70周年，未来南北双方将会展现出怎样的合作与互动，值得外界期待。

这段出镜语最有价值的一句是“朴槿惠……再次强调了南北双方和平统一的构想”，既然有“再次”，那么第一次提出南北双方和平统一的构想是什么时候？记者并未说明，我们也无从判断“再次”的意义。

这条出镜报道的评论总体看可有可无，观众没有获得有价值的信息或观点。在实践中，很多出镜记者所谓的评论其实是“废话”。例如上文中“而今年朝鲜半岛光复70周年，未来南北双方将会展现出怎样的合作与互动，值得外界期待”，这一句或者说这种出镜模式适用于任何事件，属于没有观点的观点、没有观察的观察。

多条片段式出镜语共存于一条出镜报道，有时会存在一个问题：出镜语与出镜报道文稿的衔接不够自然、流畅。对于这种情况有两种处理方式：一种是在前期出镜的时候就提前“谋篇布局”，对报道的套路有一个大致判断，对出镜语的分工有明确的界定，对出镜语与可能的文稿内容的衔接做出预判；另一种是通过后期文稿的写作来使出镜语与画外文字融为一体。

我们来看台湾中天新闻台的报道《公车新制！站牌拟全面改“路口命名”》[①]，这条报道的一大优点是记者出镜与整个文稿的组织“缝合”严密，浑然一体。

（演播室）主持人：台北市民每天约有百万人口使用的公车[②]系统，现在又有新的变革。公运处表示为了让公车站名更好辨识，研拟将小的邻里站台移往交叉路口，用路名或路口来命名，有些间距比较小的车站，站牌甚至可能要直接撤除了。不过消息一出，民众反应两极。

（出镜）记者：公车族都知道很多的站台都是用邻里或是活动中心来命名。像我现在的位置是在台北市的聚盛里，聚盛里在哪里呢？真的只有内行人才知道，我们望过去才发现它是在民生东路林森北的交叉口附近，所以有鉴于此，要让所有市民更清楚，现在台北市研拟将这些公车站牌全面改成以路名命名。

（现场）公车司机驾车到站：来，谢谢，慢走。

（画外）没有错，柯市府[③]的公车政策又有新变革。根据台北市公运处统计，目

① 台湾中天新闻台2015年4月4日播出。
② 公车即公交车。
③ 柯市府是对台北市长柯文哲团队的称呼。

前台北市3 000多个候车亭，只有300多个以路名或是街口来命名，比例约占10%，而为让市民更好辨识，将逐步改成由路名来命名。像是这个“中华日报（站）”有可能就改成“长春—江街口（站）”，“中山里”可能改成“林森—长春路口（站）”，民众普遍能接受。

（同期）台北市民：“中山里”比较没有人会知道，那你“长春路口”的话，应该比较多的人会知道。

（同期）台北市民：应该比较好找。

（出镜）记者：所以呢，台北市的站牌在整合之后大部分都会像南京东路上这样子，有一个比较大的交叉路口站名，而其他像是一些邻里的站牌有可能会撤除，或是移到交叉路口。

（同期）台北市民：如果说移到那边（路口），变成说我还要走一段路，那我觉得这样应该不方便吧。

（画外）市民说改名可行，但是迁移可是万万不行，而且公车要是移往路口，还可能有安全问题。公运处表示一切都还在讨论阶段，最快10月会有答案。（后文略）

这条新闻是一条偏静态的报道。在出镜语的设计上，记者通过一个公交站的不为人所知，以点带面引出公交站名改名的必要性。第二个出镜为了直观起见，以“南京东路站”为例，告诉观众：以后的站名就会变成这样。出镜记者注意出镜语与画外的接续，将出镜语、同期、画外“缝合”成一个有机整体，听上去流畅自然，说明记者在出镜前头脑中就有了一个对报道的整体把握。

一线者说

“倒推”的危险

出镜报道对记者来说是一种特殊的挑战。通常来说，记者要在稿件的其他部分还没有完成的情况下，在现场录制出镜。从经验上讲，记者知道之后可能会有其他的新闻要素发生，甚至连导语可能都要重写。所以，对出镜而言，记者其实是在寻找一个在一则报道中不会发生改变的新闻要素，以避免没有机会重拍出镜的情况发生。有时，记者发现了一个与出镜相关的要素，然后就竭尽全力通过出镜来渲染这一要素。“有些我认识的记者会花一整天时间来写出镜，”CBS的科克伦（Cochran）说，“然后再从出镜‘倒推’，写出整篇报道。”

“倒推”是没错，因为大多数情况下出镜都在报道的结尾。而先写出镜稿的危险性在于，一些新闻要素确实会变化，这种变化甚至会让某段出镜看起来根本像是属于另一则报道的。这是福克斯（Fox）新闻网WTTG频道记者汤姆·亨德里克（Tom Hendrick）1993年2月8日的出镜：

“尽管在下个月之前这都不会得到官方承认，但是看上去，市长、市议会和学校董事会之间已经达成了铁板钉钉的默契。有人严厉警告说首都许多学校的情况可能会从‘三级’滑向‘第三世界’，但他们完全不顾这种警告。”

当时，亨德里克正在报道削减学校预算计划的草案。他以许多愤怒的学生阻塞学校董事会开会大楼外交通的画面作为开头。而整则报道当中丝毫未提到底是谁认为学校的状况会变得像他在出镜中说的那样糟糕。

“我有所有人的同期声，老师的、家长的……他们做出了严厉的警告。”亨德里克说。那他为什么不使用这些同期呢？“因为之后会场外有更戏剧性的事情发生，这样一来，版面长度就不允许家长和老师们出现在报道里了。可我在这之前就已经做完了出镜。”

但是出镜还是被保留了。“往回看，”亨德里克说，“我确实能明白为什么你认为那是我自己的观点。”

要避免这样的陷阱，记者通常会通过出镜来推动报道的发展，让观众对之后的进展有所期待。比如“现在这份法案已经提交参议院”或“善后工作将在明天进行”。如果“想象”失败的话，记者可能只好用我们熟悉的“让时间交代一切”的模式了：

“我们对臭氧了解得越多，我们的问题也就越多。我们的环境到底是在变好还是变糟？这个问题恐怕只有时间，以及更多的研究，才能回答。CNN 记者丽莎·屈托纳（Lisa Cutone）亚特兰大报道。”

这段出镜是在 4 月 22 日世界地球日播出的。很难看出，这段出镜除了屈托纳的脸之外，到底给故事增加了什么价值。

资料来源：TAYLOR S. The standup syndrome. [2016-03-06]. http：//ajrarchive. org/Article. asp？id=1682.

二、整体式出镜语

整体式出镜语是指出镜语等于整个出镜报道，继续细分可分为组合式出镜语和一体式出镜语。

（一）组合式出镜语

组合式出镜语是由多个片段式出镜语组合而成的。记者在出镜时现场“写稿”，后期编辑只需将几段出镜语直接拼接起来即可。有时为了照顾画面的可视性，会插入一些画面，但出镜声音是连接在一起的。需要注意的是，出镜时须考虑出镜语与出镜语间的自然衔接和信息分配，否则容易造成出镜语间的连接不顺或信息重叠。

央视播出的《救援“无缝”连接 构建救援“快车道”》[①] 采用的就是组合式出镜语。

（演播室）主持人：在距离震中最近的昭通机场，今天打通了一条多种交通工具无缝连接的救援通道，来紧急地运送伤员和物资。

（出镜 1）记者：我们现在是在云南省昭通市的昭通机场，马上我们将搭乘这架成都军区[②]的米-17 直升机，把物资运送到鲁甸灾区，并且把那里的伤员转运出来。

（出镜 2）记者：在这架直升机上总共装载了 120 箱方便面，还有 55 箱矿泉水以

① 中央电视台 2014 年 8 月 5 日播出。
② 2016 年 2 月，大军区体制终结，战区制正式启动，成都军区裁撤。

及一些像压缩饼干之类的军用食品，总共是1.5吨。刚才我仔细看了一下，这批矿泉水都是今年5月刚刚生产出来的。因为昨天灾区下过雨，所以今天的天气非常晴朗，也适合直升机的飞行和运输，今天成都军区紧急调用了10架像这样的米-17直升机进行物资的运输和伤员的转运，同时勘察堰塞湖。我们大概在30分钟以后抵达鲁甸灾区。

（画外）记者现场解说：刚才我们的飞机紧急降落在鲁甸一所小学门口的临时降落点。仅仅用了10分钟的时间把物资卸下，把伤员抬上飞机。现在总共搭乘了7名伤员和他们的家属，伤员大多数是被石头砸中导致骨折，在当地没有办法进行完全救治的。现在我们把伤员再运送到昭通机场，由在机场等待的医疗救护队把他们送往昭通的医院进行救治。

（画外）记者现场解说：在昭通机场4辆已经等待在这儿的120急救车现在紧急把伤员送往昭通市第一人民医院，而我们看到在停机坪的另外一边，一架东航的客机已经等待在这儿。据我们了解这架客机是经过改造的，等待转运比较危重的伤员，直接运往昆明的医院进行救治。

这条出镜报道是由出镜记者的几段出镜语串联而成的，所有的出镜语都是在现场完成的，记者在后半程采用铺采访画面的方式，未播出自己的出镜。这种组合式出镜语的优势在于节约后期编辑时间，但对于出镜记者的综合素质要求较高，同时由于是在现场完成解说的，所以记者的出镜语伴随着现场的音响声，现场感十足。

（二）一体式出镜语

一体式出镜语是指出镜语一气呵成，没有分段录制。所有的直播连线都属于一体式出镜语。以下是2001年中央电视台《中国入世特别节目》中的开场，演播室连线前方记者董倩。

（出镜）董倩：观众朋友们大家好，我现在是在卡塔尔多哈为您发回报道。我现在是在世界贸易组织第四次部长级会议的会址多哈的喜来登饭店。我想对于大多数观众朋友来说，喜来登饭店并不陌生。就在几个星期以前，中国足球队征战卡塔尔的时候，也是下榻在这家饭店，所以作为一名中国记者，当我进到喜来登饭店的时候，总是多多少少能感受到一点亲切和熟悉的感觉。

（点评：介绍出镜地点及出镜地点与中国的关系，通过接近性拉近地点与观众的心理距离。）

大家现在顺着我手指的方向看，这个大厅就叫萨尔瓦大厅。来自世贸组织成员的部长们，现在正在里面进行一般性的发言。再过两个小时，多哈时间的6：20，也就是北京时间的11：20，世贸组织第四次部长级会议，将审议通过中国加入世界贸易组织的决定。

（点评：一般性发言没有新闻看点，可能会场也不允许记者进行连线直播，因此直接将这部分内容略过。）

这次会议能够如期地在多哈召开，真是费了一番周折。大家都知道，在“9·11”之后，美英发动了对阿富汗的军事打击。而在地理位置上，卡塔尔是临近阿富汗的，这样一来，就使得各方都担心：这次会议能否在多哈如期举行呢？人们的担心也包括卡塔尔这个国家只有约 1 000 名警察、12 000 多名士兵，如果会议能够在多哈召开的话，他们又能不能保障会议的安全呢？于是种种担心之下就有了变更会议地点的传闻。

（点评：列举会前外界对多哈举行该会议的质疑，体现这次会议安保的重要性。）

会议召开后不久，大会组委会一名发言人在日内瓦证实说，尽管世界局势是这样的，但会议地点仍将保持在多哈。我们也了解到，本次多哈会议的主席同时也是卡塔尔的财政、经济和贸易部的部长尤素福·卡麦勒，他曾经向外界表示说，他们国家将尽一切的、最大的努力，保证这次会议能够圆满成功地召开。我们现在了解到的情况就是卡塔尔政府为了准备这次会议，前期已经投入了 3 000 万美元，今天我们在多哈看到卡塔尔出版的一家英文报纸是以这样的标题打出的头版头条：“Doha Open”。我们不妨把它翻译为“多哈已经敞开怀抱”，接待各国新闻记者还有官员的到来。

（点评：介绍卡塔尔政府对顺利召开会议的决心。）

我们中央电视台直播小组是在 10 月 7 号到达卡塔尔首都多哈的，下了飞机之后，我们感受到一派祥和，丝毫没有感受到战争的气氛。但是随着会期的临近，我们能够感受到多哈的戒备日趋森严了。比如说，在我们每天从宿舍到喜来登饭店的路上看到，多哈主要的大街小巷都有军警在把守了，而且我们住的记者村也有警察 24 小时巡逻。这一切都已经表明，多哈在为这次会议做着不懈的努力。

（点评：卡塔尔在安保上采取的措施。）

在这里，我还想跟观众朋友说一句，由于时差的关系，现在多哈时间是下午的 4：10，那么北京时间会是晚上的 9：10。我想大家劳累了一天，恐怕想早点休息，但是今天是个特殊日子，我希望观众朋友能和我、白岩松，还有我们的摄像记者一起共同见证这段特殊的历史时刻。好，前方报道先到这里，我们把信号切回北京。[①]

（点评：召唤观众。）

记者在会议举行的地点喜来登饭店介绍现场情况。“9·11”事件之后，舆论对于世贸组织第四次部长级会议能否如期、安全举行有种种疑虑和猜测。节目开始后不久的第一节现场报道，记者介绍了卡塔尔政府为承办这次会议所做出的努力和采取的严密的安全措施。

一体式出镜语时长通常长于一分钟，信息量大，因此在撰写时需要注意逻辑清晰、详略得当、关键信息点突出，防止信息过载。

---

① 江欧利．中国广播电视新闻奖 2001 年度新闻佳作赏析．北京：新华出版社，2003：432－433．

第二节　按叙事方式分类：信息提供型和故事叙述型

按叙事方式出镜语可分为信息提供型出镜语和故事叙述型出镜语。在实践中，以信息提供型出镜语居多。

一、信息提供型出镜语

信息提供型出镜语是以提供信息为主的出镜语。与文字报道单纯的信息提供不同，由于出镜记者身处现场现身报道，因此无论是录播还是直播出镜，通常出镜记者都要首先用“现在时”交代自己所处的位置和目前的最新情况。这与报纸消息写作的倒金字塔结构有所区别。

（一）信息提供型出镜语的创作技巧

信息提供型出镜语讲求的是信息的选择和组合，信息选择的依据包括新闻价值诸要素、记者认为值得传递的信息。在信息的组织上并无固定套路，有的信息提供型出镜语逻辑性较强，有的则不遵循一定的顺序。总体看，信息的排序通常以重要性为主要标准。

出镜记者在选择信息提供型出镜语的报道方式时，应注意交代信息消息来源、核实相关信息。另外，不要就信息说信息，要将信息置于特定的新闻背景材料中，让观众充分理解信息的内容，而不是浮于表面。

（二）典型案例分析

我们以上海电视台《新闻夜线》节目在 2015 年对“德国之翼客机坠毁事件”的连线为例，记者采用的叙事方式是提供信息、提供“干货”。

记者出镜：现在搜救的情况并不乐观，按法国官方的说法，的确没有任何生还者了。现在我们在这边了解各方面的最新情况，主要有下面几个方面。

一方面是针对事故原因的分析。如果援引当地媒体的话来说，这个事故的原因越来越离奇。因为一直到现在为止，专家认为最有可能的就是机身有过一次重大的技术故障。这样的一个说法被汉莎航空公司否认，它认为机身在技术上是没有任何问题的。法国官方的说法就比较谨慎，目前为止，它说不能排除任何可能性。但是目前恐怖袭击的确不在最有可能的猜测之内。

黑匣子方面的最新消息就是，之前我们知道有一部分的数据是损坏了的，但是这个黑匣子目前已经被送往巴黎进行修复，如果一切进展顺利的话，那么在今天下午晚些时候或者是晚间，第一批分析数据就有可能公布出来。

针对搜救有一个新的情况，也是一个新的挑战，那就是狼的出现。我们是在山区，大批的狼群在事故现场出现，很有可能会威胁到救援工作以及遗体的辨认。

受害者的家属也会在今天下午晚些时候陆续到达我们所在的这个小镇，他们会聚集在这个镇外的一个礼拜堂对他们的亲人进行悼念。同时我们也知道，刚刚已经到达的领导人有法国总统奥朗德、德国的默克尔以及西班牙的拉霍伊，他们都已经到达了现场。

出镜记者在处理这条连线时以信息为主，这些信息是观众极为关注的，在排序上按照倒金字塔结构排列，即事故的原因分析、有关黑匣子的最新消息和搜救新挑战，每个信息段落间并没有采用连接、过渡，而是直奔内容。

二、故事叙述型出镜语

故事叙述型出镜语是指采用讲故事的方式的出镜语。这种出镜语会出现在出镜报道中有两种情况：一种是出镜报道是以讲故事的形式进行谋篇的，出镜语是故事叙述的一部分；另一种出现在整体式出镜语中，出镜语是由故事组成的。第一种情况，出镜语多是作为新闻故事情节推进、悬念设置的一种手段。第二种情况采用故事型叙事，多是带有一定主题性的出镜报道，通过讲故事的方式，以小见大，由个人叙事关联宏大叙事。

美国一位电视新闻教师通过多年的课堂教学发现：不是只有好看的或者气质出众的学生才可以成为一个好的电视人，会讲故事的学生会做得更好、走得更远。[①] 其实，讲故事的手法在电视新闻业务中早已成为常态，新闻作品就是故事，报道以关注普通人物的命运、弘扬生活中的真善美为诉求，记者以平视角、低姿态，通过讲故事的方式将新闻人物和事件的进展及冲突尽可能原汁原味地呈现，记录小人物的喜怒哀乐，记录令人感动的瞬间，传递鼓舞人心的积极力量。[②] 但是在出镜报道中这种手法的应用并不广泛。

（一）故事叙述型出镜语的创作技巧

“今天，我们才意识到要让传媒人学会讲故事，有点儿晚了；但如果到今天还不好好学会讲故事，传媒就死了！”[③]

主流媒体讲好故事的重要技巧在于新闻故事化、故事情节化、情节细节化、细节放大化。

（1）新闻故事化。新闻故事化是用故事思维转换新闻报道的思路，摆脱传统新闻以信息传递为主要功能的文本组织逻辑和结构。在实践中，首先要识别和确定新闻中蕴含的故事母题（motif），母题是叙事文学中最小的情节结构。母题本身只是一个简单的 a＋b 的公式，即“角色”＋“行为”的情节结构。[④] 例如“消防队员灭火”，这是一个母题。当然，虽然同样有“题”字，但母题不同于主题。主题的显现是建立在一个或若干个母题的组合的基础上的。主题通常是一种价值判断，属于抽象概念；而母题则是一种叙事

---

① 里尔登，弗林．镜头前：如何报道、主持、采访．成倍，张东岳，译．北京：人民邮电出版社，2015：77.

② 荀凯东，王紫月．情感化表达与建设性叙事：央视抗“疫”专题报道《战疫情》的讲故事策略．电视研究，2020（4）.

③ 白岩松．白说．武汉：长江文艺出版社，2015：129.

④ 张艳．中国三大神话母题研究．济南：山东大学，2014：3.

单位，是具体的存在。一个作品的整体架构往往是由不止一个母题组合而成的，这些母题在组合方式和组合顺序上的不同决定了作品所呈现出的意义的不同；而主题则是意义的综合体现。①

当新闻报道中的母题识别和确定后，报道的主题、角色、情节、冲突、兴趣点等便很容易确定，新闻就具备了故事化的基础。

（2）故事情节化。实践中很多所谓的“故事”，从叙事的角度上说不能被称为故事，实际上是故事梗概，原因在于缺少情节。吸引人的故事是有情节的，情节是按照因果逻辑组织起来的一系列事件，要求在事件发展中表现出人物行为的矛盾冲突，揭示人物命运的变化过程。② 因此讲故事不光要见人、见事，更要见情节。在报道中，改变重结果、轻过程的创作取向，着重展示在过程中与报道主题相关联的事件，将蕴含其中的复杂、曲折、冲突、转折、影响因素立体展现，这样的故事才能吸引人、打动人、感染人。

（3）情节细节化。把故事讲明白、讲得有吸引力，情节的交代非常重要，把来龙去脉、各种关系、相关背景讲清楚，如此才能让观众深刻地理解故事内容和内在逻辑。此外，细节可以转化成悬念，成为推动观众持续观看的动力。

（4）细节放大化。在讲故事的过程中，细节过多会导致信息超载，也会导致行文啰嗦，一个好的故事是靠几个能产生共鸣的细节被观众记住的，对重要的细节一定要凸显、放大。

在日常出镜报道中，由于报道时长的局限，很难将一个新闻故事完全展开，如何在一两分钟内讲好一个故事，非常考验出镜记者的创作能力。

（二）典型案例分析

2010年8月15日央视推出“舟曲特大泥石流全国哀悼日”特别直播③，活动开始前，主持人连线前方记者张泉灵。在这段单机连线直播中，没有插任何别的画面，完全依靠讲述来完成（见图4-2）。这段出镜语也是在当时少见的故事叙述型出镜语，堪称经典，很难超越。

> （演播室）主持人：泉灵，今天一早，我们所到之处可以说都是一片肃穆，同事们在工作当中也比往常多了许多凝重。也许，这是自8月8号灾难发生以来大家情绪的一个爆发。这些天你一直都在灾区，此刻，你也就在悼念活动举行的现场，相信所看所感一定很多、很深。
>
> （出镜）张泉灵：嗯。我想先给你讲一个故事，你就能了解今天的悼念现场寄托的哀思有多么沉重。昨天我在舟曲县的医院采访到了一个藏族的产妇，她刚刚生下了一个6斤8两重的孩子。可是在灾难发生的那一天她还身怀六甲，就快要生产了。她的丈夫握着她的手往门外逃，她由于身体笨重、行动不便被门夹住了，而她的丈夫已经跑到了门外。在那一刹那，洪水来了，把她的丈夫卷走了。她的丈夫在被洪

① 张艳．中国三大神话母题研究．济南：山东大学，2014：5-6．

② 童庆炳．文学理论教程．修订2版．北京：高等教育出版社，2004：245．

③ 《舟曲抢险救灾现场将举行悼念活动》，中央电视台2010年8月15日播出。

水卷走的那一刹那，回头说的一句话是："你不要害怕。"有的时候，在这种最危急的时刻，我们才能够体验到那种亲情和爱，才能够理解今天在这里寄托的这一份哀思有多么沉重。

图 4-2 张泉灵在介绍现场准备活动

另外我想告诉你的是，在这个现场，现在所有的布置工作基本上已经就绪了，而这些布置也是用心里最深沉的那些思念和爱布置起来的。你看，在这边有一条巨大的横幅——"沉痛哀悼舟曲特大山洪泥石流遇难同胞"。这条横幅的架子，是由舟曲当地的林业局同志们搭起来的。其实到现在为止，林业局还被泡在白龙江的河水里面，他们有十几个同志遇难。当天晚上他们完成了自救之后，紧急地做了很多的木筏子，一天救出了 300 多人。我们再来看这些花环和花篮，今天早上有很多当地的中学生来摆放这些花篮和花环。在这当中，我采访到了舟曲一中初三八班的一位小女孩，她家里有 7 位亲人遇难。插这些花的时候，她自己一直在默默地念着，说"希望你们一路走好"。另外，我们要看看这根旗杆，中华人民共和国国旗的旗杆，一会儿升起国旗的旗手，就是舟曲武警中队的战士，这条三眼峪沟是他们每天都要经过的地方，现在变成了一片废墟。他们告诉我说，这里曾经是舟曲县最美丽的地方，但是现在看看这周边……可是他们相信，一切还会好起来。说起国旗，我想让你看看，在舟曲有一个习惯，在那边的房子上. 到处都会竖起很多的五星红旗，并不是这一次在灾难之后才竖起来的，而是在"5·12"地震之后。这里很多的房子都是由国家援助和深圳援建重建起来的。当地的老百姓为了感恩，所以在房头上都会竖起五星红旗。而这一次灾难无论多么严重，这些红旗都会提醒他们，他们身后有一个强大的支撑。

（演播室）主持人：其实在经历过之前的几次灾难后，我知道在伤痛之中要想保持一份哪怕是职业的平静，都是一件不容易的事情，所以非常感谢泉灵在现场为我们发回的报道。今天，国旗为遇难同胞而降，泪水为蒙难舟曲而流，这是一个悲伤的时刻。虽然心很痛，但是我们知道，擦去泪水，生活还将继续，坚强，将在苦难之上盛开鲜花。

张泉灵的这段静态报道的出镜之所以吸引人，主要因为其中的两个技巧：一是将现场信息与背后的故事建立关联，看似普通的信息，如“条幅”“花环”“国旗”，由于记者发掘了与之相关的故事，使现场的这些信息鲜活起来（见表4-1）。

表4-1 张泉灵连线内容

	关键词	故事梗概	主题
第一层次	哀思	藏族产妇临产前丈夫被洪水卷走，丈夫说：“你不要害怕。”	亲情、爱、哀思
第二层次	横幅	舟曲林业局工作人员自救之后，救了300多人	思念、爱
	花环、花篮	一个初中女孩7位亲人遇难	思念、爱
	国旗	汶川地震后普通老百姓房头竖国旗	感恩、爱

二是运用讲故事的方式。横幅背后是林业局同志开展自救和参与救援的故事；花环、花篮背后是一个初中女孩7位亲人遇难的故事；国旗背后是一方有难、八方支援，百姓感恩的故事。记者故事化的讲述让哀悼会现场看似普通的景物被赋予了情感。更为难得的是，记者将现场的气氛也用故事来表达。一般情况下，出镜记者在面临这种场合的时候，多会说“现场气氛凝重”“哀悼会现场庄严肃穆”之类的虽然准确但让人感觉比较“空”的话。张泉灵为了体现哀悼会寄托哀思的沉重，用一位藏族产妇的故事引起了观众的共鸣。

第三节 按制作方式分类：事前策划型、现场即兴型和事后录制型

出镜语按制作方式可分为：事前策划型出镜语、现场即兴型出镜语、事后录制型出镜语。选择何种制作方式的出镜语应视不同情况而定。

一、事前策划型出镜语

事前策划型出镜语多用于可预测事件，尤其是“媒介事件”。出镜记者通过可预测事件的整个过程，选取出镜看点，策划出镜语。由于事件是可预测的，所以出镜语的内容虽然是提前策划的，但并不违背新闻的真实性。需要注意的是，有时出镜记者在出镜前已知道接下来会发生什么，会在现场进行“摆拍”，制造“巧合”，细心的观众一眼就会看出这不是在拍新闻，而是在“演”新闻。这种操作是新闻报道的大忌。

事前策划型出镜也要有应急预案。著名电视人孙玉胜总结说，在香港回归报道中，重要事件现场的记者多点报道曾给直播增添了不少亮色，但大多属于事件正式开始之前的递进式报道。如白岩松在驻港部队同乐军营的报道、柏杨在港督府的报道、王志在会展中心的报道、翟树杰在威尔士亲王大厦的报道、章伟秋在尖沙咀的报道……均很成功。这些报道都经过了多次演练。我们原来以为记者现场报道简单而容易，但一旦事件真正开始，前方记者现场报道的难度就增加了。当发现所看见和所体验到的现场完全超过事

先的想象时，现场记者会显得有些不知所措，这些紧张和局促直接反映在了现场报道的语言中，以至于香港回归直播结束，我们回到北京时，听到了“一根又一根”“一圈又一圈”“一人又一人”的笑话。我尽量不把这样的“段子”理解为恶意的。对那些身临现场并高度紧张的记者来说，某些报道语言的确不够恰当、不够精彩、不够到位，但他们都是无辜的，因为当初我们这些直播方案的策划者和操作者们就没有做出充分的预案提供给前方记者，没有向现场报道提出应对变化的任何要求。前方记者们就像一个个从来没有机会练习刺杀的战士，直接被推到战场的最前方参加肉搏。[①]

声 音

记者不能去设置现场，更不能改变现场

纵观时下屏幕上出现的记者视频连线报道，技术越来越熟练，镜头切换越来越丰富，记者的表达也越来越流畅，但感觉还是缺少了点什么东西。笔者认为那就是作为新闻报道最重要的元素——真实，即缺少了新闻现场本身具有的传播特质。

扫一扫二维码，阅读《记者不能去设置现场，更不能改变现场》。

记者不能去设置现场，更不能改变现场

二、现场即兴型出镜语

现场即兴型是常见的出镜语创作方式，出镜记者在新闻采访报道中现场决定哪些内容可以出镜，这类出镜语通常现场感强，悬念强，很多时候记者不知道接下来会发生什么。

以下是获得 1998 年中国新闻奖一等奖的《巴格达遭空袭纪实》[②] 的文字实录。

（演播室）主持人：巴格达当地时间 19 日凌晨 1 点 30 分，伊拉克首都巴格达遭到美英第三轮大规模的巡航导弹袭击，巨大的爆炸声震撼了整个城市，这是三天以来美英对伊拉克最为猛烈的一轮导弹袭击。请看本台驻巴格达记者发回的报道。

（记者）水均益：观众朋友，我现在是在巴格达市中心的新闻中心二楼的平台上，现在是伊拉克时间 12 月 19 日凌晨的 4 点多，也就是北京时间 12 月 19 日上午的 9 点多。我们听到整个巴格达市区爆炸声响彻夜空，爆炸声在我们身边不断响起，有很多防空火炮和高射机枪在对空射击，爆炸声在我们附近响得很强烈。我们周围各个方向都有爆炸的声音，而且可以看到强烈的火光，在我们的正前方，刚才已经

① 孙玉胜．十年：从改变电视的语态开始．北京：三联书店，2003：273.

② 中央电视台 1998 年 12 月 19 日播出。

有三颗炸弹落了下来，巨大的火光把天空整个都染红了。在我们的顶楼上，我们可以看到有一挺高射机枪不断地对空射击，在我们的右侧就是伊拉克的国防部，大家可以看到远处又红了一片，我们马上可以听到爆炸声，根据声音的反馈应该有七八公里的样子。我们可以看到一枚巡航导弹横着飞过去。这个地方可以说是巴格达比较具有战略意义的一个地方，因为在我的右前方这个位置就是萨达姆总统的总统府，在总统府的旁边一点就是总理府，总理府再这边一点就是国防部，在我的后面是它的外交部。这次空袭一共持续了45分钟，到目前为止空袭的警报还没有解除，而与此同时，巴格达清真寺的祷告声已经传出了，这就标志着一年一度的穆斯林斋月从今天起正式开始了。

这是中央台记者从伊拉克首都巴格达报道的。

2014年1月22日，“今日俄罗斯”记者彼得·奥利弗（Peter Oliver）的一则现场报道[①]，将乌克兰当局和抗议民众的冲突表现得淋漓尽致。当时警方正在驱赶示威群众，记者拍下了警察殴打示威者的画面，现场即兴型出镜语所带来的现场感非常强烈。

记者出镜：警察正在试图清出广场的人群。我们也在往这边转移，摄像，我们朝左边走。我们可以看到，大批的民众试图离开那些路障，我们刚才所在的路障……警察过来了，是的，警察过来了，人们在很快地往回退，但愿我们能够安全（见图4-3，参见文前彩页）。

图4-3 “今日俄罗斯”记者彼得·奥利弗在冲突现场

警察已经把所有在路障附近的人都赶开了，让他们离开了原来的地方（镜头在晃动），就是那些路障，我们得进去了（记者示意摄像躲进旅馆，记者隔着落地玻璃继续报道），我们看到大量的人群，很多很多人，从路障那边逃走（一个警察手持警棍在记者面前打人）。哦，天！我们看到一个警察殴打一个躺在地上的人，不断殴打他（见图4-4）。

你可以听到一些爆炸声，我们不得不躲进这家旅馆……

记者在汹涌的人群中进行报道，融入现场，和示威民众一起撤退。而在当天的另一

① “今日俄罗斯”2014年1月22日播出。

图 4-4　“今日俄罗斯”记者拍到乌克兰警察殴打示威者

个连线直播中，RT 电视台记者占据有利报道位置，从高处直播了双方你进我退、我进你退的冲突场面。

应当说现场即兴型出镜语是最能体现出镜记者现场观察和表达能力的，是真正意义上的“现场书写”。但“现场即兴”不等于“照图说话”，如果只是将“现场即兴”定位在场面描述上，那么这种出镜方式并不会受到推崇。现场即兴型出镜语的高层次要求是建立在现场观察基础上的现场分析、现场评论，这需要依托出镜记者的日常积累。

三、事后录制型出镜语

事后录制型出镜语是指出镜记者在新闻采访结束后，通过对新闻事件的总体把握和出镜报道的总体安排在采访结束时录制的出镜语。

这种出镜语的录制方式有两种情况：一种是现场还在，例如路面塌陷，短时间不可能修复，记者抢拍到现场情况后，在采访结束时根据录制时掌握的最新情况进行录制；另一种是现场已经消失，只能在事发地点录制。其中第二种情况又分为两类：第一类是记者赶到时现场还在，摄像记者以抢抓现场为首要策略，但记者出镜时现场消失；第二类是记者赶到现场时现场已经消失。

在偏静态或现场模糊的新闻事件报道中，多采用事后录制型出镜的方式，通常记者的出镜语会有比较充分的准备和创作时间。由于事后录制型出镜语案例众多，在实践中占主体，相关案例本书不再赘述。

一线者说

对话央视驻叙利亚记者徐德智：一个人如何成为一支队伍?

2018 年 4 月 14 日，叙利亚首都大马士革遭遇美英法“精准军事打击”，央视记者徐德智在大马士革驻地展开直播，带来战地最新消息。这是一场来自战地的移动直播，在这个空袭之夜，徐德智肩负出镜记者、编辑、导播、摄像、卫星传送工程师、新媒体直播多重任务。扫一扫二维码，一起来看徐德智是如何一个人如何成为一支队伍的。

徐德智：报道叙利亚

第四节　按表达方式分类：介绍式、对比式、悬念式和述评式

出镜语的时长与报道内容和报道文本的结构有关，有的出镜语只有几秒钟，有的则是几分钟。无论出镜语的时长是长是短，准确明晰的表达都是基础，但是如何让出镜语灵活多样、有效传播，则需要出镜记者在出镜前认真思考、设计。按照出镜语的表达方式，我们将出镜语分为四类：介绍式、对比式、悬念式和述评式。在出镜实践中，这四类出镜语经常会交叉运用。

一、介绍式出镜语

介绍式出镜语是出镜记者较多采用的一种出镜语，这种出镜语要求出镜记者用叙述或说明的方式告知观众。

例 1

这里是梧州市的万秀区，我身后的这座两层的楼房就是万秀区双桥小学的一座教学楼。6 月 23 号凌晨 3 点，桂江上的一条拦水坝突然坍塌，洪水从上游迅速冲到这所学校，当时有 6 名群众就被困在了这座楼上。[①]

例 2

现在我在中国赴海地维和警察的营区，这个营区坐落在海地太子港索拉比工业园区当中。索拉比工业园区距离太子港机场的直线距离不到一公里，我们来看远处那个广告牌，那后边就是太子港机场，距离太子港著名的犯罪高发区太阳城区直线距离不到一公里。就在那个方向，在这个工业园区当中一圈带有铁丝网的水泥墙围起了两个大仓库和周围一小圈空地，这就构成了中国赴海地维和警察的营区。中国驻海地维和警察已经在这里待了 6 年了，在这 6 年的时间当中，海地地震发生之后这段日子可以说是他们最为伤痛、最为艰辛，也最为繁忙的日子。那他们是如何抚慰伤痛、忠于职守的呢？今天我们将专访中国赴海地第八支维和警察防暴队的队长

---

① ［焦点访谈］紧急救助在梧州.（2005－06－25）［2016－02－15］. https：//www. cctv. com/news/china/20050625/101016. shtml.

刘建宏。①

二、对比式出镜语

对比式出镜语是出镜记者运用对比、衬托的方法，将不同的事实或观点叙述出来，表明观点或立场的一类出镜语。对比式出镜语的特点在于列出事实本身就等于亮明了观点或立场。

例 1

这是一条离郝家寨不远的公路，在我身边满载着煤和焦炭的大卡车川流不息地驶过，粉尘和煤灰往我的鼻子里、眼睛里和嘴里不断喷涌。但是想想看，我们在这儿只待了半个小时的时间，而这个地方却是村民们世世代代生活的家园。②

例 2

观众朋友，我现在站在绍兴鉴湖镇和平村的田头。这几天，我们在这里采访时发现了这么一桩怪事，请看：在我的左手边是一片金灿灿的稻谷，一派丰收景象，承包主也在收割他的晚稻了。在我右面的这块地呢，连早稻还没收割！大家现在看到的是早稻地上长出的秧苗。这之间形成了强烈的反差。③

三、悬念式出镜语

悬念是一种求知的欲望，是一种基于理性之上的了解、解释的急切之情。④ 悬念式出镜语则是在出镜语中设置悬念、充分激发观众好奇心的一类出镜语。

常见的设置悬念的方法有两种：开篇设置悬念和关键节点设置悬念。

开篇设置悬念，即出镜语在出镜报道的开头部分为整个报道设置一个总悬念，随后的出镜报道内容围绕这个总悬念展开，例如《早稻种了不收引出的思考》即是如此。

关键节点设置悬念，即在新闻（故事）的上一个情节与下一个情节的交界处设置悬念。⑤

我们来看青岛电视台的系列报道《与狼共舞 十年磨一剑》⑥，出镜记者采用的是关键节点设置悬念的方法。

（演播室）主持人：加入 WTO，对中国而言既是机遇也是挑战。入世之初，海尔、青啤、海信等在世界舞台上只是“小荷才露尖尖角”。10 年过去了，他们是如何化挑战为机遇，在与狼共舞中实现蝶变的呢？系列报道《入世 10 年 青岛名企

① 《专访中国赴海地维和警察防暴队》，中央电视台 2010 年 1 月 30 日播出。
② 《新闻调查·采空区里的村庄》，中央电视台 2006 年 11 月 13 日播出。
③ 朱羽君，雷蔚真．电视采访学．北京：中国人民大学出版社，1999：220.
④ 张智华．电视剧叙事艺术研究．北京：中国电影出版社，2013：58.
⑤ 何志武，石永军．电视新闻采写．武汉：武汉大学出版社，2008：271.
⑥ 青岛电视台 2011 年 12 月 23 日播出。

“舞”出一片新天地》，今天请看第二篇：《与狼共舞 十年磨一剑》。

（画外）中国入世后，首先面对的是跨国巨头纷至沓来，市场已无国内、国外之分。作为本土企业的佼佼者，青岛名牌企业决心迎头而上，加快国际化发展步伐。

（同期）海尔集团首席执行官张瑞敏：当时我们有八个字：无内不稳，无外不强。就是你在国内做不好，你就不能稳固，站不稳。当然，你不到国际市场去，你就不能真正做强。

（画外）然而，国际化道路并非坦途。

（出镜）记者：我身边这台冰柜名字叫迈克冷柜，这是由海尔美国经理迈克根据当地市场需求研制出的一款产品，但是这款产品生产出来后却是进入了荣誉陈列室。

（画外）凭借上开盖冷冻、下抽屉冷藏、双层结构、两面存取的人性化设计，海尔成功地申请到了全球发明专利。然而，就是这款被海尔人寄予厚望的新产品，却在欧美市场受到了冷遇，因为欧美没有对应标准，市场不准进入。

（同期）海尔集团高级副总裁周云杰：这次经历让我们深刻地认识到，国际市场的竞争已经演变为产业标准的竞争，只有让“中国标准”升级为“世界标准”，才能使更多的中国产品突破壁垒，走向世界。

悬念式出镜语有助于记者控制报道的节奏，保持观众对该出镜报道的持续收视，激发观众的心理参与。但悬念的设置切忌故弄玄虚，尤其应避免在常识上设置悬念，那样只会显得记者“没文化”。

四、述评式出镜语

述评式出镜语是出镜记者置身现场，结合现场环境和报道内容进行评论的一类出镜语。这种出镜语中的现场评论应当有由头，结合报道内容，夹叙夹议，有述有评，以议论方式揭示新闻内部的主要矛盾及其解决方法，而不是纯粹发表议论。[①] 这种评论要求深刻而有新意，少而精、点到为止。

例 1

严义明的离开给人们留下了耐人寻味的思考。可是反观浑水公司，他们却已经在做空中开始了自己的资本积累。很多时候人们都会说，利益应该摆在道德的后面，但是，有时候我们不得不承认的是，最终能够推动体制不断完善的，也许恰恰是利益的召唤。[②]

例 2

在这样的谈话当中，看着孩子离开，你知道他的内心世界里还有很多谜没有解开，还有很多话很难说出来给我们听。我们只知道在这些孩子的内心深处有很多从来没有被人了解到的东西，这些东西也许就是他们后来相继服毒的原因。其实在双

① 白贵，彭焕萍．当代新闻写作．北京：中国人民大学出版社，2013：56.

② 《谁在猎杀中国公司》，上海广播电视台第一财经频道 2011 年 7 月 21 日播出。

城少年服毒事件的整个调查过程中，到最后我们才发现最大的谜其实就是孩子们的内心世界。怎样去打开它，可能是每个人都需要面对的问题。[①]

例 3

在央视的报道《洋河污染导致大片农田绝收》中，记者就洋河污染问题要求采访河北张家口市负责人时，办公室人员告诉记者“市长都很忙，没有时间”。在等待采访的张家口市政府门前，记者在出镜现场点评道：

上午 8 点 20 分我们就来到了张家口市政府，要求采访市长，可到了中午 12 点，市政府办公室负责人还不知道市长到哪里去了，说因为地市合并，工作太忙。但是，我们以为，老百姓的吃饭问题也是很重要的，也需要忙一忙。[②]

第五节　实训环节

本节我们进行故事叙述型出镜语的创作练习，采用的实训方法是基于已有的资料，将其改为直播连线的方式，在 90 秒之内讲一个新闻故事，基本要求是：有悬念、有细节、有信息；基于现有资料，不得想象，也不需要再补充。

扫一扫二维码，观看央视《大象来我村“大象食堂”：从稳住大象的胃开始》。根据片中提供的信息，按以上要求将其改写为 400 字以内的故事叙述型出镜语。

大象来我村“大象食堂”：从稳住大象的胃开始

主持人：“大象去哪儿了”是今年的热点话题之一。在人们的帮助下，如今云南野生亚洲象已经回到了它们传统的栖息地。《中国的生物多样性保护》白皮书中，秉持人与自然和谐共生的理念被写在了最前面。因为我国亚洲象种群的扩大，在云南普洱，常年有百余头亚洲象离开保护区，活跃在人居住的村庄里觅食。为了和谐共生，当地想了不少办法，其中一招就是稳住它们的胃。今天的《大象来我村》，我们继续跟随总台记者庄胜春和美国的视频博主郭杰瑞一起走进“大象食堂”。

郭杰瑞：大象来我村。

记者：尝一尝“大象食堂”。

郭杰瑞：是有人喂大象吗？

记者：大象会来吗？

记者：“大象食堂”就在这儿。

---

① 《双城的创伤》，中央电视台 2003 年 7 月 21 日播出。

② 朱羽君，雷蔚真．电视采访学．北京：中国人民大学出版社，1999：225.

郭杰瑞：大象经常来吗？

“大象食堂”管理员罗新荣：每年的 7 月中旬来食物源基地，挠我的门，你看。

记者：到这个门口吗？

郭杰瑞：它们不怕狗吗？

罗新荣：狗怕它们。

郭杰瑞：狗怕它们？

罗新荣：对。

记者：这两条狗就跟着你跑。

罗新荣：对，前面有大象，它会出声告诉我前面有动物。

郭杰瑞：是吗？你在这里种什么？

罗新荣：种了苞谷、芭蕉、甘蔗。

记者：最近“大象食堂”有大象在吗？

罗新荣：现在，今天的话，就是一头独象。

记者：今天有一头独象，这块都是“大象食堂”。

罗新荣：对，现在投入使用的是 1 200 亩[①]，规划了 4 000 亩，这个食物源基地以后要往外扩。

记者：各位，这里是一块玉米地，但它可不一样，它是“大象食堂”的玉米地，现在的玉米成熟了，但是大象在这里的数量并不够，把这些玉米棒子摘下来，等到大象集中到这里的时候，再做定点的投放。所以这里的食物源使用效率也是很讲究的。我们看杰瑞正在很认真地学习掰棒子。

郭杰瑞：颜色好看。

记者：这一块“大象食堂”以前就是你们住的地方吗？

罗新荣：对，她们（指旁边摘玉米棒子的村民）生就生在这里。

记者：生就生在这儿？

村民：我们做梦都经常还在这里。

记者：那现在大象住在你家了。

村民：是，可以这么说。

记者：什么时候开始弄种植园的？

罗新荣：这个食物源基地成立是 2018 年 10 月，我们以 200 元一亩的租金，把老百姓的地承租过来。工人的话，就是返聘老百姓回来做。他们租地有一部分资金，回来在我这里上班还有劳务工资。每年的话，现在的收入应该是比以前要好得多。

郭杰瑞：那一个人在这里大概能赚到多少钱？一个月。

罗新荣：一个月的话，正常情况下出满勤的话是 3 000 多元，我们一天最少是 110 元。

记者：今年 7 月到现在有多少大象来过这边？

罗新荣：19 头。像这一边，这里有块泥巴，我 1 米 76，这个地方是大象挠痒

---

① 1 亩≈0. 067 公顷。

用的。

记者：7 月，今年第一次大象来。知道这个消息是什么时间，记得吗？

罗新荣：晚上 11 点，很高兴，我睡在楼上。

郭杰瑞：为什么高兴？

罗新荣：前年它也是 7 月 1 日那天回来，今年也是 7 月 1 日那天，说明我们的食物源基地对它来说，时间观念也是非常强的。我也是附近的老百姓，这里不整“（大象）食堂”的时候，我们那边都是颗粒无收的。这里整了以后，相对来说，老百姓收成了三年了。从 2018 年开始，他们就有收成了。

记者：你自己家里也收了？

罗新荣：我家里也收了，但这里我种的，没了。

郭杰瑞：我真的没有想到会有大象的食堂，这真的是第一次听到。

记者：你之前想象中“大象食堂”长什么样？

郭杰瑞：我以为可能有人把一些玉米放在一个地方，不是这么自然的，不是它们自己可以吃。

罗新荣：我们就是随你吃，随你在那里，不去打扰它。来这里的大象逐年增多，像我们做这个行业，自己心里面还是有一种安慰吧。我觉得人象和谐相处，应该还是可以的。

村民：大象来我村，“大象食堂”好样的！

（画外）有人说，应该做个围栏，把大象圈起来，人象各自安好；也有人说，山林之大，我的家，也可以是你的家。也许稳住大象真的可以从稳住它们的胃开始。过去，人进象退、人种象扰、耕地撂荒，如今在“大象食堂”，罗大哥和大姐们以退为进，有了奔头，盼着大象来，也盼着自家地里的收获。

主持人：“大象食堂”既保护了大象，又增加了当地农户的收入，还用好了土地。一举多得的“大象食堂”，绝不仅仅是个金点子，它背后是生物多样性保护体制的持续完善，是人与自然和谐共生理念的不断加强，在这条中国特色的生物多样性保护之路上，大到一群象，小到一只虫，共享同一片家园。

以下是课堂作业[①]：

学生 1：如果大象把自己种的东西吃了，相信农民朋友们会非常气愤。可就在云南普洱，村民不仅不对大象生气，反而还盼望着大象经常到来，这是怎么一回事呢？我身后这一片是有两个村庄面积大小的苞苞谷、芭蕉、甘蔗组成的农田。但镜头里这些果实可不是为人准备的，这是专门为这片农田的客人大象准备的。为什么会这样？一切还要从三年前说起。三年前这里曾经是村民们赖以生存的家园。管理员罗新荣告诉我们，曾经因为大象频繁骚扰，包括他家在内，村子常年颗粒无收，人象冲突十分尖锐。如今随着“大象食堂”的建设，虽然这里种的作物

① 课堂作业由山东大学代鹏、李若涵、孙溪遥、林婧璇、李谡、仇广帅、赵颖颖、李杰、黄斐若等同学提供。

没了，但换来的是村里老百姓的丰收，这桩交易很值。从自己的家，变成了大象的家，从原来的担惊受怕，到现在的开心，大象食堂建设的背后是我国日益进步的生物多样性保护意识。如今村民们不再“望象生畏”，而是为大象建好“食堂”，准备好“饭菜”，盼望着大象每年都可以来“家里”做客。

有悬念 ★★★★★
有细节 ★★★
有信息 ★★

学生2：这是一片常常被大象光顾的土地。几年前，这里饱受人象关系困扰，人进象退、人种象扰。当地村民经常颗粒无收。而现在，村民每天能收入110元，一个月有3 000多元的收入；另一边，大象也有了稳定的食物来源，来这里吃饭的大象越来越多。是什么引发了如此大的变化呢？2018年，这里成立了大象食物源基地，也就是今天为当地人津津乐道的“大象食堂”。食物源基地以200元一亩的租金，把村民的地承包过来，又返聘村民回来做工。大象可以放心在食堂吃饭，没有人会打扰。今年7月，来“大象食堂”“就餐”的大象多达19头。“大象食堂”是生物多样性保护体制的不断完善，也是人与自然和谐共生的崭新尝试。

有悬念 ★★★★
有细节 ★★★
有信息 ★★★★★

学生3：走在种植园的小路上，会有两只特别可爱的小狗走在我们前面。如果这两只小狗突然汪汪叫起来的话，咱们就要注意了，因为这时候，您的附近，说不定有大象出没。这两只小狗十分敏锐，并且很习惯于大象的突然来访，不会惊慌失措的，所以咱们也不用慌。顺着小路再往里走，我们就能看到一大片田地，这里种着数量丰富的苞谷、芭蕉、甘蔗，其实三年前这里曾经是村民们生活的家园，但现在它有个新名字，叫“食物源基地”。大家会不会想问，按照刚才介绍的来说，这片地区经常有大象出没，这么一大片地的作物，不怕被象群破坏吗？答案是当然不怕。因为这里的所有食物都是特意为大象们提供的，象群会定期来这里吃“自助餐”。没错，这片种植园有一个可爱的名字，叫“大象食堂”。

有悬念 ★★★★★
有细节 ★★★
有信息 ★

学生4：云南普洱的小镇上，农民们正紧锣密鼓地在地里收割玉米棒子。他们说，过几天将会有几名“贵客”到来，这些玉米都是给它们特意准备的。大家现在看到我身后的一片土地种满了苞谷、芭蕉和甘蔗。三年前这里还是村民们生活的地方，而现在已经是招待客人的新食堂。客人们究竟是谁？其实正是生活在村子附近的大象。管理员罗新荣告诉我们，曾经因为大象频繁骚扰，包括他家在内村子常年颗粒无收，人象冲突十分尖锐。如今随着食物源基地的建设，虽然这里种的作物没了，但换来的是村里老百姓的丰收。罗大哥说，今年的7月1号，大象如约而至，自己非常高兴，因为他知道大象已经认准了这家“食堂”。从曾经的不速之客变成村子里的贵客，从原来的担惊受怕到现在的开心，“大象食堂”建设的背后是我国日益提高的生物多样性保护意识，也是人与自然能够和谐相处的又一有力佐证。

有悬念 ★★★★★

有细节 ★★★

有信息 ★

学生5：在云南普洱的一片由苞谷、芭蕉、甘蔗组成的食物源基地，每年都会有许多神秘的客人来做客。这群客人可不简单，它们的饭量可大啦，一顿饭能吃半片地的苞米呢，而这片农田也有自己的独特的名字——“大象食堂”。相信大家都猜到了，这群神秘的客人就是大象。大家肯定都好奇，为什么要为大象单独开辟一片农田呢？原来，这个村庄曾经受到大象频繁骚扰，村里常年颗粒无收，人象冲突十分尖锐。但随着食物源基地的建设，象群温顺了很多，再也不会随便到村民家去撒欢，反而每年都会乖乖地来固定的区域做客吃饭。“大象食堂”既保护了大象，又增加了当地的农户的收入，还用好了土地。一举多得的“大象食堂”，绝不仅仅是个金点子，它背后是生物多样性保护体制的不断完善，是人与自然和谐共生理念的不断加强，在这条中国特色的生物多样性保护之路上，我们欢迎更多的客人前来做客，大到一群象，小到一只虫，共享同一片家园。

有悬念 ★★★★★

有细节 ★★★

有信息 ★

学生6：在云南普洱的亚洲象保护区的村民农田里，种着甘蔗、玉米、芭蕉等作物。现在是玉米成熟的季节，我看地里有好几位大姐在卖力地扒着苞米。刚才我采访了一下才知道，这些苞米都不是种给村民吃的，这满山的作物都是专门为大象准备的，当地人把这片地叫作“大象食堂”。说到这个“大象食堂”，我非常佩服当地人民的智慧。听刚才采访的大姐讲，这片土地之前一直是自己的口粮地，但因为靠近野象栖息地，常年受到野象的侵袭，野象进地扫荡一圈后，给人剩不下什么东西，所以这地每年产出少得可怜。但是在2018年10月成立了“大象食堂”以后，这里专门种作物给大象吃，村民则把自己的口粮地撤到“大象食堂”以外，这样一来，大象每年来这个“食堂”饱餐一顿后，就不会去村民的口粮地撒野了。说到这些时，被采访的大姐脸上露出开心的笑容，也向大家展示着这个“大象食堂”在人象和谐共生建设上的成功。

有悬念 ★★★★★

有细节 ★★★

有信息 ★

学生7：云南普洱有个村子，因为拦不住总来地里吃庄稼的大象，年年颗粒无收。但最近几年，村民们却开始专门种地，让大象敞开了吃，自家的地里反而有了收成。是什么让村民们突然转变了态度呢？这片种满了苞谷、芭蕉、甘蔗的地，就是让村民自家的庄稼得以“象口脱险”的功臣。原来，为了解决人象冲突，村民们反其道而行之，专门划出了1 200亩土地，种植大象爱吃的作物，来满足象群对食物的需求。这片食物源基地成了“大象食堂”，不仅有东西吃，还有专门的食堂供餐人员，帮助大象把玉米等作物收集起来，定点投放，减少浪费。大象吃饱了，自然也就不去村民自家地里抢吃的了，既保护了大象，促进了生态多样性建设，又增加了当地农户的收入，一举多得的“大象食堂”为村子的幸福生活真是贡献良多。

有悬念 ★★★★★

有细节 ★★★

有信息 ★

学生8：我身后这片成熟的玉米地就是“大象食堂”了，为什么叫“大象食堂”呢？玉米地的主人罗新荣说，每年7月中旬的时候，这里都会有大象上门，不仅挠他家的门，还会在他辛辛苦苦收拾的种植园里白吃白喝，而他不仅不生气，还非常高兴。原来，不光罗新荣的地，许多村民的种植园都是专门为迁徙的云南野生亚洲象准备的。亚洲象每年7月来这里，既要保证村民的正常生活，还得让这些“客人”吃饱喝足再上路，从2018年开始，当地专门开辟出1 200亩食物源基地为大象提供食物。每年大象来了，地里的庄稼也熟了，它们就可以随意在这里吃“自助餐”。你可能会问：“村民辛辛苦苦种的庄稼被大象吃了，村民们‘吃’什么呢？”不用担心，村里用作食物源基地的土地都有200元一亩的租金，接受基地返聘的人有一天不少于110元的劳务工资。罗新荣说，自己现在一个月能拿3 000多元，收入比以前好得多，现在不仅亚洲象吃饱了，村民的收入也多了，“大象食堂”把人和大象都养活了。

有悬念 ★★★★★

有细节 ★★★
有信息 ★★★★★

学生 9：我现在是在云南省普洱市团结村，我身后是一片玉米地，现在玉米已经成熟了。前几年这个时候，这片地会因为大象的到来颗粒无收，村民苦不堪言。这怎么办？2018 年 10 月，村民罗新荣以 200 元每亩的价格承租了这块地，为大象建了这个食物源基地——“大象食堂”，自此，人象冲突的矛盾解决了。在 1 200 亩的土地上，罗新荣和村民们种了苞谷、芭蕉、甘蔗等农作物。从 7 月到现在，已经有 19 头大象前来“食堂”就餐了。这里还有一棵树，这棵树可不只是一棵树，这根高 1 米 76 的长树枝是大象的“挠痒痒器”，大象吃饱后还能挠挠痒痒。自从有了“大象食堂”，村民和大象和睦相处、互不打扰，在这里干活的村民每月还能收入 3 000 多元。大象填饱了肚子，村民获得了收入，这片土地已成为人、象共同的家。罗新荣说，“大象食堂”以后还会拓展到 4 000 亩，人与大象共生的家园也会变得更加广阔。

有悬念 ★★★★★
有细节 ★★★★
有信息 ★★★★★

总体点评

通过学生的练习可以发现，在改写稿件时，学生会存在矫枉过正的情况。以往学生写报道会注重信息，不会采用讲故事的方式，当进行故事叙述型出镜语的创作练习时，学生又会把重点放在设置悬念这个最能体现故事特征的手法上，忽视了出镜报道本质是新闻，需要提供有新闻价值的信息，而非完全改写成没有新闻价值的故事。因此，提醒读者在创作故事叙述型出镜语时，既要有故事，也要有信息。

本章小结

本章我们介绍了各式各样的出镜语，意在说明出镜语无论在写法上还是在位置上都没有固定的套路，一切依出镜报道的谋篇布局而定。既然出镜语是出镜报道的一部分（或等于出镜报道），这就意味着出镜语不仅是出镜记者出来说说这么简单，而是要求记者参与整个出镜报道的传播，出镜语要与整个报道的基调、风格相协调。一个好的出镜记者应当根据报道策划的需要自己撰写出镜语，并通过出镜语讲好中国故事，传播好中国声音，彰显媒体责任、记者个性，提升主流媒体的话语影响力。

推荐阅读书目

1. 白岩松．白说．武汉：长江文艺出版社，2015.
2. 张鸥．直播幕后：电视突发直播一线手记．北京：北京师范大学出版社，2013.

思考题

1. 片段式出镜语的特点是什么？
2. 片段式出镜语的功能有哪些？
3. 什么是母题？母题与主题的关系是什么？
4. 什么是悬念？在出镜报道中如何设置悬念？

练习题

1. 根据《央视记者追踪芝加哥劳动节周末枪击现场》提供的信息，将文稿改为一体式出镜语。要求：突出有新闻价值的信息，体现一定的深度，逻辑清晰，为“听”而写，400～450字。

2. 找一条电视新闻，根据其内容改写文稿，创作片段式出镜语，记者在开头、中间和结尾三个部分出镜，文稿包含画外和同期声。

第五章

出镜语的创作理念与误区

本章学习要点

逻辑顺序

倒金字塔结构

修辞定势

评价定势

连接定势

陌生化理论

出镜语无论是短是长，都是出镜报道的有机组成部分。电视新闻记者在采集制作电视新闻时“周密地考虑调动电视综合表现元素”① 这种思维状态，我们称之为电视新闻记者的场性思维。有时出镜语的创作看似是只言片语（如片段式出镜语）的问题，但背后的创作却需要出镜记者的场性思维。

之所以需要电视记者具备场性思维，是由于电视记者在采访中面对的是各种视听符号组成的信息场，它们都可能参与到电视新闻的传播中，这就需要电视记者在采制过程中具备整体的时间观念，综合考虑和调动各种信息参与叙事。“在现场取材时，记者必须考虑到所记录的每一个影像片段中各表述元素的状况，这些个别片段在新闻报道中形成表述合力时的状况，必须形成最终以整体‘场’信息叙述新闻事件的表达效果。”②

欧阳夏丹说，做出镜记者挑战最大。出镜时，就是一个人被“甩”在现场，事实要自己发现，语言要自己组织，这是很考验功力的。③ 所以出镜语的创作问题不单纯是“说”的问题，而是与整个出镜报道的传播体系有关。有的出镜记者在现场无话可说，或泛泛而谈，都与缺少场性思维有关。

由于受众会在任何时候进入、任何时间离开，以往我们按照线性逻辑撰写电视新闻报道的方式受到挑战，所以“现在平行逻辑正在快速成长，要让任何时候进来的受

---

① 高世明．实用电视新闻．北京：中国广播电视出版社，2000：9.

② 王辉．电视新闻实务解析．北京：中国广播电视出版社，2007：147.

③ 刘巍．欧阳夏丹：理想是蛮难达到的．(2017-01-09) [2019-10-17]. https://www.sohu.com/a/123737476_206086.

众都可被抓住”[①]。这也意味着，如果是片段式出镜语，要让每一次出镜都能抓住受众心理，如果是整体式出镜语，要注意谋篇技巧，避免报道时长与观众离开的可能性成正比。

第一节　言之有物

言之有物，就是指出镜语的内容要充实、具体、实在，而非空洞无物。所谓的“物”，我们可以从信息论的角度去看，出镜语的首要作用是传递信息、减少观众对新闻事件认知的不确定性。

通常信息的类型（见图 5－1）有两大类：一类是必需信息，这是信息交流的中心目的，属于内容；另一类是冗余信息，如果信息系统中的一个信号所载的信息可以从该系统其他信号中再次获得，那么这个信号所载的信息即为冗余信息。[②] 下面对各类信息进行简单的解释。

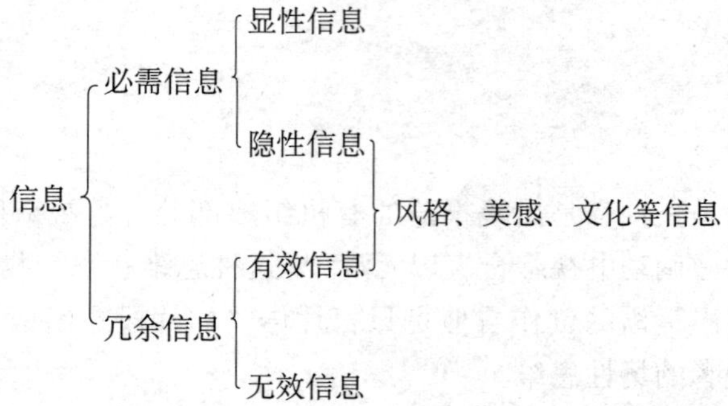

图 5－1　信息的类型

资料来源：崔应贤．修辞学讲义．北京：清华大学出版社，2012：96.

注：此处将原书中的“多余信息”改为了“冗余信息”。

显性信息：特定的语词所直接表现的信息，字面义与实际意义之间是一种等同的关系，表达这种信息的言辞最大的特点就是有一说一，有二说二。[③] 显性信息即是一种告知信息、明确的信息。

隐性信息：特定语词潜隐性地表现的信息。

有效信息：冗余信息中积极的部分。

无效信息：冗余信息中对理解必需信息无任何帮助，甚至可能导致负面理解的内容。如一位地方电视台的记者在 2009 年与央视做有关日全食的视频连线时，报道的主题显然是当时直播点所看到的日全食的最新情况，但是这位记者却用了极大的篇幅来介绍她所在城市日新月异的发展成就。演播室里的主持人无奈只好打断她：“能不能给我们展示一

① 白岩松．白说．武汉：长江文艺出版社，2015：123.

② 何星．冗余信息与语言理解．外语研究，2000（4）.

③ 崔应贤．修辞学讲义．北京：清华大学出版社，2012：95.

下日全食的情况？”这位女记者却说：“对不起，我们的摄像机没有装滤光片，所以我们看不到日全食。”显然，这位记者也忘了现场，不清楚自己的职责，不知道现场报道的重点，结果在那里卖力地说了五六分钟，却全是无效的信息。①

从信息论的角度说，在必需信息中，出镜报道提供的信息应以显性信息为主。当然这并不是说出镜报道就排斥隐性信息、出镜评论或是一些不可言传的弦外之音，出镜记者是可以使用隐性信息的。冗余信息的存在是为了帮助观众在线性传播中更好地接收出镜记者传递的信息。冗余信息中有的是有效的，有的是无效的，应当注意在使用冗余信息时，多让有效的信息辅助表达。

假如记者在奥运会开幕式现场做实况报道，比较以下两种出镜方案②：

出镜一：观众朋友们，能容纳 30 万人的体育场已经座无虚席，夜幕降临之际，天上群星闪烁，体育馆里异彩纷呈，全球的人们共同期待的一个激动人心的时刻就要到来了。这一刻不是梦境，而是我身边真真切切的现实，让我们一起来迎接这梦幻时光。

出镜二：观众朋友们，现在距离奥运会开幕式还有一个小时，每一个入场的观众都在门口领取了一个礼物袋，里面装着一把荧光棒，还有一份使用说明书。开幕式导演希望全场 10 万观众一起营造一种特殊的气氛。正式的仪式开始之前，场上已经进行了一个多小时的垫场表演，表演者是当地老人社团，他们的演出没有被现场直播，陆续到来的观众仍然对他们报以热烈的掌声。

作为一名普通观众，他要了解的并不是一名现场记者的激动心情，也没有义务去分享一名现场记者的骄傲与自豪，引起他兴趣的是记者对现场细节和真实场景的描述，因此第二个出镜好一些。

一线者说

记者应力避“陈词滥调”

乔治·奥威尔（George Orwell）撰于 1946 年的《政治与英语语言》（*Politics and the English Language*）中的建议，今天看来仍然是正确的：永远不要用隐喻，要用明喻或书面中常见的其他言语修辞方式。如果一个短词可以表达，就不要用较长的词。如果可以删掉一个词，那就删掉。能用主动式的地方，就永远不用被动式。如果你能想出一个相应的日常用语，就不要用外来语、科技术语或行话。你说出任何完全不着调的话，那就立刻打破了上面的规则。远离空洞，要从远离陈词滥调出发。张鸥借鉴乔治·奥威尔对英语记者陈词滥调的分析，结合中国实际，总结出下表（见表 5-1）。

---

① 苟凯东．直播常态化下的现场话语表达分析．电视研究，2010（3）．

② 张虹．大型体育赛事现场报道重要环节探析．国际关系学院学报，2005（5）．

表 5-1　记者常用的陈词滥调

	表现	例子	汉语中类似措辞
死板的比喻	陈腐的比喻早已失去了任何可以唤起想象思维的力量，使用它只不过是因为懒得费力劳神去遣词造句罢了。	钢铁般的决定 肩并肩站在一起	欢乐的海洋 心连心 人如海，歌如潮
幌子或动词性假设	不用简单动词；凡是能用被动语态的地方，绝不用主动语态；等等。	产生……的效果 考虑到 有鉴于	举行了……会议 做了……发言 这意味着 这标志着 被动语态等
装腔作势的用词	为个体偏见加上了科学公正的虚饰。	绝对的、有效、实质、基本、初步、跨时代、史诗式的、难忘的、坚定不移的	绝对的、有效、实质、基本、初步、跨时代、史诗式的、难忘的、坚定不移的
不知所云的文字	几乎没有实际意义的文字（常见于文艺批评中）。	富有活力、死板、人性、浪漫主义	富有活力、死板、人性、浪漫主义

资料来源：张鸥．直播幕后：电视突发直播一线手记．北京：北京师范大学出版社，2013：58-59.

一线者说

如何做发布会报道

现场记者的一个基本功能是告诉观众现场发生了什么。对于突发事件的第一现场，大多数记者的描述基本上都能够满足观众对“五个 W”的信息需求。目前有一种连线样态很普遍，就是在新闻发布会召开前后和前方记者连线，而发布会本身是要直播的。这时，记者要说些什么呢？尤其是发布会后，所有的基本信息在直播时都呈现了，现场记者能提供给观众什么？扫一扫二维码，阅读《如何做发布会报道》。

如何做发布会报道

第二节　言之有理

出镜报道是以线性传播的方式传递信息，这种不可逆的信息接收方式要求出镜记者必须在表达时遵循一定的章法。有些出镜报道给观众的感觉是“听得一头雾水”，不知道出镜记者到底想说什么，其实这就是出镜记者逻辑混乱或表达无章法的体现。

言之有理是指出镜语的内容有一定的结构方式，遵循一定的顺序，便于观众对出镜内容有所把握。在片段式出镜语中，需要遵循言之有理的原则，在整体式出镜语中更要遵循。对于片段出镜语而言，还要注意出镜语与前后画外音或同期声的关系。

言之有理是建立在层次明晰的基础上的。出镜记者在掌握大量现场信息和背景信息之后，需要做的就是对这些信息进行选择和组合，使之变成线性的传播内容。这就需要遵循受众的接受规律，合理地谋篇布局。

研究发现，观众对用叙事型报道的记忆远好于用过去的倒金字塔结构所做的报道。不管你选择什么结构，都不要让观众为了理解你的报道而不得不绞尽脑汁。在他们需要的时候给他们需要的信息，这样他们就能跟得上报道的每一个部分，用词汇将报道的片段彼此连接起来，这会让事件的先后顺序很清楚。①

出镜报道的谋篇结构主要有空间顺序、时间顺序、逻辑顺序、关联顺序和倒金字塔结构，下面我们一一进行解释。

一、空间顺序

依空间顺序组织结构是指出镜报道的展开依托出镜记者所处的空间变化进行，通常是从现场边缘区域走向现场核心区域，或由现场核心区域走向现场边缘区域，或由一个现场核心区域转向另一个现场核心区域。有研究者认为，“现场报道多以空间关系来组织话语，而综合报道多以时间关系/事件相关信息来维系语篇”②。如中央电视台记者对“伊春空难”客机坠毁现场的报道③，就是以空间顺序展开的。

记者：大家可以看到我旁边就是坠毁的客机的残骸，这架客机按道理来讲应该是三十六七米长，但现在这是残骸，所以（客机本身）可能更长一些，散落得更长一些。本来是一个很威武的大家伙，但是现在可以看到，很多烧得跟炭一样。

我们来近距离看一看，（边说边走近残骸）这个就是它的驾驶舱，这个驾驶舱，大家看到，我们老是说“面目全非”，就是这样一个状态。据说整个机组人员有五人，其中三人遇难，有两人获救。我们再顺着往里面走一走，看一看飞机里边燃烧爆炸后的情况，（边说边继续往里走）应该说看起来非常触目惊心，我们看不到比较完整的东西，大家看到，这里有这样一本飞行手册，（边说边拿起残骸上的飞行手册）这个相对来说保存得比较完整。再往后面走，这个地方是前部客舱，据说发生坠毁之后这个地方的遇难者是比较多的。坠毁之后，有一部分人被飞机甩了出去，在这边大概有二三十米远，甩到那个方向，（边说边手指方向）大概有八个人。绝大多数遇难者一是在这个部位，一是在机尾。

---

① 博伊德，斯图尔特，亚历山大．广播电视新闻报道．6版．嵇美云，译．北京：清华大学出版社，2012：222.

② 刘娅琼．电视现场报道的语体特征浅析．当代修辞学，2012（6）.

③ 中央电视台2010年8月25日播出。文稿引自：高贵武．出镜报道与新闻主持．北京：中国传媒大学出版社，2012：108。

我们再往后面看一看机尾的情况。（边说边往机尾走）据说昨天晚上有雾，雾很大，而且根据我们现场能够看到的情况，这架飞机并没有在机场里面。大家现在可以看到我脚下全是非常泥泞的泥土路，距离后面，我们摄像给一个镜头，（边说边手指后方）距离后面大约 500 米的地方，那个地方亮着灯，那个地方才是真正的机场跑道。所以现在可以完全断定飞机失事并不是在机场里面，而是在机场外面。

我们再往后面看看飞机现在的样子。（边说边往后走）这个地方是飞机的中部，据说这个地方人员逃生是比较多的，断裂之后人员被甩出，同时有一些人从安全门等地方跑了出来。由于着火，后面的地方相对来讲遇难的人比较多，就在后面那个地方。大家现在往里面看，连座位的痕迹都看不出来了，（边说边指向飞机内部）可以看出当时着火的情况。昨天伊春市的消防部门应该说非常及时，他们在机场的消防队，两支消防队，第一时间就赶到现场进行扑救，而且对人员进行搜救。从目前的情况看，一共 96 人，54 人生还，42 人遇难，其中包括 3 名机组人员。

出镜记者以空间顺序展开，从飞机坠毁的外围区域进入现场核心区域（坠毁现场），在坠毁现场又以飞机前部、尾部、中部作为观察和报道的空间顺序，条理清晰，便于观众在线性传播中对出镜报道中的信息进行接收。在这种出镜连线中，空间顺序的展开是由出镜记者的空间调度主导的。

以上的案例是一个“小”空间——坠机现场，在采访中还可能存在“大”空间，从一个地点到另一个地点，这种空间顺序可以理解为“路线”。

在贵州广播电视台《贵阳北站将重启站内换乘》① 中，记者亲自体验站内换乘，将换乘路线清晰、直观地呈现在观众面前。扫一扫二维码观看视频。

（演播室）主持人：自从新冠疫情发生以来，按照防控的要求，贵阳北站的站内换乘通道一直处于关闭的状态。近日，为了方便旅客换乘，站内换乘即将重新开启，换乘方式也有所不同。

（同期）贵阳北站党总支书记文涛：按照上级的要求，也为了方便广大旅客，在防疫部门备案后，我们决定，在 9 月 9 日开通站内换乘。

（画外）文书记告诉记者，现在每天需要进行中转换乘的旅客超过 8 000 人，站内换乘通道关闭之后，给许多旅客带来了不便。

（同期）贵阳北站党总支书记文涛：现在，旅客换乘的路径需要出站，扫健康码和测温，再重新进站，然后到自己对应的换乘列车检票口，才能重新检票进站上车。

（画外）为了尽可能方便旅客出行，贵阳北站的工程师们可是费了一番心思。综合考虑之后，把换乘点选在了 6 号站台和 7 号站台之间的过道。

（同期）贵阳北站助理工程师张弥：因为这个过道相对来说要居中一点，旅客走行距离要稍微近一点。这个站台的车相对来说要少一点，避免与其他旅客（乘车）冲突。

（画外）据了解，目前旅客重新进站换乘列车，大约需要半个小时。那么，新的换

---

① 贵州广播电视台 2020 年 9 月 6 日播出。

乘方式实施之后，能为旅客节省多少时间呢？记者也实地体验了一番（见图 5-2）。

图 5-2　记者出镜

（出镜）记者：（地点 1：14 号和 15 号站台）现在我们就开始体验一下全新的换乘方式需要多少时间。现在计时已经开始了，赶紧走吧！（地点 2：提示牌）这个口的意思是我们需要前行 155 米，从那边的口下去，才能够中转换乘。（地点 3：中转换乘入口）我们找到了中转换乘的入口，现在我们下去换乘吧，走！从 15 号站台走到 6 号站台，中转换乘。（地点 4：闸机口）我来到了 5 号站台和 6 号站台的闸机处。现在经过这里时，旅客要中转换乘的话，需要刷自己的身份证，这样才能够进行中转。（地点 5：候车大厅）好，现在我已经到达了候车大厅，现在手机的时间，我停止一下，现在手机的时间显示用了 10 分 17 秒。

（画外）据了解，9 月 9 号换乘点将正式开通，届时车站会安排专人负责引导旅客，同时完善好提示牌的分布，也请广大的旅客有序换乘。

贵阳北站将重启站内换乘

这条报道的出镜语是片段式出镜语，通过记者亲身体验站内换乘，把不同的空间串联在一起。如果想让报道内容更直观，还可以在记者出镜的同时在电视屏幕上显示站内换乘路线的示意图或者流程图，便于观众了解每次记者出镜的具体位置。

无论是小空间还是大空间，空间顺序的选择必须遵循一定的认知逻辑，避免一会儿说这边、一会儿说那边、一会儿再说这边的“混乱”空间顺序。空间顺序可以在以下方案中选择。

（1）依据空间在出镜报道中的重要性展开。如核心现场区至外围现场区，空间的排序依重要性递减。

（2）依记者采访进入的顺序展开。出镜记者要注意将不同的空间在话语上连接起来，使之听起来自然。

二、时间顺序

依时间顺序组织结构可分为以事件自身发展顺序组织结构和以采访调查过程安排结构。[①] 以事件自身发展顺序组织结构：依照事件本身发生、发展、运动的顺序来组织材料、安排结构；以采访调查过程安排结构：按照记者采访或调查的顺序安排结构。

无论是以事件自身发展为序还是以记者调查采访过程为序，在写作时都可以分为顺序、倒叙、插叙和沙漏型结构[②]。

在出镜报道中，时间顺序不一定总是顺叙。由于电视新闻的优势在于时效性，在出镜语写作时也会突出“最新”“刚刚”等体现时效性的信息。这时出镜记者往往采用倒叙或沙漏型结构。

我们来看央视的《黄河内蒙古段进入开河期，开河时间较同期提前12天》[③] 的连线片段。出镜记者在报道时，首先将最新的内容报告给观众。

> （演播室）主持人：来给我们介绍一下黄河内蒙古段现在你看到的情况。
>
> （出镜）记者：嗯，好的。我现在是在黄河内蒙古的托克托段，我首先给大家介绍一下黄河内蒙古开河的一个最新的情况。我们从内蒙古防汛抗旱指挥部了解到，截止到今天上午的10点钟，黄河内蒙古段开河已经累计44公里了，也就是进入到乌海段苦水沟下游44公里的麻黄沟处，开河的时间是从2月18号开始进入内蒙古的这个时间，在乌海段开河的，比往年提前12天，而整个内蒙古开河的时间达到了常年的一个平均水平。

出镜报道是围绕新闻现场处理信息的，在时间维度上，除强化时效性外，在时态上多用现在进行时进行表述。无论是录播出镜还是直播出镜，出镜记者都是通过“此时此刻”的感受带给观众置身现场的效果的。内蒙古电视台《“神舟九号”返回舱成功着陆四子王旗草原 三名航天员平安归来》[④] 的组织结构就是时间顺序结构中的以事件自身发展顺序来组织的。

> （出镜）记者：好，现在是上午的10点整，现在我们看到“神舟九号”飞船正在徐徐降落，在我这个位置可以看到飞船的降落伞。刚才我听到了很大的一个响声，就应该是降落伞打开的声音。我可以看到降落伞是粉红色的，在“神九”的旁边，现在我可以看到有四架直升机正在“神九”飞船旁边盘旋，应该是正在迎接“神九”

---

① 欧阳霞，张晨．新闻采访与写作．2版．北京：清华大学出版社，2014：275－276.

② 沙漏型结构指先给出最重要的硬新闻信息，接下来的主体结构按照新闻发生的事件进程展开新闻内容，即按照事件发生的时间先后顺序来安排事实材料，也被称为“纵向结构”。参见：薛国林，张晋升，陈娟．新闻写作．广州：暨南大学出版社，2013：155。

③ 中央电视台2013年2月23日播出。

④ 内蒙古电视台2012年6月29日播出。

的归来。我们看到“神九”飞船马上就要降落了。马上就要降落了。好，“神舟九号”飞船已经降落了，它已经顺利落在了地平线上。

（出镜）记者：上午10点25分，我们现在到达了“神舟九号”飞船的返回落点。现在我们可以看到“神舟九号”飞船舱门已经打开，现在有五位工作人员，外面有五位，里面应该还有一位，正在对“神舟九号”进行检查。

（出镜）记者：现在是11点02分，我们可以看到第一位航天员出舱了，这应该是景海鹏，他在向大家挥舞着双手，可以看到他的身体状况应该是非常良好。11点08分，第二位航天员也出舱了，刘旺。第三位航天员，这是一位女航天员，刘洋，这是我国的第一位女航天员，她也顺利出舱了。在现场我们也了解到，曾经承担过“神舟一号”到“神舟八号”开舱手的李涛，今天再次打开了“神舟九号”的舱门。

（同期）记者：我们使用多长时间找到（飞船）的呢？

（同期）航天科技人员李涛：我们目视它，跟它一块儿落地的。它落地，我们飞机紧接着就来了。

（同期）记者：今天舱门打开得顺利吗？

（同期）航天科技人员李涛：非常顺利。

（同期）记者：用了多长时间？

（同期）航天科技人员李涛：一分钟也就是，不到一分钟时间。

（同期）记者：跟前几次有什么区别吗？

（同期）航天科技人员李涛：这一次和“神五”差不多，他们在里面也同时在开舱，我们同时内外联动的。

（同期）记者：在航天员出舱前为什么要先进去一名工作人员？

（同期）航天科技人员：主要是首先检查一下航天员的身体状况是否良好。

（出镜）记者：现在三名航天员正在我身后的这架飞机里进行体检。

（出镜）记者：现在是12点50分，我们看到三位航天员已经完成体检，正在陆续走出医保医监飞机，第一位出来的是景海鹏。从表情来看，他们的状态还是非常好的，每个人脸上都挂着灿烂的笑容，热情地向周围的工作人员、媒体记者挥手致意。现在，工作人员把三位航天员分别送到了三架直升机上。

（出镜）记者：现在是中午1点10分，三位航天员分别乘坐三架直升机，另外还有一架指挥机、一架通信机，共五架飞机护送航天员前往毕克齐机场。

（画外）内蒙古台“神舟九号”四子王旗主着陆场报道。

以上案例出镜记者特别强调“时刻”，由不同“时刻”的出镜串联成出镜报道。还有一种是不太明显的时间顺序，并不是用具体的时刻来体现，而是根据内容的先后来进行组织。

例如2015年9月26日，习近平主席在纽约联合国总部出席联合国发展峰会并发表了题为《谋共同永续发展 做合作共赢伙伴》的重要讲话。在央视《环球视线》节目中，水均益连线前方记者董倩，介绍了习近平在峰会上的讲话内容。①

（演播室）水均益：好，我们知道现在习主席已经抵达了纽约，而且已经在联合国系列峰会上发表了他的讲话。我们现在马上来连线本台特派纽约的记者董倩，了解一下最新的情况。董倩你好！

（出镜）董倩：现在是11点，我们刚刚从新闻中心出来。大概是在纽约时间10点半的时候，习主席在联合国发展峰会上发表了他今天的讲演，讲演大概历时5分钟。今天讲演的主题词就是一个，就是“发展”。开门见山，习主席先用了三句话，他说唯有发展才能消除冲突，唯有发展才能够保障人民的根本权利，另外唯有发展才能够保障人民对于美好生活的向往。

接下去，习主席用四个主题词来阐释如何发展，第一个就是“公平的发展”。这个公平的发展就是说不能说一国发展其他国不发展，一部分发展另一部分不发展，要机会均等地发展，这是公平的发展。另外，第二个主题词“开放的发展”。所谓开放的发展就是要打开大门搞建设，要惠及各方地发展，要让全球的这种生产要素流动起来。第三个主题词就是“全面的发展”。因为发展的最终成果是为了人民，人人享有发展机遇和成果，要经济社会协调发展。第四个主题词是“创新发展”。也就是说创新使改革和发展潜力能够充分地释放。

接下去，习主席又谈到了要落实2015发展议程，中国政府提出了四方面的建议。

接下去的这一部分是在全场引起掌声最多的一部分，因为中国给出了“南南合作”的“大礼包”。有三个“大礼包”，一个是设立南南合作的援助基金20亿美元，支持发展中国家；另外，对最不发达国家，到了2030年要有120亿美元的援助。说到这儿的时候，底下有很多的掌声。另外一个，第三个“大礼包”，就是要免除最不发达国家和一些小国家，包括一些岛国，2015年年底到期没有还的政府间的债务。说到这一点的时候同样底下有掌声。

最后呢，习主席回顾了一下从2000年联合国千年发展目标到现在这15年，中国政府做出来的一些成绩，并且回顾了我们为这个目标也付出的一些代价。

（演播室）水均益：嗯，好的，董倩。

董倩的这段出镜报道主要是介绍习近平在联合国发展峰会上的讲话内容。董倩对于习近平的讲话并不是简单复述，而是通过总结归纳，让整个报道显得详略得当、主题突出，符合观众线性的接受需求。

这一出镜报道的重点非常明晰，即一个主题：发展。

三句话：唯有发展，才能消除冲突的根源。唯有发展，才能保障人民的基本权利。唯有发展，才能满足人民对美好生活的热切向往。

四个主题词阐释发展：公平、开放、全面、创新。

“南南合作”的三个“大礼包”：中国将设立“南南合作援助基金”，首期提供20亿

---

① 《视频连线：增信共赢 聚焦习主席美国之行》，中央电视台2015年9月26日播出。

美元，支持发展中国家落实 2015 年后发展议程；中国将继续增加对最不发达国家投资，力争 2030 年达到 120 亿美元；中国将免除对有关最不发达国家、内陆发展中国家、小岛屿发展中国家截至 2015 年年底到期未还的政府间无息贷款债务。

三、逻辑顺序

逻辑顺序是按照事物或事理的内部联系及人们认识事物的过程来安排说明顺序。事物的内部联系包括因果关系、层递关系、并列关系、总分关系等；认识事物或事理的过程则指由浅入深、由具体到抽象（或由抽象到具体）、由点到面（或由面到点）等。

（一）因果关系

因果关系是按照“原因—结果”的顺序来进行介绍，或者采用倒叙，即“结果—原因”的顺序进行介绍。对于一些社会问题的探讨，通常会按照“是什么—为什么—怎么办”的逻辑线索来进行。

（二）层递关系

层递关系是把要表达的意思按照大小、多少、高低、轻重、远近等不同程度逐层排列。

记者出镜：我现在站的这个地方就是拆船的现场。今天待拆解的渔船一共是 60 艘，在我身旁这两侧的坞道上现在停靠的是其中的一部分，在我背后不远处的海边停靠的是另一部分。

今天待拆解的这些渔船都是一些小型的木结构的渔船，别看它们小，在当初，它们每一艘船的造价也都在 20 万元左右。但是今天，就在一会儿之后，它们就要被现场拆解了。

您也可以看到，现在在船体上都用白色的油漆写了一个大大的“拆”字，这只有在城市里拆危房、旧房的时候，我们才能够看到。而且我还可以告诉您，这不是唯一的一次拆毁行动，从现在往后，在全国大部分的沿海地区都要进行这样的渔船报废拆毁活动，这是一次国家的统一大行动。①

（三）并列关系

并列式结构的层次清楚，层次与层次之间的关系不是因果关系，也不是递进关系，而是彼此平行的，从意义上说并无主次之分。每个层次都是相对独立的，各层次之间相互补充，共同说明同一个新闻主题。②

央视《代表委员关注议案提案落实》这条连线报道，出镜记者张泉灵在报道中就使

---

① 《渔都毁船记》，山东齐鲁电视台 2002 年 12 月 14 日播出。文稿引自：江欧利．中国广播电视新闻奖 2002 年度新闻佳作赏析．北京：新华出版社，2004：474。

② 欧阳霞，张晨．新闻采访与写作．2 版．北京：清华大学出版社，2014：279

用了并列关系。

说起代表委员的关切，我们注意到有几个特点：

第一个特点，他们特别注意到政策的持续性，比如说关于房地产的政策，限购令是否还会持续下去，这是普遍关心的一个问题。

另外，他们普遍关心从立法和改革的这个角度来促成一些事情的发展。比如说促进微小企业的发展，已经说了很多年，但是今年有很多代表提到是否能由立法的方式来促进微小企业的成长，是否能以结构性减税的方式来减轻这些企业的负担。

还有一些代表、委员所关注的一些焦点恐怕是老问题，但是总会有新热点。从教育问题来看，今年很多人都关心异地高考这个事情，这也是这几年关心的教育问题的一个新的方向。①

将重要的信息分门别类形成并列关系，这种组织出镜语的方式较为常见，缺点是“并列”的各点之间缺少联系，关系松散，不利于观众的记忆和接受。如果能在每一个要点上用简练的词语进行提炼，并形成“系列”关系，则会让出镜语的整体感更强。

（四）总分关系

这种顺序是将主要信息提纲挈领，之后从各方面进行列举、阐释、说明，开头的凝练与后续的补充说明形成一种总分关系。这种顺序比较适合政策解读、复杂问题的解释等。

给大家介绍一下，这是全钢结构，全重量是32 000吨，是我们钢铁界的“高富帅”。说它“高”，大概有三四层楼那么高，体量是32 000吨。“富”呢，是说它的年产油量是120亿立方米，可以达到我们西气东输的一线的总量。“帅”呢，有两个含义：一个含义，它是我们深海石油开发的一个表率；另一个含义，说它帅是因为，其他的管道都需要通过它来处理，它是一个终端的处理平台，所以叫它“中心帅霸”。②

四、关联顺序

在出镜报道中，还有一种顺序并不是非常明确、可以清楚总结的顺序，我们姑且称之为关联顺序，即运用信息点的关联串起整个报道内容。运用关联顺序组织的出镜语，起承转合自然、流畅，所采用的技巧类似于电视新闻节目中的串词写作。在实际运用中，也可以与我们在前文所说的空间顺序、时间顺序、逻辑顺序相结合。具体运用时，需要对信息点进行“接力”“搭桥”或“顺势而为”。

我们来看来自2019年10月1日央视庆祝中华人民共和国成立70周年联欢活动的特别报道。记者介绍自己所在的群众联欢区块“西2区”的准备情况（见图5-3）。扫一扫

---

① 《代表委员关注议案提案落实》，中央电视台2012年3月5日播出。

② 《荔湾3-1天然气平台：海上加工厂平台组块安装作业今天启动》，中央电视台2013年5月22日播出。

二维码观看视频。

记者出镜：我的位置正好能够看到从中心表演区往西数的第二个群众联欢区块。可以说这个区块应该是 10 个联欢区块当中最青春洋溢的了。为什么这么说呢？因为他们大部分是来自北京市海淀区 40 多所高校的在校大学生。

除了在校大学生之外，这个区块还有科研人员和高级知识分子。比如说，跟我来看，这些穿着蓝色工作服的就是来自中国航天科工刚刚入职的科研人员。他们的学历非常高。来问一下，请问你的学历是？（接下来的受访者都说自己是博士。）哇，清一色的博士！所以说，这个区块也是 10 个区块当中平均学历最高的了。

图 5-3　庆祝中华人民共和国成立 70 周年联欢活动特别报道

西侧第二个群众联欢区块主题“放飞梦想”

我想他们是未来的航天科学家，他们的梦想肯定就是航天梦了。我想问一问，你们的航天梦是什么？（受访者说：我们的航天梦是发展航天事业，建设航天强国，探索浩瀚宇宙，拓展人类文明。）谢谢，他们的航天梦就是我们国家的航天梦。那么在这里向大家透露，航天梦将会是这个区块表演当中非常重要的一部分内容，也会用上非常有特色的道具和极富特色的表演形式。

在这里要给大家介绍一下，这些航天科工的科研人员，他们在最外围会担任标兵的角色，但是演出开始之后，他们会有单独的表演环节来体现我们国家航天事业的发展。在这里要给大家解释一下什么叫标兵。在我们的联欢过程当中，每一个联欢区块，他们（演员）的活动范围是 70（厘米）×70（厘米）的正方形，那么怎样让大家能够找到自己的位置，又不超出活动范围呢？靠的就是这些标兵啦。

除了靠他们，现场还有别的办法。瞧，地面上贴了很多的标贴。红色的这些标贴，不是这个区块的，它是隔壁“同心筑梦”的标贴，采用横竖坐标的方式来明确位置；而“放飞梦想”区块使用了标明每个大学的活动范围（的标贴），相对简单一些。在这里很多观众就要问了：为什么在同一个地面上会有两个区块的标签呢？再给大家透露一点，那就是在某一个篇章，这两个区块所有的演员都会进行位置互换。好的，不能再透露更多了，请大家关注接下来的实况转播吧。

本案例中，记者用“青春洋溢”来总结本区块的群众演员构成：高校大学生、科研人员、高级知识分子。之后引出中国航天科工的科研人员及学历，通过高学历引申出问题——航天梦，再由航天梦引出本区块有关“航天梦”的表演内容。谈到了表演引出演员的站位问题（除了科研人员担任标兵外，还有地上的标贴），通过两种标贴，引出两个区块演员的位置互换。

这个案例传达的信息可以分为三方面：航天人、航天梦（及航天表演）和两种标贴。三方面的信息关联密切。记者出色的地方在于，在具体的表达中为小信息点之间建立了关联，由一个引出下一个，首尾相接、一气呵成。这种顺序既不是时间顺序，也不是空间顺序，也不属于逻辑顺序，更不是倒金字塔结构，但听起来很顺畅，值得初学者好好学习。

五、倒金字塔结构

倒金字塔结构是指“顺序以事实的重要程度或受众的关心程度依次递减，先主后次地安排消息中的各项事实内容，犹如倒置的金字塔或倒置的三角形”①。

倒金字塔结构的出现是有特定的时空背景的。倒金字塔结构起源于美国南北战争中电报的运用。在战争期间，电报业务刚开始投入使用，记者的稿件通过电报传送，但由于电报技术上的不成熟和军事临时征用的原因，稿件有时不能完全传送，时常中断，后来记者们想出一种新的发稿方法：把战况的结果写在最前面，然后按事实的重要性依次写下去，即最重要的写在最前面。后来《纽约时报》的一位编辑在编稿时，把关键内容“倒”到文章开头，这便是倒金字塔结构中导语的由来。

倒金字塔结构由于依据重要性排序，因此并不符合电视传播规律。

首先，电视是线性传播，这就决定了时间顺序成为电视新闻传播所采用的主要顺序。时间顺序便于观众把握事态的前因后果，而倒金字塔结构会干扰事件内部的有机联系，在线性传播状态下观众不易快速认知、理解。

其次，在线性传播中，观众没有选择阅读的权利，只能随着事件顺序，被动接受逐条播出的新闻。如果按照倒金字塔结构，把最重要的信息在一开始和盘托出，观众就可能对这一信息的概要产生满足，失去继续收听收看的兴趣。然而悬念因素的引入却能不断营造新的兴奋点，吸引观众关注整条新闻乃至整个时段。②

虽然倒金字塔结构不适合电视传播，但在一些情况下电视记者也会使用倒金字塔结构，如用来报道新闻事态的最新进展。报纸有版面，电视也有“版面”，电视的“版面”是时间。在连线时间有限的情况下，出镜记者只能按照倒金字塔结构的方式，将重要信息告知，以满足观众的信息接收要求和时间“版面”的要求。这样即便时间到了，主播打断出镜记者的报道，也不至于流失重要信息。

一线者说

张泉灵的现场报道技巧

把最新发展的事情以1∶1的方式呈献给观众时，要通过你的提炼与选择。你的视野是360度的，感受是五官俱全的，而观众只有视觉和听觉感受，且视野仅限摄像机所摄范围。所以，新闻直播要通过主持人的传达和表述才能得到全方位呈现。

---

① 白贵，彭焕萍．当代新闻写作．北京：中国人民大学出版社，2013：73-74.

② 陆军，张健琪．广播电视新闻对倒金字塔结构的颠覆．声屏世界，2007（5）.

在我看来，现场报道过程就是回答问题的过程。我经常不断地问自己，大多数人会提出的第一个问题会是什么呢？当他看到了现场的第一个画面时，好奇心会集中在哪些方面？会对哪里有疑问？适当做这样的训练大有益处。我通常会在心里对自己先讲一遍，检验是否清晰准确地反映了现场的情况。如果不是，换一个方式。这里，往往侧重于事物的逻辑关联，而不是感性本身。在报道中，我会不断地问自己，你所说的话有事实支撑吗？结论的依据是什么？其中的逻辑链条是不是有断裂呢？

怎么说清楚是需要训练的。写作能提高整体的创作感和分析综合能力。我要求自己不间断地写作，一些工作总结是写给自己看的，其他方面的也写，主要是进行思维训练。

资料来源：杨芳秀．我爱直播：张泉灵访谈录．新闻战线，2010（10）．

第三节　言之有情

"言之有情"是指出镜记者的语言表达要与受众的情感产生共鸣。电视媒介的功能是情感宣泄、情感抚慰和情感净化。在电视传播中，为了实现其传播意图，创造出更好的传播效果，情感往往被传播者当作一种表现性工具加以使用，这时，情感发挥的是一种类似于电视传播媒介的作用。①

出镜报道不仅提供信息，还传递观点、表达情感。我们在这里所说的表达情感并不是指记者在现场要抒发感情，而是指记者言语中的情感与观众的接受情感要相契合。记者表达的情感有些是含蓄的，有些则是外显的，但无论是哪种，最终的结果都是让观众觉得你说到了他的心里，他欲知、未知的信息得到了满足，他想说的观点得到了表达，从而在心理上产生一种共鸣。

在北京电视台的《追沙溯源北行记》中，出镜记者在一片沙堆前有一个现场报道：

> 现在我到的这个地方特别有特色，跟刚才就不一样了。刚才地上还有一点儿草啊什么的植被，这块儿一点儿植被都没有，就在我后边，我觉得真是种茫茫大漠的感觉，我就想起一首歌里唱的，"你是风儿我是沙，缠缠绵绵到天涯"。其实当时咱们听着这歌的时候，觉得特别的浪漫，但是现在我就觉得还是有点儿沉重。为什么呢？当地的林业学家跟我们说，这种情况已经是完全沙漠化的表现了。让我们问问这个林业专家。②

在1997年英国戴安娜王妃葬礼的直播报道中，画面上，葬礼车队在行走，人们纷纷抛撒鲜花，记者这样说：

> 这是戴安娜王妃最后一次穿街而过，这条路充满花香，通往她们家族的墓地。

---

① 崔莉．媒介之媒介：论电视情感传播的工具性价值．现代传播（中国传媒大学学报），2010（9）．

② 《追沙溯源北行记》，北京电视台2000年10月14日播出。文稿引自：石长顺．电视文本解读．武汉：华中科技大学出版社，2003：184。

在那儿，安息着最受关注的名人，她也将逐渐远离人们的视线。①

要想取得好的传播效果，报道者应当学会揣摩受众的心理，抓住他们感兴趣的话题进行采访。记者要善于运用受众的眼光去寻找问题，感受问题，发现问题。不能夸大报道者的主观能动性，报道者要学会用事实说话，以理服人，要有感而发，不能无病呻吟。当然，报道者的主观能动性如果发挥得好，会让事实更加具有说服力，报道者自身的个性风采有助于受众更好地接受报道内容，取得更加好的传播效果。②

言之有情要求出镜记者在采访和表达中要注意采访对象、目标受众的个体差异，注意情感互动。在新闻传播活动中，不仅存在着由新闻事件、信息引发的传受之间的互动，而且也存在着情感体验引发的传受之间的互动。③ 前者被称为认知互动，后者被称为情感互动。

在互动中产生情感共鸣要做好以下两个层面的情感互动。

第一个层面：新闻采访中的情感互动，即记者与采访对象之间的情感互动。

新闻采访中的情感互动是决定新闻采访是否成功、采访内容是否有感染力的重要环节。出镜报道的采访过程多呈现在镜头前，实现出镜记者与采访对象的情感互动，首先需要出镜记者转移采访对象对镜头的不适感，其次要动用移情的能力，设身处地地将自己设想成对方，从对方的心理、角度、立场去思考问题，以实现顺利的沟通。当然移情并不意味着在最后的报道中认同对方，而是作为一种理解对方的手段。

2008年央视主持人李小萌参与汶川地震报道，地震发生7天后，她在北川县城“路遇”村民朱元荣大爷。两人进行了一番令人感慨的对话后，李小萌望着他远去的背影，忍不住痛哭失声，这一视频播出后被大量转载，感动无数观众。

第二个层面：传播者与受众间的情感互动。

传播者与受众间的情感互动是一种“假想”，需要传播者预判自己的目标受众对这一新闻事件的观点、态度等情感（见图5-4）。如果这种预判出现偏差，则情感共鸣不会出现。

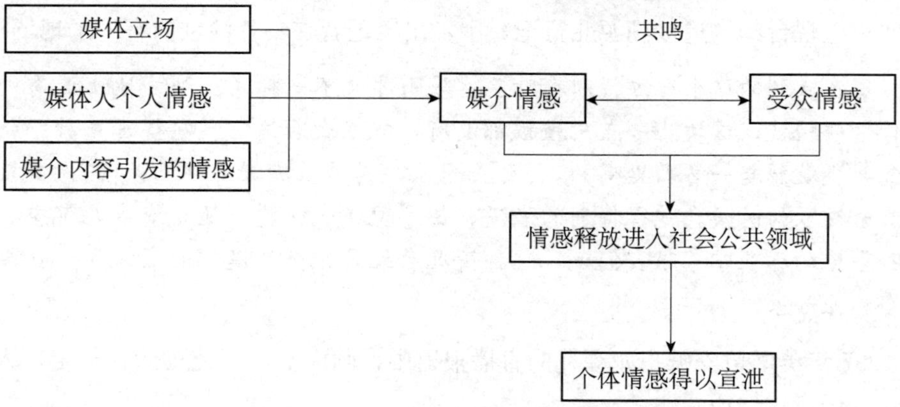

图5-4 媒介与受众的情感共鸣机制

资料来源：蒋晓丽，李京丽，胡登全．媒介情感的表达与媒介宣导抚慰功能的发挥：试论汶川地震灾难报道的央视直播//梁晓涛．震撼：媒体回想：5·12汶川大地震备忘．北京：中国民主法治出版社，2008：232.

① 薛宝海．由BBC记者出镜说起．[2016-02-07]. http://media.people.com.cn/GB/36148/3189851.html.

② 陈晔．追求感性与理性的统一：《追沙溯源北行记》创作谈．新闻与写作，2002（6）．

③ 刘京林．新闻心理学原理．北京：中国广播电视出版社，2004：173.

案例

在现场却迷失在现场

在2009年抗震救灾一周年之际，某台记者来到震区，采访那里的群众地震后的生活情况。他选取的出镜地点是一个板房区，预想通过对一户人家日常生活现状的展示和采访来反映震区人民生活恢复正常和逐步好转。这位记者开始是在板房外出镜，介绍了这里的情况，并与在板房外的男主人进行了交谈。随后记者话题一转："现在已是中午时分了，这里的家家户户都在忙着准备午饭，我们来看看他们今天的午餐都有什么。"转场串接都很自然，但是进入板房之后，记者却表现得令人大跌眼镜。

记者走进厨房时，女主人正在炒菜。记者过去问她炒了什么菜，现在生活怎么样。女主人都笑着做了回答。随后记者问："这位大姐，地震时你在做什么？"女主人一下子不见了笑容，说着说着，眼泪不由自主地流了出来。记者见状想缓和一下气氛，又说："大姐，你带我们去参观一下你的新居吧。"说着就把女主人从厨房里带了出来，全然不顾此时人家的锅里还炒着菜。

这位记者的出镜显然是失败的，首先他对自己的报道主题不清楚，其次他破坏了现场正常的秩序和节奏。本来报道的主题是反映震区人民的新生活，而记者却勾起人家的伤心事；人家正在准备午饭，记者却打乱人家正常的生活。可以想象，当记者这段视频连线做完之后，人家锅里的菜也糊了。所以这位记者是人在现场却丢掉了现场，完全不尊重报道的主题和现场的客观情况，随意性太强。

资料来源：苟凯东．直播常态化下的现场话语表达分析．电视研究，2010（3）．

声 音

两会，我们能改变什么

如果我是一个观众，其实在两会上我想知道的东西挺多的。人大开幕正好是星期一早高峰，广播里不断提醒大家要注意交通管制，适当错峰出行。我算来算去，上班的不能错峰、上学的不能错峰，最适合错峰的其实是代表委员们。他们几千人集体住宿、集体出行、集体开会、集体用餐，无论从可行性和社会成本上都应该他们错峰出行，为什么不呢？

如果我是一个观众，我想知道：每年闭幕式上的决议和法案通过率是多少？有什么因素会影响通过率？到底是哪些人投了反对票？他们为什么投反对票？

如果我是一个观众，我特别想知道：哪些议案被反复提了很多年？为什么没动静？为什么还坚持提？

我知道上述这些对完善人大机制是有益的，我本着推进改善的心在替他们着急。于是，五年来，我努力在报道中加入自己的观察。最早，比如花絮——现在打开网页满眼都是的那种，现在我自己相当鄙夷的那种。开那么重要的会，那么重要的媒体，那么重要的时段说代表服装、大会堂准备工作的内容，我嫌丢人。

后来，我努力找寻一些提了真有价值的议案的代表，让他们说说。可是，直播的三分钟里要有开头、结尾、采访，又要把精华表达出来，不容易。何况在直播线上，人通常都在关注程序，基本不听里面的人说了什么，慢性子上了直播线也都变得不耐烦。

后来，我们企图利用两会的平台，真的改变什么。

《泉灵三问》第一次上了《新闻联播》，带着走基层发现的问题来提问部长，甚至影响政策。我们的报道有什么意义？能改变什么？我就是这样一个爱操心的人。所幸，和我一样爱操心的人挺多。

资料来源：张泉灵．两会，我们能改变什么？//中央电视台新闻中心．央视新闻·内刊外读．北京：三联书店，2015：11-13.

第四节　言之有趣

美国哥伦比亚大学教授麦尔文·曼切尔（Melvin Mencher）说："记者必须学会用孩童般的眼睛观察世界，他把每件事都看作新鲜的、各具特色的。"[①] 然而在出镜报道实践中，不少出镜报道给人以"似曾相识"的感觉。千篇一律的出镜形式、相同题材的雷同表达已经成为制约出镜报道出新、出彩的严重障碍。对于某些出镜记者而言，面对类似的新闻事件，出镜语和出镜形式往往也类似，只是换了时间、地点、着装或摄像记者。长此以往容易使出镜沦为形式，形成某种出镜叙事的"定势"，降低出镜报道的传播价值。

如何破解这个难题，让出镜报道更具吸引力，值得探索。下面我们借鉴陌生化原则，以新的语言中介去重建人与对象之间的联系，生成一种新的感知。[②]

一、出镜语表达的定势问题

电视是家庭媒介，也是日常化的叙事媒介。"太阳底下无新事"，新闻报道往往在年复一年、日复一日的报道中形成固定的套路或模式，出镜报道概莫能外。对于出镜记者的出镜表达而言，从心理角度看，与定势密切相关。

定势也叫心向，是指人的心理活动的一种准备状态，这种准备状态影响着解决问题的倾向性。在定势中，思维定势对出镜记者的影响最大。思维定势是按照积累的思维活动经验教训和已有的思维规律，在反复使用中所形成的比较稳定的、定型化了的思维路线、方式、程序、模式，又称"惯性思维"。

在环境不变的条件下，定势使人能够应用已掌握的方法迅速解决问题；当情境发生变化时，定势也会妨碍人采用新的方法。

语言表达中也存在语言定势，我们来看出镜报道中的语言定势。

① 赵蕾．论广播连线报道中记者的五种意识．新闻爱好者，2012（13）．
② 刘斌．陌生化原则与新闻写作．当代传播，2003（5）．

（一）修辞定势

修辞定势：出镜记者在运用修辞时产生的一种定向思维状态。例如在形容场面热闹、百姓激动的场景时，我们经常听到出镜记者说“现场沸腾了”，比赛紧张时说“充满了火药味儿”，等等。这些修辞都很形象地描述了现场的场面，但千篇一律、味同嚼蜡，需要记者在修辞手法上创新。其实场面热闹，不需要记者说，通过画面也能看出来，除非事后介绍刚才热闹的场景。形容热闹可以说“天花板都在颤动”，形容比赛紧张可以说“握住拳头，都可以听到自己的心跳”……出镜记者应充分利用汉语表达中丰富的词汇和修辞技巧，让表达更有可听性。

（二）评价定势

评价定势：出镜记者在形容某一状态或事件时，通常有表达相对固定的状况。例如在描述火灾、地震等灾害的破坏力时，不少记者在描述完现场的情形后，会加上“可见当时的破坏力有多大”或“足见当时的破坏力”。从语言表达上看，这句话不会给出镜语增加任何信息，本身是一句可有可无的话，如果出镜用这句话来填充思维空白的时间，对记者是有必要的，但对观众是没必要的。如果这只是记者的习惯表达，则这句话对记者和观众都没必要。类似的表达还有用于出镜语结尾的“……值得关注”“……拭目以待”等。

（三）连接定势

连接定势：记者在进行信息点的转移时，会采用相对固定的连接短句。有的记者喜欢说“我们来看一个细节”。这句话在不同的语境下有多重作用：（1）提示摄像，避免了由出镜记者说“请摄像来一个特写”来做提示。（2）提示观众，让观众注意，接下来记者要说一个重要的信息。（3）填补记者的思维空白。

如果在一段长时间的出镜中，一会儿“我们来看一个细节”，一会儿“我们再看一个细节”，一会儿“这里还有一个细节”，不免暴露出镜记者在语言表达上的乏力和模式的单调。因此记者在有类似这种情况的表达时，应当变换说法，如“我们看这边”等。

俗话说：第一个将姑娘比喻为花朵的是天才，第二个将姑娘比作花朵的是庸才，第三个称姑娘为花朵的是蠢材。《心理学纲要》的作者克雷齐认为，日常化、熟悉的、缺乏挑战的情景是很少能引发人们兴趣的。因为只有新奇的东西才能唤起人们的好奇心，从而引发持续性的关注。[①] 完全用观众熟而又熟的内容与形式去表现，众多的作品就只能传达出一种形象、一种表情，毫无新鲜感而言，流于平庸。[②] 因此出镜表达必须跳出日常的模式化套路，带给观众耳目一新的视听体验。

---

① 邱昊．消息类电视新闻报道的陌生化叙事策略．中国广播电视学刊，2013（4）．

② 曾晓剑．论摄影创作的“陌生化”．国际新闻界，2009（5）．

二、陌生化理论与出镜语表达

黑格尔曾经说过："众所周知的东西，由于它是众所周知的，所以根本不被人们所认识。"① 陌生化理论是1917年由形式主义文论家什克洛夫斯基提出的艺术创作理论，在文学研究领域影响巨大。他在《艺术作为手法》一文中指出："艺术的目的是要人感觉到事物，而不是仅仅知道事物。"② 人往往带着先前积累的感觉、经验进入新的认知领域，这种经验赋予了人们迅速抓住事物本质的敏锐感知能力，同时也造成知觉的钝化，这就是所谓的自动化。为了恢复人们对于作品的感知，就要使事物陌生化或奇特化，以背离主体经验的新奇性与新异性来打破主体意识上的自动化与钝化，使主体产生对客体认知的兴趣。③

陌生化是使熟悉的事物变得陌生，其实质是打破人们的传统思维模式，赋予平淡无奇的事物以新鲜感。美国学者西尔维亚·杰斯多维克指出，陌生化理论在20世纪具有两个重要分支：美学的（以什克洛夫斯基为代表）和政治的（以布莱希特为代表）。④ 如今陌生化理论在艺术创作领域外的教育、文学、新闻等多个领域被探讨和运用。⑤

形式主义文论家认为文艺创作的根本目的不是要达到一种审美认识，而是要达到审美感受，这种审美感受就是靠陌生化手段在审美过程中得以实现的。⑥ 陌生化理论对于新闻报道的借鉴意义在于，它更强调新闻报道通过陌生化手段带给受众新奇的感受或体验，让受众感受或体验新闻，而非单纯接受新闻信息。电视新闻通过视听手段强化观众的心理参与，本质上也是为观众营造一种独特的体验，让观众置身新闻现场。从这个角度上说，陌生化和电视新闻是契合的。

《三联生活周刊》主编朱伟认为："在信息过载的时代，讲述什么内容（故事）已经不再具有排他性，争夺'独家新闻'已经不再成为主要的竞争手段，取而代之的是，媒体更加注重如何讲述本身（叙事），也就是说，记者的叙事能力已经成为决定媒体竞争力的核心要素。"⑦ 小说家詹姆斯略带夸张地说："讲述一个故事至少有五百万种方式。每一种讲述方式都会在读者身上唤起独特的阅读反应和情感效果，因此如何讲故事直接决定着这种效果能否得到实现。"⑧

对观众而言，出镜叙事的陌生化带来的是一种新鲜感、惊奇感。它包含着两层含义：第一，内容本身对于受众而言是陌生的、不熟悉的、闻所未闻的；第二，内容本身并不

---

① 布莱希特．布莱希特论戏剧．北京：中国戏剧出版社，1990：7.

② 朱立元．当代西方文艺理论．3版．上海：华东师范大学出版社，2014：33.

③ 刘斌．陌生化原则与新闻写作．当代传播，2003（5）.

④ 杨建刚．陌生化理论的旅行与变异．江海学刊，2012（4）.

⑤ 苏锦艳．化熟悉为新奇：浅议"陌生化"理论在新闻写作中的运用．思茅师范高等专科学校学报，2012（5）.

⑥ 朱立元．当代西方文艺理论．3版．上海：华东师范大学出版社，2014：33.

⑦ 刘自雄．新闻叙事研究的范畴与价值//哈艳秋，陈作平．新闻传播学前沿2005．北京：中国传媒大学出版社，2006：131.

⑧ 何纯．新闻叙事学．长沙：岳麓书社，2006：190.

陌生，甚至可能是众所周知的，但是经过电视的处理与呈现，变得具有新鲜感，陌生起来。[①]

陌生化对出镜报道的意义在于：（1）可以提升出镜报道在注意力争夺上的能力；（2）可以提升出镜报道的传播效果，增强感染力；（3）可以调动视听语言符号，带给观众从仿真到超真实的感觉。

陌生化不只是一种创作技巧，也是一种思维方式。当然我们也要看到，出镜叙事陌生化和影视艺术创作陌生化最大的不同在于，出镜叙事陌生化的前提在于不损害新闻真实性，不影响观众对新闻事实的正确理解。这就牵涉到出镜叙事陌生化的“度”的问题，“为陌生而陌生”或因陌生化而导致新闻失真、误解的行为都是不被允许的。陌生化策略应用于新闻文本，只能被借鉴，不能被全盘复制。

三、出镜语的陌生化表达策略

（一）叙事视角的陌生化

叙事视角是指作者和叙事者感觉、体察和认知叙事世界的视线、角度。视角涉及的是叙事者，是谁在作为视角、心理或精神感受的核心，叙事信息通过谁的眼光和心灵传达出来。[②] 叙事视角不仅以表现作者价值观，而且还以引领读者价值观的功能体现着文体意义。[③]

出镜记者的叙事视角主要有三种：全知视角、限知视角和复合视角。由于出镜报道题材的不同、传播意图的差异和记者本身叙事角色的选择，出镜记者对叙事视角的选择也有不同。如果打破常规思路，将叙事视角陌生化，则会产生新颖的传播效果。

例如，全知视角体现权威性，如果出镜记者在出镜叙事时不用全知视角，改用限知视角，就会使记者叙事的姿态不是高高在上，而是下移，出镜报道的语态随之改变，亲切感扑面而来。又如，以往可能对某一问题、题材的报道多用较为单一的视角，这时若改用复合视角，使出镜记者的叙事自由发挥，就可以在线性传播中打破单一视角带给观众的收视疲劳，消除单一视角带来的叙事局限，全方位展现出镜报道内容。

（二）叙事角度的陌生化

叙事视角的选择决定了用谁的眼光看，而叙事角度则是在叙事视角确定的前提下，决定从哪个角度或侧面看世界。“相同的故事情节会因叙事者观点、权力的不同，以及客观、公正、可靠程度的不同而产生极大的差异。”[④] 叙事角度找得好，不仅可以使旧闻变成新闻，而且还可因切入点的新颖、陌生而收到良好的传播效果。[⑤] 孙玉胜认为，同一事

---

① 翟杉．仪式的传播力：电视媒介仪式研究．北京：中国传媒大学出版社，2014：68.

② 李玮．新闻符号学．成都：四川大学出版社，2014：128.

③ 戴凡，吕黛蓉．功能文体理论研究．北京：外语教学与研究出版社，2013：194.

④ 汪振城．当代西方电视批评理论．北京：中国广播电视出版社，2007：81.

⑤ 邱昊．消息类电视新闻报道的陌生化叙事策略．中国广播电视学刊，2013（4）．

实存在不同的报道角度，只有发掘更多的事实，才能获得更新的角度。今天在一个台内、一个频道内，甚至栏目与栏目之间也存在激烈的竞争。其实栏目与栏目之间最大的差别，不仅是获得事实的内容上的差别，更是对于事实的评价角度和切入角度的差别，如今前一种差别已经越来越小了，后一种差别在实践中还没有被普遍地注意到。①

以1999年中国人民解放军进驻澳门的直播为例，两家电视台的直播，出镜记者都运用了全知视角进行报道，但由于叙事角度的差异，给人的感觉各不相同。②

一家电视台的报道是：

> 人们显然为这一刻激动。每个人都不可能不被打动。这一刻，45万人的心跳和澳门融合在一起……每个人的心情都像天气一样阳光灿烂，大家都能感受到来自母亲的温暖和保护。

另一家电视台的报道是：

> 澳门近几年的社会治安不好，澳门居民希望解放军入驻能给他们带来和平安全的社会环境，澳门群众报名参加欢迎仪式的人数之多超过了主办方的预计。

叙事视角问题从根本上说是叙事者的叙事权力问题。两家电视台虽然都运用了全知视角，但是第一家电视台的出镜记者不但叙事角度刻板，而且也面临观众对出镜叙事可靠性的质疑。

再如央视2015年国庆期间推出的电视数据新闻《数说命运共同体·奔跑吧，能量!》，出镜记者在叙事角度的选择上就颇具新意。扫一扫二维码观看视频。

> 记者出镜：在巴基斯坦伊斯兰堡的街头，你能听到这种发电机的轰鸣的声音吗？它说明现在已经停电了。各式各样的发电机正在工作。在这里每隔三四个小时就会停一个小时的电。不过并不是每个人都用得起发电机，因为买一台小型的发电机就得要将近四万元人民币，而巴基斯坦人一年的平均收入还不到一万元人民币，所以即便是像这种三十八九（摄氏）度的酷热难耐的高温天，很多当地的居民也没法使用空调，电扇也只能用充电的。③

数说命运共同体·奔跑吧，能量（片段）

停电不再是通过电灯、电扇不运转来说明，而是通过一条繁华街道上轰鸣的发电机运转声来体现。这种新颖的细节展示，从供电应急手段的角度说明停电，令人耳目一新。

---

① 孙玉胜．十年：从改变电视的语态开始．北京：三联书店，2003：154.

② 周小普，王辰瑶．论电视新闻现场直播报道的“三条件”与“四要素”//郑保卫．论传媒改革与发展：中国传媒发展高层论坛论文集．北京：新华出版社，2004.

③ 《数说命运共同体·奔跑吧，能量!》，中央电视台2015年10月6日播出。

第五节　出镜语的创作与表达误区

出镜语的创作和表达构成记者出镜的重要方面，出镜语的创作水平决定了记者的有声语言表达水平，出镜记者有声语言的表达水平则制约着出镜语创作水平的体现。实践中出镜语的创作与表达并非总能相得益彰，还存在一些问题值得出镜记者注意。

一、不会“说话”变说为背

美国密苏里新闻学院的《新闻写作教程》中提出，广播电视记者做新闻就是要“像说话那样去写”[①]。对于简单或简短的出镜语，出镜记者根据现场掌握的情况和出镜报道的思路可以在头脑中进行即兴“写作”、打腹稿。而信息点较多、出镜时间较长的出镜语，出镜记者倾向于写下来，以免遗漏重要信息。有的记者喜欢将自己所说的所有话一字不漏地写下来，在写作中不自觉地写成书面语。有的记者为了让自己的口语表达显得自然，在自己出镜语的基础上加上语气词之类的，使听起来像是口语，其实一听就知道是背稿。导致这种行为的原因有以下几种：紧张、不自信、追求完美、不会写出镜语。[②]

知识窗

词汇联想法

词汇联想法能确保记者在直播连线时不至于无话可说。很多记者会罗列一个清单，清单上面按顺序列出一些涵盖报道内容的关键词或短语。当他们就某个关键词所知道的信息全部讲述完毕之后，就会移至下一个关键词直至报道结束。即兴报道能力强的记者通常只需要一个关键词或短语就可以滔滔不绝地讲下去。

美国广播公司新闻记者巴里·塞拉芬认为学习即兴报道最好的方式就是不断地实践。他说自己从来不会去想正面对着两千万观众在说话，而是专注于一个念头——像是在以一种自然且富有人情味的方式与某人聊天。塞拉芬还补充道：“即兴报道最重要的就是不要试图让自己的表述听起来完美无缺……别谈那些你自己都没弄清楚的事情，切忌凭空猜测。”有些记者在记忆稿件方面展现出惊人的能力，而有些人每次连记忆几行字都很困难。总的说来，要求记者记住时长超过20秒的新闻稿是件不怎么合理的事情。鉴于所有的记者最终都会被要求去做直播，他们就必须提高记忆素材的能力或是利用一些技巧来辅助记忆。大多数电视台或联播网都会默许记者在进行直播报道，尤其是突发事件报道时适当浏览一下笔记。但当在市议会会场外或市长办公室外做一些普通的连线时，记者还是几乎每隔几秒就要低头查看笔记上的话，就让人难以接受了。

前哥伦比亚广播公司记者本·西尔弗认为“将稿子扔到一边去”有时很奏效。他回

---

① 密苏里新闻学院写作组．新闻写作教程．褚高德，译．北京：新华出版社，1986：416.

② 在实践中的确有出镜记者不会写出镜语，这类出镜记者被称为“花瓶”记者。

忆说："曾经有一次我怎么都记不住结束语，当反复尝试了十多遍后摄像师突然对我说'把稿子给我'，他把写字板从我这儿拿走，而我却毫无障碍地完成了这段结尾。"

这种形式有些类似"餐桌解决方案"（dining table solution），即记者先熟悉新闻稿，然后以一种与家人在餐桌旁聊天的方式复述出来。其优点在于记者可以突出新闻要点，而忽略那些无关紧要的细枝末节。

资料来源：巴纳斯，怀特．广播电视新闻：写作、报道与制作．5版．黄雅堃，译．北京：清华大学出版社，2013：197，198，200，201.

孙玉胜在《十年》中就前方记者的口语表达问题谈到这样一个案例："水均益在2003年2月初离开北京，第四次前往巴格达。临行前的一天晚上，我与他探讨前方记者的表达问题，我问：'你认为前方记者直播时的表达，是把完成稿烂熟于心背下来，还是只有提纲和关键词，通过现场临时组织语言表达效果更好？'水均益毫不迟疑地回答：'后者、后者，最爽的就是后者。'"①

文字底稿的写作对口语表达水平的提高有内在的推动作用，提高口语表达能力必须加强文字写作能力的训练。如果在文字底稿完成后进入口语制作阶段时还将文字底稿紧握在手不放，以"念稿"替代口语表达，则不仅不能提高口语表达的水平，反而会起到负面的作用。②

电视新闻的魅力所在在于现场感。记者通过对画面、同期声和报道方式以及其他新闻元素的合理选择和巧妙组合，使新闻更具真实性、接近性，更易被受众所理解与接受。可以说，电视观众的"现场感"是无须调动联想和想象功能而直接形成的，这也正是电视新闻有别于其他媒介新闻的独到之处。③

理论上出镜记者置身新闻现场，其表达应该是充满现场感的，但在实践中，出镜记者的出镜缺少现场感反而成为一个较为常见的问题。有的出镜记者仿佛"悬浮"在现场画面之外，出镜与现场气氛"两层皮"。出镜记者自身的表达都没有现场感，何谈带给观众现场感？

有记者曾说过：新闻是一盆水，从演播室到现场就等于把一个人整个放到这盆水里，浑身湿淋淋的，眼睛、鼻子、耳朵、嘴巴接触到的全是新闻。当你沉浸在水里面的时候，你就不用去想你是什么样，你需要怎么去问。你只要去感觉它，按正常人那样，按照欲望去发现就对了。因此出镜记者在语言表达上的现场感首先要"沉浸"在新闻现场，融入现场的情境中，才可能让自己的语言表达充满现场感。

二、放弃个性 镜前镜后差别大

在创作出镜语时，有的出镜记者从语言凝练、表达干练等角度会修饰出镜语，结果将自己的语言表达风格抹掉。不是按照自己的口语表达，而是照着稿子表达，说起来不

① 孙玉胜．十年：从改变电视的语态开始．北京：三联书店，2003：281-282.
② 武安．即兴口语表达与文字表达．语言文字应用，2005（S1）.
③ 赵磊．用新闻元素构筑电视新闻的现场感．新闻爱好者（理论版），2008（12）.

光拗口、别扭，而且也导致背稿情况的发生。虽然在出镜报道中出镜记者不可能完全按照日常的表达方式随心所欲，但在创作出镜语时应尽量符合自己的说话方式，这样在出镜时既不容易出错，又能彰显个性。

三、抛弃深度 止于“照图说话”

有的出镜记者将出镜语与画面的关系理解为“照图说话”，或者“按话拍图”，这就片面理解了声画合一的编辑理念，也使出镜语变得肤浅。“所说”等于“所见”的方式多出现在对现场的描述中。例如在火灾现场：“我身后是烧塌的房屋，现场一片狼藉。”这句话没有错，身后是“烧塌的房屋”，现场的确“狼藉”，但观众不用听记者说就已经从画面上看到了，这段出镜语实际上浪费了播出时间。如果描述，应当抓住在镜头上不容易被观众察觉，但又非常重要的细节。

例如，2015 年 6 月 15 日，长沙岳麓区一辆路虎车从 10 米高的平台坠下，当晚有出镜记者在报道中这样说：“记者现在来到了车祸现场，我们可以看到，这是一辆路虎越野车，牌照为×××××，因为从高空坠落，现在已经四脚朝天，汽车碎片散落一地……”

这样的出镜，粗略一看没有问题，实际上每一句话都是画面上能够看见的。路虎车坠落时，有四位市民正在地面上乘凉，却幸运地逃过了这一劫。记者如果在出镜前多采访一些市民、多了解一些情况，口播里多一些细节，而不仅仅只是描述车祸现场，那么报道会更加有内容有重点。①

四、抛弃现场 以交代背景信息为主

现场是记者采访和评论的创作源泉和新闻依据。记者在镜头前寻找关键细节，向观众抽丝剥茧地介绍现场气氛、现场环境，并结合现场素材插入自己的印象和感受，从而带来强烈的现场冲击感，往往更能吸引观众的眼球。②

有的出镜记者身在现场，心却不在现场。在简短介绍了一下现场的情况后，报道的主体变成了事件的背景。而实际上出镜记者所需要介绍的背景完全不必在现场交代。当然这并不是说在现场就不能说背景，而是要求说背景与现场紧密结合。

抛弃现场的出镜语结构：现场＋背景＋背景＋背景……

结合现场的出镜语结构：现场＋背景＋现场＋背景……

央视 2013 年 2 月 20 日播出的《西双版纳：野象频繁造访村寨》就是一个将现场和背景紧密结合又没有抛弃现场的较好案例。

记者出镜：我现在在西双版纳的一个叫作野象谷的地方。这个地方野象出没相对比较多，就在村寨的附近。我现在所在的地方叫“大象旅馆”，实际上是一个景区。这个景区可以从画面上看到。从我身后的五米之外的地方，我目测到三头野象

① 贺丽．新闻出镜记者应该为观众“看说想”．新闻研究导刊，2015（17）．

② 卢珊珊．驻外记者出镜问题初探．电视研究，2013（5）．

了。大家从镜头上看，可能认为它们跟普通的大象没什么区别。其实野象是非常有野性的，甚至是有攻击性的。因为我们是在栏杆之外——应该说我们在栏杆之内，它们在栏杆之外，我们是比较安全的。周围也有些游人，坐缆车过来的，因为通往大象的游览道路已经封闭了。我们看，那边又有一头过来了。据我们了解，这边有20头左右的野象，不仅仅分布在我所在的区域，还有一些在游道上，所以为了游人的安全必须要封闭。身边的这些游人是坐缆车过来的，跟我们是一样的。我所在的位置是安全的。

目前我们看到的这20多头象，实际上是一个家族。据当地人说是叫"小短鼻"，因为其中一头象有一个小短鼻的特征。目前在西双版纳，据掌握的信息，一共有250多头野象，这些野象分为30多个家族，但这并不是说所有的大象都要离开西双版纳的保护区，走进游览区、村寨、高速公路旁边等，只有几个家族经常会出来。我们大家所看到的"小短鼻"家族就经常出没，从去年的12月，就陆续有野象家族走出了西双版纳的野生动物保护区。分析其中的原因，我昨天跟专家了解了一下，一是多年对野象的保护，它们已经不怕人了，因为已经没有人伤害它。另外村寨中的玉米、芭蕉都是大象比较爱吃的食物，与这也有关系。虽然说这个容量在西双版纳保护区里是足够的，但是毕竟从野外获取食物相较于去村寨获取更困难，而到村寨去找玉米和芭蕉比较容易，所以这也是大象走进村寨的一个因素。但是这也不能算是一个科学依据，现在的研究工具存在一定的局限。包括无线电对大象的定位，还不能做到科学严谨，所以这只能是分析出的原因之一。（后文略）

这是一个偏静态的出镜，事件很简单："野象频繁造访村寨"。由于是直播，在有限的几分钟里，野象"制造"新闻的概率比较低（比如野象在村寨搞起了破坏，出现意想不到的事情等）。野象会在直播地点停留，不是大规模迁徙，一群又一群，因此需要记者既要报道现场，又要有背景信息，否则这段连线一句话就可以结束：野象又来村寨了。

案例

背景信息不应成为现场主体

记者除了描述现场外，也要提供一些相关的背景信息。但是如果只是提供任何一个人、在任何一个地方都能了解到的信息，那么这个记者是平庸的。记者要提供的是现场所独有的信息。

比如，香港回归报道中，在直播"英国领导人离开香港"这一事件时，记者运用一段背景做现场评价：

"各位观众，现在是1997年7月1日零点19分。我是在香港一家饭店的37层为您现场直播英国领导人离开香港的实况。'彭定康'是他的中文译名。他的英文名字是克里斯托弗·帕特。'彭定康'这个名字是指稳定、安康的意思。但令人遗憾的是，他出任港督不久就抛出一份既不稳定也不安康，完全不利于香港的平稳过渡与顺利交接的3万字的'政改方案'，拒绝履行英国在《中英联合声明》中所做的承诺。但3万字的'政改方案'是无法阻挡600多万港人回归祖国的历史进程的，当然也不能放慢彭定康离开中国香港的脚步。就在不久前，彭定康先生最后一次为电台主持《古典音乐》节目的时候，在一曲伤感的乐曲中说了一番话。他说，我希望7月1日是新的一天的开始，而不是一个时代的终结。但是彭定康先生只说对了一半。7月1日的确是新的一天的开始，但毫无疑问这更是一个时代的终结，一个旧的殖民统治时代的终结。”

仅就这段评价本身来看，应该说是比较到位的。但是这种在很容易获得的背景的基础上的评价是否应该由记者来做呢？显然，这些背景信息并不是记者独家掌握的，记者提供这样的信息，其存在的价值就大打折扣了。就上面这段报道而言，现场记者可以不必去讲彭定康在香港抛出一个“政改方案”等尽人皆知的信息，而是要尽量抓取和提供有现场独特效果的独家信息，比如这一天送彭定康的司机叫什么名字、把旗子递给彭定康的人是怎么回事等。

资料来源：周勇．电视新闻编辑教程．北京：中国人民大学出版社，2002：136.

一线者说

现场应该说什么？

白岩松：我举个例子。“‘神舟七号’马上要发射了，我身后是有50年历史的酒泉卫星发射中心，在这里拥有无数个‘东方红一号’，我们知道再隔两个小时，‘神舟七号’火箭就要发射了，在两天前已经完成了加注燃料，现在蓄势待发，让我们共同等待这一刻。”这样的话，没一句是现场记者该说的！

记者该说的是什么？是此时你在现场所能够感受到的东西。记者最大的魅力和最凸显你很牛的地方就在这儿。张泉灵如果是一个背诵背景的记者，她也没戏；但她不是。她做完了一个报道，做完一个大地震报道的时候，路断了，修路如何难，那个报道刚一做完，我就给她发了一个短信，我说这个报道太牛了。为什么？这个东西你能准备吗？所有的东西全是现场发现的，然后展现出来那么鲜活。

资料来源：白岩松．我心目中的好现场记者：白岩松讲课之四//杨华．咱们电视有力量. 北京：中央民族大学出版社，2009：16－17.

对于偏静态的出镜报道，把握现场除了观察现场、分析现场外，还有一个方法就是借题发挥。

借题发挥是借着某件事情为题目来做文章，以表达自己真正的意见或主张。借题发挥最重要的是要选好“题”，这个“题”要有发挥的余地。

白岩松在介绍《岩松看日本》中的一个出镜时说：“我在进靖国神社之前，我不知道我要用什么开头，这是非常危险的。当我从靖国神社出来的时候，突然抬头一看，靖国神社大门口正对着东京理工大学正门口，我一下看到这个‘理’字，马上有东西开头了，‘有理走遍天下，无理寸步难行’。”① 这句“妙语”就是细心观察的结果。

以央视《新闻调查》2001年8月18日播出的《罪恶的陷阱》为例，当期节目从官员腐败这个角度揭露了厦门特大走私案中走私分子走私贩私和打造权色、权钱交易链条的

---

① 赵亮．走出“出镜记者”的“现场”误区．当代电视，2013（10）．

罪恶行径，剖析了腐败官员与走私分子沆瀣一气、为其“保驾护航”的丑恶嘴脸。在探访“红楼”的过程中，出镜记者敏锐地用一幅画“借题发挥”：

> 这是赖昌星办公室门口的一幅画，画的是一只鱼鹰盯住了一条肥美的鱼，上面题写了“天下唯我”四个字，意思是说在鱼鹰的眼里，天下所有的鱼都是它的食物，一条鱼只要是被鱼鹰盯上了，早晚都要变成它的美味佳肴。那么在这幅画的主人赖昌星的眼中，什么样的人会成为他眼中的鱼呢？

案例

白岩松出镜中的借题发挥

白岩松在《北川：伤痛中前行》节目中，有一段现场出镜是站在“欢迎再到北川来!”的横标前完成的。

这七个字能引出怎样的出镜语？其作用如何？扫一扫二维码，阅读《白岩松出镜中的借题发挥》。

白岩松出镜中的借题发挥

知识窗

口语表达训练方法

在口语表达的训练过程中，我们应当借助文字稿件的写作、修改，以确立对表达内容的全面、准确、深刻的认识。再通过半脱稿、脱稿表达的训练，并长期坚持这种既循序渐进又循环反复的多种形式的训练，最后达到可以进行无文字底稿的即兴口语表达水平。

（一）半脱稿式口语表达：半脱稿式口语表达的特点是，手里拿着稿件（可以是全文也可以是提纲），但在表达过程中，大部分时间或绝大部分时间是不看稿件的，要求对稿件内容基本熟悉，表达过程中要保持一种和受众交流的状态（受众可以是真实的也可以是想象中的）。手拿稿件的作用是以防“万一”，当然，表达过程中忘了下文，看看稿子是正常的，但次数不宜过多，要能始终保持面部表情的轻松、自然，并注意用目光与受众交流。

半脱稿的训练应注意以下几个方面的能力训练：

（1）强化眼睛的快速扫描能力。

（2）锻炼眼睛在扫描稿件的同时与观众保持交流的能力。

（3）在应强调的地方（重音或重点段落）能够适当用体态语表现的能力。

（二）全脱稿式口语表达：完全脱稿的口语表达，是指在完全熟悉稿件内容的前提下，无须再借助稿件文字完全独立地进行口语表达。这种口语表达的成功，一方面依赖于对表达内容的熟悉，另一方面依赖于思维机制对表达内容整体程序的“控制”能力。

全脱稿式口语表达的训练应注重以下几个方面的能力训练：

(1) 按照文字稿的既定程序完成全文表达的思维控制能力。

(2) 出现卡壳等意外情况时的即兴编码表达的应变能力。

(3) 出现卡壳等意外情况后仍能“不露形色”“泰然自若”的自控能力。

(4) 能对表达内容进行外部技巧的整体设计能力，以及适度地安排体态语的动作，达到完整和谐的综合表达能力。

(三) 无文字稿件的即兴口语表达。

这一环节侧重于在没有充分准备的情况下训练以下几种能力：

(1) 即兴编码（边想边说）的能力。

(2) 对“突发”事件做出快速反应的能力。

(3) 对某一观点、某一事件的即兴评述能力。

(4) 对某一场景的即兴描摹能力。

资料来源：武安．即兴口语表达与文字表达．语言文字应用，2005（S1）．

第六节　案例分析

本节我们练习根据文稿内容创作新的出镜语。出镜语创作的理念是言之有物、言之有理、言之有情、言之有趣。

案例一

以下为获得2002年度中国广播电视一等奖的电视评论《造林还是“造字”》[①]，我们先看一下整个节目的脚本和记者出镜。

（演播室）主持人：观众朋友，你们好，欢迎收看《车城全景》。一条标语长达5公里，一个字有两个半篮球场那么大，这样庞大的标语你见过吗？近日，记者在郧西县就见到了这样的标语。

（画外）这样的标语就是郧西县的石头标语。为了了解建造这种石头标语的情况，11月13日，记者首先来到郧西县店子镇。

（出镜）记者：观众朋友，我现在是在郧西县店子镇姜家沟村。我们现在看到我身后这座山叫太平寨山，这个山上清晰地写着“封禁治理”四个大字。这四个字的意思就是封山、禁伐、治理荒山（见图5-5，参见文前彩页）。

（画外）在村民的带领下，记者来到其中的一个“封”字跟前，由于字体太大，记者很难将该字完整地拍摄下来。

（出镜）记者：观众朋友，我现在站在封禁治理的“封”字的一个大点上面，大家可以看到，这个“封”字的点是多么大，长我估计了一下大概有6米，宽大概有

---

① 湖北十堰电视台2002年11月15日播出。文稿引自：江欧利．中国广播电视新闻奖2002年度新闻佳作赏析．北京：新华出版社，2004：330-334。

图5-5 记者在“封”字上出镜

2.5米到2.8米这个宽度，而且这个坡度是非常陡峭的，现在我估计有70度的坡度，可以想象当初村民在这儿建这个“封禁治理”的“封”字时是多么艰难。

（同期）记者：在姜家沟村，几位村民给我们讲述了当时造字的过程。

（同期）记者：当时你参与了没有？

（同期）村民：参与了。

（同期）记者：这个材料是什么材料呢？

（同期）村民：这个材料先开始是用石头铺的，后来用水泥和沙做浆，把它糊起来。

（同期）村民：开始先搬草皮子，搬完了之后把字打成印子，打成印子挖槽子，挖槽子以后搬石头上去齐齐排，排罢了之后，慢慢和水泥浆，往上抹。

（画外）这位村民说，造字所用的石头、沙、水泥等都是从山下运上来的，从河中挑一桶水到“封”字跟前要四五十分钟。

（同期）郧西县店子镇姜家沟村村主任祝东平：当时我们七里整个是一个管理区，五个村，在我们五个村的基础上，（镇上）给我们（姜家沟）村上划了一个“封”字。这个“封”字我们是按劳分配划的，我们全村是185户，210个劳力，我们按人、按义务工划下去。按义务工划下去以后，我们全村整个那个字的义务工是花了330多个（工）。

（画外）据村民讲，“封禁治理”四个大字分别摊派到五个村，2 000多农民前后干了一个半月，于2000年5月完成的，对造这几个字，镇上更是有严格的设计要求。

（同期）郧西县景阳乡林业站干部余秀武：开始设计的时候，我们是用林业用的水平仪，调平四个字的水平位置，然后又把字与字之间的间距设计好以后再画方块，方块开始我们是按一亩地667个平方米设计，结果在真正施工过程当中，由于笔画不太好（搞），我们就按笔画的合理结构设计，就设计成每个字36.2米高，宽是25.7米，每个字是930.34平方米。

（画外）与国内标准篮球场364平方米相比，这里每个字都超过了篮球场的2.5倍。如此之大的石头标语，花费的人力财力是可想而知的。那么这里为什么要建造这样大的石头标语呢？

（同期）郧西县店子镇党委副书记吴在斌：当时我们做“封禁治理”四个字的标语的意图主要是由于我们这里农民对封山育林的意识比较淡薄，为了增强农民造林的意识，我们就做了“封禁治理”四个字。就是在全镇上下要掀起治理荒山大力开展造林这个声势，要掀起这样一个高潮。

（画外）建造标语，提高农民造林意识，这无可厚非，而花费巨大人力财力造字，其效果又如何呢？在太平寨这个写着“封禁治理”的山坡上，记者看到，除这几个石头标语显赫外，大部分山体还是光秃秃的。这位村民告诉记者，石头标语建成后，他们村根本没上山植过树。其实这种大建标语的现象还得从1998年说起。

（同期）余秀武：泥沟乡造了“泥沟乡退耕还林示范区”这10个用白河石抠的大字，受到了县委、县政府的表彰，在泥沟乡召开了现场会，要求各乡镇要迎头赶上，要做这个大字。

（画外）泥沟乡石头标语受到表彰后，其他乡镇也纷纷效仿。

（同期）余秀武：所以每个乡镇都暗暗下了决心，他们的口号就是叫作“下定决心、不怕花钱、迎头赶上”，去争取更大表扬，就这样地互相攀比做大的。

（画外）就这样，造林运动变成了造字运动。对于这种大规模的造字运动，村民们更多的是表现出无奈和不满，村干部则考虑的是如何完成任务。

（同期）祝东平：当时我们动员的时候，为建字动员的时候，我们是强制性地搞的，为什么呢？我们村级干部是服从党委政府安排，下达的任务我们必须完成。

（同期）村民：我在当时搞不清楚他们造那字是啥意思，造那个字也是上级安排，跟政策一样的，它这从下边一直往上去的，他让你搞你能说不搞？

村民：有的还是不愿意，你不愿意也不行呀。

（画外）这种造字运动不但违背了村民意愿，而且花费的人力财力是相当惊人的。这位店子镇党委副书记给记者测算了建造“封禁治理”四个字所花的费用。

（同期）吴在斌：整个四个字的劳力、用工大概是1 800个，用了60方沙石，用了2吨水泥，总共字的成本价，就是5 200块钱左右。要是按每个劳力10块钱折合，整个（四个）字花了12 000块钱。

（画外）而始终参与店子镇造字活动的林业站工作人员余秀武也给记者算了一笔账。

（同期）余秀武：店子镇前前后后上了2 000多人，我们这么算了一个账，我们只按他们每个人只干了10天，10乘以2 000就等于2万个劳动日；2万个劳动日每个农民每天只算10块钱的工钱，光人力店子（镇）四个字就花了20万。你比方说太平寨那地方就做那几个大字，当初（县）林业局给店子镇24 000块钱的奖金，这是县委领导授意的。给了24 000多块钱的奖金，用24 000多块钱买一毛五一棵的松杉苗子，大概要买16万株，16万株就可以把这个山绿化12遍多。

（画外）在采访中我们沿途看到，郧西的石头标语十分普遍。在与陕西交界的汉江边上，在景阳乡、羊尾镇等乡镇都可看到醒目的石头标语（见图5-6）。在夹河镇腰滩河山上“做好水土文章，绿化湖北山川”12个大字竟跨越5公里。据了解，郧西县共有八个乡镇建造了石头标语，一个字达400平方米以上的共有66个，占地面积近400亩，也就是说有400亩荒山因为建造石头标语而不能再植上树了。

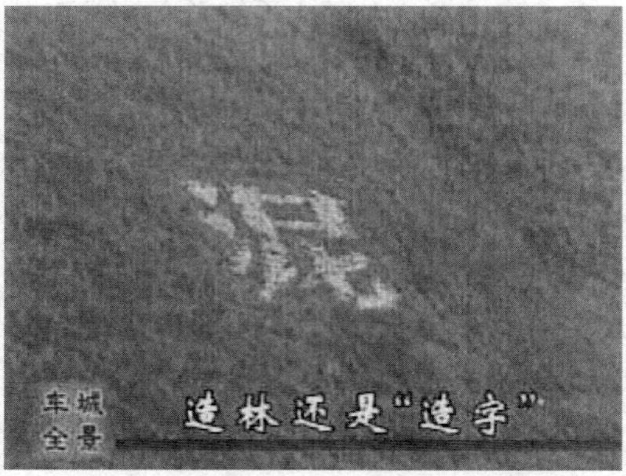

图5-6　节目画面

（同期）记者：这个钱如果用在真正植树造林方面会植多少树呢？

（同期）吴在斌：植树至少——按照这一万多块钱，我们这个地方植树树苗成活率的保证，大概可以植树30亩左右。

（同期）记者：你感觉花这么大的代价值不值得呢？

（同期）吴在斌：花这个代价我们认为还是值得的。因为我们做这几个字不仅仅是为了我们这一座山，而是为了整个全镇的农民，为了增强他们的造林意识。

（画外）那么村民们是如何看待这种造字运动的呢？

（同期）村民：从（河）对岸可以看到这边一排字好看，只能说对岸来去过车，当干部的看了好看。

（同期）村民：要依老百姓说都不值得，那山上啥东西都不长，搞了没意思。

（同期）余秀武：我认为造林应该是实打实地造林，不应该把这个造林运动变成一种造字运动。当时以为恐怕将来会有一个很好的宣传效果，可是四年过去了，荒山还是荒山，这么一看就是一个劳民伤财的工程，也是一种形式主义做法。

（演播室）主持人：封山育林，绿化山川，是我们各级政府部门义不容辞的职责。郧西县部分乡镇加强封山育林的宣传本无可厚非，但要劳民伤财地去“造字”不造林，那也只能是违民意、毁民财、失民心了。郧西县是国家级贫困县，至今还有不少农民未解决温饱，花费如此浩大的人力、财力来建造这样的石头标语，说到底还是一种不注重实绩、只做表面文章的形式主义。好，感谢收看本期节目，再见。

在这条电视新闻评论中，出镜记者出镜两次。第一个出镜语属于介绍式出镜语，记者在一处标语的全景出镜。远处的山上标语清晰可见，用山做标语背景本身说明工程浩大，劳民伤财。第二个出镜语还是一个介绍式出镜语，将山上的标语做了进一步介绍，放大了细节，记者在标语中出镜，而且由于字太大，距离近根本就拍不全。记者在表达的时候采用第一人称限知视角，用自己的所见、所感强化观众对这个巨大标语的认知，非常生动。

当然，不同的记者在处理相同的选题时会有不同的处理方式。由于案例中文稿提供的信息有限，我们再以获得中国新闻奖一等奖的《“造林”还是“造字”》① 作为参考，探讨同样是对这个事件的报道，如果让出镜记者“再来一次”，出镜语还可能怎样写。扫一扫二维码，阅读广播版文稿。

“造林”还是“造字”（广播版）

如果我们对电视版的第一处出镜语进行改造，可以设置悬念，用更吸引人的方式来撰写。

广播版文稿中有这样一段描述：

> 今年 11 月 28 号，记者在乘车经过郧西县店子镇太平寨时，突然发现，公路旁陡峭的高山上，一个巨大的水泥字扑面而来。因为离得较近，记者无法看到它的全部，只有跑到 500 米开外的地方抬头仰望，才看清这原来是一个硕大的“禁止”的“禁”字，而它只是一幅巨型标语的四分之一。记者驱车十几分钟，才终于将山体上用石头砌成的这四个大字看清：“封禁治理”。四个大字连成一排，挺立在群山之间，十分壮观。

广播版文稿的优点在于有悬念。这是个什么字？由于太大还得跑到 500 米开外？悬念还在继续，因为不仅仅有这一个字。

所以电视版的出镜语可改为：

> 我现在是在郧西县店子镇太平寨，我身后有一个巨大的水泥物体，可能您想象不到，这是一个字。究竟是什么字呢？我在这儿看不出来，得到那边看。（以上在山上的“禁”字中出镜，随后镜头切换，记者在山的对面或者可以看全“禁”字的地方）现在终于可以认出这个字了，这是一个“禁”字，不过我现在站的位置是 500 米开外。这么大的字，还只是一幅巨型标语的四分之一，要知道这四个字究竟是什么，您得开车走个十来分钟。

广播版文稿提供了这样的信息：

> 夹河镇金銮山大型标语字，跨越三座山，其中有一座山的天然林比较好，但镇里为了造“封禁治理”的“封”字和“禁”字，砍掉了不少天然林木。红岩寨的大字标语下有两个村，因山高坡陡，水土流失严重，泥石流经常冲毁农民的房屋。从造绿化标语的那一年起，两个村的村民就强烈要求实施退耕还林。去年他们还挖好了树窝，等上级发树苗栽植，可至今没人理这个茬儿！

---

① 湖北电台 2002 年 12 月 9 日播出。文稿引自：江欧利．中国广播电视新闻奖 2002 年度新闻佳作赏析．北京：新华出版社，2004：131－135。

记者出镜时可以抓取这些细节，出镜记者可以在树窝处出镜，现场来一段评论，使建造标语与实际落实形成对比。

由于造字运动很普遍，在很多乡镇都可以找到实例，还有一种出镜语方案是采用排比的方式，在每一个乡镇的标语前出镜，如此形成一种气势。如：

> 我现在是在金銮山，我身后“封禁治理，美化汉江”这八个大字，一共做了三个月，八个字全长两公里，跨越了三座山；这里是腰滩河，我身后是“做好水土文章，绿化湖北山川”十二个大字，做了四个月，标语全长五公里……（以此类推）

当然通过对文稿的信息提取还有多种出镜语的写作内容和写作方式，关键要有敏锐的眼睛和开阔的思路。虽然片段式出镜语只是出镜报道中的一个环节，但在创作的时候也要有整体观念，有设计观念。否则片段出镜语在与画外组接的时候就显得不够流畅，甚至给人以出镜语与文稿“不搭”的感觉。

案例二

下面是一则校园新闻，是笔者在课堂上给学生设计的练习内容。我们的要求是：根据以下提供的一条新闻报道改写成出镜报道，要求表达口语化，有逻辑性。

> “大家期待已久的手机版座位预约系统上线啦，晚上在被窝里也能预约座位，快来试试吧！”今年5月，山大（威海）图书馆这条关于手机版座位预约系统的消息一经发出，就引起了许多学生的关注。
>
> 学校图书馆上自习一座难求，曾让山大（威海）不少在校生苦恼不已。为了能到图书馆上自习，他们不得不在门口排长队等待机会。2012年3月，山大（威海）图书馆引进的“对号入座”新系统，在很大程度上解决了这一问题，学生只需提前一天通过系统或者内部网预约选座，即可凭条入馆自习。然而在考试月等高峰期，如果身边没有电脑，许多大学生还需要在座位预约系统前面排队。不少大学生感叹：要是能用手机随时随地预约就方便了。
>
> 为了解决这一问题，山大（威海）图书馆积极与座位预约系统的生产方联系，第一时间引进了手机版座位预约系统。“目前这个系统还处于试用阶段，国内其他高校还没有，很多学生试用后都表示十分方便。”图书馆工作人员谢军红介绍说，手机占座系统虽然方便，但是学生也不能乱用，如果预约了三次却没有使用这个座位，该学生就被拉入黑名单，一个星期之内不能使用该系统。
>
> “有了手机占座系统以后就更方便啦，即使在吃饭或者逛街时，都可以随时预约座位。”翻译学院大二女生小刘开心地说道。谢军红介绍，手机占座系统能进一步为大学生提供便利，但是由于目前山大（威海）图书馆只有1 600个座位，而全校有1万多名学生，因此座位肯定还是不够，希望同学们可以在自习室和食堂积极“开辟”复习场地。[①]

---

① 文稿引自：贾文娟．山大（威海）图书馆启用手机版座位预约系统．（2013-05-07）[2016-03-02]. http://www.whnews.cn/weihai/node/2013-05/07/content_5671858.htm。

以下是学生作业：

我现在所在的位置是山东大学（威海）图书馆，我身旁是一台座位预约机，早在2012年3月，山大（威海）就已经推出了这样的座位预约系统。学生只需在前一天通过系统选好座位，第二天就可以不用在图书馆门前排队，直接入馆学习。可是这样的系统仅限于电脑客户端。当遇到考试月这样的高峰期的时候，预约机旁就会排起长队，既耽误了学生的时间，又给图书馆秩序的维护带来一定的问题。从今天起山大（威海）推出了手机版的座位预约系统，就很好地解决了这个问题。手机版是选座系统的一个延伸，通过它，学生将摆脱地点的限制，随时随地都可以通过手机选座。当然选座系统也不能乱用，图书馆工作人员介绍说，一周三次预约了座位而没有使用，这位同学就会被拉入黑名单，一周之内不能再使用选座系统。目前手机版的系统还处于试用阶段，国内还没有其他高校引用。（山东大学 邢珍珍）

这位同学的出镜语在逻辑上比较清晰，其出镜语的主要结构可以归为因果结构。之前的电脑预约系统虽然为学生选座提供了便利，但依然存在不足，最新推出的手机版预约系统更为完善。

这个出镜语的缺点也很明显。既然是出镜报道，就要挖掘这项举措的新闻价值。在文稿提供的信息中有这样一句话："目前这个系统还处于试用阶段，国内其他高校还没有。"这句话点出了这条出镜报道的新闻价值：国内高校第一个。所以学生在出镜时，应当将这一信息提前、放大，而不是放在出镜语最后。

在出镜的形式上，这位同学采用的是介绍式出镜语，只是介绍，并没有引入道具等具有参与感的手段，所以显得不是很生动。如果出镜记者能够在现场做一番演示，比较手机预约和电脑客户端预约的不同，则会让出镜报道更生动。

案例三

下面是《缅甸：泼水节将至 缅甸迎来返乡高峰》① 的新闻文稿。阅读后先不看笔者给出的解决方案，先思考问题：出镜语和文稿其他内容的关系是什么？如何优化？

（画外一）今年缅甸的泼水节长假从（4月）13号开始，为期10天。随着假期的临近，缅甸各大城市已经迎来了运输高峰，火车站、长途汽车站人山人海。为了能够买到返乡车票，很多乘客不得不提前数天前往车站排队买票。不过仍然是一票难求。

（同期）乘客：卖票那天去，就已经买不到或者卖完了。

（同期）记者：提前多少天买得到票？

（同期）乘客：提前十多天。

（同期）票务员：长途客运比平时增加了很多班次，但还是没有座位了。票已经全部卖完。

（同期）记者：每天发多少辆车？

（同期）票务员：我们公司一家每天发43至44辆大巴。

① 中央电视台2015年4月12日播出。

（画外二）在泼水节期间，为防止高价倒卖车票的行为，缅甸交通部门规定，火车票和汽车票不得涨价，乘客在购票时必须出示身份证，并采取限购措施。若乘客买到的票价格高于正常票价，可随时向政府部门举报，政府将把高出的票价价差补还给民众，之后再严厉处罚相关票务公司。

（出镜）记者：今年泼水节期间的返乡旅客比往年增加了五分之一左右。针对近日来黄牛高价倒票的现象，当地政府也采取了一些新的措施。在我身后就可以看到这样一些告示，上面写着，如果旅客在买票的时候遇到票价高、买票难的情况，可以随时向政府部门寻求帮助。

（画外三）面对巨大的运输压力，交通部门采取了系列措施进行应对。在铁路运输方面，增加了多列火车，每天多个班次往返于缅甸北部与南部。同时，从仰光开往曼德勒、内比都等各大城市的长途大巴也增加了近三分之一的车辆和班次。为保障交通道路安全，全国各条公路的主要路段都设置了安全检查站。

（同期）仰光交通管理委员会长途运输负责人吴纽威：对所有发出的大巴都进行安全检查，出发时都会给经过检查的车辆行车证盖章。车辆每经过一个检查点，都会拿到检查章印。到不同的省、邦，也都要接受检查。

这条新闻的出镜语与文稿内容有重复的地方（见画外二和出镜语），且重复的部分缺少信息量。因为画外二提供的内容更具体，对政府采取的具体措施做了详细说明。因此修改方案是将出镜语和画外二的内容对调。出镜语提及的政府新措施起概括的作用，画外二则对政府采取的具体措施做进一步说明。

修改方案如下：

（出镜）记者：今年泼水节期间的返乡旅客比往年增加了五分之一左右。针对近日来黄牛高价倒票的现象，当地政府也采取了一些新的措施。在我身后就可以看到这样一些告示，上面写着，如果旅客在买票的时候遇到票价高、买票难的情况，可以随时向政府部门寻求帮助。

（画外二）缅甸交通部门规定，火车票和汽车票不得涨价，乘客在购票时必须出示身份证，并采取限购措施。若乘客买到的票价格高于正常票价，可随时向政府部门举报，政府将把高出的票价价差补还给民众，之后再严厉处罚相关票务公司。

第七节　实训环节

任务一

以下是某台 2015 年在“东方之星”客船长江翻沉事件报道中的一次连线实录，出镜记者和主持人间有互动。出镜中的部分内容虽事先有准备，但通过两人的问答我们发现，主持人的一些提问并未得到出镜记者的正面回答，而且出镜记者的语言表达也比较啰唆。

（1）请将出镜记者出镜语中的信息点一一归纳出来。

（2）遇到主持人提出你不能解答的问题时，你应当如何做？转移话题还是简短承认？

(3) 根据出镜记者原意，在不改变二人之间的互动状况、不查阅更多资料的情况下，依据你的风格和表达方式改写出镜语，模拟出镜连线。

（演播室）主持人：我看到你所站的位置跟一个半小时之前比好像发生了一些变化。同时你的背后在船体进行切割的地方好像多了很多的人。

（出镜）记者：没错。为了更近距离地接触到切割的这个位置，我们稍稍调整一下出镜直播的位置。当然，在切割进行到现在的这个时候，我还是更愿意把切割现场目前这个情况介绍给大家。主持人刚才也提到了，就是我背后似乎比一个多小时之前人多了。为什么多了，大家在这个切割现场之外，先往我的右边看，大家可以看到地上有潜水衣，而且还有防护人员，手里拿着导引绳。这是为什么呢？其实我们在之前的直播中告诉大家了，我们是整个水下摸排和切割救援同步进行的。就在刚才，就有潜水员在这个地方又再次从两边下水进行搜救。而与此同时，我们再把视线转向正在切割的位置，在那个位置上，切割救援的工作也在马不停蹄地进行当中。只不过和下水动作很利索相比，咱们这个切割救援就要谨慎得多了。大家可以看到，现在是一个人在一点一点地顺着已经切割出一平方米左右的这么一个印子，来进行切割的工作。目的也是希望这样一个口——虽然只有一平方米大小，不大——能够做到尽量完美一些。毕竟潜水员要从这个口下去，是去搜寻生命的。

（演播室）主持人：嗯，提到一个很关键的就是这个切口的位置，我们请导播出一下船体内部的一个结构图示。之前我们也知道，如果要进行切割工作的话，可能会在船体的三个部位展开：一个是空气舱，大概距离船尾的螺旋桨有 7.2 到 18 米的距离；另一个是中间靠前头一点的污水井，它距离船尾螺旋桨的距离是 42 到 54 米；还有一个就是距船头最近的首间舱，它距离船尾螺旋桨的距离大概是 60 到 64 米。之所以把这三个地方作为备选，是因为它们的通道非常集中，可以通到船体四层中的每一层，也可能是逃生人员比较集中的地方。那你现在是否了解打开第一个切口选定的位置是这三个位置中的哪一个，或者说距离它们哪一个近一些呢？

（出镜）记者：这样一个位置，其实今天晚上开始切割工作之后，整个现场所有救援人员都处于一个绷紧神经忙碌的状态中，所以尽管我们从现有的视线能够对整个的结构和切割所处的位置做一个大致的判断，但是，我们在不打扰他们的情况下，还是没有在这个时候仔细地去核实。我想在切割进行过程当中，有这样的机会的时候，我们会把更确切的消息带给大家，而不在这儿做一些个人的猜测。

主持人刚才也提到了，在这样一个位置切割其实是有明显优势的，就是这里可能通往层层楼层和甲板，而且甲板比较多，那么这里汇聚的氧气肯定就比较多，而且在这样一个条件下求生，或者说生还的可能性就比较大。其实我想带大家看一个现场，就是我们切割这个区域，其实有两根钢缆。大家可以看到，似乎像是把整个船体给提起来这么一个方式。其实不然，它只是起到固定作用的一个方式。其实最初的设计的一个方案是由两艘大型的、500 吨的平台，在两头都进行这么一个固定，然后再进行切割工作。但是在今天晚上的过程当中，专家根据现有的情况进行判断，这一边做这样一个固定工作，再加上船体自身浮力，它就已经能够平稳地来进行一个切割工作。所以才能够……现在大家可以看，将近两个小时过去了，进行了这么多的工作，而且上面站这么多人，但是这块纹丝不动，相当稳的一个状态，说明整个的专家的判断也好，对实情的参考也好，都是相当周密的。

（演播室）主持人：嗯，正是因为有了这么周密的考虑，我们才更敢去大胆地实施这样一个切割的作业。你刚才也提到了，刚才我们第一次连线其实是在将近一个半小时以前，现在切割工作已经进行了一个半小时了，而我们能从画面上看到的就是刚刚在打开第一个切口的这个作业。我们不知道是否会有后续的更多的这种切口确定的作业展现，我们能够看到的就是第一个切口的作业还在进行。既然这个切口是准备在船的底部打开，你在现场有没有了解到这个底部的钢板它有多厚？

（出镜）记者：其实在整个的方案制定过程当中也调集了相当多的专家进行论证，也调取了相当多的图纸，但是现在准确的数据我们还不能给大家。而且我要告诉大家的一点是，有很多人在我们的直播之前问出了一个问题，就是这样的切割工作，尽管我们不知道准确数字，钢板有多厚，但是我们能不能知道在这样一个情况下它能多长时间切割完呢？我们其实也问出了同样的问题。但是大家可以看到，现在施救人员其实不光是用氧割在切它，在进行这种火焰喷射这样一种工作，还会有这种小铁锤很细小的动作，所以这也就为整个时间的不可测性带来了一种可能，就是我们没有一个准确的刚性的衡量，这个小长方形，一平方米左右的长方形的方块打开的时候具体是几点。但是不管是几点，我们都会一直守候在这里密切关注。

（演播室）主持人：确实如你所说，可能随着这个切割工作的进行，我们确实看到了。之前只是看到有火花出来；现在虽然没有火花出来，但是能看到屏幕上工作人员正在用这个小锤子对船体不停地敲击的一个动作。你在现场的距离可能比较近，他的这个敲击动作是为了达到什么目的呢？

（出镜）记者：嗯，就我在现场的观察，这其实是就相当于——我不知道咱们在家里有没有动手做过相关的这样一些工作，你要认真地完成尤其这样一个小口的这种切割工作，除了要用大型机械，比如说氧割来进行操作，其实还要让这个小口更完美，更利于救援生命。所以我们要用这样一些小的器械来达到这样的一种希望，或者说标准也好，或者说要求也好，就是说希望整个这个一平方米作业，这样一个长方形口打开的时候不至于太小，人钻不进去，救援人员钻不进去。也不至于过大，或者说不那么工整，或者说存在毛边，对整个船体造成损害，对整个施救工作带来进一步的不确定性。

（演播室）主持人：嗯，好的。最后一个问题，你可以简单地来跟大家说一下，我们虽然都非常希望这个切口能够尽快打开，但是毕竟工程的实施是需要时间的。那这个切口打开之后，接下来你所了解的这个救援方面的工作部署大概有哪些？可以跟我们做一个简单的介绍。

（出镜）记者：嗯，这个切口打开之后，下一步要怎么做呢，我想是这两天总理说的那一句：第一要务是救援，是救人。那我想接下来的工作无疑也就是打开之后会有潜水员进去，之后最重要的工作就是继续搜寻。只有当搜寻到一定程度，或者说搜寻工作告一段落之后，我们才可能规划下一步去做什么。所以现在和未来的很长一段时间内我们的第一要务仍然是搜寻。

（演播室）主持人：嗯，好的，非常感谢记者发自前方的报道。

任务二

不同的媒体会从不同的角度对同一个新闻事件做不同的凸显。我们以“习近平出席联合国发展峰会并发表讲话”为主题，练习面向不同传播对象的信息点提取。

在练习前，请自行寻找途径收看各档节目，了解这些节目内容方面的特色。

要求：时长 1 分 30 秒至 2 分钟。仅基于讲话文稿（扫一扫二维码阅读），不得做延伸或点评，归纳组织针对不同节目的方案。

文稿：习近平在联合国发展峰会上的讲话

（1）方案一：假设在 CCTV 财经频道《第一时间》节目中连线。

（2）方案二：假设在 CCTV 中文国际频道《中国新闻》节目中连线。

（3）方案三：假设在 CGTN《非洲直播室》（Africa Live）节目中连线。

本章小结

出镜语的创作要遵循言之有物、言之有理、言之有情、言之有趣四个理念。其实这四个理念最后都可以归为一个理念——“受众取向”。在这四个理念中，我们尤其要强调言之有趣。在模式化的新闻采编生产流程中，出镜记者往往会陷于模式化的套路中，导致觉得工作遇到“瓶颈”，体现在出镜报道上便是出镜模式的不断重复。言之有趣要求出镜记者善于思考、勇于创新。或许有的记者会说，他想创新，但不知道如何创新，其实方法很简单：开阔视野、不断学习。

推荐阅读书目

1. 刘骁骞．陆上行舟：一个中国记者的拉美毒品调查．北京：人民出版社，2020.

2. 刘骁骞．飓风掠过蔗田．北京：北京联合出版公司，2022.

思考题

1. 什么是冗余信息？

2. 出镜语的创作应当坚持哪些理念？

3. 出镜语表达中有哪些定势？你如何看待出镜语表达中的定势问题？

4. 如何让出镜语的表达陌生化？

练习题

在火车站、地铁站、汽车站了解换乘方式，创作整体式出镜语（组合式出镜语或一体式出镜语），在多个典型环境出镜，时长2分钟以内。

第六章
出镜记者的非言语表达

本章学习要点

出镜报道中的非言语类型
出镜记者非言语表达的特点
出镜记者非言语表达的原则

弗洛伊德说过："没有人可以隐藏秘密，假如他的嘴唇不说话，他会用指尖说话。"语言符号可分为言语符号和非言语符号两类。其中，非言语符号是指不以人工创制的自然语言为语言符号，而是以其他视觉、听觉等符号为信息载体的符号系统。① 非言语是没有言语词汇的语言，包括副语言、体态语、时空语、道具和服饰等。

非言语符号在电视传播中非常重要，电视作为一个"具象"的媒介，也是由于非言语符号占主要地位所决定的。因为电视是视听双通道传播，占据主要部分的是非言语符号，电视传播的拟人际传播特征恰恰是由于大量非言语符号的进入而得以实现。更为重要的是，当言语和非言语信息相抵触时，信息接收者通常相信非言语信息。②"眼见为实"从某种意义上说就是非言语符号可信度高的体现，这也是电视传播可信度高、影响力大和具有吸引力的主要原因。

出镜记者的前台性使出镜记者在进行非言语传播时需优先考虑拟人际传播因素。因为除了出镜记者自身的非言语符号，出镜记者还需借助镜头中介和技术因素才能将传播进行下去，但镜头中介和技术因素只能部分"还原"非言语传播符号，会丢失人际传播中诸如身份信息、环境信息等非言语传播符号。③ 所以电视传播并非真正意义上的全息传播，电视是"再现"的媒介，而不是"镜像"的媒介。

第一节　出镜报道中的非言语类型

我们结合出镜报道的实际，将出镜报道运用到的非言语分为副语言、体态语、时空

① 刘萍萍．非语言符号的话语意义研究．辽宁行政学院学报，2012（1）．本书中的"非言语符号"等于此文中的"非语言符号"。

② 周勇．理解电视：从理论到方法的路径．北京：中国广播电视出版社，2012：156.

③ 王亿本，蒋晓丽．媒介进化视野下的非言语传播．现代传播（中国传媒大学学报），2012（9）．

语、道具和服饰。这些非言语还可分为可视与不可视两类，除副语言外，体态语、时空语、道具和服饰都可以归为可视非言语。

从视觉注意力的角度看，人们并非被动地观看，而是主动地寻找关注的事物，将注意力锁定并集中在一个特定的目标物体上。但是视觉注意力的特点是持续时间短，而且会很快就发生转移。从客观观察对象的角度来讲，那些在外观、颜色等方面能够引起强烈的视觉刺激，或者和观者的个性、情绪相符合的视觉刺激更加能够引起人的视觉注意。① 可视性非言语在电视传播中的作用不可小觑。

一、副语言

“副语言”（paralanguage）又被称为副言语、类语言，这一术语最初为美国学者特拉格（Trager）于1958年使用。② 语言学文献中的副语言可以分为狭义和广义两种。

狭义的副语言指的是超音段音位学中的韵律特征（prosodic features）（如语调、重音等）、突发性特征（spasmodic features）（如说话时的笑声、哭泣声等）以及次要发音（secondary articulations）（如圆唇化音、鼻化音等）。这些特征可以表明说话人的态度、社会地位及其他意义。

广义的副语言不仅包括上述的狭义副语言特征，而且包括一些非声特征（non-vocal features），如面部表情、视觉接触、体态、手势、谈话时双方的距离等。③

宋昭勋认为“副语言仅限于有声语言中的语音特征以及有声而无固定语义的功能性发声，其最大的特征便是与声音有关，无声便不是副语言”④。本书对副语言的界定采用这一观点。

副语言包括言语造型元素和功能性发声两大类。每一大类下面又可分为众多小类。其中言语造型元素包括：音色、音质、音高、语调、音长、音速、语顿、静默、节奏、语气、声强、声律等。功能性发声包括特征音（如笑声、哭声、叹息声、咒语等）和隔断音（其中又分为填充音和缓冲音。填充音如“啊”“唉”“哦”等叹词，缓冲音如“不过……呃……”“你知道……”等）。

二、体态语

体态语又称体语，包括表情、动作、姿势、体触、体征（如容貌、身高、肤色等）等。

体态语的含义必须置于特定的文化背景中去解读，因为不同的文化背景可能会赋予同一个体语不同的含义；体态语的解读还必须置于特定的语境下去考察，并和言语传播以及其他相关行为联系起来。如果只听对方的“言”而不观其“行”，或只观其“行”而

① 任悦．视觉传播概论．北京：中国人民大学出版社，2008：77.
② 梁茂成．副语言初论．徐州师范学院学报（哲学社会科学版），1994（2）.
③ 同②.
④ 宋昭勋．非言语传播学．上海：复旦大学出版社，2008：70.

不听其“言”，那么我们获得的信息便可能是扭曲的和失真的。[①]

2013年9月7日央视《新闻调查·生死救援》节目中，记者在提问一位海上救援队队员时问：“据你了解，在北海这个海况下，如果一个人掉到海里边去了，在冬天的那种情况下，他能撑多久?”

开始说这句话时，记者的手势是静止不动的，当说到“在冬天那种情况下”时，他的手从身体侧下方抬起到身体前方略低于胸部，在说“冬天”这个词时将手向下一沉，突出强调“冬天”这样一个特殊的季节背景。

答：“……他能坚持到10分钟就已经不错了。”

问：“只有10分钟吗?”

记者在说“10分钟”时，不仅通过有声语言的音调高低变化予以强调，而且用两只手的食指在身体前方交叉比画了一个“十”的动作。这一手势无疑更加深了观众对事实的感性认识，感受到了当人们遭遇到大自然的考验时生命的脆弱，也突出了救援队员救人时必须争分夺秒的紧迫感。[②]

在《新闻调查·双城的创伤》中，记者采访自杀女孩苗苲的表弟时，荧屏上呈现这样的画面：男孩拘谨地坐着，紧张的肢体透露出内心的痛苦和不安，这时记者身体前倾，轻声地提问。这种身体的前倾表明了记者交谈的愿望和倾听的兴趣。[③]

三、时空语

时空语（temporal and spacial language）是指与时间、空间相关的事物所传递的信息。如果让对方长时间等待，往往意味着对他的不重视；会议桌旁的座位安排通常代表着与会者不同的身份地位。不同文化的人们对于时间的价值、节奏的认识以及守时观念不同，对于空间的功能、领地性、体距等的态度也不尽相同。[④]

大卫·勒布雷顿（David Le Breton）指出，“身体应当在交流中隐形，即使形势需要它露面，也必须隐形。身体应当消融在现行习俗之中，每个人都应当在自己镜子般的交谈对象身上看到自己的身体姿势，发现不让自己感到吃惊的一种形象”。这里并不是说身体妨碍交流，而是说“身体应当消融在现行习俗之中”，它不应当让自己和对方“感到吃惊”，从而转移注意力，影响正常交流。[⑤]

美国人类学家爱德华·霍尔（Edward Twitchell Hall）就人对周围空间的反应、人如何利用空间来对他人传递信息进行了研究。他从人与人关系的亲疏、心理距离的大小和自卫原则出发，将人在社会交往中对界域（proxemics）的运用做如下分类[⑥]：

---

① 宋昭勋．非言语传播学．上海：复旦大学出版社，2008：90.

② 彭晓燕．记者出镜报道非语言符号运用技巧．声屏世界，2014（5）．

③ 何志武，石永军．电视新闻采写．武汉：武汉大学出版社．2008：117．本书中的“非言语符号”等于此文中的“非语言符号”。

④ 郭珊，彭伟．刍议非言语交际形式的分类．湖北社会科学，2011（11）．

⑤ 赵建国．身体在场与不在场的传播意义．现代传播（中国传媒大学学报），2015（8）．

⑥ 吴郁，侯寄南．广播电视新闻语言与形体传播教程．北京：中国人民大学出版社，2001：228－229.

亲密距离（在 1 米以内），在 1 米以内允许身体的相互接触，这是关系亲密的人之间相互交流时的距离。

个人距离（2 米左右），这是在晚会、会议间隙或者课间休息时，个人之间进行交谈时所采取的距离。

社交距离（2 米至 2.5 米），这是业务交谈、新闻采访或商业洽谈等社交性活动中所保持的距离。在这个距离中，交谈双方更多的是运用视线来维系彼此的联系。如果不看对方，就意味着将对方排斥在谈话与交流之外了。

公众距离（4 米以上），这是上级下达指令、交托任务、做报告，教师讲大课所保持的距离。

在电视新闻中，电视记者与采访对象的距离分为两种情况：一种是实际交谈距离，另一种是考虑到镜头拍摄的需要而有意改变的距离。通常电视记者与采访对象保持的合适距离应当为 1 米左右。离采访对象太远，会让采访对象认为自己不受重视，或记者的采访态度不够认真；离得太近，容易使采访对象感觉不自在或受冒犯。

案例

BBC 记者出镜采访惹争议

英国在伦敦奥运会上的优异表现可能让英国人民的情绪达到了一个新的高度，但观众对 BBC 记者似乎无法控制自己的情绪感到不满。许多人抱怨 BBC 记者在祝贺或安慰运动员时表现得过于激动、煽情，身体接触过多。最突出的是田径记者菲尔·琼斯，他在采访运动员时的肢体接触引发了人们的关注（见图 6-1、图 6-2）。

图 6-1　菲尔·琼斯采访运动员-1

图 6-2　菲尔·琼斯采访运动员-2

报道帆船项目的记者罗布·沃克也做出了同样的行为，他在四块金牌的得主本·安斯利获得比赛的胜利后，紧紧搂住他的脖子，并大喊他的成就有多么伟大。

观众在 BBC 网站和推特上表达了他们的感受。一位网友说：“BBC 记者什么时候被允许触碰运动员了？要是我，我肯定会放过这个划赛艇的小伙子，这些体育主持人的感情太外露了。”一位观众在推特上写道：“请告诉菲尔·琼斯在采访运动员时停止触摸他们。这是不合适的。”

资料来源：BBC's ‘touch-feely’ presenters hit a nerve：Viewers unhappy at reporters’ methods during post-event interview.（2012-08-05）[2016-02-24].https：//www.dailymail.co.uk/news/article-2184162/London-2012-Olympics-Viewers-unhappy-BBC-reporters-methods-post-event-interview.html.

四、道具

道具是与新闻事件、人物相关的各种真实的事物、元素，它们能在电视新闻中被充分运用，以增强传播效果。舞台剧中的道具虚拟性强，而在电视新闻中，道具必须是真实、具体的而且是可以在镜头前被充分运用的。①

道具的使用在出镜报道中有凸显新闻细节，丰富镜头内容，激发观众收视兴趣，使复杂、抽象的内容易于表达、理解等作用。在出镜报道中，我们经常可以看到记者用道具出镜。

2009 年新年的钟声即将敲响的时候，央视驻曼谷记者做了一档介绍泰国人迎新年的视频连线节目。记者先介绍说，由于政局持续动荡，再加上金融危机给经济带来的冲击，曼谷的市场上出现了大面额的假币。随即，记者面对镜头出示了一张小卡片，解释道：

> 新年前夕，许多泰国朋友在购物时都得到了这样的一份小礼物，它不是贺年卡，而是一张告诉大家如何识别假币的卡片。上面的照片有三种，一种是 100 泰铢的纸币，一种是 500 泰铢的纸币，一种是 1 000 泰铢的纸币。那么，在 100 泰铢的纸币上有两种防伪标记，在 500 泰铢和 1 000 泰铢的纸币上则分别有三种防伪标记……②

2006 年世界杯四分之一决赛，当德国和阿根廷两队需要通过踢点球决一胜负时，德国队教练递给守门员莱曼一张纸条，莱曼在阅读了纸条内容后四次全部正确判断了对方射门的方向，并先后两次扑出了对方的射门，帮助德国队获胜。事后，一家德国电视台记者设法拿到了那张纸条，并手持纸条在点球决战的球门前进行出镜报道。镜头从纸条的特写开始，再拉开形成包括记者和球门的中景，记者通过纸条内容——教练在纸条上写了阿根廷队每位球员踢点球的习惯和角度——的播报，主题突出、角度新颖地报道了

---

① 蒋乐进．略论电视新闻节目中“道具”的运用．电视字幕（特技与动画），2004（9）．

② 王玉国．驻外电视记者提升视频连线报道生动性的方法：以持续关注泰国政治纷争为例．电视研究，2009（9）．

整个新闻事件。①

记者出镜时，如果一定要使用道具，就应该让道具合理、自然地出现在节目中。道具要与报道的主题有必然的关联，尤其是在介绍一些比较抽象的事物时，借助道具的帮助，可以使现场的讲述更加浅显生动，观众也容易接受。道具最好在现场就地取材，这需要记者有一双善于发现的眼睛。如果道具需要专门设计，就一定要简洁明了，要与记者即将讲述的细节进行补充，让信息量通过道具充分放大。另外，在视频连线中，道具不可使用太多，否则会让观众看得眼花缭乱，牵扯注意力，反而喧宾夺主了。②

出镜报道中经常使用的道具有以下几种。

1. 提示板

当新闻事件的关注点包含多个时，观众在线性的收看中不容易记住，因此将新闻事件中的核心问题写在白板上，有助于观众快速理解记忆信息。央视记者在介绍日本议员樱木琢磨等运毒案审理时，将法庭辩论可能涉及的两大问题写于白板上，不仅让静态的出镜变得生动，更重要的是让记者的报道易于被接受，避免了信息过载（见图6-3）。

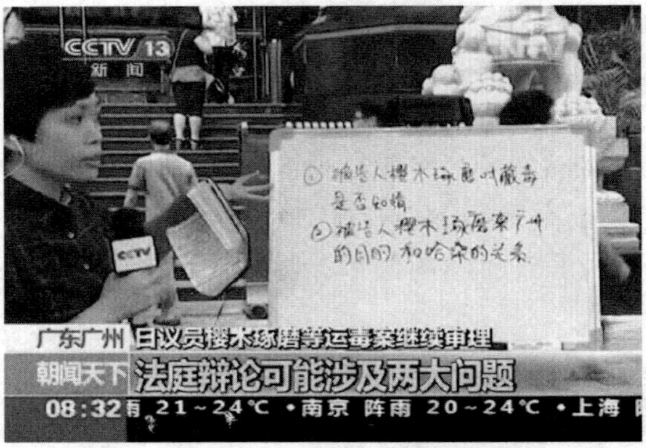

图6-3 记者使用提示板出镜

2. 示意图

示意图与图表在信息传达上具有展现内在状态，使抽象概念形象化、复杂信息简明化、繁杂关系条理化等特点，较适于用来传达内在性、系统性、整体性、宏观性、对比性的信息。它能化繁为简，使影像难以涵盖或表现、语言叙述头绪繁多难以表达和理解的内容变得一目了然。③

重庆电视台新闻频道2014年9月份多次进行洪峰直播，洪峰过境的时间往往持续数小时，而直播时段只有几分钟，这几分钟时间内的水位处于相对静止状态。由于直播报道胜在时效，不可能让后期编辑制作演播室图表，而现场实时的洪水画面又难以展现水

---

① 戴进．体育电视出镜记者报道内容研究．电视研究，2014（1）．

② 苟凯东．直播常态化下的现场话语表达分析．电视研究，2010（3）．

③ 周小普．广播电视概论．北京：中国人民大学出版社，2014：198.

位走势，因此记者选择在图板上画出关键时间点的水位走势图，使信息传播的效率大大提高。[①]

在2015年1月6日央视新闻频道播出的《湖北鄂州：一铁矿坍塌 四人获救 两人失联》现场直播当中，出镜记者在地面上讲解矿井内部构造，用事先画好的矿井剖面图展示被困人员、救援人员和坍塌点当时的位置，简洁明了地概括出救援的难点与进展。由于矿井下的事故现场无法拍摄，记者为了说清楚无法拍摄的地层结构、矿道走向，因而选择运用示意图来辅助说明（见图6-4）。[②]

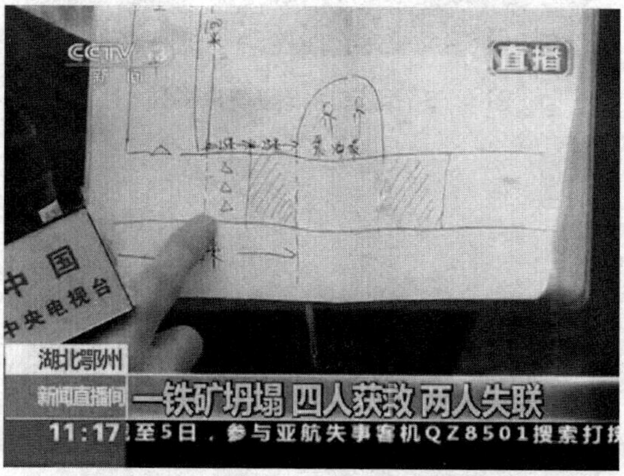

图6-4　出镜中的示意图

3. 地图

地图是地理信息可视化的重要方式，具有信息载负、模拟，信息传输和认知等多种功能，在空间认知中成为不可替代的工具。[③] 报道中如有与空间、路线等相关的内容，则可以通过地图来进行展现，以便于观众具象地了解信息。

2015年2月10日在央视直播的《春运回家路：摩托车返乡大军数量增加》报道中，记者选择广东肇庆作为直播点。为什么选择这里？现场记者通过一张地图，展示这里作为交通咽喉要道的特殊性，摩托车大军都要经过这里并在此集结。一张地图，不仅说明了这个直播点的重要性，也让观众对摩托车大军的行进路线一目了然，达到了事半功倍的传播效果。[④]

4. 模型

2014年4月，在辽宁150米最高烟囱爆破的新闻报道中，央视记者出镜时使用烟囱模型，用“模拟爆破”的方式直观地向观众介绍了爆破技术和过程，使观众在电视线性传播中迅速理解了报道内容（见图6-5、图6-6）。

---

① 郭金铭．电视新闻现场直播的视觉呈现．新闻研究导刊，2015（6）．

② 同①．

③ 地图的概念与功能．（2014-06-18）［2016-03-12］．http：//snsm. mnr. gov. cn/Information/news/24379.

④ 同①．

图 6－5　记者用模型模拟爆破－1

图 6－6　记者用模型模拟爆破－2

5. 记者身体

当然，有时记者身体也可以成为“道具”。如在山东广播电视台齐鲁频道《永远不会“看海”的城市赣州》[①] 报道中，记者进入下水道中探究赣州的地下排水系统（见图 6－7，参见文前彩页）。

图 6－7　记者用自己“丈量”下水道

记者出镜：我现在就是在福寿沟里面。现在大家可以看到，我只能是一个人弯着腰这样前行。我们来目测一下它这个高度：我的身高是一米七，这个福寿沟的高

① 山东广播电视台齐鲁频道 2011 年 8 月 27 日播出。

度大概也就是一米五到一米六，宽度大概有一米。在这个福寿沟的沟底，我们看到，下面的污水以及淤泥并没有我们想象的那么多，也就是刚刚到脚面。

台湾 TVBS 新闻台在介绍台湾一个捷运[①]机厂的防洪措施时，记者抓住了机厂门口巨大的防洪门这一典型防洪措施，采用“一举一伸”两个动作，以自己的身高和胳膊作为道具，体现防洪门的“巨大”（见图 6－8、图 6－9，其中图 6－9 参见文前彩页）。

记者出镜：我现在所在的位置是捷运南港机厂的主要入口，虽然这边距离机厂内部还有一段距离，不过你可以发现整体的地势相对于两边是低一点点的，因此在入口的旁边其实就有这样子的一个横移式的电动防洪门。你可以看到它的高度是接近 3 米（举起胳膊），它的厚度比我一只手举起来还要宽上不少，因此也可以有效阻绝水流的进入。[②]

图 6－8　记者在展示防洪门高度

图 6－9　记者在展示防洪门宽度

6. 实物

人们往往相信眼见为实，在出镜报道中涉及的内容如果有可能引起观众怀疑，或者为了证明事实的真实性，出镜记者还可以用实物做道具。

在我国台湾地区中天新闻台《废土变黄金！成大改造烂泥成防水建材》中，出镜记者就拿出一块由“改质土”制成的石块，滴水做实验，证明这种由烂泥巴改造成的防水材料的确是防水的（见图 6－10、图 6－11）。

2020 年 2 月，巴基斯坦和印度遭遇“蝗灾”，央视记者在巴基斯坦采访时为了展示

---

① 捷运即地铁。

② 铁路设施解密：直击捷运、台铁如何防洪．（2019－10－21）[2021－03－15]. https://www.youtube.com/watch? v=pISHFY0Wl9Q.

图 6-10　记者用实物做实验-1

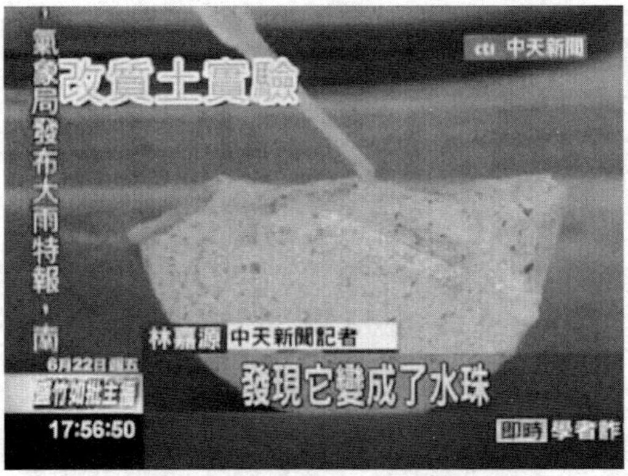

图 6-11　记者用实物做实验-2

蝗群过后对农田的致命打击，从地里拔出被蝗虫啃食后的土豆株，展示光秃秃的杆和还未长成的土豆（见图 6-12）。

图 6-12　记者展示土豆株

7. 量具

量具是实物量具的简称，它是一种在使用时具有固定形态、用以复现或提供给定量的一个或多个已知量值的器具。在出镜报道中常见的量具是尺子，有的时候，记者也会找类似量具的工具来对现场的信息进行估算。在这种情况下，记者需要注意，估算的工具应当尽可能接近标准的量具，以免给观众以不准确、不合适的感觉。还要注意，既然是测量，就一定要理解测量单位及其合适的量具、工具，否则会犯常识性错误。例如，一位记者想让观众直观地了解 900 毫米的降水量是多少，提了一个水桶做道具，告诉观众“900 毫米就是这么多”，让人哭笑不得（见图 6－13，参见文前彩页）。

图 6－13　量具的错误使用案例

8. 其他道具①

2012 年 12 月，新疆、黑龙江、内蒙古等地迎来了大规模持续降雪、降温天气，其中内蒙古根河等地区最低气温达到了零下 40 摄氏度，属于极寒天气。中央电视台策划了一组极寒天气的主题类直播报道。但是“零下 40 摄氏度”究竟能冷成什么样子，对于很多没有极寒天气生活经验的人来说，是没有概念的，也无法亲身感受。

现场记者没有简单地站在大马路上，拿一个温度计测温度，播报天气数据，而是别具匠心地做了两个实验。

实验一

到底有多冷，我们给大家验证一下。我们可以通过两个实验来给大家验证。首先给大家看一下北方滴水成冰的实验，现在看这里有一把铁锹，我们把水倒上去（记者拿一瓶矿泉水往铁锹上倒，水在流下来的过程中就冻结了），水很快凝固成了冰。这是一根冰线，很快就结成了冰，再多倒点儿，这是滴水成冰。

实验二

现在大家看，我手上拿了一壶刚刚烧开的热水，我们给大家演示一下（记者拿起一个小型电水壶，把一壶开水分批次泼向空中，每泼一次，水就立即化成冰雾飘散开来），由于根河市天寒地冻，泼出去的热水迅速在寒冷的空气中固化，形成了冰雾。这种冰雾也是这里特有的。

五、服饰

在一般情况下，记者日常采访时所穿戴的服饰并不一定可以传递或者体现新闻现场的信息，但是在特殊情况下，如媒介事件、重大灾害、重要场合，记者的服饰便成为电视新闻文本的一部分，被“附着”意义，即便记者无意为之，也可能会被他人放大解读。例如，在两会报道中，很多出镜女记者会身着红色外套出镜；在庄重的场合里，出镜记

---

① 陆伟，赵晓媛．主题性报道中记者现场出镜的“动态效应”．新闻论坛，2014（6）．

者会身着正装；在重大灾难现场，出镜记者可能会身着防护服……

因此，在某些情况下，服饰本身也传递信息，产生意义，需要记者在采访前对着装进行正确选择。有关穿着的具体要求，见第十二章第二节。

第二节　出镜记者非言语表达的特点

出镜记者在非言语表达上有自身的特点，主要包括以下几点。

一、前台角色性

“角色”本意是指演员在戏剧中所扮演的人物。美国社会心理学家米德（Mead）首先将这个名词应用到社会心理学中，他认为“自我是个体在社会生活过程中与他人交互作用的结果”[①]。角色是指个人在特定的社会和团体中占有的位置和被规定的相应行为模式。[②] 记者的社会角色是按照其职业分工的社会属性来确定的，还包含了记者“应该这样做”的观念，包含了记者“这样做”才是适当的、有效的、正确的观念。[③]

出镜记者是一种社会角色，其在镜头前的行为受到角色规范的制约。虽然出镜记者在角色扮演中会有个性“我”的表露，但个性“我”的存在是以服从角色“我”的需要为条件的，否则就可能会出现“角色中断”[④] 的情况，体现在出镜记者的非言语传播中，即是本能反应与角色要求的冲突。

2013年世界游泳锦标赛孙杨夺冠后搂住央视记者的肩膀哭了半分钟，记者拍孙杨的后背安慰，但是记者没有忘记自己的身份，待孙杨平复情绪后进行了采访。因此出镜记者的非言语表达必须服从于角色需要，需要在具体场合下注意前台与后台、不自觉角色和自觉角色的关系。

角色性还意味着角色期待，包括自己对自己的角色期待和他人对自己的角色期待。出镜记者的新闻报道行为是在摄像机的“看”之下进行的，出镜记者受到“被看”的制约，而这种角色扮演的传播面大、影响广泛，从而使出镜记者的角色期待要高于摄像机没有摄录时的角色期待。出镜记者只有使自己对自己的角色期待与观众对自己的角色期待相一致，才能有效实现角色扮演。

二、情境多重性

有传播就会有语境，非言语符号的意义受制于语境，部分由构建它们的情境所决

---

① 林秉贤．社会心理学．北京：群众出版社，1985：250.

② 黎明洁．记者角色的社会学分析．当代传播，2004（2）.

③ 王静．记者角色冲突的原因探析．内蒙古大学学报（人文社会科学版），2007（5）.

④ “角色中断”是指处在某一角色地位的人，由于主观或客观的原因，不能将该角色扮演到底而出现的中途间断的现象。参见：李永健．大众传播心理通论．北京：中国传媒大学出版社，2008：301。

定。[①] 特定的语境、特定的时空、特定的条件反射可以引发出镜记者的特定非言语行为，这是非言语传播的情境性。对出镜记者而言，摄像机镜头的出现使拟人际传播比人际传播多了个情境，我们称之为“镜前情境”。

出镜记者的非言语传播不仅服从于新闻事件的采访情境，还要考虑媒体规范、节目定位、受众接受等因素，一旦面对镜头，“镜前情境”将超越其他情境成为首要情境。如马航失联事件，央视英文国际频道记者周柳建成在报道完马航失联消息后痛哭。[②] 出镜记者在直播连线时镇定报道是镜前情境，在连线结束后失声痛哭是个人情感。

情境的多重性使出镜记者的非言语表达要顾及多方面，甚至记者在后台时也要遵循前台的要求。因为在电视直播情境下，前台和后台的界限是模糊的。如 2014 年韩国 SBS 电视台在“世越号”沉船事故特别报道中突然播出了记者在现场面带笑容的画面，原因是当时该记者正在准备直播，与同事聊及了私人话题，由于传送现场画面的负责人失误，播出了该镜头，因而造成了播出事故（见图 6－14）。[③]

图 6－14　韩国 SBS 记者在灾难现场直播中面带笑容

三、表意明确性

“尽管记者的话语可以表示自己是一位冷静、客观的叙事者，然而只要他在场，他的一举一动就都具有叙事的功能。”[④] 这是传播中“不可能不传播原理”（the impossibility of not communicating）[⑤] 的体现。非言语符号本身具有多义性，例如，记者在采访中点

① 李特约翰．人类传播理论．史安斌，译．北京：清华大学出版社，2009：124.

② 马航坠海 央视记者报道结束后蹲地失声痛哭．（2014－03－26）［2016－01－21］．https：//m. 163. com/money/photoview/0025/13306. html.

③ 韩国记者在沉船事故现场大笑 电视台道歉．（2014－04－22）［2016－01－24］．http：//news. cntv. cn/2014/04/22/ARTI1398131982937226. shtml.

④ 李岩．电视现场新闻的事件建构．浙江大学学报（人文社会科学版），2000（4）.

⑤ “不可能不传播原理”是指所有的行为都有传播潜力，不管发送者是否希望行为像信息一样被理解。参见：丹顿，泽雷．传播理论的职业运用．2 版．陈世华，译．北京：清华大学出版社，2014：58。

头，有时并不一定是认同对方的观点，而只是表示自己听懂了对方的观点；记者出镜时眼神游离，有时并不一定是不自信、紧张或心不在焉，而是镜头后面有干扰因素。

与现场采访的人际传播不同，通过镜头的拟人际传播由于缺少即时反馈环节，镜头所限并不能体现记者的全息传播，传受双方处在两个相隔的空间中。电视的线性传播特征要求出镜记者在传递信息时表意明确，尽可能消除非言语符号的多义性。如果出现表意不明确的情况，出镜记者可以通过言语符号补充纠正，或者采用技术手段切除，否则会引起歧义或观众的过分解读。另外，虽然出镜记者在某些情况下会通过暗示性信息传达言外之意，但是出镜记者提供的信息还是要以明确的信息为主。

第三节 出镜记者非言语表达的制约因素

居于传者地位的出镜记者看似在信息编码及表达上占据优势，但其效果的呈现也受到多种因素的制约。对于出镜记者的非言语表达而言，制约因素包括采访报道环境、摄制中的规则和受众的接受环境等。

一、采访报道环境

人的一切传播（言语的和非言语的）都是在特定时空环境下的产物，都必然受到环境因素的制约。[①] 出镜记者的非言语行为有很多是条件反射的产物，心理学家勒温（Lewin）有一个著名公式 $B=f(P\times E)$，意思是说一个人的行为（behavior）是其人格或个性（personality）与环境（environment）相互作用的结果。

出镜记者在医院病房外出镜，如果医院的环境是安静的，出镜记者讲述病人病情危急，声音、语调通常是压低的；但是如果此时病人正被推去抢救，走廊比较嘈杂，那么出镜记者出镜时的语速必然是加快的，语调是上扬的。同样是体现危急，出镜记者的副语言表达由于采访环境的不同而产生了差异。

所以出镜记者在采访中融入“现场”，自身感受要与采访环境的“气场”相契合，否则容易产生两个极端：一是对现场环境的感知迟钝或置身其外，不仅使新闻采访难以顺利进行，而且呈现在镜头上的是记者与现场环境格格不入；二是过度融入现场环境，对现场环境的反应太敏感，导致非言语表达夸张，有损专业形象。

记者在出镜报道时可能还会遇到“噪声”而影响非言语表达。在西方电视新闻节目中时常可见到在记者出镜时，记者背后和附近有人出于恶作剧心理干扰记者出镜[②]，使记者无法集中注意力，从而限制了非言语的表达。

---

① 宋昭勋．非言语传播学．上海：复旦大学出版社，2008：55.

② 相关案例见本书第十三章第一节。

一线者说

出镜记者的声音控制应与环境协调

不同的新闻事件具有不同的新闻现场，即使同一新闻事件中也会因时间、地理等因素的变化使报道现场的环境声不同。出镜记者的声音控制，离不开现场环境声的影响和作用。比如，报道现场平静，出镜记者声音高亢；现场激烈兴奋，出镜记者细声细气；现场非常紧张，出镜记者却仿若自言自语；现场庄重严肃，出镜记者声音懒散；现场轻松活泼，出镜记者声如沉钟一板一眼。在这样的情况下，出镜记者的声音形式同现场的环境声就成了对立面，报道的语言不能同语境融合，还会减少受众对新闻的兴趣。但这并不代表现场环境声越大越嘈杂，出镜记者的声音就要越高，因为这样又会出现用声过高过强的问题。

资料来源：郑姗姗．出镜记者的声音控制问题．西部广播电视，2015（12）．

二、摄制中的规则

电视对于非言语的呈现不是“自然而然”的，而是遵循一定的规则，按照固定、有序的逻辑呈现的。这些规则包括框架——镜头语言、编辑因素——分切与蒙太奇。

出镜记者在进行非言语表达时，需要考虑到摄制中的规则因素。在出镜记者与观众的拟人际传播中，镜头是观众的眼睛，镜头语言决定了观众看到什么、怎么看。以景别为例，它很大程度上制约着出镜记者非言语传播的传通量（见表 6-1）。

表 6-1 景别与非言语符号传通量

景别	划分标准及画面内容	对应的非言语符号
远景	人物与背景	环境语、空间语、时间语、运动轨迹
全景	整个人物	环境语、相貌服饰、运动方式
中景	腰部以上	手势与表情、谈话距离
近景	胸部以上	表情、谈话距离
特写	肩部以上，局部	表情、眼神

资料来源：崔林．电视新闻语言：模式·符号·叙事．北京：中国广播电视出版社，2009：57.

出镜记者在进行非言语传播时要考虑到镜头语言的存在，与摄像记者协同配合，否则出镜记者强调的内容在镜头上得不到体现。如在央视报道墨西哥地震的一则新闻中，出镜记者用手机做参照物来体现裂缝之大，但是摄像并未将镜头推上去给放在裂缝中的手机来个特写①，使传播效果大打折扣。

在编辑因素中，出镜记者要考虑到分切和蒙太奇会给非言语表达带来的误解。如记者在采访中面对一个语无伦次的采访对象，为了问到核心信息，记者不断追问，但流露

① 实例分析见本书第九章第二节。

出不耐烦之意。如果观众置身现场，会理解记者当时的反应；但是如果观众不在场，他们并不知道镜头后面的故事，在看到记者的非言语行为后，会认为记者不耐心、不尊重采访对象。对这种情况的处理办法有两种：一种是技术处理，即在拍摄过程中就避开记者的出镜；另一种是在画外适当交代采访情境。

三、受众的接受环境

出镜记者在传播中要有受众本位的观念，即要考虑到自己的传播行为在观众的接受环境中可能会造成何种影响。传播形式是拟人际传播和线性传播，出镜记者的传播只有一次机会，而不像人际传播那样，可以在传播中即时调整。以 2013 年四川省雅安市芦山地震中有争议的记者穿婚纱出镜报道为例。假如报道是直播，“现场”不可逆，错过了就不再出现，那么出镜记者穿婚纱的行为是可以得到理解的。问题是当天不是直播，女记者既没有解释，也没有选择在拍摄中回避自己穿婚纱的形象，因此被许多网友指责为“作秀”。

另一个案例是在凤凰卫视“9·11”事件报道中，凤凰卫视主持人陈晓楠已经下班，被临时召回台里进行直播报道，由于情况紧急，她在没有化妆的情况下主持节目，直播时她说的第一句话是：“对不起，我没有化妆，请大家原谅，因为现在出现了一件很大的事。”[①] 来不及化妆这一非言语行为本身，即是事件紧急、重大的直接体现。这一坦诚的交代使陈晓楠不仅没有因为没化妆而遭观众质疑，反而赢得了声誉。

第四节　出镜记者非言语表达的原则

出镜记者在非言语表达时不仅要充分利用自身的非言语符号，还要利用身外的非言语符号，与言语传播一起完成信息的有效表达。出镜记者的非言语表达应遵循以下原则。

一、协调原则

纯粹的言语传播只能出现在以文字语言为介质的间接传播中，言语传播与非言语传播同时存在，是人类传播活动中最常见的情况。[②] 电视传播是视听双主体，也是言语传播与非言语传播双主体，出镜记者非言语表达的协调原则首先是言语表达与非言语表达的协调。

芭芭拉·奥凯菲（Barbara O'Keefe）认为人们在进行信息表达时有三种信息设计逻辑[③]（message-design logic），按照其所体现的人本色彩由弱到强的顺序排列分别是：（1）表达性逻辑（expressive logic）——一种关注发送者的类型。主要关心的是自我表

---

① 9·11，历史在我们眼前爆炸，凤凰是怎样做到华文媒体第一家播报的？.（2021-09-11）[2022-04-13]. https：//www.163.com/dy/article/GJKS94N10519QQUP.html.

② 张立春．“言语传播”与“非言语传播”的符号学辨析．当代传播，2012（4）．

③ 李特约翰．人类传播理论．史安斌，译．北京：清华大学出版社，2009：151.

达，很少关注语境。[①]（2）成规性逻辑（conventional logic）——将传播视为一种基于规则和合作的游戏，将传播语境、角色和关系视为特定行为的指南。[②]（3）修辞性逻辑（rhetorical logic）——把传播看作通过谈判来改变规则的一种方式。按照这一逻辑设计的信息较为灵活、深刻，以人为本，关注信息对接收者的影响。

“出镜不是为了出人，而是为了出新闻；不是为了表示我在现场，而是为了表示新闻的视角在现场。”[③] 作为出镜记者在传递信息时，要恰当选择成规性逻辑和修辞性逻辑，综合利用言语符号和非言语符号，并注意使用言语修辞和非言语修辞，以提升新闻的可信度、说服力、生动性和现场感。

以两条同样涉及黑摩的被销毁的出镜报道为例[④]，一家电视台的出镜记者在现场的出镜语是：

> 今天执法部门对连日收缴来的 3 000 多辆黑摩的进行集中销毁，以此打击非法运营行为。

而另一家电视台的记者的出镜语则是：

> 这是人们经常乘坐的摩的，今天这些摩的在这里脱掉了外衣，您看，这些只需用钳子轻轻一扳就散架的车，您还敢乘坐吗？

第一家电视台对于信息的表达仅限于所见，即记者看到的和观众看到的是一样的，且属于导语式出镜，较少利用非言语符号，信息设计属于成规性逻辑。而第二家电视台的出镜记者则是用这一事件的关键信息之一——黑摩的安全性差，体现出新闻事件的重要意义，言语符号和非言语符号并重，并运用修辞将黑摩的安全性展现得生动、可信，信息设计属于修辞性逻辑。

其次，协调原则还包括非言语表达与当时情境的协调，这一协调如果做不到，会引起受众和当事人的排斥、反感，导致传播失败。2013 年春节期间，某台一新闻节目连线在美国的记者介绍当地华人举行春节联欢会的情况。记者在连线时没有考虑到这是演出场合，仍按照正常音量进行报道，影响了现场观众，甚至有观众强行阻挠直播，主持人不得不说由于技术问题要中断连线。

在汶川地震报道中，一位网友批评凤凰卫视出镜记者穿红色雨衣，认为“这种颜色在深重的灾难面前，在遇难者和家属面前显得格外刺目”。可能当时由于物资匮乏，致使记者分到了红色雨衣，但是红色雨衣毕竟与重大灾难的悲痛气氛格格不入，因此出镜记者要么不出镜，要么和其他人换雨衣，要么做出解释获得观众理解。

记者出镜，除了表达的内容要到位外，肢体语言、脸部表情等有利于情绪传递的细节也要表现到位。记者进行现场报道，很多时候是为了增加新闻的现场感，而镜头前记者的情绪就是现场感的来源之一，欣喜也好，焦急也好，紧张也好，哀伤也好，都是现

---

① 丹顿，泽雷．传播理论的职业运用．2 版．陈世华，译．北京：清华大学出版社，2014：24.

② 同①25.

③ 韩斌 2011 年 12 月在北京大学“出镜记者研讨会”上的讲座//张鸥．直播幕后：电视突发直播一线手记．北京：北京师范大学出版社，2013：9.

④ 柳敏芳．例说电视记者出镜报道的“三大纪律”“八项注意”．东南传播，2008（4）.

场感的一部分。出镜记者自己的情感最能直观地感染观众，所以出镜记者的情绪一定不能太“安静”，否则会破坏很多现场感。某台新闻中曾播出这样一条新闻，讲的是全民健身中心每天晚上数百市民齐跳欢快的健身舞。出镜记者在现场说：“今晚的全民健身中心热闹非凡，伴随着欢快的节奏，人们跳起了健身舞……”可是出镜记者在镜头前却是一脸严肃，脸上完全体现不出热闹和欢快的情绪。这和他身后市民欢快齐跳健身舞的景象形成了极大的反差，新闻传播的效果也就大打折扣。①

二、凸显原则

在电视新闻中，我们时常能看到相貌姣好、声音悦耳的女记者出镜，但是总感觉她是主持人，而不是记者，其主要原因在于缺少“现场感”。而现场感的关键在于调动自身和新闻现场的非言语符号。还有一种现象是记者出镜的“静态”模式：这种误区尤其体现在连线报道中，固定镜头、固定机位，身后的所谓“现场”是万能出镜场合，出镜记者在屏幕上就是中近景，导致连线报道出镜与不出镜没有太大区别，电话连线和视频连线没有太大区别。

凸显原则是指出镜记者要注重非言语传播符号的使用，发挥非言语符号的信息传达中的强调、补充功能。在新闻细节化、细节放大化的电视新闻报道理念下，记者在出镜采访报道中要善于将事件中蕴含的新闻点和重要的信息点，以非言语符号的形式表现出来，让观众直观感受到。

凸显原则意味着将抽象的事物或内容具象化，记者要留意视觉道具②（visual aids）如物体、模型、图表、图示等的运用。但是要警惕非言语行为“哗众取宠”的问题。非言语符号的哗众取宠主要体现为出镜记者为引起观众注意、提升收视率或所谓的现场感，在出镜中过度使用非言语符号。这种非言语行为分为出镜记者的行为和摄像记者的行为。出镜记者的行为主要表现为表情、动作、语气夸张。摄像记者的行为主要表现为对镜头的使用夸张。这种夸张有时有很大的欺骗性。另外在有些灾害事件报道中，有的出镜记者表现得不专业，大惊小怪。

声　音

台记者拿油条测风速

网友轰：这就是我们的新闻台

据台湾今日新闻网报道，台风“苏力”肆虐全台一整夜后，现在已经慢慢远离，不少人已经在网上互道平安。另外，因为电子媒体在台风天经常有过于夸大的台风秀，这次有电视台请记者在高速公路上拿油条测风速，引发网友讨论（见图6-15）。有网友在论坛上发文《你够了喔，油条测风切》，这名网友说：“刚刚看到有新闻台在五杨高架上面，拿着油条，就是油条，伸出车外然后说油条瞬间折断……这就是我们的新闻台啦！

---

① 费兴海，郑惠钦．电视出镜记者在新闻报道中如何“到位”．新闻实践，2012（6）．

② 韦尔德伯尔 R F，韦尔德伯尔 K S. 传播！. 11版．周黎明，译．北京：中国人民大学出版社，2008：384.

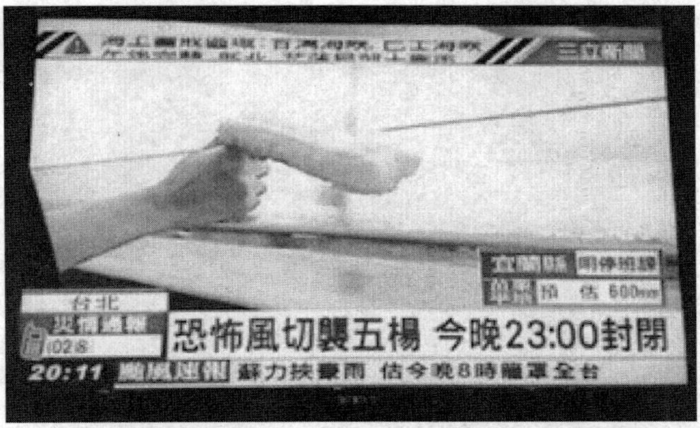

图 6-15　记者拿油条做道具报道台风

真是有流言终结者的精神，告他高速公路上乱丢油条。”有网友回说：“真是糟蹋食物，在下也发现每逢台风直击宜兰、花莲时记者一定会在罗东夜市转播：‘现在还没感受到风雨，罗东夜市仍然满满都是人潮……’没风没雨你要人家收摊不卖吗？你要人家不去逛街吗？到底是去报新闻的还是去吃葱油饼的？”之后有网友拿出新闻截图说：“还拿出卷尺跟彩带还有扇子……平常拿出来也是会折断吧，真是够了……”有网友认为：“每次台风，都会有些地方记者（特别是女的）跑去测风力，然后一边报道一边尖叫，风不大还叫台风吗？不是有风力测速器可以测风速吗？一直尖叫到底是在叫什么呢？”不过，也有网友说：“新闻人就算下刀子都得出任务。辛苦了，向提供即时消息的新闻工作者致敬。”

资料来源：台记者拿油条测风速 网友轰：这就是我们的新闻台．(2013-07-13)［2016-04-15］. http：//www. chinanews. com/tw/2013/07-13/5038429. shtml.

三、创新原则

电视新闻报道在日复一日年复一年的运作中会陷于一种模式化的状态。对于某些出镜记者而言，面对类似的新闻事件，出镜语和出镜形式往往也类似，可能只是换了时间、地点、着装或摄像记者，长此以往容易使出镜沦为形式，形成某种出镜的定势，降低电视新闻报道的可视性。

创新原则是指调动各种非言语符号的参与信息传播，创新出镜形式和表现手段，使出镜报道更具吸引力。

以鸡蛋为例，鸡蛋作为出镜道具常用于与天气有关的报道中：天热时用鸡蛋，看鸡蛋是否能被煎熟；天冷时用鸡蛋，看鸡蛋何时能冻成“冰蛋”。用鸡蛋体现严寒，与单纯出镜记者说气温低相比，较有新意（见图 6-16，参见文前彩页）。

但如果每年都将鸡蛋拿来做实验，未免味同嚼蜡。同样是报道严寒，美国一家电视台的出镜就极具创意，出镜记者直接披着棉被出镜报道（见图 6-17）。①

---

① 美国记者“冷幽默”：裹棉被出镜播报严寒天气．(2014-01-09)［2016-01-25］. http：//photo. china. com. cn/2014-01/09/content _ 31134256. htm.

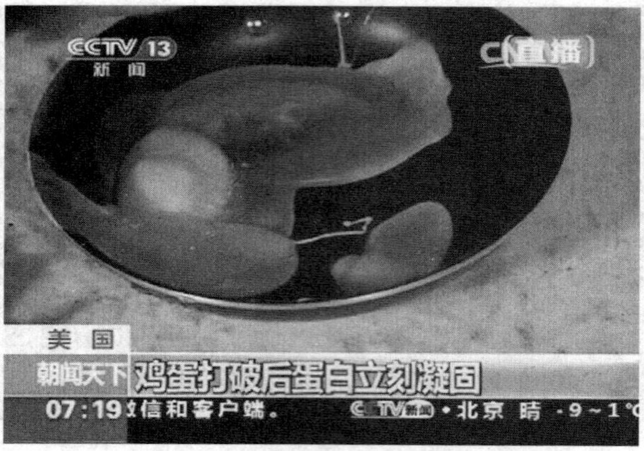

图 6－16　记者用鸡蛋做道具展示严寒

图 6－17　美国记者裹被子出镜

虽然这种形式比较“雷人”，但确实是当时美国严寒天气的真实写照，因为记者为了等连线已经在冰雪中站了好几个小时了。当地观众在观看这则出镜报道后既觉得幽默，又觉得很真实。

还有一些非言语的创新比较“雷人”，原因在于记者违背了常识，对日常生活的基本常识不甚了解，“创新”变成了“笑话”。如前文讲道具时举的例子，我国台湾地区一位记者在报道台风时要告诉观众台风带来的总雨量达 900 毫米，为了使 900 毫米更直观，记者找来水桶盛水，告诉观众这就是 900 毫米，让人啼笑皆非。

出镜记者还要充分利用摄制规则创新，如利用镜头在画面传达时的局限制造悬念，或采用蒙太奇手法让出镜记者的非言语表达具有戏剧性，等等。

出镜记者是出镜报道文本的有机组成部分，出镜记者的出镜表达涵盖言语表达和非言语表达，无论从电视的媒介传播特性、电视新闻的呈现手段而言，还是从观众的收视需求而言，都要求出镜记者重视非言语符号的利用。这既是提升电视新闻报道水平的要求，也是遵循电视传播规律的体现。

非言语符号在参与叙事时，依据自身不同的属性，可分为两类：一类具有独立表意功能，另一类具有伴随语言功能（如补充强化功能、否定功能、调控功能）。[①] 对于有独立表意功能的非言语符号，在叙事时应创新手段，利用它的独立表意功能参与叙事。而对于只有伴随语言功能的非言语符号，在利用其叙事时，应当与言语叙事相结合，实现陌生化的叙事效果。

在电视传播中，非言语符号往往是可视、可感的，非言语叙事的陌生化将直接改变出镜报道的视听感受。例如言说者的情境、身份、环境等信息都是由非言语符号构成的。陌生化理论的继承者布莱希特在谈到戏剧时有这样一段论述："把一个事件或一个人物性格陌生化，首先意味着简单地剥去这一件事或人物性格中的理所当然的、众所周知的、显而易见的东西，从而制造出对它的惊愕和新奇感。"借鉴布莱希特的观点，如果在报道中把那些"理所当然的、众所周知的、显而易见的东西"剥去，把观众熟知的新闻事实放在一个他们所不熟悉的情景下来报道，同样可以收到较好的传播效果。[②]

影像特征对电视传播的深刻影响在于其画面因素的显著地位，"好看的电视报道"同它用于陈述事件的语言或其他口头交流形式无关，重要的是图像要吸引人。[③] 在出镜报道实践中，不少出镜记者将注意力集中于有声语言表达，忽视了对镜头叙事功能的开发，往往使出镜报道不仅没有体现电视独特的传播特征，反而在一定程度上将其消解。

摄制叙事的陌生化可以通过镜头语言的陌生化运用和蒙太奇技巧的陌生化运用来进行。

1. 镜头语言的陌生化

镜头语言包括景别、构图、角度、长度、拍摄方式等。与电视剧、电影等影视艺术相比，电视新闻因时长、文本结构、传播功能等原因，镜头语言叙事能力的开发较为有限。例如电视新闻一般的镜头语言使用规律是，多用固定镜头、平角度拍摄，多用客观镜头、长镜头。但是在注意力经济时代，观众对出镜报道的视听体验要求提高，需要出镜报道改变以往的拍摄套路，带给观众更多的现场感，因而镜头语言的陌生化叙事成为一种重要的手段。

镜头语言陌生化叙事的技巧之一是在西方电视台经常见到的主观镜头的使用。摄像机以影像节目中的主体视线的角度来观察周围的事物，所表现的是主体的视觉状态和站在主体的位置观察事物的主观感受，这种观察视点就是主观视点，所拍摄的镜头就叫主观镜头。[④] 主观镜头一般用于影视剧中，但西方电视台在出镜表达时，运用主观镜头强调记者（或新闻人物）的主观感受。此时的摄像机代表的不再是零度叙事，而是限制叙事，代表记者（或新闻人物）的眼睛，这其实是"用主观的方式进行客观的报道"。

以 CBS《60 分钟》2013 年播出的一期关于潜水员的报道为例。[⑤] 记者在出镜时动用了主观镜头和双机位拍摄：记者出镜前的画面是一个仰拍的客观镜头——一个潜水员正从水底游到水面；记者出镜时第一个镜头是主观镜头（代表潜水员的眼睛），模拟潜水员

① 宋昭勋．非言语传播学．上海：复旦大学出版社，2008：45.
② 邱昊．消息类电视新闻报道的陌生化叙事策略．中国广播电视学刊，2013（4）.
③ 欧阳照．电视新闻的叙事学研究．重庆：重庆大学出版社，2010：26.
④ 栗平．电视摄像技术．郑州：郑州大学出版社，2007：22.
⑤ CBS《60 分钟》，2013 年 1 月播出。

看到了站在水中出镜的记者，之后记者转身90度面向第二个机位继续出镜（见图6-18、图6-19，参见文前彩页）。

图6-18 机位1-主观镜头

图6-19 机位2-客观镜头

这一出镜形式不仅在言语上串联了这篇报道的文本，也发挥了镜头语言的叙事和修辞能力，给观众“出其不意”的视觉体验，既有戏剧性又有生动性。

再如山东广播电视台齐鲁频道《101》节目2012年播出的一条“居民家中监控录像出现离奇圆点”[①] 的新闻。出镜记者放弃以往的摄像机拍摄出镜的方式，改用监控摄像头出镜，现场做实验，为居民解疑释惑，不仅为出镜报道增添了趣味性，当晚该条新闻也成为节目的最高收视点。

2014年12月中旬，央视新闻频道播出《南水北调》系列报道。为了直观展现水流的速度，记者把一只充气的塑料大黄鸭放入水渠当中，通过大黄鸭的行动轨迹，展现南水北调的流速，并通过大黄鸭身上的摄像头，展现了人们在岸边所看不到的大黄鸭视角。这些实例的共同点就是选取独特视角，让观众看到一个不同的新闻现场。[②]

---

① 案例见本书第九章第五节。

② 郭金铭．电视新闻现场直播的视觉呈现．新闻研究导刊，2015（6）．

2. 蒙太奇技巧的陌生化

蒙太奇的力量在于它通过生动的影视画面和独特的结构方式，使观众不仅看到影视片中的各个形象，而且还经历了作者所经历过的形象出现和聚焦的过程，从而可能充分体会作者的世界观和艺术观，以及由此决定的创作意图。[①] 作为电视画面组接的视觉语法，出镜报道利用蒙太奇在叙事中的作用，不仅可以使出镜报道文本的创作不拘一格，更能增强出镜报道的现场感和参与感。例如央视在 2015 年 10 月推出的电视数据新闻系列报道《数说命运共同体》就通过出镜记者“穿越”的方式，利用平行式蒙太奇的剪辑技巧，在出镜报道中体现共时的叙事结构，而非以往出镜报道较为常见的历时性叙事结构。

但是需要注意的是，蒙太奇语法的陌生化不得超越观众的认知逻辑，因为其目的是更好地讲述新闻事实、还原新闻事实，让观众对新闻事件产生正确的认知，而非单纯创造一个“模式化”的时空。

案例

寻找出镜的“看点”

这是央视记者盛云在青藏铁路贯通直播前，在青藏铁路新起点南山口采访的经历。面对已具标志性意义的“青藏铁路新线起点”，她并没有止步于此，而是继续探寻更具代表性和视觉冲击力的非言语符号。扫一扫二维码，阅读《寻找出镜的“看点”》。

寻找出镜的“看点”

本章小结

言语传播和非言语传播共同构成出镜记者的多模态传播系统。在实践中，不少出镜记者注重有声语言表达，却忽略甚至不会非言语表达，这应当引起出镜记者的重视。出镜记者的非言语表达具有自身的特点，也受到诸多因素的制约，因此在进行非言语表达前，应当综合考虑各种传播和接受因素，以免引起观众的误读、误解甚至不解。因为当你“在场”时，传播就已经开始了。

推荐阅读书目

1. 宋昭勋．非言语传播学．上海：复旦大学出版社，2008.

① 周勇．电视新闻编辑教程．北京：中国人民大学出版社，2002：200.

2. 李杰群．非言语交际概论．北京：北京大学出版社，2002.

3. 德维托．人际传播教程．12 版．余瑞祥，汪潇，程国静，等译．北京：中国人民大学出版社，2011.

思考题

1. 出镜记者非言语表达的特点是什么？
2. 出镜记者非言语表达的制约因素有哪些？
3. 出镜记者非言语表达应遵循什么原则？

练习题

1. 请选取几条出镜报道，评价出镜记者在非言语表达上的技巧是否到位。
2. 自己录制一段出镜报道，看自己的非言语表达是否有问题。

第七章
出镜报道中的细节及运用

本章学习要点

新闻细节的作用
现场可视化细节
背景可视化细节

据美国心理学家丹尼尔·安德逊进行的定量研究，普通成年人在看电视时的平均注意力水平只有60%。这就是说，观众看电视并不是一直处于全神贯注的状态。即便不换台，观众的注意力也是可以随时进入或退出节目内容的。对电视新闻而言，保持观众对节目的兴趣就是争夺观众的注意力。“细节正是产生刺激、引起振奋、保持观众收视兴趣的一种重要手法。”①

细节是描绘人物性格、事件发展、自然景物、社会环境等最小的组成单位。细节具体分肖像细节、行动细节、语言细节、心理细节、物品细节、景物细节和场面细节。

电视新闻细节是指能够表现和突出新闻主题的言语符号和非言语符号。电视新闻的传播魅力全在于对细节的运用。可看性强的细节画面虽然也不可能构成叙事情节，但其画龙点睛的作用却可以将新闻内容表达得淋漓尽致。②

在汶川大地震报道中，当白岩松在连线中问前方记者在救灾现场有什么细节发现时，记者分别用一只手表、一个18岁的士兵只穿了三天却破烂不堪的一双军靴、一个从江苏连夜赶回受灾家乡的摩托车司机的一只头盔讲述了三个感人的故事。③ 白岩松认为：“新闻人应该养成这样一种习惯：无论做什么样的选题，首先考虑人物，其次寻找细节。”

第一节　新闻细节的作用

在新闻写作中，细节的力量是巨大的，相对宏大叙事来说，新闻细节独有一种亲和力和感染力，能够让接受者在体验中认知和理解新闻。宏大叙事往往着眼于一元的角度

---

① 何永鹏．论电视新闻细节及其采编．南宁：广西大学，2003：24.
② 赵丽艳．细节在电视新闻报道中的魅力．牡丹江大学学报，2009（9）.
③ 曾祥敏．广播电视新闻采访报道．北京：高等教育出版社，2013：167.

和框架，强调所叙事中的思想情感与社会发展的一致性；而细节在叙事上强调的是个性化的内涵和风格，传递的信息具有复合的特征，能给受众一个多元化的阐释空间，增添了新闻的人情味。①

对出镜报道而言，新闻细节的作用包括：强化新闻的真实性、体现新闻事件内在的关联性、激发观众的联想与想象和凸显新闻倾向性。

一、强化新闻的真实性

电视新闻传播的特点之一是画面的证实性。"用事实说话"体现在电视屏幕上即是用画面说话，通过纪实性的画面体现新闻的真实。有些真实可以通过画面直观体现，有些则需要蛛丝马迹的细节来体现和证明。

人们往往总是相信自己亲眼所见，而电视画面的真实性让受众感到电视中的每一个细节都真实地记录了生活中的原生态，并且客观地展示给观众，使观众在接收这一信息时下意识地认为这一细节代表着作品的某种观点，并且根据自己的生活经验加以品味，从而获得新的观赏满足感。②

2004 年宁夏银川遭遇沙尘暴，宁夏电视台记者站在楼顶上进行了出镜报道。由于风沙在画面中的运动状态不明显，记者现场用手指将观众视线引向身后的楼顶，说"大家从我身后这面飘舞的红旗不难看出，我们现在楼顶的风力大概在五六级"。为了让观众看清自己满脸的尘土，记者又随即掏出了餐巾纸，在脸上抹拭后递向镜头，黄土斑斑的餐巾纸营造出了强烈的现场感。③

二、体现新闻事件内在的关联性

具有代表性的细节，传递的信息不仅限于细节本身，还可以体现出新闻事件某些要素的或明或暗的联系。在山东广播电视台齐鲁频道播出的《渔都毁船记》中，出镜记者通过渔网网眼的大小来反映渔民的处境和海洋生态的变化。

> 记者出镜：这种渔网也就是现在大多数渔民正在使用的渔网，它的网眼大小，我们看，是 40 毫米，同时我们今天还带来一条国际上通用的渔网，它的网眼大小，我们看，是 54 毫米。现在根据国际上相关法规的规定，渔民出海作业所带的渔网必须是这一种，但是我们的渔民因为鱼儿越来越少，越来越小，却不得不使用这种渔网。从渔网的变化上，我们也可以体会到渔民们现在的处境。④

2006 年 3 月 22 日，湖北经济电视台的《经视直播》播出了一条新闻《生命不能承受

---

① 林新．细节的力量：新闻细节的叙事特征与效果分析．新闻记者，2006（7）．

② 张仕勇．且看电视新闻细节的魅力："连宋大陆行"电视报道评析．新闻三昧，2005（6）．

③ 黄杰海．让出镜记者"融入"现场．现代传播（中国传媒大学学报），2006（6）．

④《渔都毁船记》，山东齐鲁电视台 2002 年 12 月 14 日播出。文稿选自：江欧利．中国广播电视新闻奖 2002 年度新闻佳作赏析．北京：新华出版社，2004：474。

之轻》。当记者接到一民工坠楼的报料以最快的速度赶到现场时，不仅没有看到坠楼的民工，也没有找到现场证人，更奇怪的是，围观者竟也异口同声地说没有这回事。记者马上意识到事情有些蹊跷，便留心观察事发现场，在一栋正在加层的私房地面上，记者看到有一摊新铺的沙子，沙子遮掩的是浓浓的血迹，而且旁边的预制板也是血迹斑斑。可以说正是这两处血迹被发现，才有了记者后来的采访和揭露真相的决心。当摄像机镜头对准这两处斑驳的血迹时，在观众的内心势必会产生强烈的震撼和共鸣，整个报道的真实性和现场感也会大大增强。[①]

三、激发观众的联想与想象

细节的本质就是“放大”，通过细节的刻画，可以将人物和事件的特点加以突出，从而愈加显示出形象的生动性和真实性，揭示出生活的本质，达到提高信息传递效率、增强观众记忆的目的。[②] 电视人在评价作品时常说的“有冲击力”，指的就是电视细节给受众以强烈的感受，这就是电视细节夸张的表现力。[③]

下面我们以两个记者的出镜报道为例进行说明。[④]

> 记者出镜：在现场我们可以看到，被撞的大货车车头完全变形，挡风玻璃碎得一地都是，一个车轮都不见了，可见当时的冲击力有多大。

这段出镜中也有细节：车头变形、挡风玻璃碎了、一个车轮不见了。但是这个出镜太程式化，记者所描述的都是观众通过镜头可以看到的。观众需要在出镜记者的带领下，进入车祸现场，而不是泛泛地了解这些一眼便知的常规细节。

在第二个出镜中，记者先蹲在飞出的车轮旁，说：

> 大货车被撞之后，一个重达几十公斤的车轮就飞到我现在这个位置。（起身，边走边说）我们现在来测量一下，这里离撞车点有多远。1、2、3……（走回撞车点，站定再说）一共是 30 步，我一步大概是 60 厘米，也就是说，撞车后，车轮飞了将近 18 米，可见当时的撞击力有多大。

第二个出镜，记者挑出了车轮这一个细节进行详细的描述，通过车轮被撞距离远反映出撞击力大。这样做角度新，细节也令人印象深刻。

再如 1999 年中央电视台曾播出的一条北约对南联盟科索沃地区一辆满载难民的大卡车进行轰炸的新闻。在这则新闻中，被北约集团轰炸的尸体残骸等都以全景的方式呈现，而对卡车边上的一个布娃娃以及拐杖却用特写镜头加以表现。这个具有象征意义的细节通过特写画面凸显出来，形象而深刻地揭示了北约连老人和孩子都不放过的残暴罪行，意蕴深刻，表现力强，使人看了之后久久不能忘却。由此可见，细节的力量在于它与事

① 何志武，石永军．电视新闻采写．武汉：武汉大学出版社，2008：99.
② 黄匡宇．电视新闻细节论．现代传播（中国传媒大学学报），2001（6）.
③ 赵丽艳．细节在电视新闻报道中的魅力．牡丹江大学学报，2009（9）.
④ 顾铭．记者现场报道要解决好三个问题．南方电视学刊，2011（4）.

物本质的联系。[①]

四、凸显新闻倾向性

新闻中的细节是新闻文本的一部分，与新闻事件的性质、发生、发展等有着密切的关联。细节在电视画面中是以具体的形象呈现的，因此它的记录带有很强的主观性，细节的强调在记者表达个人观点时往往起到画龙点睛的效果。[②]

中国台湾地区前领导人陈水扁家族弊案在岛内政坛引发强震。2009年2月10日，陈水扁之妻吴淑珍在请假17次后，终于出庭应讯，岛内的所有媒体都派出强大阵容，甚至出动电视直播车守候在法庭外面，等待吴淑珍的出现。除了全程报道庭审过程，电视记者不忘抓细节。以下是东森电视台的报道《吴淑珍不知避嫌照穿名牌》：

> 千呼万唤的吴淑珍总算出庭了！尽管体重只剩29公斤，不过看来她的精神似乎相当不错，而瘦弱的身体包裹在显眼的橘色名牌外套里头，从袖口就能清楚辨认出是博柏利，这件外套价格至少2万元新台币。沦落到今天这种地步还穿得这么奢华，难怪外界对扁家贪腐的金额至今仍然猜测不停。[③]

第二节　出镜报道中的细节分类及运用

新闻细节是客观存在的，需要一双善于发现的眼睛。

新闻细节多种多样，按新闻细节存在的时空，可分为现场细节与背景细节。现场细节是来源于新闻现场的细节，是记者在采访中发现的细节，事先未知，伴随新闻事件的发生、发展而产生、变动。背景细节是新闻背景中的细节，新闻背景是与新闻事实相关的历史状况、社会环境、政治缘由、地理特征、科学知识等附属性材料。[④]

新闻细节按是否可视化，可分为可视化细节和非可视化细节。可视化细节是指可以通过画面进行直接展示的细节，或者可以通过演示的方式将直接展示不明显之处变得明显的细节。非可视化细节是指不能通过画面展示的细节。

将新闻细节存在的时空和是否可视化这两个维度交叉，出镜报道的细节可以分为以下四类。

一、现场可视化细节及运用

现场可视化细节需要出镜记者在现场敏锐捕捉。美国哥伦比亚大学教授麦尔文·曼

---

① 赵丽艳．细节在电视新闻报道中的魅力．牡丹江大学学报，2009（9）．

② 朱羽君，雷蔚真．电视采访学．北京：中国人民大学出版社，1999：143.

③ 何博仪．台湾电视新闻细节运用的启示．南方电视学刊，2012（4）．

④ 白贵，彭焕萍．当代新闻写作．北京：中国人民大学出版社，2013：80.

切尔说："记者必须学会用孩童般的眼睛观察世界，他把每件事都看作新鲜的、各具特色的。"[①] 虽然是可视化细节，但是没有善于发现的眼睛，对客观存在的可视化细节视而不见，现场可视化细节就可能变成现场非可视化细节。

我们来看《岩松看香港》中白岩松采访驻港部队时对现场可视化细节的抓取。

解说：这个俱乐部是一支专门为驻港部队的官兵演出的表演队。这支表演队的演员们都来自基层连队。他们不仅要为驻港部队的官兵演出，遇上重大节日，他们还为香港市民表演。现在，这支表演队正在为迎接香港回归 10 周年做着最后的准备。

白岩松：最近要排多少个节目啊？因为 7 月 1 日 10 周年，尤其这个大日子要来了。

中国人民解放军驻香港部队宣传处文化干事吴玉印：现在我们准备了 16 个节目。

白岩松：16 个节目？

吴玉印：对，准备了将近两个小时的节目。

白岩松：我明白你这个意思，这两个小时是不是就正好是完整的一台演出？

吴玉印：对，一台完整性的、新创造的节目。

白岩松：这里都涉及多少种，比如说舞蹈、歌曲？

吴玉印：舞蹈、曲艺、小品、相声。还有一些快板。

中国人民解放军驻香港部队宣传处文化干事高晓红：包括诗朗诵、表演唱。

白岩松：我这儿要插一句话了。其实我进到这个训练场里的时候，马上就能感觉出这个温度非常非常的难熬。我还没做什么呢！我也不用参加训练，我猜想他们的训练，一定是一个特别苦的过程。让我摸一下。这是透的（见图 7-1）。

战士傅竹：对，透的。

白岩松：你看，我不好意思。看，看见没有？

战士傅竹：拧过一次了（见图 7-2）。

白岩松：已经拧过一次了，但是还是湿湿的。看见没有？换几套衣服了？

战士傅竹：一天要换三套。

白岩松：都是湿湿的。

战士傅竹：对，非常湿。不能再穿了。非常臭。

白岩松：不容易，不容易。但是别人看的时候，掌声一起来的时候就觉得都值了。

战士傅竹：我感觉很欣慰，非常值得。

训练场非常热，战士们要在这里辛苦地排练，白岩松先推己及人，通过自己的亲身感受推测战士的辛苦。但是光用语言不足以令人印象深刻，白岩松这时用手摸战士的衣服，发现是湿透的，为了证明自己的话，还拧战士的衣服，战士在炎热的天气下刻苦排

① 赵蕾．论广播连线报道中记者的五种意识．新闻爱好者，2012（13）．

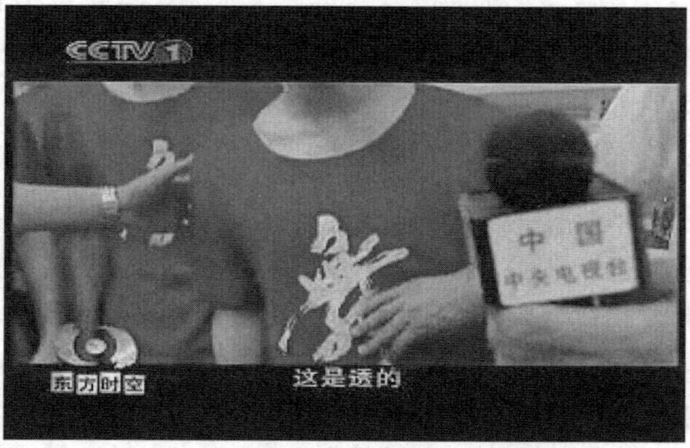

图 7-1　《岩松看香港》画面-1

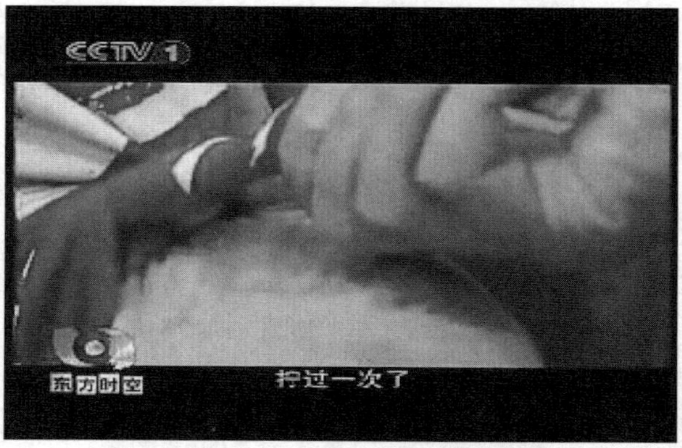

图 7-2　《岩松看香港》画面-2

练的情景展示得生动、感人。

二、现场非可视化细节及运用

一般来说，在现场能发现的细节都应该是可视化的，但是也有例外，如现场不允许拍摄。在处理现场非可视化细节时，只能依靠记者进行复述或介绍。

还有一种情况是报道中的关键信息，诸如声音、气味等细节本身就是非可视化的。

山东电视台《山东新闻联播》2019 年 7 月报道山东新泰市一石料厂将厂区周边的石头全部涂上了绿漆以“应对”环保部门的卫星拍照。记者调查时来到厂区正门，发现挂着“停产放假”的牌子，但采访得知该石料厂依然在进行生产，于是从旁边的山地绕行进山。如何证明石料厂并没有停产？记者在半山腰出镜，用“音响”戳穿石料厂的“障眼法”。扫一扫二维码观看视频。

记者出镜：站在半山腰上，可以很明显地听到机器轰鸣的声音，现在我们顺着山路往上走，到山顶往下看，看看是否有机器在进行石块切割（视频 1 分 23 秒至 1 分 31 秒）。

新泰：矿山刷绿漆 到底愚弄谁?

声音是很难进行可视化的，在运用声音细节时，一般通过摄像机录制典型音响，并由记者进行描述、说明。记者在报道的这个阶段虽然没有拍到石料厂生产的画面，但音响是一个有力的证据和细节，记者在出镜时凸显了这个细节，同时也设置了悬念：是否有机器在进行石块切割？在什么地方切割？

三、背景可视化细节及运用

背景可视化细节多用于偏静态的报道中，有时现场物体本身就同时具备现场可视化细节和背景可视化细节。更多时候，背景可视化细节只能体现背景信息。

我们来看美国教科书上的一个案例："或许在你关于虐待儿童的报道中的一个要点是，你所在的社区中每年有300个小学生遭到虐待。你可以通过画外音告诉观众这个数字，但是观众很快会忘记；而如果你可以把数字变成画面，相信没有多少观众会轻易遗忘。一个简单的出镜报道即可达到目的：一名记者站在空旷的学校体育场里，指出每年受到虐待的学生能占多少排座位，随后切入一个长镜头，用以表现每五年这一个社区遭到虐待的儿童就能坐满整个体育场。"①

当然还有的细节则既包含现场信息又包含背景信息。在央视《焦点访谈》播出的《寻找生命之水：抗旱记（一）》② 中，出镜记者为了介绍当时水位与历史水位的差异，选取了一个典型的水井来进行体现（见图 7－3、图 7－4）。

图 7－3　记者指示原来的水位线

---

① 舒克，拉森，塔尔西奥．电视现场制作与报道．5版．雷蔚真，译，北京：中国人民大学出版社，2013：12.

② 中央电视台2010年3月29日播出。

图 7-4 记者展示当时的水位线

记者：这里是楚雄市子午镇法邑村的一个自然村落，这个自然村落一共有190多户、700多人。村里原来有四口水井来维持大家的生活用水，这口井是村里最古老的一口水井，据说有300多年的历史。原本这口井水量非常丰沛。大家看这是原来的水位线，它距离井底应该有将近两米的距离，但是现在经过半年的干旱，这口井几乎已经见底。而村民们告诉我们，不光这口井，方圆十里所有的水井和坝塘都已经完全干涸。

四、背景非可视化细节及运用

背景非可视化细节是指无法（或暂时无法）进行可视化的新闻背景细节。这种细节无法可视化的主要原因在于细节的可视化载体暂未找到或永久缺失，如物品、人物、地点等。

在《岩松看香港》中，白岩松的一段出镜使用的便是背景非可视化细节。

白岩松：在十多年前，当人们谈论香港回归之后实行的"一国两制"的时候，有很多人用过一个非常形象的比喻叫"马照跑，舞照跳"，十年时间里头，舞当然在照跳了，但是马也在照跑。我现在就是在香港跑马地的马场。在香港是每年的九月份到第二年的六月中旬是跑马的季节，每周会举办两次。在周三的晚上，也就是今天，会在靠近市中心的跑马地的马场来进行，以便在市里头的职员啊百姓啊等等来参与其中。而到了周末的时候，就会选择远一点的沙田马场。现在离赛马的比赛开始还有一段时间，但是我们发现能容纳四万人的跑马地的马场已经坐进了很多的观众，对于他们来说精彩的时分就要开始了。

在一条出镜报道或一段出镜报道中，四种新闻细节实际上是可以并存的。可视化和非可视化是相对而言的，主要是由于新闻采访是有时间、地点和制作周期限制的。如果条件皆具备，非可视化细节是可以转化成可视化细节的。如记者出镜在现场介绍某地发生的巨大变化，如果现场没有一点过去的痕迹，对于过去的情形一般情况下只能通过记者介绍或者同期声采访获得。如果记者找到出镜位置过去的照片，这时非可视化细节就变成了可视化细节。如前文所举的白岩松的出镜，十多年前的事，在出镜时采取的是语言介绍，采取的是背景非可视化细节，但是如果手上能拿着香港回归前的报纸或杂志，上面写着“马照跑，舞照跳”，那么这个背景非可视化细节就变成了背景可视化细节。

一线者说

出镜中的“选择性描述”

“选择性描述”是一个非常实用的方法。我们要选择一个长故事中的哪些对象进行描述呢？在我看来对象可以分成两类：第一类是发生在过去，无论是作为记者的“我”和观众都看不见的，像是一段回忆或者一个历史时刻。以《寻路“银三角”：央视记者拉美制毒链条调查》为例，在参观哥伦比亚传奇毒枭埃斯科巴的旧庄园时，我说：“埃斯科巴非常喜欢看斗牛赛，但由于他毒枭的身份，在波哥大麦德林这样的大城市，斗牛场不允许他进入，于是他就在自己的庄园里建了一个斗牛场。”我这么出镜，是因为斗牛场遗址很空，单纯拍摄的话并不丰富；反而是我把遗址当作一个出镜背景时，它突然增色不少，而出镜语能够让观众想象它曾经座无虚席的情景。

第二类是记者能够在生理上感受到的，但观众却无法通过电视屏幕感受到的，以气味和温度为主。在可卡因生产现场，各种化学药品让现场的空气非常刺鼻，记者就应该把这种感觉说出来：“现场有一股非常刺鼻的气味，因为除了古柯叶原有的汁液的味道外，他们还放入了大量的化学药品用于发酵，所以不管是眼睛还是喉咙都会感觉到刺激。”在说这段话时我忍不住咳了一声，虽然我后来又重录了一遍，但在后期编辑时还是选择了有真实反应的版本。除此之外，如果气味或者感受很难解释，记者就需要借助另一种东西来形容，我就把新鲜古柯膏的味道形容为指甲油，观众一下子就明白了。

以上选自中央广播电视总台出镜记者刘骁骞专门为本书撰写的文章。扫一扫二维码看全文及相关视频。

刘骁骞：出镜中的串场意识和选择性描述

第三节　案例分析

报纸记者倾向于将报道写得尽可能详细。如果口头报道也努力这么做，那么在你还没有说完第二段之前，很可能就失去了听众。BBC 新闻台的通讯员菲戈·基恩（Feig

Kean）认为，电视新闻应该集中在关键细节上，不要因“一大堆的细节以及大量的评论”失去观众。① 白岩松认为，任何一个现场报道，记者都告诉自己：在完成这个现场报道的时候我都让人记住一两件事、一两个细节。② 要让观众记住所看到的内容，就需要简洁，受载太多的声音、图像以及词汇只会引起混乱。③

本节我们将通过案例分析出镜报道中的细节使用。细节是客观存在的，发现细节的眼睛却不是每个人都具备的，而且细节发现之后如何进行阐释、展现，也不单纯是技巧问题，而是一个“艺术”问题。

在通常情况下，出镜记者既要在现场尽可能发现、梳理、解读细节，又要在报道中避免为过多的细节所累，导致“信息超载”。

“信息超载”主要是针对受众接受能力而言的，单位时间的信息数量是一方面，信息本身的易受性是另一方面，二者综合在一起才构成“信息超载”与否的判断标准。细节虽少，但易受性差，同样也会引起“信息超载”。

除了避免“信息超载”，出镜记者还要注意选取什么细节、如何体现细节、如何解读细节等问题。传播的归宿是产生传者预期的传播效果。

案例一

2015年6月1日21：28左右，重庆东方轮船公司所属的旅游客船“东方之星”轮船从南京驶往重庆的途中在长江湖北监利段发生翻沉。

央视连夜启动Ⅱ级应急响应预案，新闻中心从采制到播出，全链条迅速切换至重大突发事件直播状态。在持续近10天的救援过程中，中央电视台共派出70多名记者奔赴监利县事发现场和沿江相关省份，展开全方位、立体化的跟踪报道，前后进行现场即时连线超过110场，播发相关新闻1 100余条，总时长超过46小时。④

在长时间、高密度连线中，容易发生这样的问题：救援不是一天两天就能结束的，也不是一个小时两个小时就有新进展，这就导致每次现场连线的信息含量不够充足。但是优秀的出镜记者可以从有限的信息点中提取更微观细致的细节。我们选取2015年6月3日央视新闻频道连线前方记者蒋林的案例⑤，来看如何抓取细节。扫一扫二维码观看视频。

> 记者出镜：在我们今天来到现场准备、包括直播这样一个等待的过程当中，我们也会看到，遇难者从我们现在看到已经倾覆的这个船体被打捞出船舱之后，将会得到一个妥善的包裹，然后将会由专业人员送到岸边。我们觉得这也是给不幸遇难的这些同胞表示的一个最大的尊重。

---

① 博伊德，斯图尔特，亚历山大．广播电视新闻报道．6版．嵇美云，译．北京：清华大学出版社，2012：222.

② 白岩松．我心目中的好现场记者：白岩松讲课之四//杨华．咱们电视有力量．北京：中央民族大学出版社，2009：20.

③ 同①.

④ 申勇．张宇珺．回击舆情杂音 创新电视表达：央视“东方之星”救援报道的实践．新闻战线，2015（13）.

⑤ 《“东方之星”客船在长江翻沉 湖北监利：搜救出33人 14人生还 19人遇难》，中央电视台2015年6月3日播出。

我们还是来关注一下现在的最新情况。目前现场的抢险工作仍然是在进行，我们请我身旁的主摄像缓缓地推一个镜头。和我们在两个小时前直播的时候有一个画面（相比），可能大家会觉得稍微有点不太一样，就是我们现在看到倾覆客船倒过来的船的底部上面并没有太多的人。这并不代表现场的这种救援工作的暂停。

我们稍早之前也问了一下，其实水下的这种摸排工作一直是在持续进行。他们基本上是三人为一个小组，多个小组同时下水去对各个舱室、倒扣的四层的船体（进行）逐一的摸排。而水下的这个小分队在水下待的时间有将近一个半小时，所以我们现在还没有看到他们上浮的情景。一般是在人员下水和上浮的这个阶段，我们会看到倒扣的船体上会有一些人进行协助，所以现在我们得到的一个情况应该是水下的摸排工作正在进行。

而就在我们直播前，其实我原本想说的是，可能从我们今天赶到这个直播现场，这将近五六个小时的过程当中，当地一直在下雨。其实就在半个小时之前，突然有一点放晴或转成多云这样的一种好天气，可是就在直播前五分钟降雨又开始了。这就是当地在这个季节非常多变的气候最简单的一个例证。

降雨在进行，而且在整个长江中游，其实这样的降雨这几天都在持续进行，也使得长江的水位有着这样一个涨跌的变化。为了使得长江的水位不至于持续上涨——我们现在看到的这个客船的底部浮出水面的部分并不是特别多；如果水位持续上涨，会给抢险的工作带来进一步的麻烦，而且水流会变得更急——所以就在昨天，三峡总公司开始对三峡水库的下泄流量进行了一个调整。我的脚边就有一个细节。大家来看一看，现在的这些芦苇秆，包括我们看到的这些东西，就是在昨天高水位的时候被涌浪推到我们现在所在的这样一个斜坡的护岸上的（见图 7-5，参见文前彩页）。

图 7-5　出镜记者介绍水位变化

“东方之星”客船在长江翻沉 湖北监利：搜救出 33 人 14 人生还 19 人遇难

在水位逐渐下降之后，它们现在是在这儿，我们看到，在这样一个坡度上，水位线后退了大概有 1 米。从我目测的角度上来说，水位较昨天下降的高度大概有 50 厘米，其实这 50 厘米对于整个抢险救援都会有一定的帮助。

与此同时，能够控制它的下泄流量，也能够使得江水中翻滚起来的含沙量得到相应的控制。我手上这个空的矿泉水瓶，我们来看一看现在的江水（见图 7-6）。

图 7－6　出镜记者用空矿泉水瓶取江水

通过这个透明的矿泉水瓶我们可以看到，长江水目前的这种含沙量还算不是特别大，不是特别浑浊（见图 7－7）。

图 7－7　出镜记者展示江水样本

但是因为整个客船倾覆在水里面，纵向的这个高度将近十四五米，所以如果在水下两米左右，其实能见度就会非常差。虽然潜水员他们在下潜的过程当中、摸排的过程当中也会有这种头戴的小型探照灯，但是，据说他们的视线仍然只是在自己面前非常近的一个范围之内。

所以现在整个水下对于四层船体的这样一个生命探测的工作，更大程度上除了依赖于生命探测仪，很多情况下都是依赖于我们三人一组的这个小分队，通过手动的摸排，来进行逐一舱室的确定。而对于重点舱室和区域有可能要进行不止一次的摸排。只要还有一线希望，现场的搜救就会持续下去。我们现在所了解到的情况就是这样。

当把有声语言转变成文字实录后，我们会发现这段报道中有一些语病，但在当时时间有限、条件恶劣的环境下能做出这样的报道也实属不易。

这条直播连线令你印象深刻的细节有哪些呢？笔者在看完报道后，立刻能回忆起的细节包括对遇难者的妥善处理、当地天气多变、三峡调整水量、水位下降、水下能见度差。

案例中记者放大了两个信息点：芦苇秆与现在水位的差距，用以说明三峡调水后的水位变化；用矿泉水瓶盛水，体现长江水看似清澈但水下能见度非常差。整个报道细节突出，可听性、可视性都很强。

案例二

2007年4月10日—13日，国务院总理温家宝对韩国、日本进行正式访问。中央电视台新闻频道对温家宝的外事活动进行特别报道，并连线前方记者（见表7-1）。

表7-1 连线内容

人物	内容	笔者点评	假如再来一次
主持人	×××（记者的名字），你现在在什么地方？	必要部分。	可保留。
记者	我现在在为中韩建交15周年而举办的交流年活动地的附近。	地点不明确。	应说明具体地点，如举行什么活动的地点。
主持人	我看到你后面有一台转播车？	难道这个转播车很重要？	此段可以删除，或者通过转播车引出温总理出访引起韩国媒体广泛关注。
记者	是的。	如果这辆转播车很重要，则应该说明，只回答“是的”，说明不重要。	同上。
主持人	跟我们说说你们今天的行程。	进入核心问题。	可保留。
记者	我们今天是早上7点30分离开北京，韩国跟中国有一个小时的时差，经过一个半小时，应该说是一个小时38分钟，韩国当地时间10点38分到达韩国首都首尔的。温总理首先到一个中韩合作项目参观，之后下榻酒店，吃午饭。接下来（略）……最后到了现在这个地方出席交流年活动。	介绍有时差是正确的，因为观众会疑惑，飞机7：30起飞，飞了一个半小时，时间怎么会是10：38。既然是行程，连吃饭都说上，太细了，除非说吃了多长时间饭，显示时间紧。	改变流水账式的罗列，应稍微总结下，突出重点行程，便于主持人和观众理解。
主持人	你刚才说的时候，我大概记了一下，不到9个小时的时间了，总理出席了9个活动，这还不算花在交通上转场的时间。我注意到今天举行欢迎仪式时，好像下雨了？	帮助记者整理信息，有助于观众理解。但问下雨的目的是什么？	你刚才说的时候，我大概记了一下，不到9个小时的时间了，总理出席了9个活动，这还不算花在交通上转场的时间。我注意到今天举行欢迎仪式时，好像下雨了？天气对出访有没有影响？
记者	是的，首尔今天下了一场绵绵春雨。在这儿我要说一件趣事，韩国的工作人员对我们中国媒体记者特别好，他首先自我介绍他的姓名，之后告诉我们注意事项，特别是不要跑，他知道记者有时为了抢到新闻，会跑起来。	转移主持人的话题，介绍了“趣事”，体现出韩国工作人员对中国记者很友好，进而体现出中韩关系友好，但是，新闻的重点是温家宝总理。	可借“春雨贵如油”，寓意温总理出访韩国有助于中韩关系的进一步发展，也可介绍下天气对出访行程和户外活动有无影响。
主持人	因为下雨，路滑，怕你们摔着。	—	此段可删除。
记者	他就是这个意思，所以，特别有趣。	真的有趣吗?!	此段可删除。

续表

人物	内容	笔者点评	假如再来一次
主持人	你跟我们说说现在进行的这个活动吧！	进入另一个重点。	可保留。
记者	好的。介绍相关内容（略）。	—	可保留。

资料来源：宋晓阳．出镜记者现场报道指南．北京：中国广播电视出版社，2008：104. 案例评价及修改方案为笔者所加。

通过以上案例可以看出，有些细节没有新闻价值，有些有价值的新闻细节主持人和记者没有挑明，使连线的主题分散。观众看完后可能对温家宝总理的访问没记住多少，对记者所谓的“趣事”倒是印象深刻。如果是专门辟出时间介绍出访花絮，这部分倒还可以用，然而当天的主题不是出访花絮，占用宝贵的卫星连线时间说了这么多无用的内容，就不妥当了。

我们来看另一个介绍国家领导人行程的连线。2011 年 6 月 15 日央视中文国际频道连线前方记者白岩松，介绍国家主席胡锦涛对俄罗斯的国事访问。

（演播室）主持人：国家主席胡锦涛结束对哈萨克斯坦的国事访问，并出席上海合作组织阿斯塔纳峰会之后于今天离开阿斯塔纳，前往莫斯科，对俄罗斯进行国事访问并出席第十五届圣彼得堡国际经济论坛。那么有关这方面的最新情况，我们马上来连线本台特派俄罗斯记者白岩松。你好，岩松。

（出镜）记者：梦桐，你好！观众朋友大家好！

（演播室）主持人：你好！我们知道还有几个小时胡锦涛主席就要抵达俄罗斯了，在你先期抵达之后觉得当地的这种气氛怎么样？另外胡主席这次访俄都有哪些行程和新的看点？

（出镜）记者：昨天在莫斯科还是阴雨绵绵，今天已经是阳光灿烂，我想这已经从天气上做了一个很好的铺垫，更不要说在这个城市，在这个国家，包括媒体，都已经展现出对胡锦涛主席即将来访迎接的一种态势。

那么再隔一会儿呢，胡锦涛主席就将抵达莫斯科，然后在明天上午的时候，他首先要去无名烈士墓献花，然后呢，梅德韦杰夫总统会在克里姆林宫举行一个非常隆重的欢迎仪式，之后是小范围以及大范围的两次跟梅德韦杰夫总统的会见，然后是欢迎午宴。

下午要参加两国共同为迎接双方的这种友好条约签订 10 周年的文艺演出。之后要会见记者，然后要签署相关的决定。我觉得非要从看点上来说，关键词一个是 10 年，一个是参加圣彼得堡的经济论坛，签订的这种协定第一个包括针对 10 周年的这样一个联合声明，还有一个是对国际大事的两国共同的联合声明。但是有一个悬念，在能源方面的一个协定能不能签，还需要观察。

后天的时候呢，胡锦涛主席将出席在圣彼得堡举行的国际论坛。

前不久梅德韦杰夫总统也到了三亚，也到了海南出席博鳌论坛，最后拿什么结尾呢，拿背后的这样一个位置吧。因为 10 年前 7 月 13 号国际奥委会在我身后的世界贸易中心呢，来投票决定北京获得了奥运会的主办权．就是承办权。仅仅在三天之后，同样是在莫斯科，中俄两国签订了《中俄睦邻友好合作条约》，10年过去了，我觉得在这样的时刻，不仅仅北京奥运成为历史，而10年前签订的协定，越发在两国的发展过程中让大家感到起到了重要的推进作用。所以胡锦涛主席的这次访问，既是对过去10年的总结，更是对未来10年的展望。①

这段连线，记者捕捉到很多细节，尤其是抓住“10年”这个关键词展开，紧紧围绕10年间中俄关系的深入友好发展介绍访问行程，并介绍相关背景。整个报道详略得当、细节突出、主题集中。

案例三

“玛莉亚”在福建连江沿海登陆

浙江苍南：大渔镇环海公路部分路段被冲毁②

（演播室）受到“玛莉亚”（台风）影响，浙江沿海多地也是狂风巨浪，像这个苍南大渔镇的环海公路就被巨浪冲毁，部分民房也受到一些损失。我们再来连线一下我们的前方记者贾林。贾林你好，马上给大家来介绍一下你现在现场的情况。

（出镜）记者：好的，主持人。我现在就是在大渔镇的环海公路，我距离其中受损最严重的一段公路的直线距离只有200米左右，就在我的背后，大家可以看一下稍早前拍摄到的画面。

这段画面拍摄的时间是今天早上的7点到8点左右，可以看到，当时受到台风“玛莉亚”的影响，加上这个潮位当时属于一个高潮位，所以这个巨浪卷到了公路上，差不多有六到七米左右，就像一头野兽直接把公路给“啃”掉了一段。这一段从宽度上来讲占路面的三分之二，长度上起码有100多米，所以这个路段处于一个封路的状态（见图7-8、图7-9）。

图7-8 巨浪把公路“啃”掉一段-1

我们再来看一下现在的这个情况。现在呢，虽然说风跟雨相比之前是小了不少，但

① 《胡锦涛今抵俄进行国事访问》，中央电视台2011年6月15日播出。

② 中央电视台2018年7月11日播出。扫一扫后文二维码观看视频。

图 7－9　巨浪把公路“啃”掉一段－2

是还是有一定的影响的。我们现在所在的这个地方就是另外一处因为巨浪受损的路段。先看这个，这样的一个护栏大家肯定都会非常熟悉，高速公路上有很多。大家都知道，车辆哪怕出了车祸，就算速度比较快，也不会把它损坏得非常严重；但大家顺着我们的摄像机镜头往前看，这么长的一段，起码有两三百米的距离，都被巨浪给冲走了，这样的一个非常坚固的栏杆。再看这里，之前主持人也说了，这是属于一条环海公路，所以边上这一层其实就是一个防浪堤。防浪堤上的巨石，大家看这一块，目测的话起码有好几十斤，我一个成年人把所有的力气都使在这块石头上，也可以看到，使劲的话，才能稍微挪动一点点的距离（见图 7－10）；但是当时这个巨浪就把这边的防浪堤全部都给冲开了，这样的一个力量可想而知。当地的居民告诉我们，这条公路修好已经最起码五年的时间了，中间也经历了多次台风，但是从来没有一次台风把这边的石头冲成这样。大家可以看到，地上全是碎石（见图 7－11），那这些石头被冲到哪里去了呢？

图 7－10　防浪堤上的巨石

图 7-11　地上全是碎石

“玛莉亚”在福建连江沿海登陆浙江苍南大渔镇环海公路部分路段被冲毁

这个镇的名字叫作大渔，渔是那个渔民的渔。大家可以看到，这边有很多的渔民；他们的房子呢就在海边上，房子距离这个海边呢其实直线距离也就 50 米左右。看到这些碎石了吗？全部都是刚才那些公路上被打散的碎石，然后冲到居民家里的，对居民家里面可以说是造成了比较大的破坏。现在可以看到很多人都在家里进行一些清理的工作。先看这个门，铝合金的门，现在已经关不上了，整个都已经变形了，请我们的摄像老师给一个稍微斜一点的角度，可以看到侧面的话，我的手是一个本来直着的这样的一个 180 度，但是这里被砸了进去，可能有个 20 度左右的角，而这个距离呢，石头已经飞出去差不多有 50 多米了。再看居民家里面，现在大哥大姐正在清理。这位大姐告诉我们，她本来就站在我们所在的这个位置，但是巨浪卷着石块冲进来的时候只能往前跑，最后这个浪一直冲到后门又冲了出去，当时在这个位置站着，水差不多也到了膝盖左右的位置。

现在对于大渔镇来说，除了灾后的自救以外，还有一个情况非常重要：大家可以看到边上有不少的电力设施，这里现在有 2 000 多户的人家还处于停电的状态，现在电力部门也在加紧抢修，包括镇上的相关工作人员也在加紧进行一些善后工作。

好的，主持人，我这边的情况暂时就是这样。

这条出镜报道最大的特点在于生动、形象地展示了台风登陆后对当地的破坏。记者抓取了先前拍摄的海浪、被冲毁的公路和防浪堤、冲到居民家的碎石、扭曲的铝合金门等具有视觉冲击力的细节。在内容的组织上，主要依托空间顺序，辅之时间顺序，整个报道信息量大，但很有条理。

本章小结

无论是新闻报道还是其他文体，细节在其中的位置都是很重要的。人们对细节的偏爱，其实是因为它顺应了人们在接收信息时注意力和接受力有限的客观实际。出镜报道需要画龙点睛的“睛”，而细节就是这个“睛”。回想一下你所看到的出镜报道，你能记住多少内容？是不是记住的大多是细节呢？既然细节很重要，在出镜中就要尽可能恰当地利用细节。在采访中，有些细节显而易见，有些则需要深入挖掘，还需要考虑到可视性问题。把非可视化细节转变成可视化细节，这种处理方式不仅能提升出镜报道的可视性，也能体现出出镜记者的综合能力。不是新闻或事件缺少细节，而是出镜记者缺少发现细节的眼睛。

推荐阅读书目

赵华．央视《新闻调查》幕后解密．北京：中国广播电视出版社，2008.

思考题

1. 细节是什么？新闻细节的作用有哪些？
2. 出镜报道的细节分类有哪些？试举一个将非可视化细节转为可视化细节的案例。

练习题

1. 找一条出镜报道，将报道内容全文抄下，梳理出其中的细节，指出哪些细节有助于体现报道主题和事件的内部关联，哪些细节是无用的。

2. 自己依据实际情况自选题目制作一条出镜报道，在报道中至少抓取两个你认为会让观众印象深刻的细节。录制完成后播放，让观众依据印象深刻程度写下两个他觉得印象深刻的细节，对比验证你的设想与实际效果的差别。之后访问观众，探寻其中的原因是什么。

3. 观看一条出镜报道，只看一遍，看过之后写下令你印象深刻的三个细节。以观众的角度分析这些细节令你印象深刻的原因；以出镜记者的角度分析该报道可以凸显的细节还有哪些，如何凸显，哪些已凸显的细节可以弱化。

4. 找一位非新闻传播类专业的学生或普通市民，给他看一遍你选定的出镜报道案例，请他指出令他印象深刻的细节，并询问原因，之后与自己记住的细节比对，对选定的案例进行优化修改。

5. 扫一扫二维码，观看央视记者蒋林在庆祝中华人民共和国成立 70 周年联欢活动特别报道中的出镜，评价其对各类细节的运用。重点思考以下问题：记者在现场发现了哪些细节？这些细节属于本章四种细节类型中的哪几种？每个细节的作用是什么？记者是如何描述细节、展示细节的？整个报道中不同内容之间是如何进行衔接、过渡的？你印象深刻的细节有哪些？为什么让你印象深刻？你觉得现场还有哪些细节可以继续放大，哪些细节可以压缩或替换？

央视记者蒋林的国庆出镜报道

拓展阅读

解密直播间

我的新闻从业生涯是从杂志编辑、报纸记者过来的，到新闻频道之前，不瞒各位，和大家一样，别说做直播了，对电视新闻都是一窍不通，也就认识几位《新闻联播》的主播，还是从电视上看到的。我特能理解各位对电视新闻幕后的好奇，所以我这篇文章就先从解密直播间开始。

以前做报纸记者的时候，碰到一起采访的电视台记者，最少也是记者、摄像两个人一起出现，就感觉这电视台采制个新闻咋这么费劲，要来这么多人。没承想自己真做了电视才知道，一个直播系统人更多。就仅仅说这个直播间吧，最起码要有导演，也就是我们这些直播编辑（负责把控节目）、导播（负责下各种切换指令）、视频（负责直播画面切换）、音频（负责直播声音切换）、字幕（负责直播中各种字幕上下）、放像（负责各种画面和字板的播放）、灯光（负责光源的调控）……此外，还有很多为保证直播安全顺利播出的工种，一一数来就太多了。所以，做一场电视新闻直播是一个庞杂的大工程，需要直播编辑们付出大量的前期准备。

人员配齐了，直播也不是顺理成章就播出了，这中间还有很多的难题，其中最让直播编辑们揪心的就是这直播信号如何从千里之外的新闻现场传输回到台里，因为只有直播信号顺利回到了台里，才能经过直播间的精心制作，再从直播间传输到千家万户的电视屏幕上。看到这里各位就应该明白了，您如果再看到电视记者连线突然断了、现场画面突然黑了，各种场外杂音进来了，演播室主播突然间一脸错愕和茫然，那肯定是直播信号出了问题，正在解决呢。不过话说回来了，以电视台这么多编辑们的把控，您指望看到刚才我说的那些瑕疵，真是难上加难，因为在把直播节目送到您家之前，这些故障绝大部分都被我们排除了。

还有一个应该让各位疑惑的问题，就是直播的内容并不确定，为啥电视台的节目时间却可以掐得那么准？这问题其实用最简单的话回答，就是要直播编辑头脑清晰，算术好。直播节目结束时间用我们的行话说就是“关窗口”，这个“窗口”啥时关，取决于直播现场的时间，这就有很大的不确定性，因为谁也不知道直播现场会出现什么小岔子，而现场的小岔子意味着时间延后，也就要求直播编辑需要迅速及时计算新的“关窗口”时间，时间必须恰到好处，最怕时间留多了，没有新的节目内容，就只能看演播室内主播和嘉宾喋喋不休，把时间聊到了为止。

资料来源：张柱．直播那点事//中央电视台新闻中心．央视新闻·内刊外读．北京：三联书店，2015：420-422.

第八章

出镜报道的典型环境选择

本章学习要点

典型环境在出镜报道中的作用

典型环境选择存在的问题

典型环境选取的原则

皮埃尔·布尔迪厄（Pierre Bourdieu）认为新闻实践是“临场发挥的表演”，是行为者对场景的诠释和在具体场景下的策略选择。[①] 出镜记者的出镜场景被称为“典型环境”，这一概念原指文艺作品中典型人物所生活的、形成其性格并驱使其行动的特定社会环境，即主人公和周围人物所形成和辐射出来的具体关系。在出镜报道中，典型环境是客观存在的，是新闻人物、新闻事件所处的特定自然环境和社会环境，反映并可能影响新闻人物的行为和新闻事件的走向。

“现场”消失，典型环境往往还在——地震后倒塌的房屋、车祸后的事故场景等，它们构成了新闻事件的“第二现场”，从中可找到与事发时的诸多联系。从这个角度看，典型环境是大于“现场”的，我们将出镜记者的出镜场景称为出镜的典型环境，意在强调出镜记者出镜时的时空是特定的、典型的，与新闻事件直接相关，而非单纯的地理空间。

第一节　典型环境在出镜报道中的作用

出镜报道中的典型环境是客观存在的，因新闻事件的发生而产生，因记者的现场发现而在新闻文本中呈现，但不因记者的主观意志而改变。如何发现、利用典型环境进行出镜报道，不仅是一门报道艺术，更直接影响出镜报道的传播效果。在出镜报道实践中，不少出镜记者将注意力集中于说什么、怎么说，忽略了选择何种典型环境、如何利用典型环境，导致为出镜而出镜，使出镜报道沦为形式，典型环境传递有效信息、提升报道现场感的功能未能发挥。

① 陆晔，潘忠党．成名的想象：社会转型过程中新闻从业者的专业主义话语建构．新闻学研究（台北），2002（2）．

一、典型环境可提升出镜报道的可信性

典型环境反映的是与新闻事件直接相关的特定环境，出镜记者置身典型环境首先告知观众的是“我在现场”，即媒体“在场”。通过对典型环境的展示，记者将新闻事件中的线索、要素、细节进行放大，用声画的实证性提升报道的可信性。

2013 年 8 月埃及局势动荡，凤凰卫视记者张贺在军警与穆兄会支持者对峙的开罗阿达维亚广场进行现场报道，以目击者的视角对局势进行描述（见图 8－1，参见文前彩页）。

图 8－1　凤凰卫视记者在冲突现场

记者出镜：大家可以看到现在我们想往前进，大约离我们 200 米的位置，军警、装甲车已经有要开上来的趋势，所以我们要准备往回撤一撤。那么现在在我周围的这些人呢，都是穆兄会的支持者，现场弥漫着催泪瓦斯的味道。（这时一名情绪激动的示威者闯入镜头，记者阻拦无效后，递上话筒，示威者说：他们用毒气杀死我们，屠杀自己的人民。）这个人说，这不是他们国人应该干的事情，这是自己人互相残杀，现在所有人都在往回撤，因为军警离我们越来越近了，所以我们也要撤到桥的另一侧。①

记者选择冲突现场作为典型环境，弥漫的催泪瓦斯味道让记者边咳嗽边报道，突然闯进的示威者使新闻产生戏剧性。由于记者置身的是典型环境，所观所感都是鲜活、真实的，现场感扑面而来，可信性毋庸置疑。

二、典型环境可丰富出镜报道的信息量

典型环境本身蕴含大量信息，且与报道内容直接相关。典型环境的信息呈现有两个传播渠道：出镜记者的语言表达和镜头的客观记录。如果典型环境选取得当，作为信息接收者的观众，可通过电视的声画传播，提取出镜记者未能直接表达但可感知的言外信息。2014 年春节，央视对北京市民除夕燃放烟花爆竹致 PM2.5 数值飙升进行了报道，

① 《埃及冲突升级 穆兄会支持者增援》，凤凰卫视资讯台 2013 年 8 月 15 日播出。

出镜记者选择的典型环境就产生了观众所获信息大于记者表达信息的效果（见图 8-2，参见文前彩页）。扫一扫二维码观看视频。

图 8-2 央视记者在除夕之夜出镜报道

> 记者出镜：我所在的位置是北京城区的北京市环境监测中心的楼顶，那么我手中拿的就是 PM 2.5 的检测仪，经过一分钟的采样，现在这个检测仪所显示的数值是：PM 2.5 浓度为 442 微克每立方米，PM 10 的浓度为 870 微克每立方米，这样的数值经过换算之后，大体现在北京城区的空气质量应该达到 5 级重度污染，甚至 6 级严重污染的程度。可以说此时的北京城区的空气质量状况是非常不容乐观的。①

北京：除夕夜 PM2.5 总体低于去年

虽然在报道中观众听到的只是记者对空气质量的测量，但是记者选择的典型环境是楼顶，身后是不断燃放的烟花。一边是记者的测量数据，一边是烟花爆竹声此起彼伏，部分市民对环境污染的漠视虽然没有在记者的出镜语中直接表达，但是新闻报道的立场显露无遗。假如记者选择在北京市环境监测中心内的监测大屏前出镜，没有燃放烟花的场景而只有实时数据，那么观众所获得的信息只能等于记者表达的信息。

三、典型环境可增强出镜报道的感染力

出镜报道的优势在于观众可借由出镜记者的拟人际传播和电视传播营造的现场感，产生似乎置身新闻事件的体验。在实践中，有的出镜记者现场感较差，现场报道与“现场”无关，或置身“现场”却让人感觉超然于外，主要原因在于没有融入典型环境中，没有进入角色。出镜记者要充分利用典型环境的时空，融入新闻现场，对典型环境的诸要素产生条件反射，以此增强出镜报道的感染力。

在前文的案例中，凤凰卫视记者张贺出镜时由于现场弥漫着催泪瓦斯的味道，他边出镜边咳嗽，这种咳嗽非但没有成为报道中的“噪声”，反而由于记者的本能反应和真实表现，将观众带入一个紧张对峙的时空中。

2010 年 5 月，泰国局势紧张，“红衫军”与政府军 14 日在曼谷多处发生冲突，双方

① 《北京：除夕夜 PM 2.5 总体低于去年》，中央电视台《新闻 30 分》2014 年 1 月 31 日播出。

互相动用杀伤性武器，央视驻曼谷女记者张萌亲历了枪战，突如其来的枪击让她不得不趴在地面上进行出镜报道，对现场环境的本能反应让她的报道充满现场感和真实感，这就是典型环境提升出镜报道感染力的体现（见表 1－2 中的第 6 幅图，参见文前彩页）。①

四、典型环境可揭示新闻事件的本质

典型环境之所以“典型”，在于其蕴含的信息可揭示新闻事件的本质，前提是记者对典型信息具有发现力和判断力。记者的新闻采访报道过程其实是去伪存真的过程，通过对典型环境的信息挖掘，可透过现象触及新闻事件的本质，典型环境本身就是“用事实说话”。广东南方电视台曾经报道过立交桥下年轻人聚集搞传销的新闻，当记者赶到现场采访时，受访年轻人表示自己是来玩的，没有搞传销，怎样证明年轻人在说谎成了一个棘手的问题。但记者善于利用典型环境所蕴含的信息，记者出镜说：“刚才我们问了一圈，他们都说自己不住在这儿，但是我在这儿发现了一个口杯，里面放了这样一些东西（另一只手把口杯提起来，里面摆了一圈的牙刷）。如果不是住在这里，这一圈的牙刷又是哪儿来的呢？”②

再如《焦点访谈》播出的《收购季节访棉区》，由于非法收购棉花的加工点知道记者要去采访，便提前把棉花藏了起来，人都躲了起来。没有了人证、物证，采访似乎无法进行下去，但记者进入办公室后，发现室内弥漫着尘土味，桌上还有一杯冒着热气的茶水。记者抓住这两个细节告诉观众：人走茶不凉，显示主人离去得匆忙。③ 如果记者没有利用典型环境中的有效信息，新闻报道往往会陷于被动地位，对于新闻事件的报道深度也会降低。

知识窗

体育赛事的注入点

在体育赛事中，有一种典型环境虽然称不上真正的典型环境，但也是产生新闻的地方，那就是注入点。

注入点是记者以新闻现场做报道点，通过电子媒介和光纤或微波作为直播报道的一种现代电视节目制作方式。④ 单边注入点是在赛场旁边专门设置的电视采访区域，一般直接服务于现场直播，甚至可以说是赛场直播的一部分。单边注入点最大的优势是“第一现场”感。采访对象在完成比赛后第一时间前来，讲述比赛细节，表达胜败心声。具有直播功能的单边注入点还可以按节目要求，由出镜记者进行现场报道或评述，增加观众的现场感受。单边注入点可以说是和比赛同步，或者和比赛时间差最小的一种采访方式。⑤

---

① 报道内容见本书第一章第二节。

② 顾铭．记者现场报道要解决好三个问题．南方电视学刊，2011（4）．

③ 张新宏．细节在电视节目中的作用．新闻爱好者，2005（1）．

④ 张兴．“单边注入点”：一种新型的体育报道形式：八运会电视报道断想．电视研究，1997（12）．

⑤ 黄俊杰．三大采访阵地：电视体育记者如何取胜．南方电视学刊，2009（2）．

一线者说

体育赛事注入点的功能和选取方法

很多同学喜欢体育报道，在出镜练习中选择在比赛现场进行模拟报道。可是，你知道出镜也可以选择注入点吗？在体育赛事报道中，注入点有什么功能？注入点的选取有哪些方法？扫一扫二维码，阅读《体育赛事注入点的功能和选取方法》。

体育赛事注入点的功能和选取方法

第二节　出镜报道典型环境的选择存在的问题

出镜报道中的典型环境分为两个层次：正在发生的现场和与新闻事件有关的场景。选择的主要依据是时效性和关联性。典型环境选择并非单纯寻找出镜地点，它是出镜报道叙事的一部分，需要出镜记者在采访报道中具有发现力、判断力和表现力。但在出镜报道实践中，不少出镜记者没有或缺少发现、利用典型环境的意识，往往让典型环境等同于出镜地点，突出表现在以下方面。

一、典型环境的选择不典型

典型环境的本质是特定的时空，典型与否的判断标准分为三个维度：时间维度、空间维度和内容维度。三个维度与新闻事件的关联度越高，典型环境的“典型”程度就越高。但在出镜报道实践中，有些出镜记者本可以抓住典型环境，然而最后的选择却不尽然。

（一）典型环境与报道内容分离

典型环境的选择取决于出镜报道的内容。在事件性出镜报道中，典型环境等于新闻现场；而在非事件类出镜报道中，由于“现场”的模糊，记者的出镜场景往往不典型，由此导致典型环境与报道内容分离，使典型环境沦为出镜地点。

如某台关于南非市民庆祝南非“人权日”的一条新闻，先介绍了南非人权日的一系列活动，包括市民为烈士献花、人权日主题音乐会、开普敦博物馆免费开放，最后记者将出镜场景选择在一个公园，背后是一群孩子在遮阳棚下。

记者出镜：1994 年当新南非成立之时，南非政府就将每年的 3 月 21 日定为南非的人权日，那么在此之后，民主、平等、自由成为南非社会发展的主旋律，在每年的 3 月 21 日，南非市民聚集在一起通过各种形式来庆祝南非人权日的到来，他们希望南非能在民主、自由、平等之路上一路前行。

这段出镜是对该报道的一个总结，通过之前的报道观众可推测记者是在举行人权日活动的公园，但身后的孩子在做什么，是否和人权日活动有关，记者并未交代。其实记者在这条新闻中有很多典型环境可选择，如市民献花的雕像前、人权日主题音乐会现场和开普敦博物馆中有关南非独立历史的展区，既具有人权日的视觉辨识度，又有正在进行的现场，遗憾的是记者恰恰选择了一个最不典型的出镜场景。

2009 年 9 月，某台关于“金融危机一周年”的系列报道，记者在浙江一家企业的出镜是：

记者出镜：我现在是在××企业，一年前这家企业由于国际金融危机的影响，多条生产线都停产了，一年后当我们再次来到这里的时候，这里又开始忙碌了起来。①

出镜记者以小见大，意在通过对一个企业在金融危机前后的生产进行对比，将金融危机一年后的经济复苏体现得生动形象。但记者选择的出镜地点是这家企业的办公楼前，画面中感受不到热火朝天的忙碌景象，与记者在镜头中所介绍的反差极大。如果出镜记者选择在车间里出镜，背后是嘈杂的机器声、工人忙碌的身影，这条报道的出镜效果则会好得多。

因此典型环境与报道内容应当是统一的，既然记者抓住了新闻中的典型案例和典型情节，那么典型环境也就不难寻找了。

（二）典型环境不具有可识别性和强关联性

新闻报道在年复一年的报道中会出现题材模式化、报道模式化问题，从而导致记者出镜也出现模式化。模式化的本质是记者的创新能力不足，表现在典型环境的选择上即是典型环境没有可识别性，或有些典型环境虽具有可识别性，但与新闻报道本身缺少强关联。

如涉及经济类的新闻报道，出镜记者往往站在大街上或闹市街区，这些地点可被称为万能出镜地点，物价上涨、房改新政、股市动荡……一切和经济沾边的出镜似乎都可以这样做。出镜的地点与报道的物价上涨究竟有何关系，观众不知道，甚至连出镜记者自己都不知道。这时典型环境不能被称为“典型”环境，而只是一个出镜地点。出镜地点随意化多见于连线报道和固定镜头的出镜报道中。

有关物价上涨的出镜可以选择在超市里，房改新政可在楼盘或房产局，股市动荡可在股市交易所，也可在一个濒临倒闭的公司里。特定的地点、特定的场合能产生特定的效果，这种画面效果是解说难以替代的。典型环境首先要具备可识别性，还必须与新闻报道建立强关联，这样才能实现出镜报道传播效果的最大化。

---

① 荀凯东．直播常态化下的现场话语表达分析．电视研究，2010（3）．

二、典型环境的核心信息不突出

典型环境中包含着与新闻事件有关的信息，有的可直接体现，有的则需要记者深入挖掘分析；众多信息中又以核心信息最为重要，直接决定着出镜报道的可信度、深度和力度。因此是否善于发现和凸显典型环境的核心信息是出镜报道成功与否的关键。

（一）典型环境的信息浮于表面

不少出镜记者置身典型环境，却未对典型环境的核心信息进行深入挖掘，浮于表面，突出的表现是“照图说话”，自己看到的，观众也看到了。如果观众自己可以通过画面获得与出镜记者相同的信息，这段出镜实际上没有存在的必要。电视新闻本身就是通过画面展示细节，出镜记者要做到画面背后的内容多说，镜头没有凸显出来的信息多说。

有些出镜记者做现场报道时，只是泛泛地交代观众一眼便知的新闻事实。曾经有记者在描绘国庆黄金周游园时这样说道：“我们看到，现场有一面鲜红的五星红旗高高飘扬，姹紫嫣红的鲜花装点在红旗两侧，这里的游人非常多，有夫妻结伴的，有一家老小的……”这样的出镜语毫无意义和效果。记者的镜前表述，除了增强新闻报道的可信度和生动性之外，更重要的是搜集摄像机不能直接记录的信息，也就是通过记者激发，使镜头本身不能记录的非具象信息得以外显。如果记者描述的都是观众通过摄像机镜头就能看到的画面，这就等同于镜前失语。①

（二）典型环境的信息未能直观凸显

电视画面中的典型环境分为直观的典型环境和非直观的典型环境。直观的典型环境可通过画面呈现出来，如灾害的损失等；非直观的典型环境则不易被直观感受，需要出镜记者在出镜时将典型环境做视觉转换处理。

以通货膨胀为例，通常情况下记者出镜时会以某商品的价格作为画面的主要信息。超市中的价格牌可以体现通货膨胀，但仅以价格牌作为视觉呈现的手段，并不容易被观众直观感受。因此出镜记者需要采取一定的手段，将这一细节放大，使之更直观化。

美国电视新闻教材中有这样一个案例：记者多特森在一个肉类市场给了一个肉贩一张10美元的钞票，问10年前这些钱能买多少牛肉。肉贩亮出了相当大的一块牛肉。多特森说：现在让我看看同样的10美元5年前能买多少。肉贩握住切肉刀切去了大约一半的肉。多特森说：再给我看看现在这10美元又能买多少牛肉。肉贩又切去了一半，然后把剩下的一小块肉给了多特森。②

出镜记者选取肉类市场作为典型环境，以10美元的牛肉为例，将10年间的通货膨胀情况直观地展示出来，比单纯说价格、说数字更形象。直观、生动、通俗易懂，是电视新闻的传播特色，作为出镜记者，在典型环境的利用上应多运用发散思维，让出镜报

① 李蓓．出镜记者角色失调现象分析．新闻实践，2009（3）．

② 舒克，拉森，塔尔西奥．电视现场制作与报道．5版．雷蔚真，译．北京：中国人民大学出版社，2013：12.

道与众不同。

三、对典型环境存在认知误区

典型环境既是记者的出镜场景，又是构成出镜报道“信息场”的有机部分，典型环境存在的意义在于为新闻的真实性和可信性服务，是服务于新闻本质的需要。出镜记者对典型环境存在的认知误区主要包括以下两个方面。

（一）将典型环境片面理解为极端环境

不少出镜记者把出镜的典型环境片面等同于极端环境。如水灾出镜找受灾最重的地方出镜，似乎找不到水深没过小腿及以上的地方，这个出镜就是失败的。而将典型环境理解为极端环境的原因通常是由于记者和媒体追求视觉冲击力，追求轰动、煽情，当然还可能是作秀。极端环境并不一定典型和具有普遍性，出镜报道的本质是新闻报道，坚持真实性，要兼顾点与面、特殊与一般等关系。在极端环境中，记者可以出镜，但需要指出出镜地点的特殊性，便于观众判断新闻事实。否则对某些新闻要素的过分凸显也会影响观众对报道所塑造的拟态环境的感知，甚至直接影响新闻真实性，最终损害媒体公信力。

（二）将事发地点视为典型环境

典型环境与事发地点通常是重合的，但是也可因报道主题和角度的变化而出现与事发地点不重合的情况，尤其是非事件性新闻。因此不能将事发地点完全等同于典型环境，典型环境是多个、变动的特定时空。

如广州在亚运期间为市民发放交通补贴。由于新闻发布会是在晚上，有些记者直接在新闻发布会会场出镜，背景是发布会大厅。但也有记者跑到地铁站出现场①。对新闻发布会而言，重要的不是发布会本身，而是发布会提供的信息。在以上案例中，将事发地点等同于典型环境的结果就是限制了出镜报道的思维和出镜空间的拓展。

第三节　出镜报道典型环境的选取原则

出镜报道作为一种在现场进行“书写”的文本形式，应当充分注重对典型环境的选择和利用。对于出镜时的典型环境的理解应当跳出地理概念本身，典型环境的选取应当坚持真实性、直观性、典型性原则，否则记者的出镜往往会沦为形式，而非出镜报道的有机组成部分。

典型环境是记者“在场”进行报道的必要环节，在一个新闻事件中典型环境的选择关系到出镜报道效果，因此需要慎重选择。选择典型环境应坚持以下原则。

---

① 顾铭．记者现场报道要解决好三个问题．南方电视学刊，2011（4）．

一、真实性原则

真实性原则是指典型环境本身是具体的、真实的，不是摆拍或人为制造的。真实是新闻报道的生命，无论出于何种目的，违反新闻真实性的做法都是不被允许的。例如，外国某电视台一记者报道雨后洪涝情况，坐小艇出镜，其间正好一居民路过，洪水只是没过居民的腿肚，并没有严重到坐船出行的地步。

在实践中类似的违背新闻职业道德的做法虽不常见，但是有一种违背新闻真实性的做法，却被某些电视媒体默许，那就是出镜报道的"伪直播"。所谓伪直播，通常由SNG报道小组在现场完成连线的录制，之后传到电视台，在电视台通过演播室编辑播出。而主持人往往会说："现在我们连线正在前方的记者。"这时播出的片子实际上是一个小时前传送过来的画面。虽然当时录制时记者选择的典型环境是真实的，但由于以直播名义播出，更改了典型环境中的时间因素，所以这种典型环境也是假的。

还有一种典型环境需要出镜记者在出镜伊始就交代清楚。有时记者由于各种原因无法抵达新闻事件的核心现场，会使出镜记者的典型环境选择打折扣。这种情况下要向观众交代，不能因为脸面问题或其他问题不做解释，让观众误认为你所选择的典型环境就是新闻事件核心现场的典型环境。

> 记者出镜：我现在距离执政当局武装人员和卡扎菲支持者交火的一个地方不到一公里的距离，也是我们能到达这个交火地点最近的一个检查站。那么这边执政当局的武装人员告诉记者呢，现在交火已经持续了两个小时了，我们依然能听到枪声，而且这样的战斗也会继续，还不断地有执政当局武装人员涌入这个地方，来增援这个战场。①

对于无法到达的现场，出镜记者一定要告知原因，是由于封锁还是力所不能及。有记者认为，向观众解释这些会使出镜显得"啰唆"，但其实无法达到现场本身的解释也是有用的信息，如案例中记者虽未到达交火现场，但是观众可以判断交火很激烈，现场很危险，距离一公里还能听见枪声。

二、直观性原则

直观性原则是指典型环境的选取利于电视画面呈现，带给观众直观的感受。直观性包含两个层次。第一个层次是由于电视画面的限制，导致出镜记者在选择典型环境出镜时，考虑到画面展现的需要。

直观性原则不仅要求看到，也要求能感受到、理解到。有些现场画面很丰富，但是由于线性传播的制约，信息越多、解释越多，观众对问题的把握就越混乱。因此直观性的第二层次是便于理解、接受。

---

① 《本台记者亲历的黎波里激战》，中央电视台《新闻联播》2011年10月2日播出。

三、代表性原则

代表性原则是指典型环境的选取在新闻事件表达中具有代表性，能以小见大，反映新闻事件的某些方面。电视新闻采访中可供选择的典型环境有很多，典型环境的选择要以一当十，信息量大。

以下是《焦点访谈》2010 年 3 月 29 日播出的《寻找生命之水：抗旱记（一）》的一个出镜。出镜记者在选取典型环境时，找到一个极具信息量的时空——送水车和打井队，让这段出镜信息量很充足（见表 8－1，其中第 1 幅图参见文前彩页）。

表 8－1　典型环境选择案例

序号	1	2	3
画面			
出镜语	楚雄市紫溪镇的冷水村是一个典型的山区小村庄，那么在这次的干旱当中呢，整个村所有的水源都已经干涸。		
序号	4	5	6
画面			
出镜语	三个月以来，他们一直依靠外界给他们送水来维持生活，今天这里的村民不仅等来了给他们送水的解放军，更让他们高兴的是他们盼来了国土部门的专业打井队伍，要给他们打一口 120 米的深井。		

声　音

避免所谓“镜头不够记者凑”

有的出镜记者在做现场报道时，对“现场”这一重要元素没有给予足够重视。对现场的选择过于随意，或笼统的大，或局限的小，缺乏场景的典型性和新的现场信息，完全是为出镜而出镜。有的甚至是“伪现场”——随意找个地点就慷慨激昂地出镜，只图强化记者“我出镜了”的“福利性露脸”，忽略了“我在哪里出镜”的本真。杭州一场特大山火烧了几天几夜，可记者出镜时身后还是郁郁葱葱的山林。笔者单位江边的几棵树，时不时地出现在一些记者出镜的背景中，几乎成了“明星树”，难怪有人批评说，他们出镜是为“偷懒”，所谓“镜头不够记者凑”。

资料来源：赵亮．走出“出镜记者”的“现场”误区．当代电视，2013（10）．

四、符合主题原则

典型环境的选择要考虑环境与事件的关联程度，更重要的是要思考环境对提升报道新闻价值的作用。

我们来看 NBC《晚间新闻》与 CBS《晚间新闻》对同一事件的报道。在报道一位尼日利亚裔学生持捡到的登机牌骗过机场安检成功登上飞机的事件时，CBS 记者出镜报道的环境选择是弗吉尼亚州里根机场，而 NBC 记者选择的报道地点是美国国土安全局。从外在形式看，CBS 记者的地点选择更符合新闻主题，但是从新闻深层次价值而言，NBC 的环境选择更契合报道的核心点——安全漏洞。① 美国“9·11”事件之后，在各种安全措施和机制空前提高的情况下，机场安检却出现这样的问题，不得不引起有关部门的重视。

典型环境的选择往往直接影响出镜的效果。特定的时空能产生特定的效果，而这种镜头效果是配音解说难以替代的。

2007 年“圣帕”台风期间某台一位记者的出镜是这样的：“我现在是在××地的台胞接待站（此刻记者站在大楼外面），截至昨天傍晚，共有 18 艘台湾渔船进港避风，船上 70 名渔工全部到站里休息。”记者为什么不直接到接待站里、到那些台湾渔民的身边出镜呢？记者出镜，要尽最大可能靠近新闻现场，因为观众愿意看到与现场直接关联的地点。②

五、符合实际原则

以上四个原则是业务层面上的理想化探讨，前提是记者在出镜时有多种不同的典型环境和出镜场景。然而由于各种条件的限制，出镜记者不一定能够在理想化的典型环境中出镜，这时就要进行变通，或者放弃，或者另选方案。

有的出镜记者自认为自己是公众人物、媒体代言人，为了抓独家新闻、拍摄别人拍不到的画面或者从出镜报道的质量考虑，往往会逾越本应遵循的原则。

如现场救生用的橡皮艇不够用，记者这时就不能单纯为了新闻报道而影响救援，采取各种手段在橡皮艇上出镜，占用宝贵的救援资源。在实践中，一些记者“无视”警戒线，认为自己有采访的“特权”。对于这一点，记者要端正态度。在案发现场，警方拉起警戒线，禁止一切人员入内，记者如果要进入采访，应事先征得警方同意，不得擅自进入，破坏案发现场。在某些危险区域，相关部门会拉起警戒线，这是为了保证群众安全。当然，也会有一些人以警戒线为由阻止记者采访，需要具体问题具体分析。

2018 年广东电视台一名记者在报道台风“山竹”致深圳一栋大厦玻璃外墙被吹落的新闻时，由于站在警戒线外，避免了出镜时被一块玻璃掉下砸中的危险。

---

① 曾祥敏．广播电视新闻采访报道．北京：高等教育出版社，2013：165－166.

② 柳敏芳．例说电视记者出镜报道的“三大纪律”“八项注意”．东南传播，2008（4）.

记者身处新闻现场，要对现场有足够的了解和把控，该深入则深入，该回避则回避。在救灾现场，有的记者擅自闯进手术室；而在一些科研实验室，有的记者随意拿起实验台上的仪器，或操纵各种按钮。这些都是忘记现场的表现。在新闻现场，记者应该清楚这样几个问题：“我现在在哪里？”“这里是什么地方？”“我是来做什么的？”“我能做什么？”“我该怎么做？”只有明白了这些问题，记者才能把握现场，游刃有余地完成连线任务，避免偏题、失礼、过激等失误、失态之举。[①]

六、确保安全原则

在典型环境的选择中，出镜记者需要对环境的安全性进行评估和预判，对潜在的危险要予以规避。日常生活中的人身安全准则对于出镜记者同样适用，出镜记者不可大意。例如有的出镜记者在高速路上报道交通事故，出镜时要兼顾出镜地点与自身安全情况，不可只顾出镜的典型环境选择而不及其他，导致自身安全受到威胁。再如某出镜记者在一次采访中选择在受污染的鱼池边出镜。在试探了几步之后觉得鱼池边上的土还是比较硬的，于是让摄像拍摄出镜，拍摄的方式是记者边后退边说，结果出镜中不小心踩进一个小泥潭，身子一歪差点掉进鱼池里。

2019 年，一位巴基斯坦电视记者在报道当地洪水时出镜，由于水很深，记者出镜时只有头和一只手露出水面（见图 8 - 3）。

这一典型环境尽管很典型，但不值得提倡，作为记者保证自己的人身安全是第一位的。

图 8 - 3　一名巴基斯坦记者在洪水中出镜

资料来源：GTV NETWORK. Pakistani reporter in flood water, risk his life in danger to perform his duties. (2019 - 07 - 26) [2023 - 03 - 06]. https://www.youtube.com/watch?v=-4SJuQLfN44.

注：图中的乌尔都语字幕大意为“成千上万亩庄稼被淹，河水正朝人群聚居区涌去”。

第四节　案例分析

在动态的事件中，典型环境的选取较为简单；但是对于静态的事件，典型环境的选取会出现诸多问题。在本节的案例分析中，我们选取两个案例——一个是获得第 22 届中国新闻奖电视专题二等奖的作品《谁在猎杀中国公司》，另一个是中央电视台1997年6月30日"香港回归72小时直播"中白岩松在落马洲大桥的连线——来探讨静态事件的典型环境选择问题。

案例一

《谁在猎杀中国公司》抓取2011年广受关注的财经现象"做空中概股"进行探讨，通过记者对浑水公司的调查，对比做空行为在内地和香港不同的处境，将浑水公司的做空个案延展到中国证券市场的体制完善问题（见图8-4）。

图8-4 记者出镜

记者出镜：2011年6月底，将近一个星期的时间，对于中国的大型食品企业雨润集团来说，绝对可以用煎熬两个字来形容。因为，其在香港上市的股票雨润食品，在没有任何预兆的情况下股价大跌。这一切究竟是谁所为，股价接连下跌的背后，又有着多少不为人知的事件发生呢？

这是节目开篇的一段出镜，出镜语采用设置悬念的方式，从雨润集团股价大跌的个案入手，让观众想探究为何一家大型企业的股价会在一周之内大跌。美中不足的是出镜记者的典型环境选择存在问题。

这一报道是对某一个问题进行调查、分析、探讨，整体偏静态，缺少真正意义上的典型环境。真正意义上的典型环境应当是记者所说的雨润集团股价大跌当天的港交所。但是该节目的播出是在事发之后一段时间，典型环境已经消失了。记者出镜选择的出镜场景是"万能出镜场景"，假设这个场景用于报道空气质量、居民生活水平等静态话题，似乎也没有什么问题。但出镜中这种适应性极强的场景应当尽量避免，因为观众从画面中获取不到任何有价值的信息。或许是由于节目制作中有多方面条件的制约，记者只能这样选取出镜场景。但假设有足够的条件"再来一次"，在出镜语不变的情况下，我们可以为这位记者提供至少三套出镜方案。

第一套方案：记者在雨润集团门口或生产车间出镜。

第二套方案：在港交所出镜，画面中出现实时的雨润集团股价变动。

第三套方案：在上海找一家雨润集团的销售专柜，在专柜前出镜。

换言之，较为理想的出镜场景就是与雨润集团及其股价下跌相关的场景，并在出镜时强调与报道主题的关联。

这是这篇报道的第二个出镜（见图 8－5、图 8－6）：

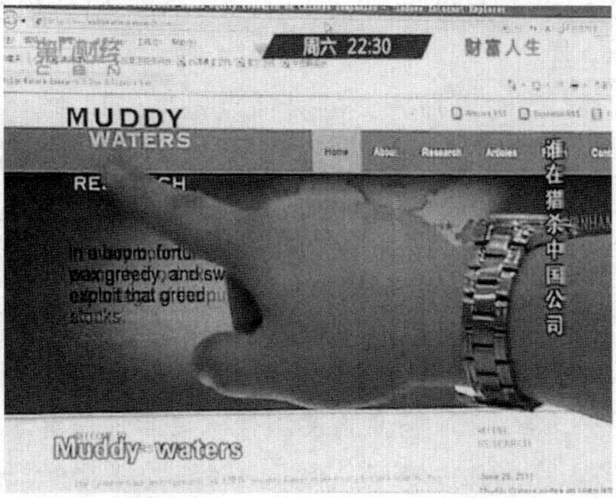

图 8－5　记者打开浑水公司网站

图 8－6　记者在电脑前出镜

记者出镜：Muddy waters，中文直译是“浑浊的水”，据说浑水公司取这个名字的灵感是来自中国成语浑水摸鱼。但是对于很多中国上市企业来说，浑水公司却没有半点含糊。就在 2010 年 6 月 28 日，浑水公司注册的当天，他们就发布了一份有关河北省保定市的造纸企业“东方纸业”的调查研究报告。可以说，这份报告，直接导致了这支在美国上市的中国概念股的迅速陨落。

在片子的开头，浑水公司是一个神秘的存在，也没有浑水公司的一手画面。出镜记者选择在办公室的电脑旁打开浑水公司的网站出镜，使这一出镜场景与节目主题建立了关联，是一个较为合理的典型环境选择。

单从记者出镜与报道内容的关系来看，记者出镜有效地弥补了《谁在猎杀中国公司》话题本身不适合画面表现的弱点。有人认为，静态的新闻事件不适宜记者出镜，判断依据是记者出镜没有必要，因为没有真正意义上的典型环境和现场感。笔者认为，静态的新闻事件记者可以出镜，正是因为“静”，所以才需要记者出镜来让整个报道荡起涟漪。不过记者需要注意的是，一定不要让自己选择的出镜可有可无，一定要让自己的典型环境提供信息，而不是一张“白纸”。

案例二①

在1997年中央电视台“香港回归72小时直播”中，白岩松在深圳与香港交界处的落马洲大桥的报道堪称经典。

在典型环境的选择上，当时直播方案的直播点是皇岗口岸。但是白岩松在直播前得知，在深圳和香港间有一条标志性的管理线，于是最后直播地点就选择了落马洲大桥的管理线。这种选择使典型环境（皇岗口岸也是一个典型环境）更为典型。

白岩松：好的。各位观众，我现在是在落马洲大桥上。大家可以看一下，这里有一条铁的线，在桥的中央。这样说吧，我现在左脚一面就是香港，那么在右脚的这一面就是深圳。刚才水均益也说了，按理说这条线是不应该存在的，因为深圳和香港自古就属于同一个县。150多年前英国侵入之后，便有了这条线，便有了这条深圳和香港之间让很多人感到伤心的线。但是再过三个多小时，这条线就只具有区域线的意义了：一面是我国的经济特区，一面是我国的特别行政区（见图8-7、图8-8）。

图8-7　白岩松在落马洲大桥出镜

图8-8　落马洲大桥上的管理线

现在大家可以顺着镜头看一下前面的那栋小楼。

大家看这栋小楼，我们部队的车队马上就要停在小楼的前面，再隔一会儿将从那个豁口开进线来，一直开到这儿，我估计距离可能有120米左右。平常这里是非

---

① 李东生．重大新闻现场直播文案选编．北京：北京出版社，1998：49-52.

常繁忙的，可以说是车水马龙，人来人往，但是今天这里却显得有一点宁静。

车队现在已经到了。现在我们看到一辆前导车在向这边开进。前导车停下了，看样子是来探查情况的。大家看到的这栋小楼，就是皇岗口岸的一座办公楼。在1992年1月，邓小平同志视察南方第一站就到了皇岗这个口岸。

对面就是新界，前面有灯光的那一片就是在香港一面的落马洲口岸。相信当时一代伟人邓小平站在小楼上，一定会注目眺望香港。就香港问题的解决来说，我们应该感谢邓小平同志。我刚才进了贵宾室，看到一张邓小平同志在1992年1月到皇岗口岸的巨幅照片。我当时就有一种感触，今天送行的人非常多，我相信虽然伟人已经故去，但是在送行的人群当中会有人记起伟人注视的眼光。

（中间略）

白岩松：各位观众，我现在是在落马洲大桥上。现在可以通过我们摄像师的镜头看一看，就在前面灯亮的那一块，在那栋小楼的前面，驻香港部队的先头部队的车队正在做准备。预计再过三四分钟将通过我刚才向您介绍的这条管理线。借这样一个短暂的时间，我们可以看看对面的深圳。

整个深圳现在非常漂亮，可以说每栋楼里不知会有多少只眼睛也在注视着这条线。现在激动人心的时刻越来越近了。先头部队8：00从皇岗口岸进来之后，8：20大约要通过这条管理线，接着行进到前方香港的落马洲口岸，车队将做短短的停留，然后大约于9：00，车队39辆车的最后一辆车要通过落马洲口岸，正式进入香港。

也许还有人关心，说这条管理线是怎么来的？落马洲大桥下面就是深圳河。当时做这样的一条管理线，就是取深圳河河道的中心画线，自然升到这个桥上。

大家可能还会觉得有一点别扭，说这个车队从深圳向香港开，怎么会在道路的这一侧呢？香港的交通规则跟我们已经习惯按右侧通行是不一样的。它是按左侧通行的。

我刚才在这个小楼的下面，见到了几位驻香港部队的新战士。他们有的刚服了半年的兵役，有的服了一年的兵役。跟他们聊天的时候，我说你们是不是为你们能够成为驻香港部队的一个成员而感到兴奋和自豪？他们说是的，非常是的。

现在我们看到前面这辆前导车一直在闪着灯。大家现在看我们的镜头，车队已经过来了，离管理线还有120米左右，车速并不是很快，成一路纵队，前导车让开了。这是神圣的时刻！车速并不是特别的快，大家看到车队已经来了。

越过管理线！第二辆也越过了管理线！

现在我们看到的是满载着士兵的中型巴士。据我的观察，士兵在里头是目视前方，非常安静。

各位观众，这条线并不长，大家也看到了，车速也并不快，但是今天驻香港部队越过管理线的这一小步，却是中华民族的一大步。为了这一步，中华民族等了一百多年（见图8-9、图8-10，其中图8-10参见文前彩页）。

白岩松在这条管理线出镜，看似地点比较单一，但是蕴含的信息量很大，因为在落马洲大桥的不远处就是深圳的皇岗口岸和香港的落马洲口岸，而且管理线本身的来历也是令人感兴趣的。在报道中，白岩松巧妙地以管理线为中心，将驻港部队先头部队进入

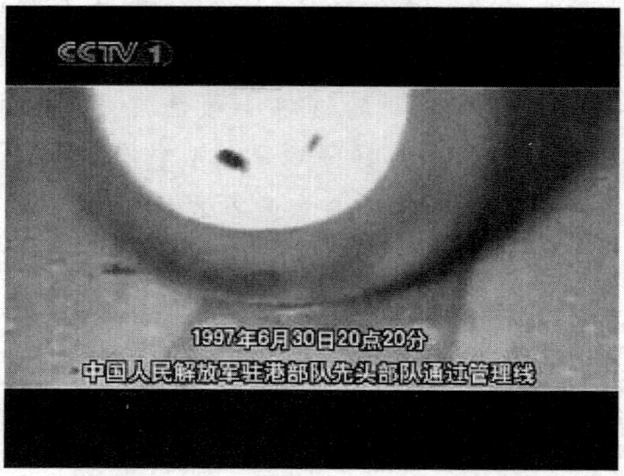

图8-9　经典镜头

图8-10　白岩松的名句

香港的内容嵌入其中，让原本神圣的“进驻”更具历史意义。

本章小结

当出镜记者面向镜头说自己是在什么地方的时候，这一出场本身就开始与新闻事件发生联系了，这种联系关乎的是新闻报道的可信度。电视画面具有证实功能，因此典型环境的选择至关重要。是否到达了现场、在哪个现场，典型环境选择的本身就是媒体报道能力和观点、立场的体现。所以出镜记者要重视典型环境的选择，避免万能出镜场景的出现。

有些静态事件缺少真正意义上的典型环境，这就需要记者动一番脑筋，寻找与报道内容相关的场景，建立关联。如此整个报道就是一个有机体。否则记者完全可以在演播室就把事情说清楚。出镜报道的魅力表面看是记者出镜这种与观众“面对面”交流的方式，但如果真是这样的话，主持人是可以替代记者的，或许还会比记者说得更好。出镜报道的魅力在于记者身处现场向观众进行报道，这种时空的不可替代性是主持人无法取代的。

推荐阅读书目

里尔登，弗林．镜头前：如何报道、主持、采访．成倍，张东岳，译．北京：人民邮电出版社，2015.

思考题

1. 典型环境对于出镜报道的意义是什么？
2. 当前出镜记者在典型环境选择中存在的问题有哪些？
3. 典型环境选取的原则是什么？
4. 你是如何看待记者在选择出镜场景时过于随意的行为的？

练习题

组成小组分头搜集你认为在典型环境选择中有问题和没问题的出镜报道，与小组成员一起做点评，并基于出镜报道提供的信息，对有问题的典型环境选择提出修改意见。

第九章

记者出镜的调度与拍摄

本章学习要点

客观镜头
主观镜头
固定镜头
运动镜头对出镜报道的独特作用
运动镜头的拍摄要求
拍摄记者出镜的理念

出镜报道需摄像与出镜记者协同配合才能完成。出镜报道中对记者的呈现方式直接关系到出镜报道的传播效果，因此如何拍摄出镜记者非常重要。对于出镜记者的出镜，需要出镜记者和摄像记者根据报道需要进行合理设计。在实践中，有的出镜记者对拍摄技巧不甚熟悉，如何拍摄完全交给摄像记者，而摄像记者不一定能完全领会出镜记者的意思，或者无法为出镜记者提供一个优化的出镜拍摄方案，导致出镜拍摄无特点、无新意、无技巧。本章我们先介绍镜头语言，并结合实例介绍不同拍摄技法如何呈现记者出镜。我们还选取了国内外极具创意的出镜方式供学习者借鉴，并探讨近几年新兴的自拍出镜形式。

第一节　客观镜头与主观镜头

在镜头语言中，客观镜头代表旁观者（如摄像师、观众）的眼睛客观地记录、描述人物和情节，主观镜头代表角色的眼睛，记录的是角色看到的内容，多用于影视作品中。电视新闻在镜头语言运用上以客观镜头为主，美国电视新闻节目时常可以看到记者在出镜时运用主观镜头增强出镜报道的参与感。

一、客观镜头

客观镜头之所以显得“客观”，是因为观众在观影时，是意识不到摄像机镜头存在的，这时摄像机镜头所拍摄的画面是一种记录，更接近客观存在。摄像机采用大多数人在拍摄现场所共有的视点拍摄，由于其“超然物外”，显得相对理性、冷静和客观，所以客观镜头又被称为“中立镜头”。[①] 客观镜头相当于画面之外的叙事者在客观叙事，有助于保证影视节目的画面真实性和叙事的客观性。[②]

需要注意的是，客观镜头并不全然代表客观性，也有主观性。客观镜头的主观性是拍摄者世界观的间接表象，虽然镜头反映的是客观现实，但人们仍然可以从画面语言这种客观镜头记录中清晰地看到拍摄者的内心情感世界。客观镜头除了受拍摄时的外部条件限制，更多的是受拍摄者的主观意志所左右，镜头的推、拉、摇、移是随着拍摄者的主观意愿进行的。[③] 一句话：客观镜头中的世界不是现实，而是被中介了的现实。

二、主观镜头

摄像机以影像节目中主体视线的角度来观察周围的事物，所表现的是主体的视觉状态和站在主体的位置观察事物的主观感受，这种观察视点就是主观视点，所拍摄的镜头就叫主观镜头。[④]

主观镜头的客观性是拍摄者的内心世界通过镜头语言这种画面形式去刻意追求的直接表象，受一定客观条件制约，正因如此，人们才能够比较容易地透过这种外部的画面语言记录看到拍摄者的内心活动，所以主观镜头具有客观性。[⑤]

主观镜头多用于影视剧、电影、体育赛事，通过主观镜头的主观视角让观众通过不同的视角进入画面营造的世界中。例如在 F1 赛事中，我们通过安装在赛车上的摄像机，可以营造观众置身赛车中参与比赛的刺激感觉。

随着新闻故事化理念的深入，一些用讲故事的方式制作的新闻报道，有时也会采用主观镜头参与叙事。恰当使用主观镜头，可以生动展示新闻人物的所见、所感，在镜头组接中达到戏剧性效果。在出镜报道中，主观镜头多用于展现出镜记者或采访对象眼中的景象。

第二节 固定镜头与运动镜头

在电视上你会经常看到出镜记者像“一寸照片”“两寸照片”那样站在镜头前出镜。这种出镜拍摄采用的是固定镜头，近些年在广泛应用的同时，也招来不少批评。需要注意的是，这里所批评的不是出镜报道不应该多用固定镜头，而是拍摄出镜记者不应该多用固定镜头。为什么用固定镜头拍摄出镜记者不受待见？下面我们先来介绍固定镜头和运动镜头这两种镜头语言。

---

① 于忠广，张丽．电视新闻．北京：中国人民大学出版社，2015：78.
② 栗平．电视摄像技术．郑州：郑州大学出版社，2007：53.
③ 石革新．电视镜头的主观性与客观性．当代电视，2006（6）．
④ 同②.
⑤ 同③.

一、固定镜头

固定镜头是指摄像机在机位不动、镜头光轴不变、镜头焦距固定的情况下拍摄的镜头。固定镜头不排斥镜头内的运动，也就是说被摄对象可能处于静止状态也可能处于运动状态，它的核心点就是画面所依附的框架不动。①

固定镜头要与固定机位相区分。固定机位是摄像机处于固定的拍摄地点，在固定位置拍摄，摄像机可以拍摄固定镜头，也可以拍摄运动镜头，但是拍摄范围取决于摄像机自身技术参数以及在该固定点上可能达到的视觉范围。

固定镜头相当于人的“注视”，符合人们日常观察事物的主要视觉方式。固定镜头在电视新闻中占据较大的比重。黄匡宇对六个港台地区电视机构的 600 条电视新闻的连续统计分析表明，使用“固定镜头”的新闻的比例高达 74.8%。②

固定镜头虽是电视拍摄中最基本的技法，但它却要求摄像记者有深厚的素质积累。素质差的记者往往用随意推、拉、摇、移的运动镜头来掩饰其采访肤浅、摄制功底不足的缺陷。要运用好固定镜头，摄像记者在深入采访过程中就要把握住新闻本源事实的细节镜头，只有这样，新闻画面才具有可看性。③

固定镜头对准出镜记者，画面中的主体就是出镜记者，然而出镜记者只是信息传播的载体，而非画面的主角，观众看的是出镜报道而不是记者。我们要知道电视画面本身是承载信息的，除非记者是事件的亲历者，记者的言行本身包含着大量的现场信息，否则记者就要让位于新闻内容。这种出镜拍摄的特点是技术简单，缺点是未遵循电视是“动画”成像的特点，形式较为单一。

下面的案例是韩国 KBS 电视台 2014 年“世越号”沉船事件中的一个出镜报道④（见表 9－1），出镜记者介绍水压分离器的工作原理。在出镜记者讲解时全部采用固定镜头。

表 9－1　固定镜头出镜案例

序号	1	2	3
画面			
出镜语	这是救生艇上附着的水压分离器，水压分离器达到三至四米水深，这时水压分离器的暗锁就会自动地解开，而救生艇就会浮到水面上去。		

① 栗平．电视摄像技术．郑州：郑州大学出版社，2007：22.

② 黄匡宇，黄雅堃．当代电视新闻语言学．北京：中国社会科学出版社，2011：187.

③ 同②.

④ 韩国 KBS 电视台 2014 年 4 月 18 日播出。

这个出镜拍摄存在的主要问题是，表达的内容未在视觉中心。出镜记者做演示时镜头应当推至记者的双手，让观众看清楚暗锁究竟会怎样解开。这个镜头在记者出镜结束后用在了报道中，但笔者认为应当在出镜时就让观众看清楚。解决方案有两种：一种方案是出镜记者在进行介绍时，将镜头推至暗锁处；另一种方案是在说到暗锁打开时，插入一个暗锁打开的特写画面。

由于固定镜头拍摄出镜记者的可视性较差，在直播时，电视台导播会开双视窗或插入先前拍摄的画面以缓解观众的“收视倦怠”（见图 9－1）。

图 9－1　香港 TVB 翡翠台《6 点半新闻报道》中的双视窗

还有的直播连线是采用双机位，让出镜记者的后台前台化，让报道的视听体验更强烈，带给观众新鲜的刺激（见图 9－2、图 9－3，其中图 9－3 参见文前彩页）。

图 9－2　双机位出镜拍摄-机位 1

图 9－3　双机位出镜拍摄-机位 2

固定镜头拍摄有时存在构图和拍摄上的风险。笔者曾见过“今日俄罗斯”一位出镜记者在一匹马的正前方出镜，记者正好挡住马匹，但是呈现在画面上的效果却令人捧腹：由于记者和马高度差不多，马头是遮住了，但是马耳朵很长露在外面，就好像记者长了两只长耳一样（见图 9－4）。

还有一些“意外”是在直播拍摄时无法预料的。在一次直播中记者选择在法院门口出镜，身后是进进出出的人员，整个连线在前半段一切正常，但是在出镜快结束的几十秒钟，记者身后出现了两位女士抬行李箱。由于行李箱很沉，两人费了一番力气才将行李箱抬到门口。二人这一行为在画面中持续的时间较长，分散了观众的注意力，也影响

图 9-4　“今日俄罗斯”记者出镜画面

了观众对出镜报道后半段内容的关注。遇到这种情况时，摄像在可能的情况下应当采取措施调整景别或拍摄内容，后方导播或 SNG 导播应当及时插入事先拍好的空镜。

二、运动镜头

运动镜头是用运动摄像技巧拍摄的镜头，即在一个镜头中，通过摄像机机位的运动、镜头光轴的移动或者镜头焦距的推拉所拍摄的镜头。运动镜头也被称为运动画面。运动镜头通过摄像机的运动不断改变画面主体在屏幕上的景别和观看角度，形成了多变的空间和画面层次，构成了画面运动的美感。[①] 其主要拍摄方式为推、拉、摇、移、跟。

（一）运动镜头的主要分类

1. 推镜头

推镜头（见表 9-2）是指被摄主体的位置不变，摄像机镜头向被摄主体推近所拍摄的画面。在画面中，被摄主体由于镜头取景范围的缩小而由小变大。推镜头的落幅画面是表现的重点。

推镜头的主要功用是：

（1）突出被摄主体的形象，加强局部和细节的描写。

（2）可介绍整体与局部、环境与被摄主体的关系。推镜头由于在起幅时交代了被摄主体与环境的关系，所以有助于观众理解落幅的内容。

（3）有连续前进蒙太奇句式的作用。推镜头画面景别不是跳跃间隔变化的，而是连续过渡递进的，保持了画面时空的统一和连贯，消除了蒙太奇组接带来的画面时空转换的可能性和虚假性。[②]

---

① 栗平．电视摄像技术．郑州：郑州大学出版社，2007：59-60.

② 于忠广，张丽．电视新闻．北京：中国人民大学出版社，2015：67.

表 9－2　推镜头出镜案例

序号	1	2	3
画面			
出镜语	决议以否决告终，理由是该学校不会融入这里的乡村景色。这个结论似乎暗示在这里建一所伊斯兰学校将与其田园风光格格不入，但理事会表示这并非症结所在。		

资料来源：Australia's Ben Fajzullin in the field.［2016－03－20］. https://www.youtube.com/watch? v=ZlANk-aBqRE.

2. 拉镜头

拉镜头（见表 9－3）是指被摄主体的位置不变，摄像机镜头由近及远拍摄。由于镜头的取景范围由小变大，导致被摄主体由大变小。拉镜头的主要作用是表现被摄主体与周围环境的关系。由于这种关系是在拉镜头落幅时才会完全交代出来，因此是一种未知到已知的关系。

拉镜头的主要功用是：

（1）有利于表现被摄主体与所处环境的关系。

（2）不断增添画面中的新内容。在由起幅点到落幅展开的过程中，新的视觉内容不断入画，原有的画面主体和不断入画的形象构成新的组合、产生新的联系，逐渐展示局部与整体之间更多更全面的细节。①

（3）有后退式蒙太奇句式的作用。

表 9－3　拉镜头出镜案例

序号	1	2	3
画面			
出镜语	现在我们看到的画面就是坠机的现场。我看到在现场，坠机对建筑物造成的破坏还是非常严重的。现在我们是在附近的一栋 13 层居民楼楼顶在进行拍摄。有人推测本次坠机的原因是恶劣的天气，像现在各位看到的，淅淅沥沥的小雨在桑托斯和圣保罗已经下了将近 12 个小时的时间了，刚才我们在靠近现场的地方还可以闻到淡淡的烧焦的味道，具体的事故原因目前还在持续调查当中。		

资料来源：《巴西：本台记者探访坠机现场》，中央电视台 2014 年 8 月 14 日播出。

① 于忠广，张丽．电视新闻．北京：中国人民大学出版社，2015：69－70.

3. 摇镜头

摇镜头（见表 9－4）是摄像机的机位不变，借助于三脚架上的云台或拍摄者的身体，围绕某一轴心水平或垂直转动摄像机所拍摄的镜头。摇镜头相当于人们转动头部环顾四周或将视线由一点移向另一点的视觉效果。摇镜头能展示更多的空间，扩大视野，包容更多的视觉信息。

摇镜头的主要功用是：

（1）用大景别摇画面展示宽阔的区域。

（2）表明同一场景中两个主体的内在联系。

（3）把性质、意义相反或相近的两个主体用摇镜头连接起来表示某种暗喻、对比、并列、因果关系。[①]

表 9－4　摇镜头出镜案例

<table>
<tr><td>序号</td><td>1</td><td>2</td><td>3</td></tr>
<tr><td>画面</td><td>
</td><td>
</td><td>
</td></tr>
<tr><td>出镜语</td><td colspan="3">我现在是在济南的小清河畔，我们看到在河的两岸为了防止游人下河，既有这种整齐划一、非常结实的栏杆，同时也有这种错落有致、非常茂盛的冬青，既保证了河岸美观，又保障了游人的安全。</td></tr>
</table>

资料来源：《拿什么拯救你 爱玩水的孩子》，山东广播电视台齐鲁频道 2012 年 6 月 12 日播出。该新闻获 2011—2012 年度山东教育新闻奖三等奖。

4. 移镜头

移镜头（见表 9－5）是指摄像机沿着一定方向做运动所拍摄的镜头，其效果类似于人们在运动中观察物体的感觉。移动拍摄在表现宏大场面和复杂场景方面具有优势，因为它的视点是移动的。摄像机在所能进入的空间里随意运动并通过运动形成的多角度、多景别、多构图画面，对一个物体或宏观的环境进行立体的多层次的表现，同时还可以有控制地逐一展现景物。[②]

胜利日·纪念抗战胜利 70 周年：五辆将军车领衔装备方队

2015 年 9 月 3 日央视在“中国人民抗日战争暨世界反法西斯战争胜利 70 周年”特别报道中就动用了摇臂，对出镜记者及报道内容用移摄的方式呈现。扫一扫二维码观看视频。

---

① 于忠广，张丽．电视新闻．北京：中国人民大学出版社，2015：71－72.

② 栗平．电视摄像技术．郑州：郑州大学出版社，2007：66.

表 9-5　移镜头出镜案例

序号	1	2	3
画面			
出镜语	我身后就是整个装备方队的起始的位置，其实整个装备方队的起始位置处是五辆将军车，分别按照陆、海、空、二炮和武警的次序排列在我身后。		

资料来源：《胜利日·纪念抗战胜利 70 周年：五辆将军车领衔装备方队》，中央电视台 2015 年 9 月 3 日播出。

5. 跟镜头

跟镜头（见表 9-6）指摄像机的镜头始终对准正在运动的被摄主体所拍摄的镜头。跟镜头拍摄到的画面，景别自始至终保持不变，只是被摄主体由于移动而导致背景的改变，其效果类似于观众跟随被摄主体观看。

跟镜头分为机位变化的跟随和机位不动的跟随两种。机位变化的跟随包括迎着被摄主体后退、跟着被摄主体前进、在被摄主体的一侧随着被摄主体的运动横移等。机位不动，用摇镜头的方式并借助镜头的变焦功能随时调整景别称为摇跟。跟镜头能够连续而详尽地表现运动中的被摄主体，既能突出运动中的主体，又能交代运动主体的运动方向、速度及其与环境的关系。

跟镜头出镜

拍摄跟镜头要注意保持镜头跟随的速度与被摄主体运动速度一致，并将主体形象稳定在画面的某个位置上，同时要努力保持画面的平稳清晰。扫一扫二维码观看视频。

表 9-6　跟镜头出镜案例

序号	1	2	3
画面			
出镜语	大银行这座建筑是一本写满了乌鲁木齐经济建设历程的厚重书籍，是一部乌鲁木齐城市变化、城市精神的纪录片。每一座城市都有自己的品位，只有身临其境、深入其中才能真正体会到这座城市独特的韵味。如果你想了解乌鲁木齐的味道，那有一个地方，我们不得不去。		

资料来源：《彩虹映天山：中国-亚欧博览会直播特别报道》，新疆电视台 2012 年 9 月 6 日播出。

当然，在实际拍摄中，摄像记者可根据报道需要综合运用多种拍摄手法。

（二）运动镜头的运用——动态出镜拍摄

视觉心理研究专家阿恩海姆认为："运动是视觉最容易强烈注意到的现象。"从心理角度看，影像运动对观众的影响更为巨大，因为影像运动是一种视觉刺激，是一种作用于有机体的活动，当这种活动通过视觉、听觉器官输入人的神经系统时，就必然引起神经系统的活动性反应。①

动态出镜拍摄是指运用运动镜头呈现出镜记者的出镜内容。与静态出镜拍摄相比，动态镜头的运用使出镜形式更灵活，画面信息随着镜头的变动一一呈现给观众，画面信息量大。运动镜头的拍摄需要充分运用镜头语言，有时采访时间紧张或新闻现场持续时间短，往往要求一次完成，对摄像的拍摄水平要求较高。长镜头的运动是综合性的，在一个镜头中把推、拉、摇、移、跟及焦距变化、景别变化等技法结合在一起，给人以时空的统一感，大大地提高了记者出镜现场的纪实性与真实感。

1. 运动镜头对出镜报道的独特作用

（1）增强现场感。

新闻报道的现场感取决于出镜记者出镜采访的状态和新闻拍摄方式，二者中任何一个因素都可以带来现场感。如在突发事件中，记者出镜时急促的语言、焦急的情绪凸显出事件的紧急、严重，无论是固定镜头拍摄还是运动镜头拍摄，记者的现场感都是可以通过镜头、声音、动作等体现出来的。

运动镜头为何能增强报道的现场感呢？运动镜头通过景别、框架、视角、视点的变化展现的是一个动态的过程。其过程中被摄主体某种状态的持续、变化，通过镜头的纪实拍摄、忠实记录，在产生真实感的同时，也产生现场感。在缺少现场感的新闻报道中，如静态事件，记者出镜更要使用运动镜头。

（2）突出细节。

运动镜头比静态镜头更能让观众产生视觉流动，通过这种视觉流动，进而将观众的视点集中于某一点，突出事件的细节。

（3）丰富表现形式。

通过运动镜头的灵活运用，可以丰富出镜报道的表现形式，通过不同拍摄手法的运用，产生不同的传播效果。例如记者出镜时用推镜头，突出细节，由此带来的是让观众产生进入现场的感觉；用拉镜头，由近及远，让观众产生由点到面的感觉；跟拍中略带摇晃的镜头，让观众有紧张的感觉。

当前出镜报道多采用固定镜头、固定景别，某些直播连线报道可能会采取垫新闻画面的方式，以减少单一方式所带来的视觉疲劳。其实电视画面与静态画面的本质区别在于电视画面是动态的。这种动态性使画面的框架相对运动，观众的视点不断变化，产生视觉流动，进而触发观众的观看欲望。对被摄主体而言，可向观众呈现多角度信息，便于观众从空间、时间上产生直观的认知，使呈现方式更真实、生动。

---

① 彭吉象．影视美学．北京：北京大学出版社，2002：320.

2. 运动镜头拍摄的要求

（1）根据新闻报道需要选择恰当的运动镜头。

运动镜头包含特定的视觉语法，具有一定的含义，它不仅作为一种拍摄形式存在，也是记者出镜内容的一部分。在实践中存在两种误区：一是片面强调运动镜头在画面表现形式上的作用；二是运动镜头的滥用。前者主要表现在出镜记者和摄像对运动镜头的把握上，仅限于让出镜“好看”“有新意”，注重视觉效果。但是并非所有的出镜报道都适合使用运动镜头，选用何种运动镜头需要根据记者出镜报道时的表现主题而定，否则就会陷于形式大于内容或画面喧宾夺主的状况。后者是在出镜报道中运动镜头过多，尤其是当拍摄者不专业时，易出现的跳轴等低级错误，造成观众误解。

（2）运动镜头拍摄要求稳、准、适度。

运动镜头的拍摄相对于固定镜头具有一定难度，在拍摄上，需要抓住稳、准、适度三个关键点。

稳是指推、拉、摇、移、跟要稳定，不能过快或者明显颤抖。

准是指落点要准。比如记者描述一幢大楼四楼西边起火，窗边还有人呼救，消防队员正在升起云梯。这时镜头的焦点是被困人员，摄像在推镜头时，应当直奔被困人员而去，同时边推边变焦，确保镜头推上去时，人是清楚的，而不是将镜头推到其他地方。

适度是指运动镜头使用适度、速度适度。使用适度是指需要运动镜头表现时使用运动镜头；速度适度是指出镜记者说到哪儿拍到哪儿，尤其是推、拉、摇、移镜头，速度要适中，尽量避免急速，否则容易让观众产生眩晕的感觉。如果时间紧急或者为了捕捉第一现场，摄像可以适当舍弃其中的部分要求，以抢新闻、抢现场为终极目标，因为有些现场持续时间短，错过便不可再拍摄。

在实践中有些出镜报道因为拍摄存在问题，影响了整个出镜报道的专业水准。我们以央视播出的《本台记者探访墨西哥地震震中地区》为例，记者在现场的报道可圈可点，但是摄像却不够专业（见表 9－7，其中第 1 幅图参见文前彩页）。

表 9－7　出镜拍摄案例

序号	画面	出镜语	拍摄存在的问题
1	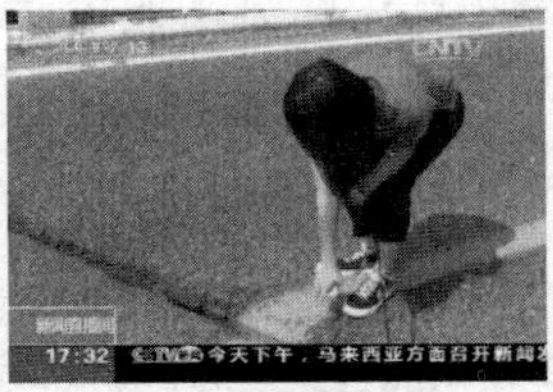	我身旁有一条非常明显的裂缝。	构图使裂缝呈现在屏幕下方，画面的主体成了记者，而记者的叙事对象是裂缝。
2		大家如果看中间的黄线的话，可以看到……	记者处在画面的视觉焦点上，黄线在屏幕中只露出一小部分，而主体应是黄线。

续表

序号	画面	出镜语	拍摄存在的问题
3		这条黄线的位置大概错位了 10 公分（厘米）左右。	画面中无法看出裂缝两边的黄线错位。
4		如果把这个苹果手机放在裂缝的中间……	画面的主体还是记者，手机在画面中不明显。
5		我们看到裂缝的长度比苹果手机的长度还多出 5 公分（厘米）左右。	应给苹果手机一个特写，而不是现在的远景。

资料来源：《本台记者探访墨西哥地震震中地区》，中央电视台 2014 年 4 月 19 日播出。

注：记者脚踩的位置是黄线。

摄像对这段出镜的拍摄无疑是存在问题的。这种拍摄手法无疑是将出镜记者作为拍摄的视觉中心和被摄主体。视觉中心和被摄主体是根据出镜记者的出镜语调整的，观众要看的不是出镜记者，而是出镜记者提供的信息。所以，这种拍摄方式是错误的。

如果根据这个案例再拍一次，构图应当怎样呢？通过这个出镜案例可以发现，出镜记者对墨西哥地震的报道在语言描述上运用比较法，使抽象的数字变得具象，但是摄像并没有“说到哪儿拍到哪儿”。我们发现在直播中，新闻标题栏也被导播取消了，如果新闻标题栏存在的话，那么手机、裂缝等画面将会被直播时的标题栏所遮盖。

解决方案是当说到裂缝时，镜头要推上去；说到手机离裂缝还有 5 厘米时，应当在裂缝的中间或以垂直角度向观众呈现，说明这个裂缝如此宽，以至于超出一部手机的长度。道具本来就是电视新闻细节化的一个方面，如果道具的运用只是形式上的走过场，那就达不到传播效果。一般来说，道具应该给足特写镜头，让观众看清楚。①

第三节　记者出镜的场面调度

“场面调度”一词出自法文，意为“摆在适当的位置”或“放在场景中”。它起初被用于舞台剧；由于电影和戏剧在艺术处理上具有某些共同性，因而也被用到电影创作中，

① 蒋乐进．略论电视新闻节目中“道具”的运用．电视字幕（特技与动画），2004（9）．

意指导演对画框内事物的安排①，包括镜头构图本身、取景框、摄像机的移动、人物、灯光、布景设计和一般的视觉环境，以及那些帮助合成镜头场景的声音。②

出镜报道的新闻性和真实性决定了“摆拍”和“导演”是被禁止的。但是出镜报道也存在场面调度。出镜报道的场面调度是指在某一具体场景中，记者或编导按照出镜报道的内容需要预先设置机位、设计出镜路线、运用镜头语言的一种行为。

出镜报道的场面调度包括画面中对出镜记者的调度、镜头调度和综合调度。大型直播报道，场面调度运用得较多。本节仅介绍单一事件、单兵或小团队作战的场面调度。在一般日常出镜报道中，出镜调度可以是摄像记者调度出镜记者，也可以是出镜记者调度摄像记者，谁服从谁是依采访中谁占主导地位而定的。

一、对出镜记者的调度

对出镜记者的调度是指记者在运动出镜时，根据出镜表达的内容和目的提前规划好路线和环节。相比于戏剧舞台的人物调度、电影调度、电视剧调度等，出镜报道对出镜记者的调度相对简单。因为通常只牵扯出镜记者，有时会调度接受采访的相关人员，但是摆拍或像拍电视剧一样调度整个场景是绝对禁止的。

我们以一起爆炸事故为例。如果出镜记者介绍爆炸所造成的破坏，爆炸点是一个出镜地点，周围被波及的民房是另一处出镜地点，二者要在一个出镜段落里拍摄，就需要根据出镜的内容进行路线的设计。记者的出镜路线可以选择从 A 到 B，或者从 B 到 A。无论是从 A 到 B 还是从 B 到 A，都可以体现爆炸带来的危害和影响，二者的不同在于，从 A 到 B 更符合人的认知逻辑，从 B 到 A 悬念感更强（见图 9－5）。

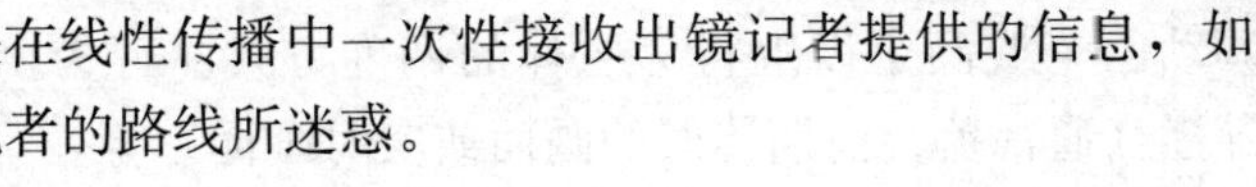

图 9－5　记者出镜路线示意

地点上的路线规划看似简单，但是在复杂的建筑物或凌乱的事发现场中设计好路线却需要动一番脑筋，尤其是在用长镜头拍摄时。因为虽然记者在出镜前对地点的移动心知肚明，但观众是在线性传播中一次性接收出镜记者提供的信息，如果出镜路线设计得不好，观众会被记者的路线所迷惑。

声　音

走动要有意义

在镜头前仅仅是从 A 点到 B 点没有任何原因的走动，没有任何意义。然而，如果你从地点 A——一辆正在急速行驶的卡车为了躲开正在过人行道的小孩而紧急转向的地方，走到地点 B——那辆卡车翻车的地点，这样看起来就会很自然而且能够让观众更好地了

① 朱然．纪录片长镜头的场面调度．中国广播电视学刊，2005（8）．

② 考克尔．电影的形式与文化．郭青春，译．北京：北京大学出版社，2004：59.

解整个事件。

资料来源：舒克，拉森，塔尔西奥．电视现场制作与报道．5 版．雷蔚真，译．北京：中国人民大学出版社，2013：201.

二、镜头调度

镜头调度是摄像师按照制作具体要求，对拍摄的每个镜头的画面景别变化、拍摄角度和运动形式做具体操作，以获得不同景别和造型的画面，用来展示人物运动、环境气氛以及人与人之间的交流、人与环境之间的关系变化的情景。①

在运动状态下的镜头调度中，摄影机作为主动的观察者、提示者甚至评论者，更多地体现着叙事主体的能动介入作用，它使观众能够意识到摄影机的存在，因而也就更多地暴露出它的“讲述性”（主体操纵性），同时也调动着观众的“听述性”（对镜头运动轨迹的思考与识别）。②

镜头的调度看似是摄像记者完成的，其实具体的调度方案一般需要出镜记者和摄像记者协商完成，最终服务于出镜报道的整体需要，否则容易出现出镜语与镜头调度“两张皮”的情况。

出镜记者应当对摄像机及画面知识有一定了解，以便与摄像进行沟通。出镜记者可预先向摄像记者说明自己的出镜内容、出镜路线、出镜中设置的环节，将自己对画面的要求告诉摄像记者，摄像记者依据自己对摄像机的把握告诉出镜记者哪些是可行的，哪些是不可行或者实际执行后不符合视觉传播规律的。摄像记者也可以根据出镜记者提出的拍摄方案，提出自己的意见。在实际拍摄前，可以进行一两次预拍，让摄像记者知道在什么地方、什么信息点应当如何具体调度镜头。但有时情况紧急，二者无法充分沟通，这就需要两人的默契。有时出镜记者担心某些重要画面会被摄像记者忽略或想提醒摄像记者接下来怎样做，出镜时可以说“来看这边”或是“请摄像给一个特写”等。

三、综合调度

综合调度是指调动两个或两个以上行为主体的调度方式。行为主体包括出镜记者、镜头、采访对象、导播（通常负责前期传回的画面或实时画面）等。

对采访对象的调度。例如有的出镜报道是结合现场采访一气呵成的，这时就涉及对采访对象的调度。出镜记者会事先与摄像记者沟通好，在报道哪部分内容的时候是不出现采访对象画面的。比如，说到“我们请××介绍当时的情况”时，是采访对象走近出镜记者，镜头中采访对象入画，采取双人入画，还是推镜头一直推到采访对象的近景，让采访对象入画，让出镜记者出画。又如，现场采访结束后，采访对象是朝某个方向出画，还是站在出镜记者旁边。

---

① 栗平．电视摄像技术．郑州：郑州大学出版社，2007：97.

② 李显杰．电影叙事学：理论和实例．北京：中国电影出版社，2000：170.

对导播的调度。在直播中往往会出现出镜记者通过言语调度导播的情况。例如记者会说：“我们请导播切一个稍早前拍摄的画面，从画面上我们可以看到……”

调度对于出镜记者而言是体现出镜报道思路和观点的外在实现方式，调度本身就是一种现场编辑。综合调度由于调度了多种行为主体，画面呈现流动、多变的状态，符合观众的收视心理。

在出镜报道实践中，还有一种更为复杂的综合调度，不仅涉及对出镜记者和镜头的调度，还涉及对现场参与者的调度。在台湾中天新闻台一条介绍大巴车起火乘客如何逃生的新闻中，出镜记者与现场参与者一起，只用一个推镜头，就将大巴车各个逃生出口在13秒内交代清楚（见图9-6，参见文前彩页）。扫一扫二维码观看视频。

图9-6　记者介绍逃生出口

综合调度

一线者说

白岩松给出镜记者出的调度方案

做“胡连会”，开始我跟张泉灵连线，这里有一个信任感的问题，结果张泉灵也是一个封闭的取景框，一张“照片”，一会儿胡锦涛，一会儿连战。我说泉灵，你能不能跟摄像配合一下，给我们演示一下，一会儿他们的见面将是怎样的流动过程。泉灵很聪明，我为什么敢问她这个问题，因为我知道摄像是谁，我知道他跟泉灵合作过，否则我也不会莽撞。我说，泉灵不要这么说，大家不能感受到，你跟摄像配合一下，马上镜头活了。这个时候摄像机的细节和这种展示的能力就出来了，镜头不动怎么有内容？我们要在头脑中改变一个概念，镜头也是现场直播当中需要现场调节的一种内容供应商，这个概念不改变，你就不会去做相关的工作，责任在记者，你应该跟摄像有一个具体的沟通，镜头流动起来是安全的，镜头总是盯着你，你不紧张吗？所以这也是缓解你的紧张和压力，如果镜头一走动，你还可以让谁提示你一下，或者怎么样，比如拿起来看一个数据，类似这样的东西等。

资料来源：白岩松．我心目中的好现场记者：白岩松讲课之四//杨华．咱们电视有力量．北京：中央民族大学出版社，2009：16-17.

第四节　拍摄记者出镜的理念

出镜报道的拍摄与其他电视新闻拍摄的不同点在于有专门拍摄出镜记者出镜的环节。我们之前提到出镜记者是出镜报道文本的有机组成部分，如何拍记者出镜、如何拍好记者出镜不单是拍摄技巧的问题，同时也需要出镜记者和摄像记者运用场性思维。

一、凸显记者与现场（或场景）的关系

“每当图像在时空上的确是一种真实情况时，电视就会极其强调图像与地点之间的联系。”① 出镜记者作为出场的叙事者，是记者在场、媒体到场的象征。出镜记者需要在报道中通过语言强调自己已经到达现场或接近现场。但光有出镜记者的语言叙事并不能证明记者所言，需要镜头画面予以证实。在拍摄中，需要摄像选取恰当的景别和角度，体现记者“在场”的信息，增强新闻的可信度和权威性。

二、合理运用镜头参与叙事

电视新闻故事化的叙事模式已被广泛采用，尤其在西方，新闻就是 story（故事）。新闻故事化在拍摄中的体现即是镜头在客观叙事或主观叙事上的能力强化。

客观叙事是指运用镜头的纪实性拍摄手法参与叙事。这种纪实性拍摄包含几个要素：现场或同期声、完整的一段信息，而且这段信息本身可以构成一个故事或段落。主观叙事是指用主观镜头参与叙事，构成电视新闻报道的主观视角。它所起的作用相当于同期声。

以客观叙事为主的出镜报道重在客观展示事件、人物行为的过程，出镜记者以或全知或受限的视角将故事讲述出来。以主观叙事为主的出镜报道重在展示特定人物的视角，讲述故事时的主观性较强，具有更深入的参与性。在拍摄记者出镜时，采用客观叙事或主观叙事，或二者兼有，须依照出镜记者对出镜报道的文本设计，而非随意行为。镜头拍摄的取舍标准为是否符合叙事要求。

我们以浙江电视台 2010 年播出的《6 000 亿温州民资投向调查之二：期待划好“斑马线”》的结尾出镜为例（见表 9-8），摄像记者和出镜记者用比喻的方式将规范民间资本有序健康发展的措施比喻为“斑马线”，出镜中选择十字路口，将这一观点直观、形象、通俗易懂地表达出来。

---

① 崔林．电视新闻直播报道：现场的叙事．北京：中国传媒大学出版社，2012：166.

表 9-8　出镜的拍摄设计案例

序号	1	2	3
画面			
出镜语	红灯停了，绿灯已经亮起来了，但是我们过马路必须有这样的斑马线。		
说明	摄像抓取红灯变绿灯的瞬间。		
序号	4	5	6
画面			
出镜语	眼下温州的民间资本已经准备好了，因此我们期待有关部门能够尽快地出台各种细则，画好这条斑马线。		
说明	出镜记者入镜。		
序号	7	8	9
画面			
出镜语	以帮助民营企业安全地过马路。浙江卫视王米娜温州报道。		
说明	出镜记者淹没在人流中，长镜头展示行人通过红绿灯整个过程。		

资料来源：《6 000 亿温州民资投向调查之二：期待划好“斑马线”》，浙江电视台 2010 年 5 月 25 日播出。该新闻获第 21 届中国新闻奖二等奖。

一线者说

较长出镜的分镜头拍摄

让较长的出镜看上去比较有趣的方式是分镜头拍摄。在拍摄任何的出镜之前，你都要对你这则报道的结构有清楚的了解——不一定非得是完整的脚本，但至少要有个“腹稿”。有时可以拍摄多个版本的出镜以防报道结构变化。不过，如果你最后真的拍了一个和报道不太搭调的出镜，那就坚决不要用。然后对自己发誓，明天你出镜前一定好好计划，拍个真的能用的回来。

资料来源：Tips for better stand-ups.（2011-11-10）［2016-04-20］. http：//www.news-lab.org/2011/11/10/tips-for-better-stand-ups.

三、拍“活”出镜 吸引观众参与

英国学者约翰·埃利斯在《有形的虚构：电影、电视和录像》一书中指出，电影观众和电视观众注意的方式是全然不同的，看电影是“注视”，而看电视是“扫视”，扫视意味着无须特别费力于观看活动。看电影者是关注者（spectator），他被投影所俘获，但又脱离这一幻影。看电视者是浏览者（viewer），他一方面漫不经心地看着进度，另一方面又不放过大事。对于电视的收看具有随意性，而电视机在家中摆放的位置、商业广告的不断骚扰等，都分散着电视观众的注意力。①

电视作为家庭媒体，和电影相比，观众很少集中注意力看电视画面，“声音在电视中是意义的主要载体，而在电影中则由影像来承担这个作用”②。因此出镜报道的拍摄，尤其是记者出镜的拍摄，要想吸引观众的注意力，必须声画兼备，要用灵活多样的出镜形式和拍摄形式，带给观众别具一格的崭新视听体验。

第五节　出镜形式的创新

电视是视听媒介，我们在本书第五章“出镜语的创作理念与误区”中提到出镜语应当言之有趣，而从电视画面语言来说也应当拍得有新意。出镜报道的创新，从视觉上主要体现为出镜形式的创新。本节我们介绍一些近年来在国内不常出现的创新出镜形式。在介绍创新出镜之前，我们简单总结一下目前在国内电视新闻中常见的传统出镜样式。

（1）出镜记者一次出镜通常只在一个地点或区域，即便走动，也不过几米、十几米。出镜记者对自身和对镜头的调度在出镜记者行动能力范围之内，符合常理。

（2）在拍摄方式上主要依靠专业摄像机，以平视角拍摄为主，强调与观众的亲切感和交流感。

（3）不运用特效，后期编辑通常不包装，遵循拍摄的“原生态”，保留出镜的纪实性。

我们这里所说的“创新出镜”有别于前文所说的传统出镜，是运用多种电视创作手段，使出镜具有戏剧性或大片效果。创新出镜多用于静态事件或可预测事件的报道，因为这样的报道有充足的创意时间。

另外，“创新”是一个相对的概念，下面要介绍的出镜形式现在运用得较少，故给人以耳目一新的感觉。随着电视新闻人对电视规律的探索，创新出镜会包含更多的类型和样式，那时本书中的所谓创新，也就变成传统出镜了。

需要注意的是，创新出镜的宗旨在于体现出镜报道内容，而且要与整个报道的整体风格融为一体，这涉及出镜报道采编的整个过程，做得不好就会给人以突兀感甚至完全

---

① 翟杉．仪式的传播力：电视媒介仪式研究．北京：中国传媒大学出版社，2014：63.

② 麦克奎恩．理解电视：电视节目类型的概念与变迁．苗棣，赵长军，李黎丹，译．北京，华夏出版社，2003：6.

不搭的感觉。另外，创新出镜不能变成出镜记者的“表演秀”，否则就会喧宾夺主，削弱出镜报道权威性和可信度。

一、运用特效出镜

运用特效出镜在美国电视新闻报道中时常可见。特效的运用并非使电视新闻变成科幻片，而是为了更生动、直观地凸显出镜记者所要强调的内容。

我们来看这段出镜语：

> 令人难以置信的是，全国一年的交通事故中，有12%导致行人死亡。这意味着每年因为过马路而死亡的人就有接近4 000名。还有一个数据：59 000人因为想要从马路的这一侧走到另一侧而受伤。

如果是你根据出镜语选择出镜形式，你会怎样选择呢？这段出镜语是介绍式出镜语，介绍的内容偏静态，唯一能提高出镜可视性的方法似乎是选取一个十字路口，边走边说。我们来看美国记者如何出镜：这段出镜语的主题词是“车祸”，出镜记者为了模拟车辆和行人相撞的场面，提前拍摄了一组汽车穿越人行道的画面，后期叠加在自己的出镜画面上，记者出镜时隐时现，造成车辆“撞击”记者的假象。这样从视觉效果上更接近“车祸”这一主题（见表9-9，其中第4幅图参见文前彩页）。

表9-9　特效出镜案例

序号	1	2	3
画面			
出镜语	令人难以置信的是，全国一年的交通事故中，有12%导致行人死亡。这意味着每年因为过马路而死亡的人就有接近4 000名。		
序号	4	5	6
画面			
出镜语	还有一个数据：59 000人因为想要从马路的这一侧走到另一侧而受伤。		

资料来源：Creative reporter stand-ups.（2011-04-12）[2016-01-16]. https://www.youtube.com/watch?v=zNkvqM0tbU8.

二、“穿越”式出镜

“穿越”式出镜是指在一段出镜中包含两个或两个以上跨度较大的时空。跨度大并不一定表示远隔千里，而是相对于一台摄像机一次能拍摄的范围而言。“穿越”式出镜分为三类：实景穿越、虚拟穿越和虚实穿越。

实景穿越是指出镜记者“穿越”的两个地点都是实景，所谓的穿越只是动用了实景转场手段，实现了视觉上的“穿越”；虚拟穿越是指出镜记者的出镜完全是在虚拟技术的支持下进行的时空转换，即整个出镜报道的出镜场景都是在虚拟棚里录制的，这种“穿越”方式一般用于科技新闻中；虚实穿越是指出镜记者的拍摄地点既动用了实景地点，也动用了虚拟技术手段（包括虚拟技术的转场和场景拍摄）。以下是央视电视数据新闻《数说命运共同体》中的一个“穿越”式出镜案例（见表 9－10，其中第 2 幅图、第 7 幅图参见文前彩页）。扫一扫二维码观看视频。

表 9－10　“穿越”式出镜案例

序号	1	2	3
画面			
出镜语	（出镜地点：印度尼西亚加里曼丹格拉哈油棕种植园）你看这些就是已经成熟了的棕榈果，我们拿一颗来看一看，其实除了包裹着果仁的壳以外，外面的一层黄色的果肉和里面的这个白色的果仁都是可以出油的。这个棕榈果的出油率非常高，榨出 12 克的油，像五六颗这样的果子就够了。可是如果换成是大豆的话，它的消耗量可是棕榈果的三倍呢。		
序号	4	5	6
画面	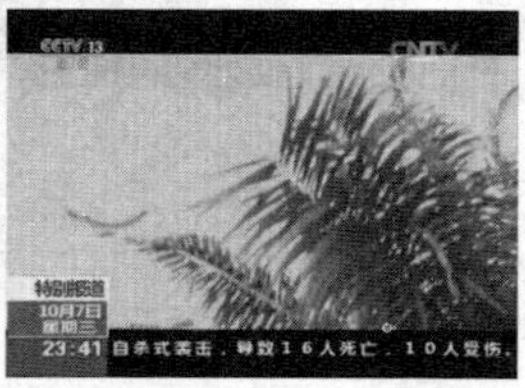		
出镜语	（转场，出镜地点：天津港）100 多年前棕榈树沿着非洲西海岸，沿着丝绸之路来到了东南亚。		
序号	7	8	9
画面			
出镜语	现在印度尼西亚和马来西亚已经成为全世界最大的棕榈油出口地，棕榈油从东南亚返销西非，同时也卖到了全世界。当前整个一带一路棕榈油的贸易量已经超过了 4 000 万吨，这是一个什么概念呢？我脚下的这个储油罐就储存了 5 000 吨的棕榈油，4 000 万吨的年贸易量就相当于有 8 000 个这样的油罐。		

资料来源：《数说命运共同体·食物背后的故事》，中央电视台 2015 年 10 月 6 日播出。

"穿越"式出镜案例

案例

如何拍摄"一镜到底"

"一镜到底"一般指电影中多见的"长镜头"拍摄手法。与普通的多镜头剪辑不同，一镜到底用摄像机不间断地进行完整记录，对角色、场景调度、整体配合都是一个考验，电视节目中鲜少运用这样的拍摄手法。

扫一扫二维码，阅读《如何拍摄"一镜到底"》，了解《数说命运共同体》中欧阳夏丹的"穿越"是怎样实现的。

如何拍摄"一镜到底"

三、监控摄像头出镜

监控摄像头出镜是笔者在 2012 年 5 月的一次新闻采访中采用的出镜形式。新闻的主要内容是：济南一位老人在家中装了监控，回看监控录像时无意中发现，晚上监控中有闪着光的白点出现，老人十分害怕，甚至认为是灵异事件。其实这是红外线摄像头拍摄到灰尘时的正常画面。

为了使片子更具悬念感，笔者利用监控摄像头出镜。具体方法为：面向墙上的摄像头说话，摄像机对准监视器，制造了记者在监控内出镜的戏剧性效果（见图 9－7，参见文前彩页）。

这种出镜形式可用于与监控摄像头或监控有关的新闻报道中，如果能与故事化的讲述结合，则效果更好。

四、出镜交接

创新不仅体现在一条出镜报道内部，随着大型直播报道对出镜报道的采用越来越多，出镜报道与出镜报道间的衔接也可以成为创新的环节。北京奥运火炬在广州传递期间，广东南方台当晚把几路记者的采访组合起来播出。为了衔接自然，记者出镜有一个巧妙

图 9-7 监控摄像头出镜案例

的设计：一名记者出完现场后，说“我在某某地点的报道就这么多。现在我把麦克风传递给某某，让他讲讲那边的情况”，说完把麦克风送出画面。下一路记者出现场前先伸手出画，把麦克风“接过来”，然后再开始出镜。这个“交接”麦克风的动作，与火炬传递主题相互呼应，让人印象深刻。①

在 2017 年金砖国家领导人厦门会晤直播报道中，央视通过海陆空三种视角进行出镜报道，在出镜报道与出镜报道的衔接上，改变了以往用演播室串场的方式，直接由出镜记者串场，由一个出镜报道转移到另一个出镜报道。当然，这种出镜交接也需要注意很多细节，才能实现自然衔接。央视出镜记者帅俊全分享了当时的经验：

> 空中记者将话题递交给我时，我看到直升机都会自然地向空中挥手示意，再通过语言的串联，衔接就会非常自然，同时通过互拍的画面就能彰显出海陆空全景直播的规模。由于多路记者不通过演播室而是相互之间直接交接，加上信号和延时等，容易出现抢话等问题，所以交接过程中，画面最好从空镜进入，记者出镜报道也要适当留出气口。②

五、多手段创新出镜

央视 2016 年 7 月 3 日《新闻联播》播出了世界最大单口径球面射电望远镜 FAST 主体工程的报道。在这条出镜报道中，主创人员运用叠加字幕、图形等后期包装和无人机拍摄等手段，向观众展示了这项“超级工程”的设计细节（见表 9-11，其中第 4 幅图参见文前彩页）。扫一扫二维码观看视频。

---

① 顾铭．记者现场报道要解决好三个问题．南方电视学刊，2011（4）．

② 帅俊全．CCTV 重大时政活动直播出镜报道探析．青年记者，2018（22）．

表 9-11　多手段创新出镜案例

序号	1	2	3
画面			
出镜语	从这口超级“大锅”的锅底向上绕上四圈，就来到了位于‘锅’边位置的圈梁之上。500 米口径的射电望远镜，即使你不恐高，沿着这个镂空的钢网绕上一圈，也需要 40 分钟的时间。仅仅这个圈梁，它的用钢量就已经达到了 5 000 多吨。几乎可以建造一座埃菲尔铁塔了。为了支撑这样一个巨型的反射面板，建设团队使用了近 9 000 吨钢索，织出了一张超级大网。		
序号	4	5	6
画面			
出镜语	而这 9 000 根钢索，每一根都是经过特殊设计研制的。它们的抗疲劳强度都在国家规范标准的 2.5 倍以上。就在我身旁的这样一根钢索，它的强度足以吊起 500 个我。500 米跨度的大型工程，带给我们的将是超强的灵敏度。它不仅可以将我国的空间测控能力从月球轨道延伸到太阳系的边缘，而且可以捕捉到百亿光年前来自宇宙爆炸时的神秘信息。		

志在深空 世界最大射电望远镜主体工程完工

第六节　自拍出镜

自拍设备泛指有自拍功能的数码相机、手机和平板电脑，与自拍杆、手持云台稳定器结合使用。自拍出镜是记者利用自拍设备进行报道的出镜形式。随着 Vlog（video log，视频网络日志）的兴起，自拍出镜也可能是 Vlog 风格的。

澳大利亚天空电视台（Sky News Australia）借助 LiveU SmartGRIP 工具，可以很快剪辑出镜记者的短出镜。记者将手机和外接麦克风接入自拍杆，用 LiveU 的应用程序 LU-Smart mobile App 快速将高质量的画面传回编辑室。从 2015 年 2 月开始，英国天空电视台（Sky News UK）开始使用自拍设备，现在该台大量记者已经在现场报道中使用自拍设备。①

2015 年 11 月 7 日，中共中央总书记、国家主席习近平同台湾地区前领导人马英九在新加坡会面，就进一步推进两岸关系和平发展交换意见。这是 1949 年以来两岸领导人的首次会面。在报道这一重大事件时，为了让直播更机动、灵活，台湾中视在直播连线中采用了主播自拍出镜的报道形式（见图 9－8）。

图 9－8　台湾中视主播自拍出镜

自拍设备的镜头由于位置和角度的独特性，拍摄时往往代表一种与出镜记者较为亲密的关系。从镜头语言表达上看，主观性强于客观性。美国记者为了让观众能感受到汹涌的洪水，借助自拍设备俯拍，使出镜具有视角新颖、冲击力强的效果（见表 9－12，其中第 1 幅图参见文前彩页）。

表 9－12　美国记者自拍出镜案例

序号	1	2	3
画面			
出镜语	我是记者乔（Joe），这条路已经完全被洪水淹没了，下游真的是非常危险。		

资料来源：Joe Little 2014 standups － A year without a stick mic. ［2016－04－20］. https://www.youtube.com/watch? v=ZhpELIbstCs.

近年来，一些省级电视台和凤凰卫视开始尝试用自拍设备进行出镜报道，这种新颖的采编播模式不仅改变着电视新闻生产，也给观众带来耳目一新的感受。不过这种出镜报道模式也存在局限，其影响不宜高估。

一、自拍出镜的运用局限

如果是录播，自拍出镜的画质取决于自拍设备的画质，录完之后直接通过移动网络

① WASLASKY C. Are selfie sticks the new norm in TV journalism?.（2015－06－15）［2016－01－23］. https://www.aol.com/article/2015/06/15/are-selfie-sticks-the-new-norm-in-tv-journalism/21195917/.

或互联网传回电视台即可。如果是直播，自拍出镜的画质并不完全取决于自拍设备的画质，因为在实时网络传输中受制于带宽、信号等因素，可能会出现画质衰减、画面卡顿等问题，所以在移动覆盖信号较好的情况下问题不大，在偏远地区或信号覆盖盲区就不宜做直播连线。

在笔者目前看到的自拍出镜案例中，这种形式的报道存在一个致命的问题：画面表现乏力。与传统摄像机相比，自拍设备在俯拍角度上有优势，但是在运动镜头上则表现平平，因此更适合固定镜头的连线报道。

二、自拍设备是否会真正替代摄像记者

借助自拍设备进行出镜报道，在突发事件中较为适合。突发事件要求出镜记者第一时间迅速赶往现场。有时由于电视台人员配备的问题，无法保证一个出镜记者配备一个摄像记者，尤其是女摄像记者通常不会使用肩扛式专业摄像机①，单人作战的形式有助于提升快速反应能力。而连线意味着出镜记者是现场报道，在时效性优先的情况下，不需要复杂的拍摄和绝对符合播出标准的画质。

有人认为自拍设备的出现会使摄像记者“失业”，这夸大了自拍设备的功能。自拍设备依托的是手机或平板，画质、设备性能等本身无法与专业摄像机媲美（在光照不足和天气恶劣的情况下更为明显）。电视画面的摄制是一门艺术，简单的新闻采访或连线，当然可以使用手机、平板等便携设备完成；重要的新闻事件或讲求拍摄艺术的专题报道，则需要出镜记者具备更高的拍摄水平。所以自拍设备只能在一定条件下替代摄像记者和专业摄像机，摄像记者不会失业。

声　音

自拍设备不是“第一选择”

BBC 驻莫斯科记者布里齐特·肯达尔（Bridget Kendall）认为，如果可以的话，还是会尽量用摄像机，主要是为了保证质量。如果要报道乌克兰冲突，或许需要一个摄影师跟着你。iPhone 是一个后备支援设备，以备不时之需，不会是第一选择。还有，如果你必须做采访，必须为 BBC 的很多节目服务，还需要为网站写稿子，还要出镜，如果不带摄像师的话，你自己拍自己的画面要花费两倍的时间，造成的结果是，我们拿到素材的时间就晚了。此外，在你思考该说些什么的时候，你的摄像师还可以帮忙剪辑画面。这样的话其实你更有效率，不至于精疲力竭。

资料来源：魏星．一名 BBC 记者的 32 年．东方早报，2015-03-24.

扫一扫二维码，阅读《骁骞美国观察 | “9·11”恐袭案“世纪审判”为何一拖再拖?》。

① 现在一些电视台的女出镜记者已经会使用较小的便携式摄像机拍摄。

骁骞美国观察｜“9·11”恐袭案“世纪审判”为何一拖再拖？

三、自拍出镜连线技巧

（一）技术技巧

确保连线位置或回传位置信号较强。如果现场无线信号不佳，应当采取录播出镜的方式。如果有充足的时间，提前拍摄一些画面回传给后方编辑部，用于连线时垫画面，让连线更具可视性。

（二）拍摄技巧

选择合适的平板、手机和自拍杆距离，保证自己入画的景别合适（近景或中景为宜），避免由于镜头或焦距选择不当使面部变形。

用平板或手机拍摄时，以固定镜头为主，画面停留时间以观众看完画面有足够的识别和反应时间为准，通常最短 3 秒钟。

由于平板和手机镜头多为电子变焦，画面推上去或拉回来要流畅，不能给人以一停一顿的感觉。如果技术不熟练，建议只录制推拉镜头后的落幅。

出镜时注意选取合适的角度，避免由于光照把自己拍成“阴阳脸”，或者逆光导致观众无法辨识你的形象。在录制时避免或减轻持杆时的抖动，保持画面稳定。

第七节　无人机拍摄记者出镜

近年来，无人机①成为新闻媒体航拍的得力助手，以往需要用直升机航拍的画面，现在大多被无人机航拍所替代。② 有研究对央视新闻频道 2017 年 6 月至 2018 年 3 月播出的 500 余条新闻进行统计，发现无人机航拍视频片段时长约占两成。③ 近年来国内外电视新闻业者也开始利用无人机拍摄记者的出镜部分创新出镜报道生产。

一、无人机拍摄的优点

无人机为何成为电视新闻生产的新利器？这主要是由无人机拍摄的优点所决定的。

① 本节所指的无人机是消费型无人机，价格在一万元以下。

② 直升机航拍在环境适应性、航程等方面还是有很大的优势的。

③ 李安，阎安．无人机航拍的电视新闻应用与优化策略．电视研究，2018（8）．

首先，无人机拓展了记者的拍摄范围。无人机高空拍摄的“上帝视角”丰富了人们观察新闻现场的视野，很多壮观、震撼的画面，通过肩扛摄像机和架设摇臂无法展现，只能通过高空拍摄实现。无人机擅长的就是这类镜头的拍摄。

其次，无人机飞行成本低、灵活性较高。市面上的消费型无人机价格从几千到几万元不等，可以胜任一般天气条件下的新闻拍摄，操作起来相对简单，在镜头拍摄上，可以低飞，也可以高飞（最高可达数百米）。[①] 与传统的直升机航拍相比，无论是成本上还是灵活性上均占优势。

二、无人机拍摄的缺点

第一，无人机的续航能力比较差。一般情况下，无人机的续航时间在半小时左右，控制距离在七千米以内。因此，如果拍摄内容较多，航程较远，需要预留无人机返航时间，并更换电池。

第二，无人机的天气适应性较差。在极端天气下，无人机是无法胜任飞行拍摄任务的。

第三，无人机的自身载重有限，设备搭载上有局限。

三、无人机拍摄记者出镜的技术解决方案

设备需要准备无人机、摄像机及与之相连接的话筒（或录音设备及与之相连接的话筒）。[②] 在日常电视新闻采访中，摄像机是记者经常使用的，与无人机配合可以制作出更多的、符合声画播出要求的出镜。

第一种无人机拍摄方案，将无人机视为记者出镜唯一的画面信号来源，将摄像机视为声音信号来源。在后期编辑时，声画组合方式就是视频 1（无人机画面）＋音频 1（摄像机音频）。下文中的三个无人机拍摄案例采用的都是这一方案。

第二种无人机拍摄方案，可以将无人机和摄像机分别视为两个机位，在出镜时记者可以创造更多的拍摄方案。在后期编辑时，声画组合方式就是视频 1＋视频 2＋音频 1（见图 9－9）。

图 9－9　无人机拍摄示意

① 笔者提醒无人机拍摄者：在飞行时需要遵守相关法律法规，业务熟练后再进行飞行，注意飞行安全。

② 无人机一般没有录音功能。

四、案例分析

使用无人机拍摄记者出镜在实践中有多种方式，如何拍摄与拍摄者技术水平、报道内容、现场环境等多种因素相关。接下来我们介绍实践中无人机拍摄记者出镜的三种常见方式。

案例一

案例一是一条火灾报道（扫一扫二维码看案例一）。消防队员正在灭火，记者在距离着火建筑几十米处出镜（见表 9－13）。在这个出镜中，记者的出镜地点并不是“现场”，摄像采用的拍摄方案是，起始画面是平角度拍摄出镜记者，之后伴随着无人机起飞，记者目视无人机摄像头，保持与观众的视线交流，记者出画后，被烧毁的建筑出现在画面中，现场的救援全景一览无余。从镜头运用上来说，这是一种“未知-已知”的悬念创作手法。

表 9－13　无人机拍摄记者出镜-案例一

序号	1	2	3
画面			
出镜语	沙莫金的居民说，这栋楼作为当地的主要建筑已经 116 年了。看到建筑被大火摧毁，他们很难过，毫无疑问这也改变了市中心的景观。		

无人机拍摄记者出镜-案例一

案例二

案例二是美国一家电视台的洪水报道（扫一扫二维码看案例二）。我们来看一下文稿。

房主被警告为最坏的情况做准备

（演播室）男主持人：最坏的情况很有可能还没有结束。

女主持人：房主们被警告要为未来两个月可能发生的湖滨大洪水做好准备。贾斯汀·卡特在希腊带来现场报道。告诉我们，为什么湖滨的很多人感到无能为力，贾斯汀？

无人机拍摄记者出镜-案例二

（出镜）记者：哦，道格，金妮（男女主持人的名字），人们有业主保险，有洪水保险，但并没有多少保险公司提供侵蚀保险。所以现在很多住在湖滨的人说他们很忧虑，因为他们在玩一场“等待游戏”（见图 9－10、图 9－11）。

图 9－10　无人机从湖面上方拍摄记者出镜-1

图 9－11　无人机从湖面上方拍摄记者出镜-2

（同期）当地居民黛布拉·肖尔斯：这个星期六我们又放了 300 个沙袋，当时看起来是有效的。

（画外）但正如你所看到的，大多数沙袋都不见了，它们被哈姆林安大略湖上涨的潮水吸走了。黛布拉·肖尔斯说，受侵蚀影响，她在湖滨的房产损失了至少八英尺[①]长的土地，她不指望会再见到这块地了。

（同期）当地居民黛布拉·肖尔斯：如果它们（指用沙袋筑的防护线）崩溃了，是的，确实有一部分已经崩溃。这个方法失败了。水已经漫过岩石，吞噬了后面大概五六英尺的土地。潮水在搅动和冲刷岩石，所以沙袋是无效的。

（画外）黛布拉·肖尔斯说，这棵树很快就会消失，她前院的一大部分也会消失。她的邻居戴夫·史密斯有一堵水泥隔离墙，但这并没有阻止他用沙袋进一步防护。

（同期）当地居民戴夫·史密斯：我们现在所面临的情况是，随便来一阵大风，我们镇就会受到各种各样的破坏。

（同期）某保险公司职员克雷格·布鲁诺：现在我正在为一些人做洪水保险证明。

（画外）克雷格·布鲁诺在铁石商城拥有一家保险公司。他说，现在需要一份洪水保险的人数“增长了相当多”。

（同期）某保险公司职员克雷格·布鲁诺：洪水保险会更贵，因为你在一个风险更高的地区。你知道的，处在靠近主要水域的洪水区，洪水保险绝对是你想弄妥的一个好东西。

（同期）当地居民黛布拉·肖尔斯：我们真不知道现在该怎么办，我们感到很无助。

（出镜）记者：我们还获知，要确保你了解你的保险范围类型，因为承保因水管破裂而被淹的保险和承保因现在这种潮水而被淹的保险是不一样的（见图 9－12、图 9－13）。我们今晚在希腊现场报道，贾斯汀·卡特，13 WHAM 新闻。

---

① 1 英尺≈0.30 米。

图 9－12　无人机拍摄湖面后原地摇摄记者－1

图 9－13　无人机拍摄湖面后原地摇摄记者－2

在第一个出镜中，记者叙述了侵蚀保险的问题，无人机采用移摄的方式用远景构图展示了记者与现场环境的关系，之后慢慢靠近记者。这种从湖面上方拍摄出镜记者的视角给观众以新鲜感。在第二个出镜中，无人机首先拍摄湖面，之后原地摇摄记者，与第一个出镜在拍摄手法上进行了区分。

案例三

还有一种常见的拍摄是"拉大景"，即先拍摄记者出镜，之后无人机采用斜角上升，将出镜记者置于一个更宏大的场景中。案例三是央视 2017 年 6 月 27 日播出的《持续改善民生 共建香港安宁》（扫一扫二维码看案例三），拍摄记者出镜采用的就是这种方式（见表 9－14）。

表 9－14　无人机拍摄记者出镜-案例三

序号	1	2	3
画面			
出镜语	目前的香港共有 80 多万个公共房屋，居住着全港大约 30%的人口，这也成为全世界规模最大的公共房屋计划之一。持续加大的公屋供应，正在为香港市民提供安居乐业的保障。		

无人机拍摄记者出镜-案例三

这个出镜给人的感觉很震撼，同时与全世界规模最大的公共房屋计划的语义相匹配，总体来说还不错。但出镜语没有体现出从点到面，一开始就是"面"上的信息，因为"拉大景"的视觉语法就是"点-面"。如果重来一次的话，出镜记者可以将出镜语改为：

我现在所处的××公共房屋社区居住着××××位（人数）居民。目前香港共有 80 多万个公共房屋，居住着全港大约 30%的人口，这也成为全世界规模最大的公共房屋计划之一。持续加大的公屋供应，正在为香港市民提供安居乐业的保障。

这样一修改，画面语言和报道内容便更加契合了。

本章小结

白岩松曾在一次培训讲座中说："镜头和你应该有一种更自由的、更开放的空间，……我就觉得，我们现在80%的镜头是死的，是一个框。"① 他指出了当前出镜报道中的一个普遍问题：固定镜头出镜。电视的时空表现依赖镜头语言的架构能力，白岩松的点评恰恰反映了当前不少摄像记者在拍摄出镜记者时没有"主见"，也暴露出出镜记者在镜头前只顾有声语言而忽略镜头语言的"重声轻画"问题。作为电视记者，无论是否承担摄像工作，在电视新闻采编过程中都一定要有画面意识、有镜头语言意识，要将电视的视听特性发挥到极致，这才是遵循电视传播规律的体现。记者出镜如何拍、怎么拍、为什么这样拍等问题，都是摄像记者发挥主观能动性的体现，没有"主见"，往往会沦为"人体三脚架"。在镜头语言的运用上，摄像记者应当发挥更积极的作用。

本章中我们还介绍了国内外一些富有创意的出镜形式，里面的案例或许正挑战着你对电视新闻节目制作的理念。无论认可还是不认可，不容否认的是电视新闻业的竞争越来越激烈，电视新闻需要创新，创新成功与否取决于是否符合电视传播规律、是否获得观众认可。不要人为地给出镜报道或者电视新闻制作早早套上"枷锁"，这样只会让电视新闻报道走向死胡同。创新，在当今媒介竞争中更需要！

推荐阅读书目

华兹．开拍啦：怎样制作电视节目．徐雄雄，陈谷华，李欣，译．北京：中国广播电视出版社，2006.

思考题

1. 运动镜头在电视新闻拍摄中的作用是什么？
2. 运动镜头拍摄的要求有哪些？
3. 如何拍摄记者出镜？
4. 自拍出镜的适用范围包括哪些？

练习题

1. 根据选题需要，自己选择一个适合出镜的典型环境，出镜记者和摄像记者提前沟通好拍摄内容，录制完成后，二人指出拍摄的不足，或者选择更有创意的出镜方式。

① 白岩松．我心目中的好现场记者：白岩松讲课之四//杨华．咱们电视有力量．北京：中央民族大学出版社，2009：16-17.

2. 通过网络和电视播出平台观摩出镜报道，评价其拍摄，并基于出镜报道所限定的情境，由出镜记者和摄像记者重新模拟或修改出镜方式。

3. 找一条新闻报道，改写成适合口语表达的报道，用自拍设备拍摄固定镜头出镜，模拟1分钟连线、2分钟连线、3分钟连线。注意：不要背提前写好的稿件，而是列出大纲，录制结束后将自己的报道抄录下来，分析自身在语言表达中存在的问题。在拍摄中，注意镜头的稳定性。

第十章
移动新闻直播出镜报道

本章学习要点

移动新闻直播的选题类型
移动新闻直播的特点

融媒时代，直播已不再是电视台的“专利”。随着移动终端成为人们获取信息、满足娱乐的主要介质，移动直播应运而生。2016 年是“移动新闻直播元年”，移动新闻直播成为新兴聚合平台和传统媒体拓展新闻影响力的重要发力点。① 移动新闻直播并非传统电视新闻直播的“翻版”，由于平台、受众和媒介文化的差异，移动新闻直播无论在视听语言、叙事手法，还是选题、互动等方面，都凸显了自身的特点。

移动新闻直播拓展了各类媒体新闻直播的时间、空间和功能，让直播不再是大屏上的“奢侈品”“稀有品”。电视直播受到频道资源的限制，直播时间被控制，而移动新闻直播则具有更强的自主性和更大的时长伸缩空间。② 除此之外，移动新闻直播改变了“我播你看”的直播模式，双向互动是移动新闻直播的核心要义。移动新闻直播有何特点？如何做好移动新闻直播？本章将从业务层面做详细讲解。

第一节　移动新闻直播的特点③

一、轻装上阵

传统电视新闻直播离不开复杂、庞大的专业技术设备和器材。除了前方的电视转播车和各种专业拍摄设备、后方的演播室及信号接收设备，传统电视新闻直播还需要庞大的专业直播团队，单次直播的技术和人力成本动辄十几万、几十万元。

与传统电视新闻直播相比，移动新闻直播是轻量的，媒体只需要一两名记者带着一部手机赶赴现场，后方有导播、分发人员做技术支持即可。传统电视新闻直播需要的设

① 曾祥敏，刘日亮．移动新闻直播：临场交互下的信息传播．电视研究，2018（9）．
② 刘思琦．现场与在场：融媒时代移动新闻直播的逻辑特征与优化路径．现代视听，2022（2）．
③ 本节内容由山东省互联网传媒集团大众网采访中心记者贺辉撰写。

备以“吨”计算，而网络新闻直播所需设备经常以“克”计算。

移动新闻直播对视频画质的要求相对不高，不受制于新闻栏目的固定播出时间，在各方面都更机动、灵活。轻装上阵使其时效性更强，空间适应范围也更广，经常能够及时到达电视转播车无法进入的灾区、山顶、窄巷等特殊现场。

当然，移动新闻直播也存在局限。一方面，由于不同地域、环境下的网络信号环境不同，手机单机直播未必能保证直播画面长时间不卡顿。为减少和避免画面卡顿、延时等情况，许多媒体选择自建演播室，前方现场通过4G/5G直播背包将摄像机的视频信号传到演播室的服务器上，再解码播出，保证信号流畅和稳定。如果是演唱会、大型球赛等现场，附近的4G/5G基站要为成千上万的观众提供手机信号，4G/5G无线网卡和手机信号都可能变得不稳定，很难保证直播信号的持续流畅传输。

另一方面，由于导播、技术、现场导演等前方岗位的“省略”，出镜记者通常要兼顾主播、拍摄、技术等多个岗位职能，一心多用有时难以做好任何一件事，这就经常造成直播画面粗糙、出镜记者播报卡壳、突发情况应对不及时，使直播效果打折扣。

在国庆阅兵、重大体育赛事、春晚等媒介事件中，传统电视新闻直播凭借稳定的信号、流畅的画面、较高的清晰度、成熟的导播摄像配合、合理的机位设置和景别切换，以及内容上的精心编排，呈现出精致的整体效果。在现有手机网络和技术条件下，“大屏”直播所带来的精致效果对轻量化的移动新闻直播而言是遥不可及的。

二、题材“软”化

在网络世界，网民观看直播的心理虽多种多样，但总体来说属于娱乐身心。新闻媒体在移动新闻直播时，也会考虑到网络文化对移动新闻直播的影响，通过软新闻、暖新闻、民生题材呈现趣味性强、叙事性强、视角接地气的直播。

移动新闻直播的选题主要包括五类：

（1）事件类：突发事件、新闻事件等；

（2）策划类：新闻人物、现象、重大事件、重大主题报道等；

（3）回访类：案件回访、人物回访、突发事件回访等；

（4）活动类：大型活动，如音乐会、球赛等；

通过下表（见表10-1）梳理的“大众网·众播”部分移动新闻直播案例，我们可以发现移动新闻直播选题非常丰富，小题材也可以获得较多关注。

表10-1　2018年1月至2019年9月“大众网·众播”部分移动新闻直播

直播题目	播放量（次）
英雄回家！山东小伙在广东救17名驴友后遇难，家乡百姓为他送行	182万
开学第一天 济南百万学生在国旗下宣誓！	51万
山东电动车上牌首日，01号牌挂出去了！	261万
8路记者直击台风“利奇马”强袭山东	41万
济青高速今日恢复通车！看“双八”车道的速度与济青	299万

续表

直播题目	播放量（次）
登上山东网红海岛！渤海中心看渔民捞海带	120万
探秘北纬36度最美黄金海岸	41万
探营济南首个5G体验厅，这些5G手机、电视……即将上市	114万
新泰籍烈士房浩棺椁回乡，千余群众自发迎接	212万
这个烟台人厉害！一根马尾拴豆腐，提起来了！	32万
众播带你逛年货大集，好吃好玩让你嗨购	33万
重寻儿时味道，老济南麻糖传承人教你做糖	32万
做粉皮一年赚10万！非遗传承人首度曝光祖传工艺	56万

注：播放量仅统计大众网旗下“海报新闻”客户端单一平台播放量，未汇总大众网PC端及其他商业推广平台的播放数据。

三、互动式参与

传统的电视新闻直播缺少与观众的互动，直播中主要是出镜记者与主持人、出镜记者与采访对象、主持人与采访对象的互动，观众主要是“看客”。①

在移动新闻直播中，很多媒体和直播平台都设置了弹幕、实时评论等功能，网友的观点和问题会在直播页面或评论区实时刷新出来，被记者、采访对象和其他网民实时看到，大家可以附议、回应、解答，构成了一个活跃的“交流场”，也构成了直播的有机部分，网友不只是“看客”，也“嵌入”到了节目文本之中。

“大众网·众播”曾与山东省济南市车管所考官一起做过几场以驾驶员考试为主题的直播。记者在直播中及时收集网友对各个考试科目的考试技巧、评分标准、易出错环节等的提问，抛给考官一一解答。这一互动环节不仅有效支撑了一个小时的直播时间，还活跃了直播气氛。

移动新闻直播的互动性有效增加了网友对直播平台的黏性。与精彩的直播内容相比，这种网友与媒体、网友与网友之间的互动交流所带来的体验感，本身也是网络直播的一大“看点”。随着VR和5G技术的普及，VR直播有可能取代现有的“平面直播”成为下一阶段移动新闻直播的“看点”。

四、高强度出镜

电视新闻栏目一般要在几十分钟内报道多条新闻，因而单条新闻直播的时长一般较短，大都在5分钟之内，形式多是记者介绍现场情况或与采访对象进行互动问答。而大多数移动新闻直播为了尽可能地吸引更多网友观看，时长大都在20分钟到80分钟之间，

---

① 也有一些大型、长时段的直播会引入观众短信、热线等参与方式。

打开时长足够长的直播窗口，让网友随时“进来”。这对出镜记者也提出了挑战：出镜记者几乎要凭借一己之力“撑”满这几十分钟。

如果出镜记者专业水平不足，或对现场情况了解有限，在移动新闻直播中就容易冷场，或反复介绍有限信息，影响直播效果。为避免这种情况，出镜记者最好在直播前写好直播脚本，详细搜集直播题材和采访对象的相关资料，脚本写得越详细越好。不过根据实际情况来看，脚本往往需要随现场实际情况做出调整，需要出镜记者随机应变。在相对复杂的直播现场，出镜记者需要边说、边想、边听、边看，时刻留意现场变化，寻找有新闻价值的事件、人物，并及时跟进。在这个过程中，还要对现场随时可能“蹦”出来的新闻点、兴趣点迅速判断，进行取舍，避免长时间放空镜、大时段在闲聊，导致网友跳出率高。

除了出镜时间长、准备工作多，出镜记者还要注意在出镜时的话语转换要巧妙。出镜记者要充分认识到网络直播的特点，对“软新闻”尽量用通俗、接地气、富有人情味的语言，避免书面化。在传统纸媒转型新媒体的过程中，很多文字记者转型做了兼职出镜记者，这些记者要注意培养互联网思维，留意网友的兴趣点，学会用有趣的网络语言，切忌把报纸语言直接搬到移动新闻直播中。

第二节　移动新闻直播的协同合作①

在移动新闻直播中，前方的出镜记者、联络员、摄像之间，前方与后方导播之间，前后方与演播室之间的配合问题，决定了一场直播是否衔接顺畅，整体效果能否成功实现。

一、前方人员及硬件配备

前方使用手机进行移动新闻直播（见图10-1）时，一般要准备以下硬件设备：一部直播手机、至少一部联系手机、话筒（或领夹麦）、手持稳定云台（或自拍杆）、便携电源（充电宝）。考虑到直播时长动辄几十分钟，开播前还要进行信号测试，因此使用手机进行直播时，配备一个便携电源是很有必要的。

不同品牌、型号的手机在运行速度、感光芯片等方面有较大差异。在需要多机位、多路信号切换的直播中，如果手机型号不一致，切换信号时就容易出现直播画面的色温、亮度、流畅度等频繁变化、参差不齐。有条件的媒体最好批量购置一些同一型号的直播手机，确保画面效果统一。

人员方面，一般情况下前方要配备三人：一名出镜记者、一名摄像、一名联络员。若情况紧急，至少要保证两人：一名出镜记者，一名摄像兼联络员。如遇多路直播，最好保证前方有三人。

① 本节内容由山东省互联网传媒集团大众网采访中心记者贺辉撰写。

图 10-1　用手机进行移动新闻直播

传统电视新闻直播中，一般由出镜记者带单头耳机，直接与后方（演播室主持人或导播）手机通话进行沟通。而移动新闻直播一般直播时间较长，需要应对的现场情况也更复杂、多变，同时移动新闻直播的强互动性也要求出镜记者及时回应网友的问题和意见，上述工作如果全都由出镜记者一人完成，难免顾此失彼。

所以，移动新闻直播很有必要配备一名联络员，将现场情况及时反馈给后方，以便后方对直播进行总体把控，同时将网友反馈收集起来发到主播的个人手机上。如果在直播过程中需要随机采访路人，也需要由联络员提前与路人沟通，避免直播中出现出镜记者"搭讪"路人频频遭拒的尴尬情况。

另外，移动新闻直播通常会同时配合图文直播，需要有人现场拍照、写简短文字并发出。联络员还需兼顾前方导演、网友互动信息传递、图文直播记者的职能，如果情况允许，最好再增加一人分担上述职能中的一项或两项。

二、提前踩点和准备

策划类直播应至少提前一天制作直播脚本。脚本中应包含选题角度（新闻点）、开始时间、直播流程、采访路线（转场注意事项）、采访对象和问题、拍摄要求、机位设置、预计直播时长等。

直播前最好提前做预告，预告方式可以采用海报、图文、短视频等，标题、内容要体现新闻点，并与直播题材的风格保持一致。

开播前一天，前方人员最好全部到现场踩点，熟悉流程、测试网络信号、拍摄预告素材，并与采访对象沟通。直播信号的清晰度（分辨率）根据网络环境来确定，在网速允许的情况下尽量将分辨率设高一些。实际直播经验表明，在4G网络状况良好的情况下，使用4G手机或4G直播背包直播，分辨率设为1 280×720、视频码率设为1 200KB/s，能够实现稳定、流畅的直播效果；而在 5G 网络状况良好的情况下，使用 5G 手机或 5G 直播背包进行直播，分辨率和视频码率都可以在可选范围内调高 1 至 2 档。

在与采访对象提前沟通时，有必要明确直播时间、采访问题、采访时长等。直播中需要随机采访路人的，可在正式开播前提前找人、沟通，或在直播过程中由前方联络员抽空找人。

前方联络员最好根据直播中可能遇到的各种情况，提前设计一套简单、固定的非言语沟通系统，如手势、手语、肢体动作、提示板等，确保出镜记者和摄像可以迅速、准确地领会联络员和导播的意图。

三、开播前的注意事项

前方出镜记者、摄像、联络员到达现场后，首先由联络员与后方导播电话联系，再次测试信号。对于需要多路连线的大型直播，要在开播前至少 30 分钟测试网络信号，测试顺序即为直播时的连线顺序。

出镜记者和摄像再次与现场采访对象沟通，掌握采访对象的位置、切入镜头的时机等。如果一场直播需要进行多路信号切换，联络员需要提前掌握直播现场的情况，听从后方导播调度，前方不得随意改变直播内容。

如果预定开播时间已到，嘉宾还没到位，也要准时开播。开播时先介绍直播相关情况，等嘉宾来后介绍插入即可。未得到导播许可，前方不得随意推迟开播时间。

开播前 2 分钟，摄像摆好机位，出镜记者就位保持姿势。联络员与后方导播保持手机通话，按照导播的口令，用手势示意出镜记者倒数“5、4、3、2、1”，出镜记者随即开始播报。

四、直播过程中的注意事项

直播过程中，前方人员切忌小声私语沟通，如“你站偏了”“好了没”“开始了吗”“注意马上结束”等，这些声音都会通过直播播出去。联络员与出镜记者、摄像沟通时，尽量使用手势或提示板。

联络员最好全程与后方导播保持手机通话，及时沟通直播过程中遇到的问题。沟通时，尽量与出镜记者和摄像拉开几米远的距离，避免通话声音被直播出去。

出镜记者如需要与摄像、联络员沟通，可以直接说“现在请摄像把镜头推近一点”“我们的直播可能需要延长 1 分钟”等明示语句。

直播中若遇到设备故障等突发情况导致直播中断，联络员应第一时间告知后方导播，听从导播指令。直播恢复后，出镜记者应先向网友说明情况。

五、结束直播时的注意事项

当出镜记者根据现场实际情况需要结束直播，或遇到突发情况时，可以通过约定好的动作（如摘掉单头耳机）示意联络员和后方导播。当后方导播根据实际需要，向前方下达“说结束语”的指令时，联络员要用手势或提示板示意出镜记者。

出镜记者的结束语要和演播室或下一路连线记者承接起来，给演播室和导播一个明确的信号，如“现场的情况就是这样，主持人”或“下面把镜头交给我的同事×××，让我们来看一下××地的情况”等。

考虑到网络直播本身存在一定延时，出镜记者说完结束语后不要急着走开，应保持停留5秒以上，摄像保持拍摄画面稳定；周边环境允许时，摄像也可把镜头转向周围场景拍空镜头。待导播告知联络员可以结束时，联络员再示意摄像切断信号结束直播。

六、后方人员职能与分工

后方要配备至少一名导播和若干名编辑，编辑人数根据直播平台的多少而定，平台越多，需要的编辑也越多。大型直播经常需要在多路直播信号和演播室之间切换，因此有必要为导播配备至少一名助手，执行导播发出的指令，协调前方多路直播信号与演播室信号的切入、切出。

为保证播出质量，正式开播时间前5分钟，导播开始推流提前准备好的片头和垫片，循环播放。这样加上前方主播的一路信号，至少有两路信号进行切播，确保播出的画面不断流。

播出时，导播（或助手）与前方联络员电话联系，进行倒数读秒“5、4、3、2、1”开播。开播后，导播要随时关注信号，如遇到信号不畅或其他突发情况，应及时与前方联络员联系沟通。

移动新闻直播过程中，由后方编辑全程监控把关，按照新闻媒体负责人的要求对直播视频的内容和用户留言进行审核把关。直播过程中如发现问题，或前方团队遭遇突发事件，由导播及时进行信号断流，相关直播平台也要在第一时间将直播页面删除。

七、手机直播存在的问题

一方面，目前市面上的智能手机大都使用锂电池供电，在气温过高或过低时，都容易出现自动关机的情况，造成直播中断。根据实际操作经验，如果环境温度低于－5℃，手机在未采取保温措施的情况下电量会迅速下降，十几分钟甚至几分钟内就会因电量耗尽自动关机；如果环境温度超过35℃，手机也会因发热量过大频频自动关机。目前市面上的手机水冷循环装置重量有几百克，很难与手持稳定云台同时使用。

另一方面，目前手机直播的信号质量取决于网络信号。在人数众多的大型活动（如演唱会、足球赛等）现场，移动运营商的网络基站服务压力一般会比较大，不管是手机直播还是4G/5G直播背包＋摄像机直播[①]，都很难保证信号稳定。这种情况下，可以使用网线＋路由器提供Wi-Fi信号，用手机连接Wi-Fi进行直播；如不需要大幅度移动拍

① 有关4G/5G直播背包的介绍见第十二章第四节。

摄，也可使用摄像机＋网络视频推流编码器（或便携式切换台）＋网线的形式将信号回传到服务器上。

此外，如果在一些突发事件中，现场网络信号不稳定或者缺少电力支援，导致大时段视频直播无法顺利进行，则需要记者采取变通的方式，将直播变录播，或者变成“图文＋短视频”直播。比如2019年8月12日，受台风利奇马影响，济南市章丘区遭遇60年一遇的洪水，记者当时进入受淹村庄后手机信号时断时续，由于当地断电，手机电量不足，无法继续做视频直播，只好改做图片、短视频（见图10－2，参见文前彩页），保证现场信息及时传回后方。

图10－2　用手机录制的横屏短视频报道截图

一线者说

做有责任感的移动新闻直播

移动互联时代，内容传播从单向变为双向。用户既是新闻事件的“见证者”，还是新闻事件的“参与者”和“传播者”。媒体通过互动与用户产生关联，有助于更好地了解、回应网民关切，重塑主流媒体的传播力和影响力。

一场优秀的移动直播必须要有持续跟进、层层递进、互动传播的环节，需要在直播过程中不断引入最新信息，并实现实时在线互动。

新安江水库九孔全开这次直播中，泄洪量随雨情的变化调整，带有很大的不确定性，给直播增加了难度，但这恰恰是网民关注的焦点。直播团队紧盯现场和省防指消息。2020年7月7日上午10点，一孔开启；10点15分，三孔开启；12点，五孔开启；16点，七孔开启。7月8日上午9点，史上首次九孔全开……全程跟进，牵动网民的注意力。

同时，记者、编辑、导播和网友实现了四方互动，并在直播节目中呈现。对于网民的互动提问，前方主播及时在直播时进行回应，就网友对泄洪的影响、下游区县汛情防控的关切等进行详细解答，并在直播中提醒网友不在洪水影响区域围观、捕鱼，做出正面引导。通过各平台参与留言、点赞的网友总数量超过180万人次。

前所未有的泄洪背后，是一场与时间的赛跑和洪水的博弈。如何把握好历史事件中新闻报道情感取向是个深刻的命题。

7月7日晚上，前方记者做完一整天的报道，在宾馆休息时，当地宣传部传来消息：第二天可能史无前例开九孔泄洪。记者的心情有见证历史的兴奋，但迅速又转为沉重：下游能扛住吗？

直播的特征之一是原生态呈现，现场感和代入感超越普通的图文报道，给网友带来身临其境的感觉。在此次直播中，九孔泄洪有着“现象级”的画面冲击力。

汛情防控是严肃新闻，但一些自媒体将之当成壮观的美景，还出现了群众围观、捞鱼、捕鱼的场面，更有甚者进行调侃戏谑，导致主题失焦和导向偏离，这对上下游民众所做出的巨大牺牲也是不够尊重的。

九孔泄洪移动直播的重点是汛情防控和群众生命财产安全。直播从防控大局出发，及时发布权威信息、安全提醒，及时回应网民关切，表现了政府部门科学调度、精准控泄，保障钱塘江沿线错峰过境、平稳过关，起到了积极、正向的引导作用，体现了主流媒体的责任和担当。

资料来源：徐洁，陈焕．融媒时代视频直播这样精进“硬核技能”：移动直播作品《历史首次！新安江水库九孔全开》赏析．传媒评论，2021（6）．

第三节　案例分析

报道背景：2018年7月14日至15日，陕西省汉中市略阳县遭遇了百年不遇特大暴雨袭击，全县五个镇、街办出现灾情，其中五龙洞镇基础设施损毁最为严重，水、电、路、讯全部中断，成为“孤岛”。当地政府决定租用直升机给五龙洞运送急需物资。在得知直升机救灾的决定后，记者经过一个晚上的等待和准备后，在直升机起飞的一刻记录并通过手机直播的形式将这一重要消息传播出去。① 这次的移动新闻直播获第二十九届中国新闻奖三等奖。

直播文稿：

（记者出镜）：好的，大家好，我是陕西广播电视台的记者殷旭。别的先不说，我们先跟随着镜头一起看一下这架直升机。现在这个直升机旋着双翼准备降落在这儿。声音非常大，几乎我们在这里就什么都听不到了。伴随着直升机的降落，一阵强劲的风吹到了我们的身上，感觉地下的灰也有很多被扫了起来。直升机现在正在缓缓地下落。我们看到它现在离地越来越近，距离越来越小。现在它已经稳稳地落在了地上，螺旋桨的转速也开始逐渐减慢。现在许多工作人员逐渐地在向这架直升机走去，飞机上下来了一位工作人员，旁边的工作人员也是在检查飞机的运行情况。

我们可以看到这架直升机它的颜色是黄蓝相间，飞机并不大，它的前排有两个座位，后排是四个座位。这架直升机其实是在昨天晚上12点钟左右的时候从陕西省

① 受暴雨影响陕西汉中略阳五龙洞成孤岛 直升机急运物资．（2019-05-23）［2019-06-12］．http：//www.zgjx．cn/2019-05/23/c_138079630．htm．

西安市运到了略阳县，运到了这里。我现在所在的位置可以看到是一片非常大的空地。这块空地其实是略阳县十天高速略阳段的一个服务区。之所以选在这里，就像我刚才说的，（因为是）很大的一片空地，可以方便直升机的起飞和降落。

大家可能会有疑问，这架直升机刚刚为什么在我们直播开始的时候是从空中刚飞回来的？在这里需要给大家解释一下，因为早上，在做完准备工作之后，这架直升机也是做了一个试飞。就在我们直播前的十分钟，这架直升机才起飞，做一个试飞的运动。在空中，也是在原地，可以说是绕了一圈，发现没有什么问题之后就返回了这里。刚才其实只是一个试飞，那么接下来的一个任务，这架直升机的最大的一个任务是将大量的物资送往本次受灾非常严重的略阳县五龙洞镇。

在五龙洞镇有 5 000 多名群众被困在了那里。因为现在那里水、电、路、讯，通通都不通。五龙洞镇内走出来的群众和干部跟我们介绍情况说，现在这里整个秩序还是比较正常的，虽然说道路损毁非常严重，房屋损毁非常严重，但是大家基本的食物是有的。不过，像一些药品、奶粉，这些东西其实是非常缺的。我们跟随镜头一起看我身后的这辆车。这辆货车上，我们可以看到，它装满了大大小小的包裹。这些包裹（将在）稍后（由）直升机运送到五龙洞镇的受灾群众那里。我们一起跟随镜头来看一下这些物资都有什么。我们首先可以看到，这里有防空棉被。还有什么呢？我们再转着看一下。有很多的棉被。在我目力所能及之处，我看到了一个——这个是汽油发电机。我刚才讲到了现在五龙洞镇处在一个水、电、路、讯全部中断的状态。整个镇里的 5 000 多人没有电用，这四台发电机是为了尽快地运到五龙洞镇，尽快地恢复当地的电力供应。因为有电了之后，后期救援工作将会更好地展开。

除了这些汽油发电机、棉被之外，还有什么呢？我们跟随着镜头一起再看一下。到这个位置，这些物资是当地早早就准备好了的，昨天晚上一直等待着直升机的到来。这架直升机其实也是当地政府紧急从西安调运过来的。我们可以看到，除了刚才我们看到的这些棉被以及发电机（这些）当地非常需要的东西之外，还有我右手边，这样的绿色的大桶。从外形上大家应该可以判断，这些桶里面装着的是什么。没错，这里面装着的就是汽油，我们知道只有发电机是不够的，有发电机还要有油来供它发电。这些油也将会在稍后被送往五龙洞镇。我们刚刚提到了，其实现在整个镇上不缺食物，镇上的食物供应是足够的。但是缺什么呢？缺药品，缺奶粉，缺消毒用的工具。我们也了解到，除了我们刚刚眼睛看到的这些东西之外，当地政府还为整个五龙洞镇准备了 6 箱日常药品。药品包括什么呢？包括感冒药、发烧药，包括创伤药，比如说碘酒，等于说所有的常用药品，在这 6 箱药品中都有涵盖。除此之外，因为镇上还有很多小孩儿，奶粉也处在一个比较急缺的状态。所以当地也紧急准备了很多箱奶粉，稍后将用直升机运往受灾较重的五龙洞镇。

我们其实可以随着镜头看，飞机并不大，这么多的东西，它要怎样才能运到五龙洞镇呢？大家可以思考一下。我相信很多朋友已经想到了方法，那就是通过吊运的方式。这些物资将会被吊在直升机的下方，就像一个大的包裹，直升机起飞后，这些物资就会在直升机的下方吊着。到达了之后，再把这些物资运到五龙洞镇。我们了解到，这架直升机别看个头不大，但运力不小。它的运力达到一吨左右，就是说，它一次性可以运送将近一吨的紧急物资。我们可以看到，现在一辆汽车已经开到了这架直升机旁。我们刚才说到的药品，包括一些消杀的工具、消杀的液体，都装在这里，还有500件衣服，都在这里。现在工作人员正在准备将这辆车里的物资运送到这架直升机上。

记者：我们可以看到，为了增大运力，现在工作人员应该是正在拆座椅，是吗？

工作人员A：拆掉座椅。

记者：咱们为什么要拆这个座椅？

工作人员A：拆掉座椅是为了多运送这个救灾物资。

记者：多运送？能多运送多少？

工作人员A：我们尽可能多地，能多装一点就多装一点，多装一些东西。

记者：能多装一点就多装一点，就是让它的作用发挥到最大。后排是几个座椅呢？

工作人员A：后排是四个座椅。

记者：全部要拆掉吗？

工作人员A：全部要拆掉，全部拆掉。

记者：好的，我们现在看到的工作人员呢，是正在进行这个拆座椅的作业。那么我想，这里面到时候，座椅拆掉之后，这些药品，重要的药品是不是就放在这里？

工作人员A：是，药品就放这个在驾驶舱里，重要的就是药品，放在驾驶舱内。

记者：咱们药品是运6箱，这里面大概都有什么种类？

工作人员A：有常备的感冒药、防暑降温药，还有包括孕产妇用的药品。因为灾区受困群众中有待分娩的产妇。

记者：这些情况咱们是怎么知道的？因为我们知道他们水、电、路、讯全断了。

工作人员A：现在咱们镇上的通讯固话已经恢复了。恢复之后，咱们也有干部已经连夜步行上去，现在已经把上面最新的消息带下来反馈给我们了。

记者：就是说咱们这次运的东西都是当地最为需要的东西。好的，那么现在整个镇上的情况还稳定吗？

工作人员A：稳定，稳定。

记者：大家生活还好吗？

工作人员A：现在咱们镇上的干部组织群众有序地撤离，然后集中安置。滑坡地方的群众就已经疏散走了。现在就是急需咱们把物资运送上去，保证他们的生活没有问题。

记者：咱们今天这个物资需要运送几回？几趟能把这些物资全部运完？

工作人员A：我们现在根据这个情况，尽可能多地装物资。但是具体次数我们现在还不能确定，还无法确定。

记者：好的，谢谢。

记者：刚才这位兄弟是咱们略阳县政府办的一名工作人员。今天早上，我们也是跟随着他一起来到了这里。其实在今天直播之前，我已经了解到了一些信息，就是从这里飞到五龙洞镇距离并不远。但是需要多长时间，目前飞行员是没有办法给一个准话的。为什么呢？因为现在我们可以看到，两边的山很多，地形比较复杂，所以说这个时间还不好估计，大家也是想要尽全力，尽早赶往那里。

现在整个现场的工作正在紧张有序地进行当中。我们刚才也是跟直升机飞行员进行了一个聊天。他告诉我们说，这次运送物资，一趟如果能够运完的话最好，如果运不完的话，可能会飞第二趟。

现在同时在五龙洞镇，镇上的工作人员、镇上的干部其实早早就已经做好了接应的准备。我们知道，直升机的起飞和降落都需要很大的空地才能够进行。那么大家现在已经把这个降落地点选在了哪里？选在了五龙洞镇景区游客服务中心门前，因为那里有一片非常大的广场。

好，我们再来看一下。这辆车里面装着的药品，现在好像已经准备开始搬了。我们可以看到：上方，衣服、迷彩服；下方，复方板蓝根颗粒，都是常用药。这辆车可以说是已经被塞满了。

好，我们可以看到现在的工作人员已经开始了工作。我们可以顺着镜头的方向看过去，在迷彩服下方的这个尿素袋里面装着的就是一个消杀用品。这个消杀用品是当地消毒用的。因为我们知道，大灾过后，尤其是水灾过后，每个区域的消毒和防疫都非常重要。当地政府也是想到了这一点，所以，要将这几麻袋消杀用品跟随着药品，跟随着这些物资一起运到五龙洞镇。我们知道，在运送物资这个环节里，我们需要运送的往往是当地最需要的东西。这些消杀物品之所以被运过去，也可以想象得到，在这次洪水中消杀用品的地位和重要性。

我们可以听一下现场的声音。

从现场的声音我们可以听出来，大家都在忙碌地工作着，因为大家心里都非常焦急，希望可以早日将这些物资运送到五龙洞镇，运送给现在等待着这些物资的群众。

我们可以看到，大家在装这些物品的时候，顺序上有一个选择，优先装药品和消杀用品，而衣服能装多少装多少，装不下了，一会儿吊运。

记者：您好，您是咱们县里的？

工作人员 B：对。

记者：您是哪个单位的？

工作人员 B：政府办的副主任。

记者：政府办的副主任，您是负责这次的这个？

工作人员 B：对。

记者：那咱们这次，您刚说到，这要飞几趟呢？

工作人员 B：应该，按这个情况，应该在五趟左右。

记者：这些物资还不是全部的物资，是吗？

工作人员 B：对，这些物资，因为这个飞机比较小，而物资比较大。可能装起来，装不完。然后咱们还有几个发电机，发电机比较占地方，比较重。然后，还有给他们上去带的应急用的汽油，比较占地方，比较重，对。

记者：除了这些物资以外，还有没有物资将会被运来这里？

工作人员 B：还有物资，暂时没运过来。

记者：还在准备着？

工作人员 B：对。

记者：现在这里的情况你了解到的，怎么样呢？

工作人员 B：反正那边是交通中断，然后断水断电，反正条件比较恶劣，通信也中断了。

记者：咱们之前从五龙洞镇有把群众转移出来过没有？

工作人员 B：往镇子外边没转移，他们镇子里边转移过，往安全地方转移过。

记者：现在镇里面有个安置点是吗？

工作人员 B：有好几个地方安置了群众。

记者：现在大概安置了多少人？

工作人员 B：那这个我不太清楚，稍等。

记者：好的，您先忙，您先忙，您先忙。

记者：刚才他也说到了，现在整个镇上的情况还是比较严峻、恶劣的。这些物资呢，想必也可以部分地解决当地百姓目前所需要的物资供应。我们在一会儿这架飞机起飞之后，也会跟随着飞机一起进入五龙洞镇，看一看那里的情况到底如何。好的，这里的情况目前就是这样了。

《受暴雨影响陕西汉中略阳五龙洞成孤岛 直升机急运物资》是“央视新闻＋”（央视新闻移动端 App）成立以来点击率和播放量最高的移动直播作品之一，发布当天的点击率就超过了 500 万，这条移动新闻直播是该新闻事件中独家的，也是最快的新闻报道作品。[①] 扫一扫二维码观看视频。

受暴雨影响陕西汉中略阳五龙洞成孤岛 直升机急运物资

这个作品选取的是直升机运送物资这一救援场景。在当时受灾地区变成孤岛之时，当地政府如何克服重重困难救灾、如何解决现实问题是公众关注的焦点。从出镜报道的典型环境看，记者是在直升机运送救援物资的“第一现场”，新闻性很强。

在接近 15 分钟的直播中，出镜记者表现出的可贵之处在于出镜记者让位于现场报道的需要，而不是觉得自己是现场的主角，而且根据现场的进度灵活调整报道内容。在开头部分，记者出镜时面对正在降落的直升机，快速将直播内容切入现场：“别的先不说，我们先跟随着镜头一起看一下这架直升机。”如果是经验不丰富的出镜记者，很可能会按部就班地把出镜导语说出来。

这次直播时间不长，但是提供的信息很多。这其实提醒移动直播不要为了直播而直播，应根据信息量来确定直播的时长。如果是较长时间的直播，也可以考虑将直播拆分，

---

① 受暴雨影响陕西汉中略阳五龙洞成孤岛 直升机急运物资．(2019－05－23)［2019－06－12］．http：//www.zgjx．cn/2019－05/23/c＿138079630．htm．

提前策划有新闻价值的直播节点，在确认无关键信息呈现时关闭直播间，避免节奏松散，产生信息泡沫。①

当然，对于作品的评价我们不能站在今天看昨天，而是要基于当时的情境。2018年移动直播的业务探索刚刚开始，加上囿于现场条件，也不可能尽善尽美。笔者专门采访了主创人员，了解该作品的幕后故事。

一线者说

幕后故事②

当时为什么将直升机救援作为直播内容？为什么想到了用移动直播的方式？

殷旭：在直升机参与救援之前，我们在略阳已经待了一个多星期。因为当时略阳五龙洞镇什么都不通，当地政府决定用直升机送物资的时候，我们觉得这个事情一定要好好报道、好好关注，这些被围困在“孤岛”的群众是大家所关注的。

当得知直升机参与救援这件事后，我们当天就赶去了，我之前也连续做了几天直播，当地情况也很了解，然后就想着怎么样去把它展现出来。你如果去拍一条新闻，可能没有办法很好地展现大家这种急切的心情，包括都有哪些物资要送过去、为什么要送这些物资过去，可能没有办法在一两分钟的片子里面说得很清楚。

我们知道时效性是第一位的，搞直播肯定是最快的。本来原先设想是在飞机上直播，但是飞机飞到天上后，直播就没信号了。于是就在飞机起飞前做了这么一小段，飞机起飞之后直播停了。当时是用手机的4G信号直播的，现场没有直播车，只能用手机。

在直播前你都做了哪些准备？

殷旭：我重点准备的问题是直升机运送物资都运什么，带哪些东西进入灾区。我从当地政府办公室了解到有消杀的物资、奶粉和汽油。为什么要送这些？这些物资有这么紧急吗？所以我在直播中对这些问题进行了回应。

你在直播中还采访了一些现场的工作人员，这些采访是你提前安排的吗？

殷旭：我比较反感那种提前安排好的采访，尤其是双方都对好词的采访，因为那样的话就没有现场感了。即便有必要提前安排，也只是和对方聊一下，告诉对方一会儿会采访他。当然在直播采访的过程中，还是要把握新闻的底线，也就是安全原则，当你去问采访对象问题的时候，你要时刻提防着他会不会说什么不该说的内容，这根弦要时刻绷着，如果遇到这种情况，需要记者在现场圆场。

---

① 曾祥敏，刘日亮．移动新闻直播：临场交互下的信息传播．电视研究，2018（9）．

② 这部分为笔者2022年8月16日对陕西广播电视台记者殷旭的访谈内容。

你采访的工作人员看起来都很适应你的镜头，没有婉拒采访或者排斥镜头的情况。

殷旭：我们在这儿已经采访报道一个多礼拜了，我天天都在做直播，这可能是一个原因。他们可能也忙得顾不上，因为是拿手机，他们可能也就不很在意。如果是摄像机的话，可能他们会紧张一点。移动直播铺的阵势越大，有直播车，架好几个机位，被采访人就会越紧张。相反，如果你随意一些，采访对象也能放松一些，在这种即兴的状态下才能出来最真实的东西。

你在这次直播中是怎么安排你报道的内容的？

殷旭：直播前我会给自己设计一个提纲。第一步先说什么，第二步说什么，第三步说什么，第四步说什么。但我不会给自己限定一个太具体的内容，直播中按照提纲顺着往下走就可以了。比如，这次直播，直升机为什么要来，来这儿干什么，这是我第一个要解释的问题。第二个问题是运什么物资，为什么要送这些物资进去，为什么是这些物资，飞机能装多少，然后带着大家到现场看一下。第三个，我一定要把现场的紧张氛围凸显出来，现场的物资运送工作不是安安静静进行的，其实是很紧迫的。第四个想法是救援物资送过去之后能给五龙洞带去什么样的变化，接下来政府还会不会有运送的计划。

如果可以重来一次的话，你觉得哪些地方可以改进？

殷旭：采访的时候不应该重复采访对象的话，这实际上是无效信息。我觉得啰唆了一些，一些地方有点啰唆。再就是该停顿的时候可以再适当地停顿一下，节奏把握得还不是特别好，有点赶。当时在灾区待了一个星期，形象也不太好，再就是体态方面应该更注意一些。

这个作品当时在策划时想到会得奖吗？

殷旭：当时做直播的时候，我们当天还要做很多片子。我要给《陕西新闻联播》《第一新闻》《第一新闻午间版》和《晚间新闻》做片子，还要给《第一新闻午间版》做连线，工作很忙。当时心里的真实想法是把这个直播任务做完做好就行了，其他的也顾不上。我们团队 4 个人当时在灾区每天连线、做片子得十几条。

你觉得电视直播和移动直播的差别在哪里？

殷旭：电视直播就是把复杂的事情简单化，复杂的事我要在一两分钟之内把它说完，就要把复杂的事情简单化。移动直播的话就是要把简单的事情复杂化，我可以说得更细更深入一些。我可以让大家感受到更多的东西，就是把简单的事情复杂化处理。我觉得最大的区别在这儿。

本章小结

移动新闻直播看似技术简单，但从新闻业务的角度来看一点也不比电视直播容易。

自2018年中国新闻奖单独评选媒体融合类作品以来，移动直播作品历年的获奖情况是：2018年5件、2019年4件、2020年5件、2021年2件。① 移动新闻直播与传统电视直播虽然都是直播，但是各有其自身的特征和媒介文化。在“移动优先”成为媒体深度融合的大背景下，移动新闻直播的传播和制作规律还需要进一步探索，业务实践还可以进一步创新。

推荐阅读书目

敬一丹．我遇到你．武汉：长江文艺出版社，2015.

思考题

1. 移动新闻直播的特点是什么？
2. 开播前有哪些注意事项？
3. 后方人员的职能和分工是什么？

练习题

假如校园学生媒体中心要在新生报到当天做移动新闻直播，请你策划一个直播方案。

① 詹新惠．移动新闻直播不该这么冷．青年记者，2021（22）．

第十一章
360度全景视频出镜报道

本章学习要点

沉浸式新闻
360度全景视频
虚拟现实视频
第四堵墙

在虚拟现实（virtual reality，VR）、增强现实（augmented reality，AR）和360度全景视频（360°video）技术的推动下，沉浸式新闻（immersive journalism）在2015年和2016年成为一种趋势。[①] 沉浸式新闻是一种新闻生产形式，人们可以获得新闻故事中所描述的事件或情况的第一人称体验，沉浸式新闻的基本理念是让参与者真正进入一个虚拟的再现新闻故事的场景。[②]

沉浸式新闻依据技术可分为360度全景视频新闻和虚拟现实新闻。360度全景视频新闻的呈现载体为PC端和手机端，可通过电脑鼠标、触控板或手机触屏进行操作，主要调度人的视觉和听觉系统；虚拟现实新闻的呈现载体为屏幕端配合可穿戴设备，新闻叙事依赖受众的动作参与，主要调度人的视觉、听觉和行为系统。[③]

沉浸式新闻近年来被国内外主流媒体所实践，其中，制作成本相对较低的360度全景视频新闻应用广泛，《纽约时报》、美联社、美国有线电视新闻网（CNN）、英国广播公司（BBC）、欧洲新闻电视台（Euronews）、英国天空新闻台（Sky News）和美国广播公司（ABC）、上海文广（SMG）等都有应用。虚拟现实新闻的制作成本较高，在业界较少实践，较有代表性的案例有英国《卫报》的《6×9》、英国《经济学人》的《重建摩苏尔》（RecoVR：Mosul，a collective reconstruction）等。

---

① KANGASNIEMI J. What we can learn from the best examples of immersive journalism.（2021-08-03）[2023-01-06]. https：//reutersinstitute. politics. ox. ac. uk/what-we-can-learn-best-examples-immersive-journalism.

② DE LA PEÑA N，WEIL P，LLOBERA J. Immersive journalism：immersive virtual reality for the first-person experience of news. Presence，2010（4）：291-301.

③ 周勇，倪乐融，李潇潇．“沉浸式新闻”传播效果的实证研究：基于信息认知、情感感知与态度意向的实验. 现代传播（中国传媒大学学报），2018（5）.

一般来说，沉浸式新闻可以分为三种叙事模式①：

第一种是社交360模式（social 360），以简单的360度视角呈现一个行动（情节）。这种叙事模式在新闻报道中可以针对当天发生的事件生产更具时效性的360度全景视频内容，在手机上不需要打开声音便可轻松观看。

第二种是报道者叙事模式（reporter-led narratives），记者在叙事中担任“向导”向观众展示内容，并引导观众观看。英国天空新闻台和美国广播公司多采用这种叙事方式。

第三种是角色叙事模式（character-led narratives），以特定角色进行叙事的报道，多配合音乐，以激发情绪反应。

英国考文垂大学360沉浸实验室（360 Immersive Labs）的创始人莎拉·琼斯（Sarah Jones）认为：“电视屏幕容易给人一种抽离感，因为看电视时你还在同时做其他事情，但当你沉浸在VR世界中时，分神做其他事情是不可能的。”②《纽约时报》虚拟现实联合总监兼视频副总监玛塞尔·霍普金斯（Marcelle Hopkins）表示：“我们认为虚拟现实、360°全景视频、AR、MR，以及接下来的任何技术，都是同一个领域的一部分，都是沉浸式平台。我们认为这是未来人们消费媒体（包括新闻）的一部分。”③

第一节　360度全景视频

360度全景视频是不是也可以被称为虚拟现实视频？出镜记者在360度全景视频中发挥何种作用？理解这两个问题，是做好360度全景视频出镜报道的前提。

一、360度全景视频与虚拟现实视频

实践中有两个概念极易混淆：全景（panorama）和虚拟现实。“全景”一词源于希腊文，含义是“都能看见”，是视角超过人类正常视角范围的图像。④ 虚拟现实的英文本义是“真实世界的一个映像”（a image of real world）。⑤ 虚拟现实视频是一种基于计算机图形学的纯虚拟CG制作形式，先用Maya、Rhino3D、Blender等三维软件完成三维建模，再用Unity、Unreal等游戏引擎完成交互场景搭建和交互任务的设计等工作。⑥ 2014年美国《得梅因纪事报》（*The Des Moines Register*）推出了VR解释性新闻报道《丰收之

---

① JONES S. Disrupting the narrative：immersive journalism in virtual reality. Journal of media practice，DOI：10. 1080/14682753. 2017. 1374677.

② SCOTT C. Disrupting the narrative：telling stories with 360-degree video. （2016－02－11）［2023－01－16］. https：//www. journalism. co. uk/news/disrupting-the-narrative-telling-stories-with-360-degree-video/s2/a609976/.

③ ROGERS S. Is immersive technology the future of journalism？. （2020－02－06）［2023－01－16］. https：//www. forbes. com/sites/solrogers/2020/02/06/is-immersive-technology-the-future-of-journalism/？ sh＝336b63df7e30.

④ 张伟．全景视频技术及应用研究综述．影视制作，2019（4）.

⑤ 毛毅静．虚拟现实的视觉文化意涵．现代远距离教育，2013（1）.

⑥ 同④.

变》(*Harvest of Change*)，成为全球第一家报道 VR 新闻的大型新闻机构。[①] 通过该报道，用户可以身临其境地了解技术、移民和全球化如何改变一个家庭农场。

360 度全景视频的取景范围通常为水平 360 度、垂直 180 度，由相机阵列或一体式全景相机对真实场景以图片或视频方式进行多角度环视采集，支持多角度播放和轻度互动体验，观看效果就像体验者站在空心球内部观看球体内表面上的实景画面。[②]

因此，将“全景”等同于“虚拟”是错误的，将 360 度全景视频称为虚拟现实视频或 VR 视频也是错误的。

360 度全景视频和虚拟现实视频所采用的技术不同，文本形态和接受方式也有区别(见表 11-1)。

表 11-1　360 度全景视频和虚拟现实视频的区别

	360 度全景视频	虚拟现实视频
观看内容	真实世界的实景展示，无交互元素或对象；画面会出现变形或断裂。	对现实世界的高度模拟，并非真实存在。
观看方式	PC 端或移动端多种专用视频播放器和浏览器、经过特殊调校的各种穿戴式设备。	需佩戴专用头显（眼镜或头盔）并配合跟踪定位传感设备获得完整体验。
观看自由度	观看者可以自由转换画面角度，但主视角的位置和移动则完全由拍摄者决定。	观看者可以自主决定主视角的移动、转向和位置，能创造完全属于自己的主视角。
观看进度	按照拍摄者选择、编排后的主视角进行单向播放。	观看者可以灵活自主地对主视角进行探索和体验。
观看体验	缺乏感知信息的深度，平面感较强；体验者仅作为旁观者，交互性体验和沉浸感一般，但真实性很强。	虚拟真三维环境，具有较强的无边界观感和立体景深感；体验者能够充分参与场景互动，沉浸感非常强。
开发难度	拍摄简单、后期制作时间和成本较低。	制作难度大、耗费时间长，对制作人员专业素质要求很高。

资料来源：张伟．全景视频技术及应用研究综述．影视制作，2019（4）．

当然，二者也有共同点。360 度全景视频和虚拟现实视频都打破了“第四堵墙”（the fourth wall)。“第四堵墙”源于戏剧，指建立镜框式舞台，将观众和演员完全分隔开，以利于演员的表演。[③] 这种透明的、虚幻的“第四堵墙”一直是戏剧赖以生存的条件[④]，其功能在于分割时空，将“叙事时空”与“观赏时空”分割开来。与戏剧中虚拟的“第四堵墙”相对，电影、电视的“屏幕”是一道实实在在、难以逾越的“墙”，尽管电视中的人物可以“看镜头”暂时连接这两个时空，但是屏幕这堵“墙”是物理性的、历时性的，无论创作者如何调度，都无法改变这种客观现实。[⑤] 全景技术和虚拟现实技术创造的

① BLAIRC. “Experiential Journalism”: How Virtual Reality Could Depict News in 3D. (2014-12-10) [2023-01-16]. http: //ajr. org/2014/12/10/experiential-journalism-virtual-reality-depict-news-3d/.

② 张伟．全景视频技术及应用研究综述．影视制作，2019（4）．

③ 倪胜．谈谈第四堵墙．长江文艺评论，2022（3）．

④ 张展．现代派戏剧文学反幻觉的形式策略．戏剧文学，2008（12）．

⑤ 马骏．“看镜头”的实践流变与美学价值：以美剧《纸牌屋》为例．现代传播（中国传媒大学学报），2014（11）．

“拟态环境”打破了叙事者与观者的“第四堵墙”，让观者直接置身所叙之时空，从这个意义上说，这是以往传播技术所不能及的。

在360度全景视频和虚拟现实视频中，观者可以自主选择观看角度。以往镜头的框架限定了观众看到和听到的内容，而现在这种“框架”已经渐渐模糊。传统视听作品的叙事框架是一个二维空间；而虚拟现实和全景视频中，框架是一个虚拟的、立体的“场”，这个场既可以包含有利于叙事者主观意图的信息，也可以包含抵消叙事者传播意图的信息，对视听作品的“控制”问题提出了挑战。

蒙太奇是传统视听作品的叙事语法，它契合了人在环境中随注意力的转移而依次接触视觉图像的心理过程，它遵循人们的视觉感受规律，通过操控多空间、多视角的镜头运动，满足人们对于无论是真实的还是想象的环境的视觉冲动。[①] 通过蒙太奇手段，视听作品的叙事在时间和空间的运用上都取得了极大的自由。无论是时空压缩还是时空延展，无论是平行叙事还是交叉叙事，蒙太奇可以让一个故事有不同的讲述方式，都为人所理解。可以说，蒙太奇作为一种视觉语法、思维方式和创作理念，在视听作品的创作中具有极其重要的地位。

但是在虚拟现实和全景视频中，技术恢复了人类观看的自然状态，蒙太奇的结构意义遭到颠覆，因为蒙太奇赖以存在的基础不复存在：镜头拍摄的画面不再是二维的、片段的、局部的、框架化的，而是观者可以实实在在用眼睛去看的时空。它们所“展现的立体的位置关系，为以往二维平面阅读的观者提供了完全不同的视角和全新的感官体验”[②]。可以这样说：观者所沉浸的四维时空，其思维和认知方式与在现实世界中无异，无须蒙太奇语法建构观众对时空的认知。这一时空的时间和空间都是观者可亲身经历的，不会产生传统视听作品利用蒙太奇营造的时空畸变，观者可以与这一时空中的人物游弋于相同的“时间之河”。

二、出镜记者在360度全景视频中的作用

关于360度全景视频，有一个争论是“记者”是否有必要“出场”。《纽约时报》的业者认为出镜记者没有出镜的必要：“我们故意这样做（不让记者出镜），使这些新闻报道与电视新闻区别开来。”[③] 但欧洲新闻电视台的实践则完全不同。一项针对欧洲新闻电视台360度全景视频的研究发现，记者出镜的比例为45%，高于平面视频的33%。主要原因在于在编辑二维画面视频时，记者只需要保留受采访者回答提问的画面，不必保留记者出镜的片段；而在360度全景视频中则恰恰相反，记者要么自始至终出现在视频中，

---

① 储双月．银幕空间的组织方式和运动法则：长镜头、蒙太奇等电影核心概念的理论诠释．内蒙古大学艺术学院学报，2013（1）．

② 百度新闻前沿沙龙：虚拟现实将如何改变传播．（2015－11－27）［2016－04－16］．http：//media.people.com.cn/n/2015/1127/c14677－27863831.html.

③ WATSON Z. VR for news：the new reality?．（2017－04－25）［2022－06－11］. https：//reutersinstitute.politics.ox.ac.uk/our-research/vr-news-new-reality.

要么不出现，不能在后期的编辑中将记者的身影简单地从现场去除。①

记者是否有出镜的必要，本书亦有探讨。对于观众来说，360 度全景视频没有二维构图的框架，可以自由观看，但这种观看可能是漫无目的，或者缺少焦点的。观众选择观看的某个画面未必是关乎整个故事进展的关键画面或叙事主线，甚至有可能完全错过关键画面，在这种情况下，观众观影后很有可能不明所以。② 因此，出镜记者的作用之一就是引导观众。这种引导其实就是一种调度。以往的空间调度需要摄像机通过运动镜头来实现；但是在 360 度全景视频中，镜头的生成是以场景为单位的，多采用固定机位，镜头本身很少运动，当观众置身 360 度环视空间时，看什么、怎么看，需要借助出镜记者的引导来实现。当然，这种引导的前提是空间中有很多值得看的内容，或者说场景中不存在唯一的焦点。例如，在上海文广的《拆违进行时》中，记者站在一条街道的中间，告诉观众接下来拆违即将开始，记者出镜后，街道两头的作业设备便开始工作，在这个视频中超过 180 度的画面是有看头的（见图 11－1，参见文前彩页）。如果场景中焦点唯一、表意明确，记者便没有出镜的必要。

图 11－1　《拆违进行时》中记者出镜

记者出镜还可能是基于节目样式（format）需要。欧洲新闻电视台在法国大选九集节目中试验了相同的样式，其编辑表示："我们始终保持节目的样式不变，先有一个记者对着镜头说话，然后切换到地点的入口，介绍主题，然后开始。这种样式的模板给了节目一种有机的整体感。"③

从可视的角度来说，360 度全景视频由于直接呈现三维空间，记者在其中出镜采访，可以最大化地让空间具备可视和叙事功能，随着记者边走边说，或者边走边采访，可以借助运动充分调动观众的感官，也可以充分利用场景内的空间，避免让人产生拍 360 度全景视频没必要的看法。BBC 掌握的一条原则是"如果能用普通视频拍摄，就不要费力用 360 全景视频"④。因此，拍摄 360 度全景视频的前提是一定要想好为什么拍，而不是

① 刘娜，朱松林．欧洲新闻电视台沉浸式新闻实践探析．传媒，2022（12）．

② 贾盛云，董小染，曾祥敏．全景视频叙事的特点与策略研究．电视研究，2017（6）．

③ REDOHL S. Q&A with Thomas Seymat about Euronews'360 French election coverage. (2017－05－10) [2019－11－07]. http://www.immersiveshooter.com/2017/05/10/qa-with-thomas-seymat-about-euronews-360-french-election-coverage/.

④ WASTON Z. VR for news: the new reality?. (2017－04－25) [2022－06－11]. https://reutersinstitute.politics.ox.ac.uk/our-research/vr-news-new-reality.

为了拍而拍。

360度全景视频的拍摄和制作要注意伦理问题。例如，现场可能涉及的隐私问题和保密问题，以及灾难现场对观众的强烈情感冲击和对当事人的二次伤害等。挪威媒体Sunnmørsposten在用360度全景视频报道当地一所监狱的情况时，记者就要确保360度全景视频中场景呈现的顺序不会泄露建筑的实际构造，以防止视频为囚犯提供逃跑的路线。[①]

第二节 360度全景视频制作[②]

如何制作360度全景视频？本书以影石Insta360 One R（以下简称One R）相机为例介绍全景相机在出镜报道中的基本使用技巧。

一、拍摄设备介绍

One R由主脑、全景模块和电池三大部分构成，出镜录制时缺一不可，另外常配备保护边框与配套的便携三脚架，还可以通过防水外壳、无人机套装等外设实现更多功能（见图11－2）。

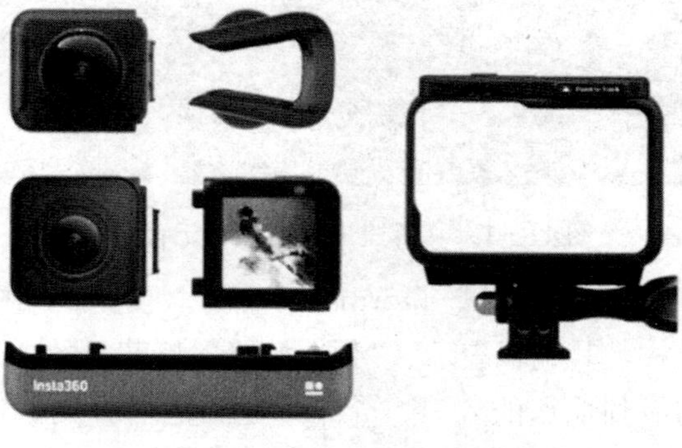

图11－2 One R基本模块

全景模块由前后两个鱼眼镜头组成，机内算法能够在录制时实时拼接画面从而实现全景采集效果。One R的基本设置操作可在机身屏幕上完成，由于One R屏幕较小，有误触的可能，记者在准备出镜前可提前通过Wi-Fi连接手机，在Insta360 App上遥控操作。

One R连接手机后可以直接实现调整拍摄参数、观察取景、远程遥控以及后期剪辑功能。遥控操作可以实现“人机分离”：记者躲在障碍物后，可以拍摄不含记者的影像；记者需要出镜时，可使用自拍杆，One R会用算法自动隐去自拍杆，实现类似低空悬浮的无人机悬停效果。

---

① SANCHEZ－LAWS A L，UTNE T. Ethics guidelines for immersive journalism.（2019－04－24）[2021－04－08]. https：//www.frontiersin.org/articles/10.3389/frobt.2019.00028/full.

② 本节内容由山东大学文化传播学院叶梓铭撰写。

二、安装与设置

使用One R需要进行简单的安装与设置，主要环节包括：

第一步，将全景模块与主脑连接。全景模块的接口要与主脑的接口在同一侧，否则无法安装电池。机身屏幕的左上角会实时显示剩余可拍摄时间，一张32GB容量的SD卡大约可拍摄1.5小时5.7K分辨率的全景视频，可以满足短片的拍摄需求。

第二步，安装电池后，最好开机确认电量足够后再外出拍摄。全景镜头拍摄5.7K分辨率的视频，续航时间为70分钟，在长时间的报道或者低温等环境下，最好多准备电池。

第三步，推动保护边框顶部的小滑块，松开保护边框卡口，将相机安装入保护框后再卡紧顶部卡口。One R本身具有的5米裸机防水功能需要正确安装保护边框后才能实现，不能在未安装保护边框的情况下将相机放入水中。

第四步，安装三脚架、自拍杆，注意检查各连接处螺丝是否已拧紧，避免镜头在快速运动时松动。

第五步，拾音调整。One R的麦克风因考虑到便携、防水、防尘等需要，抗风噪能力一般。虽然可以用软件降低风噪，或后期通过Insta360 Studio减弱环境音、增强人声，但为了保证优质的拾音质量，记者最好配备外接的手持式麦克风或者领夹式麦克风。使用传统的有线麦克风时要谨慎，因为话筒线在全景视频中会一览无遗，比较影响画面呈现效果。当环境不是很嘈杂时，可以使用无线麦克风或体积较小的麦克风外接在One R的上方进行拾音。

第六步，预先选定常规设置。如编码按需要选择H.264或H.265；录制的格式根据预计选择insv格式或RAW格式，其中，RAW格式记录了场景中所有的信息，能够为后期编辑调色提供极大的空间，缺点在于占用的内存远远大于insv格式。打开降风噪，检查并调节拍摄设置，如ISO、快门、曝光等，参数设置完毕后可以在主界面左下角的设置中将目前的常规设置保存为预设，以备在突发情况下迅速调节参数至适宜状态。

第七步，One R可以选配三脚架自拍杆，需要注意原装三脚架与One R组装后重心较高，遇大风或者稍微触碰就容易倾倒。另外，由于One R的镜头是鱼眼镜头，外凸的形态不像传统光学镜头那样可以加装滤镜保护，所以如果在野外等环境下可选择加装保护壳，防止摔坏或者刮花镜头表面。

三、具体拍摄技巧

（一）选择拍摄方案

1. 背包记者单人出镜

因为One R等全景相机具有隐藏自拍杆的功能，当记者紧急赶往新闻现场，没有摄影师跟随时可采用此方案。记者可用手持式或领夹式蓝牙麦克风进行收音，直接开启录制或者直播。这类方式一般适用于突发新闻报道或者调查性报道，记者需要保证时效性或者便于行动。记者需要在一处场景出镜时，用三脚架架起One R进行出镜即可（见图11-3）。

图 11-3　欧洲新闻电视台记者在全景摄像机前采访法国农民

资料来源：REDOHL S. Q&A with Thomas Seymat about Euronews' 360 French election coverage. (2017-05-10)［2019-11-07］. http://www.immersiveshooter.com/2017/05/10/qa-with-thomas-seymat-about-euronews-360-french-election-coverage/.

2. 出镜记者与摄像师的配合

如果条件允许，出镜记者和摄像师可以分工合作，设备的操作可以通过摄像师手机 Wi-Fi 连接 One R 进行。由于手机与 Wi-Fi 连接最远的距离是 10 米，摄像师需在附近隐藏，避免被摄录进画面。

（二）环境与光线

到达现场后，记者需要关注场景的光线是否过暗，或者环境中的明暗对比是否过大，避免环境光照条件导致成像质量下降。虽然可以开启 HDR 录制模式或在后期进行降噪，但受传感器本身限制，许多全景相机在低亮度环境下表现不佳，软件层面的算法难以简单补救。在一些明暗对比过于强烈的区域内，相机只能捕捉特定亮度区间的信息，即使开启 HDR 录制模式，也会有过暗过亮部分无法捕捉，导致画面丢失细节，影响出镜效果。

（三）拍摄角度

当记者独立出镜做 Vlog 形式的出镜报道时，视频拍摄的过程中最好斜向前 45 度角放置镜头，避免镜头拼接处的盲区影响成像。同时记者需要与被摄主体保持距离，不能将全景相机侧向对着拍摄主体，以免镜头拼接处的画面损失影响成像。

四、后期处理

360 度全景视频的后期处理与传统视频的区别在于新增了视角的选择，用户观看全景视频时的初始视角方向都是由后期编辑时选择决定。

当然，后期处理可以不对视角进行调整，选择默认选项就可以向用户提供完全的观看自由度。如果希望设定观看的初始视角，选择具有更高新闻价值或者视觉张力的内容，视角的选择就很必要了。

我们主要以手机端 Insta360 App、PC 端 Insta360 Studio、Adobe Premier 三种剪辑

工具为例，对全景视频的后期处理进行简要介绍。扫一扫二维码，观看 360 度全景视频后期编辑微课。

360 度全景视频后期编辑微课

（一）Insta360 App

Insta360 App 的下方菜单栏从左到右包括以下操作功能：视角、自定义视角、分割、变速、音量、删除、画中画、滤镜、美颜、复制、替换乃至防抖设置、方向设置、不同保护镜模式下拼接的调整和色彩调整。

在手机端进行初步的剪辑工作，需要注意编辑和导出对手机芯片有一定要求①，导出只能选择为以平面形式输出的全景视频，相较其他设备，手机端的剪辑速度较慢，如果有在画面中添加特效和更加复杂的调色等需求，PC 端的 Insta360 Studio 和 Premier 插件是更好的选择。

（二）Insta360 Studio

Insta360 Studio（以下简称 Studio）可以对全景镜头的视角以增加关键帧的方式进行切换，同时还具备后期结合陀螺仪数据实现常规相机需要稳定器才能实现的超级防抖效果。

导出图像可以通过 SD 卡读取，或者通过转接线直接连接电脑和相机，Studio 可直接识别，选择后就可以直接导出陀螺仪信息和画面信息。

在窗口右侧的选项栏中可开启 flowstate 防抖、调整拼接设置并开启拼接优化、打开智能降噪，其他如水下色彩还原等可以根据画面需要进行设置。

可根据需求设置关键帧，调整呈现视角，包括透视（广角）、鱼眼（超广角）、水晶球、小行星四种预设（见图 11-4，参见文前彩页），还有水平角度、垂直角度、滚动角度、视场角控制、畸变控制。各种预设在自由编辑模式中均可设置。

图 11-4　预设视角

---

① 手机芯片要求为苹果 A11 或以上、麒麟 980 及以上、骁龙 845 及以上、三星 Exynos9810 及以上。详情见 Insta360 官网 http://onlinemanual.insta360.com/oner/zh-cn/faq/specs/compatibility。

设置完成后可以直接导出为全景视频或者平面视频。如果需要用原素材重新编辑，在右侧栏新建一个工程文件再次编辑导出即可。

Studio 无法拼接两个不同的视频，也不能添加更加复杂的特效，这些功能需要通过 Adobe Premier 及第三方插件实现。

（三）Adobe Premier

记者在出镜后如果需要进行进一步剪辑或者多段素材拼接，可以使用 Adobe Premier（以下简称 Premier）进行操作。在安装 Studio 时，程序默认自动安装与 Premier 关联的组件，所以可以直接将全景素材导入 Premier 素材库中开始剪辑。如果需要实现类似 Studio 中的视角切换等关键帧特效，则可以在 Insta360 官网下载安装第三方插件 GoPro FX Reframe，其安装过程与其他多数 Premier 插件相同，即将插件拖入 Premier 主程序文件夹中的 Plug-in 文件夹中的 Common 文件夹内，重启 Premier 即可。需要注意的是插件只适用于 Premier 2018 以上的版本。

鼠标双击 Premier 效果控件栏就可以启动控件。图 11－5 显示的是 Premier 中该插件的效果控件部分，画面由四根虚线划分出九块可用鼠标拉动调整视角的区域，其中，滑动中间可以调整水平与垂直视角，左右两侧调整翻滚角度，上下两侧放大或缩小视场角，四角调整畸变。

图 11－5　GoPro FX Reframe 插件的效果控件部分

使用 Premier 剪辑较使用 Insta360 Studio 复杂，不能够快速实现防抖、边缘拼接修正、人工智能跟踪等与相机适配的功能，所以电脑端剪辑全景视频的工作可以参考以下流程：

导入视频至 Studio 中，调整防抖、拼接、降噪等参数，调整视角后以全景视频格式输出。

导入 Premier 中，进行进一步调色，添加字幕、转场特效，并且决定是否组合其他视频元素。

Insta360 Studio 的音频操作主要涉及降噪和人声增强，如果需要进一步调整视频的音频，一般需要导入 Premier 进行操作或者通过 Adobe Audition 等专业软件进行调整。

所有内容调整完成后，在 Insta360 Studio 和 Premier 中都可以进行导出，在导出界面需要选择导出为全景视频（在 Premier 中选择 VR），否则将输出以主视角为中心的平面视频。

（四）发布

Insta360 One R App 的拍摄界面内就可以直接选择直播。目前可以直接连接微博和快手，按照指引绑定账号就可以进行全景直播，其他应用平台的直播具体见 Insta360 One R App 的最新指引。

第三节　360 度全景视频直播①

与传统的平面视频直播相比，360 度全景视频直播的每一帧画面都是一个 360 度的全景图像，这让直播画面摆脱了拍摄者的视角框定，观看者可以自由选择视角，沉浸感、代入感更强，能获得更加身临其境的视觉体验。

一、直播设备

市面上常见的 360 度全景视频直播设备大致可分为便携式全景相机和专业级全景相机两大类。便携式全景相机尺寸较小，便于携带，常安装在自拍杆上手持使用，也可搭配三脚架使用。便携式全景相机的清晰度与专业级全景相机相比有一定差距。专业级全景相机清晰度更高，目前市面上主流的专业级全景相机能够提供 8K 超高清画质。专业级全景相机的尺寸、重量也比便携式更大，一般需固定在三脚架上使用。

二、技术原理

360 度全景视频直播的技术实现与普通网络视频直播大同小异，同样需要编码、解码和推流。具体来说，便携式全景相机和专业级全景相机的视频码流传输方式略有不同。

便携式全景相机一般通过内置 Wi-Fi 模块与 5G 手机相连，并通过手机 App 完成视频编码和码流传输；专业级全景相机一般通过内置 IP 地址并插接网线进行码流传输。

两种全景相机在进行视频直播时都是先将视频信号传输到服务器，服务器经过解码

① 本节内容由山东省互联网传媒集团大众网采访中心记者贺辉撰写。

后再推流到用户终端，完成全景直播的观看。

360 度全景视频直播对网速的要求比普通网络视频直播更高。从实际应用来看，普通网络视频直播只要保证 1MB/s 左右的稳定上传网速，就能实现一般清晰度的码流传输。而 360 度全景视频直播至少需要 10MB/s 以上的稳定上传网速才能保证一般清晰度的码流传输。4G 移动网络难以支撑 360 度全景视频直播所需的基本网速，如果使用便携式全景相机进行直播，必须匹配 5G 手机或 5G 流量卡才能保证信号流畅。如果受限于网络条件、传输成本等因素，强行压低传输码率，将会造成分辨率低、画面不清晰，甚至使观众产生眩晕感，观看体验将大打折扣。

三、360 度全景视频直播的应用场景

好钢用在刀刃上，360 度全景视频直播与优质直播内容相辅相成，重要政务会议、大型户外活动、航天发射、阅兵式、工程建设、体育赛事等都是 360 度全景视频直播常见的应用场景。

例如，每年全国两会、各省两会，都有媒体采用 360 度全景视频直播的形式进行会场内外的拍摄报道，通过全景呈现的新颖视角，提高网友对政府政策方针的关注度；南方报业的南方＋客户端还常常用 VR 技术对国内的重要航天发射活动进行现场直播；在各地的车展活动中，观众也常常见到 360 度全景视频直播的身影，观看者可以从更丰富的视角更直观地了解车辆的外观；在体育赛事直播方面，360 度全景视频直播能够带给观众更具现场感的观赛氛围，加上大型体育赛事本身就具备的流量优势，也使得 360 度全景视频直播在体育赛事领域的应用逐渐增多。

值得注意的是，大型户外活动一般都伴有较高的游客流量，这就意味着使用附近 5G 基站的人数较多。因此在户外全景新闻直播的前期准备工作中，往往需要单独布设一条网络通信线路，保障直播有足够的网络带宽和直播流畅度。

第四节　案例分析

《移民危机》(Migrant Crisis：The Whole Picture)[①] 是英国天空新闻台的 360 度全景视频新闻，由 9 个场景（画面）组成，时长 3 分 43 秒，平均每个场景的时长是 24.8 秒（见表 11－2，其中第 3 幅图参见文前彩页）。电视新闻的时长一般在 1 分 20 秒至 2 分 29 秒之间[②]，在电视消息的分类中，超过 4 分钟就达到了专题的长度了。360 度全景视频新闻虽然有长有短，但在相同信息量的条件下，一般比电视新闻要长，原因在于全景视频需要留给观众自由探索的时间，产生足够的沉浸感。

---

① 360°Video | Migrant Crisis：The Whole Picture.（2015－11－15）[2022－01－16]. https：//www. youtube. com/watch? v＝74d8-VkG-bo.

② WINSTON B. Towards tabloidization? Glasgow revisited，1975—2001. Journalism studies，2002（1）：5－20.

表 11 - 2　《移民危机》脚本

场景 1 （12 秒）	
画外	现在是希腊莱斯博斯岛上午 11：00 后的几分钟。两艘船刚刚从土耳其驶过。现在，同样的场景正在岛上北部海岸的这片区域重复上演。难民冒着生命危险抵达欧洲，寻求安全。
场景 2 （20 秒）	
画外	对这些难民来说，莱斯博斯岛只是漫长、疲惫和可怕的旅程的下一个阶段。
场景 3 （41 秒）	
记者出镜	这是大多数难民在进入联合国管理的主要难民营之前居住的地方，该营地就在希腊防暴警察守卫的金属门后面。你可以看到一排刚乘其中一艘船抵达的难民。在过去的几天里，这个队伍已经有几千人了。一共花费了五天时间来安置每个难民。难民数现在已经下降了很多，因为那些人终于被安置了，且因为天气太糟糕了，没有多少新来的人。由于天气恶劣，许多人不得不生火取暖。许多帐篷被吹倒，部分被毁。

续表

场景 4 （18 秒）	
画外	为了制造能生火的东西，很多树都被砍掉了树枝。地板上只有绝望的碎屑——食物、孩子的脏尿布、泰迪熊、衣服……
场景 5 （38 秒）	
画外	这是营地里唯一的大帐篷。昨天暴风雨来临的时候，这个地方挤了大约 1 000 人。现在，当他们出去晾干时，它又完全空了。留下了散落遍地的毯子、纸板、食物和衣服。当然，它闻起来就像有大约 1 000 人在里面住了几天的地方。但这是他们能找到的唯一避难所。
场景 6 （40 秒）	
记者出镜	这是难民营前面的主要道路，这里已经形成了一个真正的家庭手工业。有很多当地的岛民在他们的汽车后面卖东西。我想这个人在卖看起来像地毯、毛毯之类的东西，食物、热狗，我想是在那边，水果、很多衣服和鞋子……你还可以看到一排黄色的出租车。他们总是在这里等着带人，我想是把人们带进城，带到港口。很多人只是想从这里开始他们的旅程。一旦他们拿到文件，就可以乘坐渡轮进入雅典，然后从那里前往他们想去的欧洲大陆的任何地方。

续表

场景 7 （18 秒）	
记者出镜	所以在一天结束的时候，我们来到了莱斯博斯岛的渡轮码头。难民们排着长队，期待着搭乘下一艘前往雅典的渡轮，因为雅典在欧洲大陆，一旦他们到达欧洲大陆，就可以继续他们的旅程。
场景 8 （11 秒）	
画外	前往他们想去的任何地方。但对这里的许多人来说，这意味着要再露营几天，以便找到钱或登上那艘船。
场景 9 （25 秒）	
画外	在我们拍摄这些照片的几天后，有 70 多人在试图从土耳其穿越到莱斯博斯岛的途中丧生，其中许多是儿童。冬天就要来了，天气很冷，海浪越来越汹涌，这段旅程正变得致命，现在重来的可能性很渺茫，但许多人仍会尝试。

作为一个偏静态的出镜报道，记者的报道技巧包括：

抓取到难民刚刚上岸的典型场景（见场景 1 和场景 2），并留出空白时间，充分显示现场的音响声。

在其他场景的选择上，选取的是生活场景，让观众“置身”难民营中，直观体验难民的生活。

作为难民逃亡的节点，希腊莱斯博斯岛并不是难民最终的落脚点，接下来难民将如何继续下一站的旅程便成为观众关心的话题。记者选择了莱斯博斯岛的渡轮码头作为典型环境，进一步讲述了接下来难民的逃亡路线。

最后一个场景，记者再次选择难民最初登陆的海滩，介绍相关情况，与场景1形成呼应。

这个报道总体看还可以，但如果进一步要求的话，以下不足之处还可以改进：

第一，对难民生活的展现偏少，对他们在莱斯博斯岛遇到的生活困难及问题的克服没有展现，呈现的场景也是比较表面的。

第二，没有现场采访，尤其是边走边采访，或者深入一户人家进行的采访；没有近距离地接触采访对象。

第三，没有夜晚场景。对于难民来说，夜晚是最难熬的。夜晚难民的生活是怎样的，这也是观众关心的问题。

第四，摄像机所处的位置仍然离难民较远，如果条件允许，可以放在他们之中，让观看的距离更近。

本章小结

本章我们了解了沉浸式新闻，并在这个大类下区分了虚拟现实和360度全景视频。无论学习时还是未来做记者时，我们都要敬畏“概念”，不要人云亦云。360度全景视频中记者是否出镜并不是绝对的，而是有一套标准。当然，记者也不能图形式新颖而“为了360度全景视频而拍360度全景视频”，形式最终是为内容服务的。业界和学界对360度全景视频相关业务的探讨刚刚起步，需要我们在实践中不断探索，如此，才能将360度全景视频新闻报道的潜力充分发挥出来。

推荐阅读书目

田丰，华旻磊．虚拟现实（VR）影像拍摄与制作．上海：上海科学技术出版社，2020.

思考题

1. 什么是沉浸式新闻？
2. 360度全景视频和虚拟现实视频有何区别？
3. 在360度全景视频中，蒙太奇语法为什么会消失？

练习题

选取一个场景拍摄一段时长2分钟左右的出镜，要求在场景中有走动，充分运用场景内的空间信息进行报道。

第十二章
出镜记者的镜前准备

本章学习要点

确定出镜与否的依据
脚踏车原则
着装的 TPO 原则
各类话筒的使用

学习完前八章的内容，我们对出镜报道的业务流程有所了解，接下来就要准备出镜了。本章我们先探讨在什么情况下记者应该出镜，随后从出镜记者的镜前形象、镜前心理和技术准备等方面介绍出镜前应当注意的事项。

第一节　确定出镜与否的依据

电视新闻界有一种观点：动态的新闻事件、有现场的事件适合出镜报道（如突发事件），静态的新闻事件不适合出镜报道（如现象或者主题类报道）。之所以得出这样的结论，与其说是因为出镜报道有适用范围，不如说那是因为出镜记者不会出镜或没有能力出好镜。只要记者有想法、有能力、有条件，理论上都是可以出镜的。“为出镜而出镜”这种行为，不是出镜本身的错，而是出镜记者的问题。

出镜前，出镜记者需要思考的问题是①：

我为什么要出镜？(Why would I want to include a stand-up in this story?)

出镜传递什么信息？(What information would I convey in a stand-up?)

出镜中要展示一些东西吗？ (Do I have something to show or demonstrate in this stand-up?)

何时何地出镜？(Where and when might I do this stand-up?)

如何让出镜与整个报道匹配？(How will the stand-up fit into the finished story?)

判断出镜与否，并非完全按照理想化的标准，而是依据实际需要。有些出镜的目的就是为了形式，这是实践中无法回避的问题，还有些出镜是其他原因造成的。

---

① POTTER D. Tips for better stand-ups. (2011－11－10) [2023－05－23]. https://newslab.org/tips-for-better-stand-ups/.

我们将出镜的依据分为两个层面，一个是文本层面，一个是媒体层面。

一、电视新闻文本的需要

记者是电视新闻文本的创作者，也有可能成为电视新闻文本的一部分。是否出镜的决定因素之一就是电视新闻文本是否需要记者出镜。

（一）体验式报道的需要

体验式报道是记者通过亲身体验的方式进行采访的一种报道样式。体验是采访的方式、手段。在体验式报道中，记者不仅是事件的旁观者和记录者，还是事件的参与者、主人公，甚至以新闻策划的方式，经历事件发生、发展至结束的全过程。[①] 体验式报道必然要求出镜记者的参与，让报道生动有趣。

需要注意的是，体验也是有条件、有分寸的。要依报道目的、题材性质、采访条件和观众接受心理等因素综合判断，不是单纯地由记者“想不想”“能不能”这些随意的想法决定的。否则传播效果不仅得不到提升，还会适得其反。

美国广播电视教科书中有一个“脚踏车原则”（the tricycle principle），即“当你在做一个脚踏车节目时，自己千万别去尝试骑车”。

知识窗

脚踏车原则

查尔斯·库拉尔特在其专著《生活在路上》中有过这样的描述：

> 我用“脚踏车原则”来规范自己的出镜报道。这源于有一次在中西部的某地，我们外出吃晚饭时在公共汽车上看到了当地电视台的一个节目。那是一则关于儿童脚踏车比赛的报道，孩子们拼命地踩着踏板，有些一不留神还撞到了一起，显得可爱极了。这条片子的摄影和剪辑技术都让人称赞。
>
> “可是你知道吗？快结束时，记者出现了，他打算也去试试脚踏车。”
>
> “噢，天哪！”我顿时觉得，“那简直把整个片子都毁了！”
>
> 不出所料，片尾的画面中，记者露出愚蠢的笑容，他骑上了一辆脚踏车，然后转身笨拙地骑车走远。他以为这样很迷人，实际上却滑稽可笑。就连主播也是无奈地摇着头笑着结束了这则报道。

有些电视观众和新闻制片人会觉得记者这样出镜很有趣，但大部分新闻部主任还是认同库拉尔特的观点。他们不鼓励这种形式的表现，并且希望记者的出镜是基于正当理由的。例如，一名记者向观众演示如何使用家用血压计就无可厚非，因为这样做能更好地解释新产品是如何操作的。

资料来源：巴纳斯，怀特．广播电视新闻：写作、报道与制作．5版．黄雅堃，译．北京：清华大学出版社，2013：219.

---

① 郝希汉．体验式报道的特征与独特价值．青年记者，2014（29）．

（二）直播连线的需要

直播连线需要在现场的讲述者向观众介绍正在发生的事件、呈现媒体对这一事件的立场和观点，记者在这种情况下需要出镜。直播连线的质量除了与整个直播团队的协调配合能力有关外，还与出镜记者综合能力、新闻事件本身（例如静态的事件不适合直播却被设计成直播）等多种因素有关。

一线者说

欧阳夏丹：明天的连线说什么？

明天的连线说什么？这是我到了酒泉之后，每天在问自己的问题。这里没法上网，又很难约到相关的专家来讲课，再加上，以往的直播连线都是在发射当天或前一天才开启窗口的，而我们这次要提前一个星期进入，能采到什么？会涉密吗？有什么可说的？我一时找不着北。6月11日就得进行第一次连线了，可当天没有动态消息，没有热闹的现场，怎么处理这“开篇之作”呢？见我一直发愁，身边的老记者崔霞突然说了一句：“其实没有动态也没关系，你是第一次来酒泉，可以谈谈你这两天的总体感受，这里的新闻不一定都要专业术语，还得有人情味儿啊！”对啊，人情味儿！这句提点让我一下子茅塞顿开。来酒泉的这些天，这里的环境、这里的人，不都是鲜活的素材吗?!

于是，我把自己的感受总结为一个字：热。而这个“热”字里头有两个层面的含义：一是天气热，白天的温度基本上高达35度左右，选择在这样的酷暑天里发射火箭是史无前例的，如何给火箭降温、如何保持飞船里适宜人生活的21度，是摆在航天人面前的一道难题。二是我感受到了这里的航天人对飞船和火箭的“热度”。九号垂直转运那天，从总装测试厂房到发射塔架这1 500米的路程，沿途有无数的航天人及其家属前来为火箭送行，就像是送自己培养多年的孩子去参加一场大考一样，依依不舍，又充满期待。正是这份爱、这份激情，支撑着中国的载人航天事业走过了20年……第一次连线，六分多钟，就在我的描述中完成了。刘鑫老师听了后点点头说：“不错，下功夫了。”我释然，这功夫，除了要发挥“十万个为什么”的精神打听和学习相关的科技知识，还不要忘了做一个有心人，时刻观察和记录自己的点滴感受和心情，让新闻也变得有生命、有温度。

资料来源：欧阳夏丹．酒泉，想说爱你不容易//中央电视台新闻中心．央视新闻·内刊外读．北京：三联书店，2015：159-160.

（三）节目形式的需要

有的电视新闻节目主打记者出镜，在常态化运作中形成了固定的模式，尤其是一些帮办类电视新闻和电视评论类节目。导语、串场、结尾，出镜记者的功能等同于主持人。

（四）放大细节、补充信息的需要

在电视采访中有一种说法叫“形象敏感”，指电视记者认识和评价形象的价值、寓意，并运用形象概括现场的能力。在采访现场，电视记者除了要迅速判断现场诸要素的新闻价值之外，还必须在现场找到能够表现和负载新闻价值的形象来加以体现。[①] 当电视新闻中的细节不够突出，或者没有可以通过形象展示的信息时，从电视新闻可视化角度看，有必要引入出镜记者，或放大细节，或补充信息。出镜记者的出现本身就是一种强调和引起注意的行为。

（五）提升出镜报道叙事生动性的需要

电视新闻的写作要求是口语化写作，通过画面和解说放大与事件相关或观众感兴趣的细节，而出镜记者的出场无疑会进一步强化这一点。有时“画面＋解说”的方式介绍会比较啰唆，也不够形象，给观众的感觉会有一定的距离。出镜记者的出现，会使报道的内容更易接受。无论在内容还是在形式上，都会提升叙事的生动性。

以台湾 TVBS 的一条新闻为例。台中市警方准备采用一种外观较为奇特的两轮电动车作为新的巡逻交通工具。在这条新闻中，记者多次出镜。记者骑着摩托车向镜头迎面驶来，一边行驶一边告知观众台中警方将采用一种新车，“是什么车呢?”记者说到这儿的时候，将手一挥，一辆早已躲在路边的两轮电动车在一名保安的驾驶下出现在镜头前，来了个令人印象深刻的亮相。接着在介绍警方为何选择电动车时，记者又屡次出镜。记者的出镜让一条本不是十分重要的新闻变得生动起来，令人观后难忘。[②]

（六）串场的需要

西方体育新闻报道中经常可以看到出镜记者在上下半场间做 10 秒左右的串场。这种串场就是我们在本书第四章“出镜语的创作类型”中所说的连接、过渡。不过前提是“要尽量保证这个串联镜头的生动性，如果你所表现的活力水平和传达的感觉与比赛扣人心弦的节奏不相匹配的话，就会拉慢整个新闻节目的节奏”[③]。

（七）缺少现场画面的需要

在缺少现场画面或者现场画面不足时，电视记者往往倾向于以出镜的方式介绍现场情况，弥补没有现场画面或现场画面不足的情况。例如报道案件庭审，媒体可以旁听但不允许拍摄，这时出镜记者往往会将自己获得的信息在法院外出镜传达。

二、电视媒体的需要

电视媒体的需要是指记者出镜不是从电视新闻文本的角度出发，而是出于其他目的。电视媒体的需要导致有些出镜是必要的，而有些从电视新闻传播规律上看则可有可无。

---

① 朱羽君，雷蔚真．电视采访学．北京：中国人民大学出版社，1999：77.

② 林祥雨．台湾电视新闻的放大意识和操作．东南传播，2007（4）．

③ 舒克，拉森，塔尔西奥．电视现场制作与报道．5 版．雷蔚真，译．北京：中国人民大学出版社，2013：232.

（一）媒体“在场”的需要

所谓“在场”是指主体在场，也就是身体在场，身体本身在事情发生、进行的场所，“在场”的意义既是主体存在的显现，也是一种“权利”。你是某重要会议的少数成员之一，你就是这一会议的权威解释者。你是某新闻事件的在场者，比如目击者，你就具有提供第一手信息的资格。你是某案件的在场者，你就有作为证人提供证据的权利和义务。①

媒体“在场”其意义不言而喻。对媒体而言，“在场”意味着接近或触及真相，也意味着媒体自己的立场和观点“在场”。重大事件的媒体“在场”，则直接证明媒体的新闻采编实力。证明媒体“在场”的最好形式就是出镜记者，因为从电视画面上，除非在采访时拍到了有电视台台标的话筒，否则其余画面是不是本媒体拍的，观众无法判断。出镜记者是电视台的人格化符号，真实性不容置疑，是媒体在场的最好证明。

在2004年“别斯兰人质事件”中，凤凰卫视记者卢宇光在报道中很自豪地说现场的华人媒体只有凤凰卫视一家。凤凰卫视对这一事件的直播报道不仅赢得了声誉，“卢宇光那充满震撼力和恐惧感的现场报道也已经成为中国传媒史上的经典声音”②。

还有一种在场是友台“在场”。在CPTN（中国公共电视新闻网）中，有时某地发生重大新闻事件，事发地媒体除了面向成员提供公共画面外，还会应约向其他地区的观众进行出镜报道。这时出镜记者往往会说：“A台观众你好，我是B台记者××……”之后再进行报道。这种变相“在场”的形式，比单纯用公共画面和采访要好很多，会让观众认为A台新闻采编能力很强，能够联系到别台专门提供新闻，当然A台的观众也会认为自己受到了重视。

（二）锻炼新人的需要

新人都要经历成长的过程。电视台会有目的地培养出镜记者，让出镜记者先从几秒、十几秒的出镜开始尝试。在这个阶段，由于出镜记者专业能力、领悟能力等因素制约，往往出现出镜语可有可无的情况，但这时记者的出镜往往保留，一方面提供出镜新人与观众“见面”的机会，另一方面鼓励新人继续努力提升出镜水平。

（三）紧急播出的需要

如果新闻时效性强，通过正常制播环节赶不上节目播出，出镜报道可采用“记者出镜+简单画面”的快速制作方式满足紧急播出的需要。

紧急播出可以是直播，也可以是录播。笔者有一次在报道一起火灾时，由于当天还要编辑播出另一条新闻价值更大的新闻，所以在火灾现场了解完情况后，采取出镜报道的方式，从采访到录制出镜只花了半小时。回到电视台后向值班编辑提供了新闻标题和

---

① 赵建国．身体在场与不在场的传播意义．现代传播（中国传媒大学学报），2015（8）．

② 凤凰沟通两岸影响深远 别斯兰人质事件树全球口碑．（2010－12－3）［2016－04－17］．http：//phtv. ifeng. com/event/special/zixuntaishizhounian/detail _ 2010 _ 12/31/3826673 _ 6. shtml.

大致的出镜报道内容，当晚编辑出镜报道只花了几分钟。

声 音

出镜到底有没有必要？

几乎每天早上七点，电视新闻网的早新闻都会有记者出现在白宫前，不知道在干什么："今天早上我们在《纽约时报》头版看到一些不寻常的事情。十二位国务院的巴尔干半岛问题专家向国务卿提交了一份备忘录，用激昂的语调敦促他对波斯尼亚进行军事干预，并且表示外交手段已经完全失败了……"

这是 CBS 的比尔·普兰（Bill Plante）在 4 月 23 日的报道。电视新闻网让他站到白宫的草坪上，仅仅就是为了读报纸而已吗？还有，这位记者到底有没有必要出现在"现场"，以及，出现在屏幕上？

迈克尔·罗森布卢姆（Michael Rosenblum），一位向电视台出售新闻录像的独立制片人认为，答案是否定的。他认为，出镜只是"一种原始的电视语言，仅仅是为了证明记者在现场……在报道最后，你给记者拍一幕'电影'，只是为了收视率"。罗森布卢姆致力于改变这种现状。他的国际录像新闻公司（Video News International）制作的新闻没有记者出镜，因为记者们是亲自操作摄像机的。他还问了个让人难以反驳的问题："你为什么需要那些人的脸？"记者和他们的主管们可能会回答，因为出镜报道更有冲击力，尤其是当单纯的画面无法强有力地呈现一则报道时。

"许多报道，尤其是来自华盛顿的报道，都缺少富有冲击力的画面，因为他们大多讨论'一件事'，而不是'一个事件'，"CBS 的科克伦（Cochran）说，"有了出镜，记者对着镜头说话，观众才能听得进去。"对此，CNN 记者约翰·霍利曼（John Holliman）表示同意："如果有些信息对报道很重要，而我又没有相关画面的话，我就会做个出镜。""否则的话，"他说，"一些信息就会丢失"。

罗森布卢姆说，好的记者可以用其他方法解决这个问题。他以公共电视台（PBS）的纪录片为例。"比如《越南：电视历史》，"他问，"出镜在哪里？《前线》，记者在哪里？出镜在哪里？《民权之路》，伟大的纪录片，富有戏剧性，把人牢牢吸引在屏幕前……你完全不需要记者的脸……"

但格雷格·拉姆肖（Gregg Ramshaw），PBS《麦克尼尔/莱勒新闻一小时》的制片经理说，这并不是一个合理的比较。"纪录片的生产周期通常是几周甚至几个月，"他说，"他们有时间去制作图表、把人派去其他城市、取得画面的版权……但是时事新闻呢？并不是你'拍不到'，而可能是你没时间去拍。"

《麦克尼尔/莱勒新闻一小时》的报道，通常不像商业电视台的报道那样频繁使用出镜，但拉姆肖仍旧认为出镜是有价值的。"记者露面的时间，更多的时候是给你的采访对象而不是观众看的，"他指出，"比如当你打电话给 Janet Reno 的时候，她会知道你是谁，因为她看过你那条关于司法部的报道。"

NBC 的吉姆·米克拉斯谢夫斯基（Jim Miklaszewski）为《今日》做白宫方面的报道。他说，出镜可以在观众心中建立对电视台的信心。"电视新闻网喜欢包装他们的团队，其中的一种方式当然就是把他们的脸放上屏幕。"他说，"如果人们在电视上看到记者，尤其是一个精疲力竭的记者，日复一日，电视台显然会提高其公信力。”

米克拉斯谢夫斯基认为，出镜对于早间节目来说更是重要。“如果没有出镜的话，观众会说，‘嘿！这是昨天的报道！’如果有些直播画面，他们会说‘哦，现在有些新东西了！’”他承认这可能产生误导。“有时我们确实试着（发现一些新东西），但有时候那确实就是昨天的报道。”

在本文写作时受访的所有人中，并没有人预测出镜报道会在短时间内消失。“出镜报道已经成为一种难以打破的传统，”拉姆肖说，“记者希望通过出镜获得知名度，新闻机构希望通过出镜让观众知道他们的记者在现场。”CNN 的霍利曼补充说：“很多像他们这样的制片人以及记者都觉得出镜是工作报酬的一部分——让自己的脸上电视，然后出名。”米克拉斯谢夫斯基对此表示同意：“你希望别人知道这条报道是你做的，那么最好的方式就是在报道中露脸。”

实际上，一些记者和制片人已经看到一种趋势。这种趋势受到越来越多电视新闻杂志节目的启发，让记者在出镜中发挥更大作用。“在电视新闻杂志节目中，记者的‘能见度’更高，也因此可以在报道中担任更重要的角色，”米克拉斯谢夫斯基说，“‘出镜’已经不再是记者站着说话、在电视上露脸这么简单，记者可能还需要走动……已经有一些新闻台在节目中这样做了。现在，仅仅是站在一个山坡上，以萨拉热窝为背景，说一段话，这已经不够了。你现在得从瓦砾堆里穿行而过。”

资料来源：TAYLOR S. The standup syndrome. [2016 - 03 - 06]. http://ajrarchive.org/Article.asp? id=1682.

第二节　出镜记者的镜前形象

2005 年 3 月 20 日北京奥林匹克中心举办的音乐风云榜颁奖盛典上，为了吸引观众收看，某娱乐节目派出大批记者分别在重要“关口”进行现场报道。各地的机场、盛典举办地成为这些出镜记者报道的重点。在首都机场，一位前来接机的记者在做报道时，语无伦次的语言，邋遢不洁的服装，蓬散炸乱的发型，实在让人无法接受。[①]

出镜记者在新闻现场进行报道，代表的不仅是个人，还代表所在的新闻媒体，记者在场就是媒体在场。由于出镜记者毕竟不等于播音员、主持人，因而不少出镜记者将重心放在出镜报道内容本身上，忽略了自身形象。在镜头前我们时常会看到衣着不得体或形象状态不佳的出镜记者，实际上出镜记者没有意识到自己的镜前形象也参与信息传播。

一、出镜记者的着装

（一）服饰

服饰是出镜记者外在形象的重要组成部分。在出镜报道中，不少记者着装随意，

① 宋晓阳．出镜记者现场报道指南．北京：中国广播电视出版社，2008：77.

并没有意识到服饰在塑造个人及媒体形象、传递信息等方面的作用，时常出现着装不得体的情况。在某德国飞机坠毁现场，某卫视记者在现场出镜时身着鲜艳的红色外套，招致观众批评。更有甚者，去田间地头采访，男记者西装革履，女记者打扮时尚，等等。

美国知名女主持人芭芭拉·沃尔特斯曾说过："我所有的服饰表明我是一位记者。"沃尔特斯给自己定下的严格着装规则是："不穿白色（白色反光），不戴项链（会乱响），不戴胸针（会晃人眼），采访大人物时，不穿紧身裤（不够尊重）。"[①]

国际上通行的着装标准就是 TPO 原则：T（time）指服饰要适应时代、季节和自己的年龄；P（place）指服饰应当切合特定语境，切合自己的职业和身份；O（object）指服饰要为实现某种交际服务。[②] 出镜记者每天接触的新闻事件不尽相同，有必要在办公室准备几套不同场合下使用的服装。比如在运动会采访现场，如果电视出镜记者穿一身运动服会使运动员感到亲切；在党政领导活动中，记者一般都是着正装。出镜记者要将自己融入环境中，切忌盲目追求服装的漂亮。符合现场需要的穿着才能真正体现现场感，才符合观众的收视心理。[③]

当然，有些电视台出于形象识别的需要统一定制了出镜记者的出镜服装，如冬天户外采访穿冲锋衣（见图 12－1，参见文前彩页），夏天采访穿带领 POLO 衫等。新闻的发生不以人的意志为转移，除非是活动采访，否则你是不知道今天要采访什么新闻的。突发事件需要出镜记者第一时间赶赴现场，更多情况下是没有时间换衣服的，这种适应场合较多的"万能服装"，是比较保险的选择。

图 12－1　KBS 出镜记者身着印有台标的黄色冲锋衣

在日常出镜采访中，许多电视台规定女记者不得穿裙装，这是从出镜记者采访便利的角度出发的。在美国，就发生过出镜女记者穿裙装出镜不慎摔倒结果走光的尴尬案例。此外出镜记者不要穿英文单词特别明显的衣服出镜。男性记者出镜不宜外穿背心、短裤、拖鞋；女性记者出镜不宜穿低胸、露背上衣及裙装、拖鞋。

---

① 黄幼民，张卓．主持人形象塑造．武汉：华中科技大学出版社，2006：59.

② 同①.

③ 陆蓉．电视出镜记者的礼仪形象探析．大舞台，2013（8）．

在特殊题材和场合的报道中，记者的日常出镜服装无法满足TPO原则，这就需要记者“就地取材”，向现场有关单位和个人借取。[①] 例如，记者在疫区进行采访，可能需要根据当地疫情防控情况身着防护服开展采访、报道工作；在存在安全隐患的采访现场，记者应和现场工作人员一样，做好安全防护（见图12-2）。

图12-2 记者戴安全帽、身着反光安全背心在铁路二务段出镜

一线者说

出镜如何着装？

不管你什么时候出现在镜头前，都一定要穿着得体。这个建议对所有电视记者都适用，无论男女，因为如果观众关注你的领带或是围巾，他们就会错过报道。如果你从垃圾填埋场发回报道，你可能想要松松你的领带，把你的外套袖子卷上去。如果你在滑雪场斜坡上报道，那就穿上滑雪服。在滑雪跑道上，身着一套丝绸职业装就不太合适，因为它不合时宜，而且可能会在心理上拉开你和新闻素材来源的距离。

穿着一定要有助于增强可信度，这一建议同样适用于采访。如果某一时刻比较放松且不那么正式，你的举止和你穿衣的风格就应该让人感到不拘礼节，可以脱下你的外套，卷起你的袖子。

如果报道是深入性、对抗性的，深色的职业服装可能会增强故事的价值。如果场景设置在医院实验室，你可能需要穿上实验室的衣服，以免看上去不合适。

不管你做什么，穿着要避免“消失在背景中”。如果你站在垃圾填埋场，背景是黯淡的褐色，那你穿同色调的夹克就不太好。如果你提前知道背景是什么颜色，就可以穿着颜色能与环境区别开的服装。记住，衣服的材质也要考虑进去。一些衣服材质能够帮助增加视觉兴趣。

虽然场景设置、衣服、化妆、发型以及配饰看起来好像和新闻没有关系，但在某些方面其实很像报纸的排版、设计。如果报纸的排版拖沓混乱或者不吸引人，那

---

① 如果记者借取的服装属于特殊物资（如救援、防疫等），应在对方物资充裕的情况下借取，避免为了看起来“专业”“好看”的出镜效果而占用物资，影响当地有关部门的工作开展。

么报道的信息就被削弱了。

资料来源：舒克，拉森，塔尔西奥．电视现场制作与报道．5版．雷蔚真，译．北京：中国人民大学出版社，2013：289－290.

除了特定场景需要着黑色服装外，日常的出镜报道不要穿黑色服装，尤其是女性。要避免一些衣服图案，例如小格子、细条纹或人字形，特别是有着强烈对比颜色的。这种对比图案在摄像机中观看时会产生一种喧宾夺主的微光。男女都应该避免穿纯黑色的西装和夹克，特别是与纯白衬衫一起穿，这么着装可能会使主持人的脸色显得黯淡。光线柔和的衬衫更漂亮。对于女性来说，如果你正努力显得聪明和权威的话，就应该选择看起来不算太过讲究的衣服——图案大胆的围巾和叮叮当当的珠宝会把观众的注意力从你实际上正在谈论的事情上引开。就夹克和套装来说，比较中性的色彩往往效果最好，深红色通常并不如正红色效果好。一定要避免使用高度反光面料，以及在移动的时候会产生噪音的衣服。要避免衣服产生的褶皱在面料和嘴边麦克风之间形成某种程度的接触，影响录音。

资料来源：博伊德，斯图尔特，亚历山大．广播电视新闻报道．6版．嵇美云，译．北京：清华大学出版社，2012：284.

（二）配饰

出镜记者对服饰的要求一般是得体、大方、整洁，一般在重要场合、重大节日会对出镜记者的服饰做一些规定，日常新闻采访时，出镜记者的服饰一般都由自己决定。现场报道时耳环、项链、戒指等过于抢眼的饰品不要佩戴。但是在某些场合，配饰的恰当利用也会让出镜锦上添花，传递丰富的信息。

如2013年迪拜赛马世界杯，除了赛马比赛还有时尚女性的帽子比赛，央视记者冯韵娴在出镜时说："据说有个小姑娘为了参加比赛，从半年前就开始做准备。下面就让我们看看这场绿茵场上的时尚盛宴吧。"为了配合整个报道的内容，这位女记者自己戴上了一顶蕾丝帽，如此打扮似乎一点也不输给其他到场参赛的女士，画面一曝光后，冯韵娴也被网友封为最妩媚的女记者。出镜记者的背景是参赛的女性，她通过自己的着装与现场的气氛融为一体（见图12－3）。

图12－3　央视记者戴帽子出镜

二、出镜记者的化妆

在现场采访的自然光条件下，出镜记者可以以生活妆出现，自然而亲切，从而贴近被采访者，拉近与观众的距离。[①] 在化妆上，出镜记者要遵循以下几点。

（一）淡彩修饰

淡彩修饰是指在自然的基础上，经过修饰而又不过于显露痕迹的一种自然修饰方法。[②] 出镜记者的角色身份是新闻记者，不是娱乐节目主持人，更不是演员，需要出镜记者以真实、理性的姿态出现，淡彩修饰可以塑造出镜记者本真、自然、亲近的形象。通过对个人面部形象缺陷的弥补，可以使记者的形象更悦目。

（二）符合个性

每个人都有自己独特的气质、个性，出镜记者的化妆也要在符合报道语境的前提下体现个性特色，不能千人一面。年轻的出镜记者如果强调自身形象的稳重、成熟，通过化妆“装”出来，要掌握一个度。符合个性还意味着使出镜记者个人形象具有可识别性。化妆尽量在一段时期内保证稳定性，利于观众对出镜记者的认知。

（三）注意场景

出镜报道的题材不同、出镜时段不同、播出形式不同都可使出镜的场景发生变化。为了使出镜形象符合节目需要，需要依据不同的场合在化妆上进行调整。

例如电视化妆中有“灯光型化妆”和“日光型化妆”两种类型。由于外景和内景的光源以及色温等不同，主要依靠色彩来进行造型的化妆形象也随之变化。为了保证预期形象的准确还原，在内景拍摄中一般需要采用“灯光型化妆”，适当强调色彩、结构的对比度等；在外景拍摄中的形象应该采用“日光型化妆”，色彩、结构表现相对弱化，趋于自然。[③] 对于出镜记者而言，并不是所有的出镜都在户外；即便都在户外，也并不意味着只能采用“日光型化妆”。如果记者在晚上进行连线，照明用采访灯，就应当根据采访灯的色温和照射情况调整化妆方式，使记者在镜前的形象适应晚间出镜的需要。

三、出镜记者的举止仪态

出镜记者的举止仪态体现了出镜记者的修养和素质，也是媒体形象的一部分。对出镜记者的举止仪态的要求用四个字概括就是“得体大方”。2004 年阿富汗总统选举，中央电视台在特别节目中设置了现场报道的环节，新华社驻喀布尔一位记者在十多分钟的

---

① 黄幼民，张卓．主持人形象塑造．武汉：华中科技大学出版社，2006：59.

② 赵小钦．电视播音员主持人形象设计与造型．北京：中国传媒大学出版社，2014：13.

③ 同②42.

报道中，一直是手插在口袋里，一副漫不经心的样子，大大影响了观众对于内容的接收。①

出镜记者举止仪态的具体要求如下②：

（1）一般情况下，身姿要端正，站立时肩膀放平，向后展开，不要单肩松懈或用力，不要扣肩；后颈和腰部微微用力，保持挺直状态；腿要适度绷直，不要紧张但是要保持挺直。大景别出镜时，女性鞋跟处并拢，鞋尖向外打开 60 度左右，注意重心保持稳定，稍偏后一些，更显挺拔。男性两脚分立，同肩宽（或稍窄），重心均分。

（2）走动时，步伐节奏与语言节奏协调，保持一定的节奏感，全身放松，但身架不能松懈垮塌。

（3）坐姿同样要头正，后颈挺直，腰部挺直，但肌肉放松，随时为前后或左右的动作做准备。男女坐姿不同：男性尽量正坐，分腿；女性可以稍侧坐，膝头并拢，双腿斜侧，或"跷二郎腿"但双腿并拢斜侧。

（4）看镜头或者面对谈话对象时，眼神专注、深邃、灵活。看镜头时，要内心沉稳，眼神专注，凝视镜头，似乎能够看到镜头深处的东西；不要瞟镜头，需要看镜头的情况下，就要保持一定的注视时长，时长的长短取决于你与观众交流的目的和程度。眼神专注，最根本的是内心自信，对要表达的内容有全局和具体的把握。外在的技巧就是眼睛周围的眼轮匝肌稍稍用力，有利于增添眼神亮度和穿透感。切记不要瞪眼睛。平时可以在大自然中用眼睛追踪鲜活的动物，比如飞鸟、蝴蝶，训练眼睛的机警和灵活；也可以仔细研究绘画、雕塑等艺术作品，观察它的结构、色彩、质感和内涵，训练眼神的专注度，眼神的变化与思维、情感过程的联系。

以上是对出镜记者自身举止仪态的基本要求。现场采访中，出镜记者待人接物与采访对象或现场观众进行接触，同样要注意自己的举止是否恰当得体，否则就会引来采访对象和观众的反感。

例如，采访孩子或坐在轮椅上的人，出镜记者不是蹲下身子递上话筒，而是居高临下发问；在特殊场所不遵守规定，给人以记者就得享受特殊待遇的感觉；等等。汶川地震中，某台一位出镜记者采访野战医院一位即将对伤者进行手术的主治医生。虽然是在灾区搭建的野战医院采访，但是手术室基本的卫生还是应该注意的。那位记者采访时未注意主治医生已经把双手消毒，话筒直接递过去时碰到了主治医生的手。主治医生非常生气地说："你把我搞脏了，进来你不能……这个准备动手术呢。"令人遗憾的是记者此时没有道歉，而是继续进行采访，给人的感觉是记者不尊重采访对象（或许并非如此）。

四、出镜记者的声音形象

出镜记者的形象除了外在的相貌、衣着、配饰、化妆外，还包括声音。闻声知人、声如其人，是人们通过声音辨识和评价一个人的日常体现。电视传播是视听双主体，决

---

① 宋晓阳．出镜记者现场报道指南．北京：中国广播电视出版社，2008：77．

② 柴璠．广播电视播音主持．北京：北京大学出版社，2014：184．

定了出镜记者的外在形象不仅要得体，声音形象也要符合观众的接受心理。出镜记者的声音形象主要包含三个评价维度：语音维度、表达维度和情感维度。

语音维度主要涉及出镜记者的吐字发声，包括出镜记者的声音条件、用声技巧、发音标准程度等。很多出镜记者并非播音主持专业出身，或未经过系统的声音训练，导致在语音维度上观众的评价较低。有的男性出镜记者声音偏尖，有的出镜记者有港台腔，有的出镜记者气息发虚等，都会影响出镜记者的声音形象，进而影响其整体形象。

表达维度主要涉及出镜记者的语义传递、内容表达等。出镜报道的新闻属性决定了出镜记者的表达必须准确，线性传播的媒介特性决定了出镜记者的表达必须简练、明白晓畅。现实中有的出镜记者在表达维度存在诸多问题，如错别字、词不达意、语言啰唆、逻辑混乱、专业术语太多等。有一位网友曾发微博这样说明自己对出镜记者的“以偏概全”：

> 我对电视主播或出镜记者的印象往往来自一些小细节，比如，刚才那位美女把六（lù）安读成 liù 安，我一下就不想再看了。是的，就是这么以偏概全。

观众对出镜记者的认识、了解只能从出镜报道中获得，在有限的出镜次数中，如果出镜记者错误不断，很容易给观众造成不良的刻板印象。

情感维度主要涉及出镜记者的语言表现力和感染力，这是出镜记者声音形象中的个性维度。有的出镜记者语言表现力较为单一，适合某一类情境的出镜报道。如果是跑口记者，采访情境相对固定，语言表现力弱的缺陷能够得到掩盖；但如果是热线记者，采访情境多元，出镜记者的这个缺陷就会显露。感染力则是语言表达能否吸引人、引起传受间共鸣的能力。有的出镜记者语言表达的技巧没有问题，但听着像“独白”，说明该记者未能抓住观众的心理传递出有效的信息。

第三节　出镜记者的镜前心理

白岩松曾说过：“面对直播什么东西制造你的危险？在我看来第一大敌人是心理，总是觉得一到现场直播就有点发晕。”[①] 在出镜报道中，无论直播出镜还是录播出镜，出镜记者都会存在镜前心理问题。有的出镜记者录播时不紧张，直播时紧张；还有的出镜记者在镜头前有一道心理屏障，制约着在镜前的表现。

一、自信

出镜记者在出镜时的心态应该是自信的，不是咄咄逼人的，也不是唯唯诺诺的。一旦进入出镜录制或直播阶段，出镜记者就必须以自信的状态、饱满的精神进行报道。自

---

① 白岩松．直播中记者如何不再紧张：白岩松讲课之三//杨华　咱们电视有力量．北京：中央民族大学出版社，2009：11.

信本身是对自己所报道内容的肯定，会使自己的报道具有说服力和权威感。

出镜记者不自信的原因多种多样，有的是主观原因，有的是客观原因。

（一）对个人外在形象不自信

就目前国内的出镜记者队伍而言，出镜记者招聘选拔基本是在现有记者队伍中进行。如何选拔却没有一个明确、统一的规定。比如中央电视台的新闻记者若要获得出镜报道的资格，需要事先刻录个人拟出镜报道的光盘，交给部门领导审核，而各部门没有统一的选人标准，基本是依靠经验来检验记者的知识与技能。地方台的情况就更是简之又简。各地方电视台由于出镜记者人数本身就少，所以对于出镜报道的记者基本不设门槛，只要愿意出镜报道，就都有出镜报道的资格，即使是还未离开学校的实习生，也有机会面对镜头做出镜报道。①

有的出镜记者虽然被电视台允许出镜，可是对自己的外在形象并不满意。其实，衡量出镜报道质量的标准不在于记者的个性形象，而在于整体的报道能力。电视观众看出镜报道是出于获取信息的需要，而不是看记者选秀。对个人形象不自信的出镜记者大可不必在意外在形象的问题。

（二）追求完美 担心出错

无论是直播出镜还是录播出镜，出镜记者大多希望每一次出镜，无论从业务层面还是自身感受上都是完美的。完美的标准固然值得追求，但是电视新闻报道不是一件完美无瑕的艺术作品，而是在诸多制约条件下从事的创造性活动。例如虽然是录播节目，但节目截稿时间快到了，不可能再提供重录的机会，这时就需要采取“一遍过”的方式，按照直播的状态录制，瑕疵在所难免，只要不是原则性错误，这段出镜就可以使用，这种情况下保证安全播出才是最重要的。

直播的风险性本身就会让出镜记者产生紧张感，如果说错话或表现不佳，出镜报道的效果将是“灾难性”的。但通常情况下，还有很多方式提升自信。比如手上可以拿着稿件，如果忘记了出镜语，可以自然地看。在出镜前不要给自己设定完美的标准，而是做多个出镜预案，心态上会更加从容。

（三）考虑越多 越不自信

有的出镜记者在镜头前感到不自在，尤其是想到镜头背后是为数众多的观众，便更加紧张，导致出镜往往一遍过不了，得好几遍，越录越紧张。有这种想法的出镜记者要改变想法，镜头后面的确是大量的观众，但是你是看不到的，你能看到的是镜头和镜头后的摄像师。你要想你面对的是熟悉的同事，你在向同事说你所了解到的新闻事件。

有些人认为，自信可以“装”。其实自信是“装”不出来的，因为“装自信”只是看似自信，作为全息化传播的媒介，电视镜头中的非言语符号可能透露你的不自信。

出镜记者的自信根本上来源于自己的业务能力，尤其是在镜前的报道能力。如果出

---

① 高贵武．出镜报道与新闻主持．北京：中国传媒大学出版社，2012：211.

镜记者的业务能力不进步，提高自信便无从谈起。优秀的出镜记者，如白岩松、水均益、张泉灵等，观众会感到他们散发出的一种“气场”，即便是在直播连线中出现小失误，他们都能游刃有余地应对，根本原因在于他们日常的业务学习和经验积累。

作为媒体管理者和出镜记者的同事，对出镜报道新人要积极培养，给他们成长的空间，允许他们犯错。对于出镜记者而言，要依据自身的素质和能力水平，多向老记者、优秀记者学习，循序渐进地提升自身的出镜报道能力。

二、积极的报道意愿

出镜记者要有积极的报道意愿，这种意愿是将自己在现场获知的信息赶紧传递给观众的愿望。在实践中，尤其是从事出镜报道不久的新人，由于紧张、业务水平不高、对自身期望值过高等原因，出镜状态消极，生怕出差错，在镜头前不自信，看起来怯生生的；还有一些“老”出镜记者，会产生模式化的思维和工作方法，在镜头面前的状态同样也不积极，将出镜环节视为一个任务，给人的感觉是满不在乎。

积极的报道意愿是一种适度紧张的主动状态，带给观众的感觉是这个记者真诚地面对观众、愿意向观众告知他的采访经历，并能够把握观众的收视心理。

第四节　出镜前的技术准备

出镜记者也要了解技术，不能只盯着新闻采编这“一亩三分地”。电视新闻对技术的要求很高，了解技术既可以保证出镜报道的顺利进行，也有助于出镜记者应对突发情况。张泉灵曾在一次出镜记者培训课上说：“为什么我特别要说现场出镜记者直播过程当中了解技术内容非常重要？就是因为你如果不了解的话，很多时候会给自己‘设绊’。”[①]

一线者说

记者也要懂技术

我以一种无知者无畏的状态做了第一次现场直播——《张健横渡英吉利海峡》。当时通信系统出了点毛病，按说我只能听到调机导演一个人的声音，可是当时我能听到七路不同的声音：调机导演在说话，各直播点的导演在说话，所有摄像之间在说话，甚至还有播出的声音。直播前有人问我耳机的声音是否正常，我以为能听到所有的声音才是正常的，所以就说“正常”。虽然这很干扰我，但我努力从七路声音中辨别哪路声音是我该听的，听的同时还要与嘉宾交流、向观众传达。我以那样的状态完成了一场 12 小时的直播。之后，直播团队希望我长期加入，他们说没见过一个具有如此强的抗干扰能力的人。这件事情给我的一个重要启示就是：做直播节目

① 张泉灵．现场直播中的出镜记者需要具备什么：泉灵讲课之一//杨华．咱们电视有力量．北京：中央民族大学出版社，2009：22.

主持人不但要有做记者的功底，还要懂得技术系统。

资料来源：杨芳秀．我爱直播：张泉灵访谈录．新闻战线，2010（10）．

一、录播前的技术准备

录播出镜的优点在于出镜记者通常会有较为充足的时间设计出镜形式、纠正先前出镜出现的错误。录播出镜的技术准备比直播出镜简单。一般情况下录播出镜的设备包括摄像机和话筒，光线不足或为了呈现出镜记者更好的屏幕形象，有时会用到采访灯和反光板。录播出镜的技术准备虽然简单，但是如果大意，依然会影响出镜报道的采制。在借取设备时一定要检查所借设备，确保运转正常。

（一）摄像机的检查

电视台摄像机利用率很高，在长期、频繁的使用中难免会出现故障。有时故障很小，有时故障很大却不易发现。以按键为例，按键的灵敏度变低，在使用中需要用较大力度按下，这是小问题，但有时按键失灵或接触不好，会直接导致摄像机不能正常工作，这就成了大问题。因此出镜记者和摄像记者在从设备管理部门借取设备时，首先要做的是检查摄像机。通常设备管理人员会对本媒体的设备有较为全面的掌握，如哪台设备无故障，哪台设备有小问题但仍可使用。即便如此，记者也不能略过亲自检查设备主要性能的环节。通常情况下，哪次不检查设备，哪次摄制就容易出现问题。

检查时，除了看摄像机性能是否正常，还要看摄像机的技术参数设置是否适合你去采访的环境。如在日常光线下，有的记者喜欢将白平衡调到预置，有的记者则喜欢手动设置白平衡，将白平衡的参数存至A或B。由于摄像机在使用中是流动的，在借取摄像机前，你可能并不知道先前记者是在什么场合下用到A或B。如果你没有检查白平衡设置键，想当然地认为是在预置上，而实际是A，则可能会导致你拍出来的画面效果出现巨大的色差。为避免正式录制时出现这些技术失误，最好在借取摄像机前录十几秒钟的视频，确保画面及各项参数正常，一、二声道有声音（一声道连接话筒试音）。

（二）话筒的检查

话筒分为有线话筒和无线话筒。检查话筒时，一定要将话筒与摄像机进行有线连接或无线连接，当场试音。

在电视新闻采访实践中，有线话筒往往与摄像机的配合出现接口不良的情况，这时可能出现拾音中断或有噪声。

无线话筒与摄像机的配合会出现频率不对，或者无线话筒的电池电量不足的情况，导致无法拾音。

如果一声道话筒出现故障，只要摄像机二声道无问题，采访也可以将就进行。

1. 按话筒的指向性分类

话筒的指向性又称方向性，表明话筒对不同入射方向的声音信号拾取的灵敏度，是话筒十分重要的电声指标。[①]

话筒按照指向性分类可以分为全向式话筒、单一指向式话筒和双指向式话筒等三类。

（1）全向式话筒。

全向式话筒的拾音区域呈圆形，拾音夹角是 360 度，对于来自不同角度的声音，其灵敏度是相同的。在使用这种话筒时，为了保持良好的拾音效果，应进行近距离拾音。这是因为全向式话筒离声源很近时，直达声要比混响声或其他杂散干扰声强得多，可保证除声源外，其他来自各方向的干扰声影响不会太大。全向式话筒用于收录整个环境声音或声源在移动的情况。

（2）单一指向式话筒。

单一指向式话筒分为心形话筒和超心形话筒。这种话筒对于来自话筒前方的声音有最佳的拾音效果，而来自其他方向的声音则会减弱。心形话筒和超心形话筒的主要区别在于，超心形话筒的指向性比心形话筒要强。

（3）双指向式话筒。

双指向式话筒可拾取来自话筒前方和后方的声音，在电视采访中使用较少。这种话筒适用于位置固定不变的拾音场合。

2. 按话筒的使用方法分类[②]

（1）手持式话筒。

手持式话筒通常是无指向性的或心形的。如果走动的距离相当大，走动时不要用话筒直接拉话筒线，而要用一只手轻轻地去拉话筒线，另一只手提着话筒。

（2）钓鱼竿式话筒。

钓鱼竿式话筒架更轻便，将话筒安置在钓鱼竿式的支架上，可非常方便地选取最佳位置，这种话筒占据的空间较小，不会妨碍照明，而且能灵活地调整角度以便不让话筒的投影进入画面（见图 12-4）。其缺点是若长时间使用，人力支撑有困难。

图 12-4　钓鱼竿式话筒

---

① 黄秋生，肖良生．电视摄像实验教程．北京：中国人民大学出版社，2009：134.

② 同①138-140.

（3）佩戴式话筒。

佩戴式话筒是一种能够戴在使用者身上的微型话筒，主要有项链式话筒（挂在脖子上）、别针式话筒（别在领带或衣襟上）、袋式话筒（放在衣袋里）等。佩戴式话筒体积很小，在同期声录制时，可以避免话筒对画面的影响。另外，在某些场合，由于无法安装固定式话筒，或使用者需要移动，使用佩戴式话筒就很方便。由于它可能会被戴在使用者服饰的各个部位，因此它是无指向性的话筒。

佩戴式话筒声音信号的传输方法通常分为无线式和有线式两种。在电视节目制作中，有线佩戴式话筒在报告会、电视教学节目、新闻采访与座谈等场合运用较多。无线佩戴式话筒的声音输出要经过一套小型无线发射、接收设备后再和电视设备相连接。出镜记者在使用佩戴式话筒时应避免衣服的摩擦声。

以下是不同场景下的话筒配置（见表12-1），出镜记者需依实际情况选择。

表12-1 不同场景的拾音

场景	话筒类型或配件类型	主要目的
一般户外环境	全向式话筒或心形话筒	主体声音（采访对象声音）和环境声皆可拾取，有助于营造现场感。
比较嘈杂的户外环境	超心形话筒	减少噪声，突出主体声音。
体育新闻现场报道	心形话筒	主体声音和环境声皆可拾取，有助于营造现场感。
四级以下风速	配备海绵防风罩	在主体声音清晰的情况下允许一小部分环境声进入，体现现场感。
五级及以上风速	配备皮毛式防风罩或腔体式防风罩	防止风速过大，导致风吹话筒产生较大噪声。
行进移动的现场报道	配备话筒吊杆	迅速选取有效的声源位置，准确跟随声源。
大景别的现场报道	无线话筒	如吊塔上、河对岸、大远景等采访中，它能摆脱有线话筒带给新闻现场采访的诸多限制。

（三）灯光和电池的检查

有些采访灯由摄像机电池供电，有些则有独立的电源系统。不同的采访灯接口不同，与摄像机的匹配不尽相同。在借取采访灯前，要确认采访灯的型号及供电方式，并当场试灯。

摄像机电池在长期使用中，电量灯会出现虚报电量的情况，单纯从电量显示看，电池是满电，实际上电量只有一半。在借取电池前，记者要向技术部门了解电池的情况，根据自己新闻采访所用摄像机的时间，预估借取的电池数。建议多备一块电池，并携带充电器。

一线者说

电池是众多设备中最薄弱的环节

电池往往是众多设备中最薄弱的一个环节，你永远不知道一块电池的电量究竟还能持续多久，尤其是在那些温度变化剧烈的环境中。不管你的电池是什么品牌哪种型号，都应让其远离极端的气温环境，尽可能让它们总是在接近室温的环境下工作。电池在零度以下的环境中电量会消耗得很快，这也是大部分摄像师在冬季都会把电池放在贴身夹克衫口袋里的原因。绝不能把电池随意扔在汽车的后备厢或是阳光直射的地方，尤其是当天气炎热的时候，因为这同样会导致电量的损耗。

资料来源：巴纳斯，怀特．广播电视新闻：写作、报道与制作．5版．黄雅堃，译．北京：清华大学出版社，2013：147－148.

一线者说

不要忽视了电池！

记者在执行采访任务前，一定要检查电池是否充满了电。在低温条件下，电池的续航能力会降低，因此需要比平时多备电池，甚至要带上充电器。如果直播时电池快没电了怎么办？这时你没有机会去拿新电池，你需要“淡定”，再加上运气。扫一扫二维码，和记者一起重温一段“惊心动魄”的直播。

不要忽视了电池！

二、直播前的技术准备

直播出镜的技术比较复杂，除了摄像机、话筒等设备要与记者配合外，还需要动用SNG、5G直播系统或海事卫星等。

在连线报道中，前方记者最大的顾虑是直播信号什么时候切到记者这边，即记者什么时候处于面对观众的状态。注意以下技术环节将帮助记者从容应对直播。

1. 电话桥

这是出镜记者与演播室主持人的交流通道，因此记者一定要保证耳机信号的畅通。为防万一，记者还可以将其他通信工具作为备用，如手机、海事卫星电话等。

2. PGM 的设置

这是返送到电话桥里的音频系统节目声。但需要对PGM做减1处理，否则会出现记者在耳机里听到自己的声音与自己正在说话的声音不同步的情况，影响出镜记者的出镜表现。

一线者说

切记：PGM 减 1

PGM减1，就是播出信号声源减去自己说话的声源。如果录音师没有做好工作的话，你可能会遇到这样的情况：你在说话的时候，在耳机里听到的是延迟一秒以后的自己的声音。这对于出镜记者来说比任何干扰都来得大。我可以在说话的时候听导演的声音，听其他播出的声音，这都不影响我继续说话，但是听到自己说话，而且延迟一秒，这对自己来说是一个非常大的限制，因为你反复在听自己说得好不好，你会立刻陷于磕巴状态，就会有一个恶性循环。那你怎么能知道PGM没有减1？因为在你说话之前一定是试过的，会有一个人来问你：泉灵你听见了吗，你现在听到新闻频道的声音了吗？你会回答“好”，但是那个时候你的声音不是播出声音。所以在试的时候你是听不见自己的声音的，因为你是通过电话在试，你试的时候听不到自己的声音，你的声音还没有变成播出声音。但是不减1你就会听到自己的声音，所以提前试不出来。怎么办？你一定要在试的时候提醒录音师说给我减1了吗？这就是你要有相关技术准备的理由，如果你没有说，录音师经常会把减1忘掉。

资料来源：张泉灵．现场直播中的出镜记者需要具备什么：泉灵讲课之一//杨华．咱们电视有力量．北京：中央民族大学出版社，2009：22.

3. 摄像机开机指示灯

在没有电话桥的情况下，摄像机开机指示灯就是信号是否切到前方记者的提示。

4. EVS

该系统可以对收录的画面任意回放和放大，依赖此技术可以要求导播对传回去的关键画面进行处理。记者可以在现场直接看着插入的画面进行解说，制作VTR短片。

EVS的优势是：（1）EVS方案实现了新闻即做即传即播，实现了制作与播出的无缝对接，有时从事件发生到制作播出仅几分钟时间。（2）解决了新闻节目即时编辑能力弱的问题。以往在新闻播出的过程中，新的素材无法及时地出现在播出画面中。EVS系统具有自由素材插入、即时片段删除功能，一切都是在现场环境下完成，内容编辑、现场指导可以随编随发。（3）解决了多机多部门协同工作能力不足的问题。[①]

一线者说

如何做直播连线

1. 把获得的信息组织成简短的陈述句，有了基本的报道框架后再走向摄像机。不要让无关的词汇填充到报道中，如果有一些非常重要的新闻，那就别怕重复。

2. 当演播室中的人告诉你，他会在特定的时间把镜头交给你，不要相信他们。应该想到安排会有变化。就在你想着有时间冲进咖啡店并抓起一杯咖啡的当儿，演播室有可能大声叫嚷：“下一个该你了！现在就该你了！”

3. 考虑考虑如何处理你可能回答不了的问题，实际上主持人会问到某些你可能看不到或者不了解的问题。你可能会认为不该出现这种情况，不过这种情况确实会出现，这时就只说你了解的内容。

4. 不要试图把所有信息都写下来和记住，只考虑你想要解释清楚的三个要点。

① 张琪．新闻节目制作直播系统EVS方案建设．声屏世界，2010（10）．

5. 对于直接引语或者统计数字，不要害怕使用提示。为了看清一个引语，短暂地中断与摄像机的视线接触是可以的。

6. 回答第一个问题，不要炮制出内容太多太长的回答。给自己留出时间来谈论其他事情，如果双向交流打算持续 2 分钟，主播会问你多个问题的。确保自己知道是哪一种方式，是伴有主持人的直播还是就你自己。

7. 预先练习一下第一个问题的回答。这么做将有助于你为双向交流的其余部分进行基本事实的组织。

8. 知道你如何结束。这可能要预先说出接下来会发生什么，也可能只是对目前的一次报道飞快地进行最后概述。

9. 如果你打算转身并做一些手势，或者托起一个道具，或者做一些完全标新立异的事情时，一定要告诉摄像师。这似乎是显而易见的，但是新人不一定总能记住需要框定镜头。

10. 注意公众。检查路过直播现场的人们会带来的任何可能性。

资料来源：博伊德，斯图尔特，亚历山大．广播电视新闻报道．6 版．嵇美云，译．北京：清华大学出版社，2012：271－272.

一线者说

直播时耳机无声或有回声干扰怎么办?

笔者经常在听到导播说完“把你切上台子了”之后，耳机里就再没有任何声音了。这时候出镜记者应该牢记，绝不能发出任何声音，因为如果有声音传入演播室，则会打断直播流程。发生这样的情况一般有两种可能：一是电话断了；二是演播室的一路音轨没有推上去，导致出镜记者听不到任何声音。

在这种情况下，出镜记者应该及时推扶一下自己的耳机，通过副语言向演播室传递信息，表示自己目前没有听到任何声音，这样演播室可以通过记者的副语言马上了解到相关情况。无论是再次拨打记者电话，还是马上推上去一路音轨，都可以避免直播中的失误。

另外，还可以在直播中摘下耳机。同样以笔者的经历为例，在直播开始后，笔者可以通过自己的耳机听到自己大约 2 秒以前的说话内容，就像听到山谷回声一样。这是声音传回演播室的延迟，也是演播室的导播有一路音轨没有拉下来造成的结果，严重干扰出镜记者在直播中的状态。在这种情况下，出镜记者应该马上摘下自己的耳机，避免这种干扰对之后直播造成的影响。而当演播室看到出镜记者摘下耳机的画面后，也会马上明白有一路音轨干扰了出镜记者的直播，会马上进行调整。这样在这个内容讲完之前，可以再次戴上耳机，与主持人进行下一个问题的沟通。

资料来源：杨牧．浅析出镜记者在直播报道中的注意事项．传媒，2015（19）．

三、移动新闻直播的技术准备[①]

生活中很多人玩直播：一个手机、一个网络、一个 App 就可以面向粉丝进行直播了。可是用户并没有意识到简单、便利的直播背后，需要大量的技术支撑。本节我们以大众网为例，来看一下新闻媒体在移动新闻直播上采用的技术模式。

有无演播室、通过自有平台播出还是多平台直播……这些因素对直播技术的采用模式影响很大。电视媒体和实力较强的网络新闻媒体（如人民网、新华网、东方网、大众网等）都建设有专业演播室，可在导播间通过解码器进行直播流的接收和推送。

以大众网为例，直播重要新闻事件时，为凸显直播的正规并保证信号稳定，在硬件上，前方现场使用摄像机＋4G/5G 直播背包，后方在演播室使用服务器＋解码器。4G/5G 直播背包上一般有 6～10 个移动网卡接口，可插入多张移动网卡同时传输视频数据，以扩大网络传输带宽，保证视频信号的清晰度和稳定性。同时，4G/5G 直播背包内可预先写入网络服务器地址。摄像机与 4G/5G 直播背包通过 SDI 数据线连接后，将视频信号传输到服务器上，经过解码后在电视、网络平台、移动平台播出（见图 12－5）。

图 12－5　摄像机与 4G 直播背包配合传输信号

注：4G/5G 直播背包说是背包，其实重量不到 1 千克。

除此之外的多数媒体则需要通过购买商业网络直播软件实现演播室导播间功能。因演播室导播间需要调动的设备、资源、人力较多，这对一些简单、即时的直播来说有点“大材小用”，所以不少电视媒体和实力较强的网络新闻媒体也同时采购了商业网络直播软件，在视频直播上有了双模式。

利用商业软件进行网络直播可以节省成本，媒体不需要另外研发和搭建复杂、专业的直播平台，面向企业用户的直播服务也为移动新闻直播的兼容性和个性化提供了更多可能，因此是一个不错的选择。以下我们从硬件、软件两个方面进行具体介绍。

---

① 本部分内容由山东省互联网传媒集团大众网采访中心记者贺辉撰写。

（一）硬件

在硬件方面，目前绝大多数媒体和自媒体在进行网络直播时，前方现场都使用智能手机安装直播软件后进行直播[①]，还有一些媒体采用网络直播摄像机进行直播。网络直播摄像机一般是在摄像机机身内部集成 IP 通信模块、Wi-Fi 模块、内置编码器，对视频信号进行实时编码后，通过 4G 网卡、Wi-Fi 联网进行传输。使用手机进行直播时，稳定云台和收音设备是保证直播质量的得力助手。

稳定云台根据性能、质量、品牌等方面的差异，价格从五六百元到三四千元不等，个人和媒体可根据自身情况配置。

对于直播来说，画质和声音最为重要。画质有赖于手机和摄像机的品质，而声音因为直播环境的复杂和话筒的存在，则不完全取决于手机和摄像机。当现场采访人物时，如果使用手机内置麦克风，在稍微有些嘈杂的环境中容易掩盖被采访者的说话声，因此最好使用专业的收音设备——手机专用采访话筒。这种话筒的 3.5 毫米接口可以直接插在手机耳机孔上使用，收音效果也不错。但这种话筒的音频线一般比较粗，自身具有一定重量，在使用稳定云台、自拍杆进行拍摄时，云台、自拍杆经常会被音频线拉坠。如果摄像用一只手托住音频线，则容易造成云台转动不灵活。所以手机专用采访话筒对使用场景有一定的要求，一般用在使用固定支架拍摄采访人物时，而在大多数直播场景下，则需要使用音频线较细、较轻的有线话筒。

（二）软件

在软件方面，目前媒体采用率较高、性能较为稳定的商业网络直播软件是“趣看”。媒体可向该平台申请开通主账号和分账号，并通过主账号登录“趣看”媒体云平台建立直播间。直播过程必须依赖“趣看”服务器的支持，该平台根据直播观看量向媒体收取一定费用以获取利润。

操作流程是：直播前，后方导播人员先在 PC 端通过主账号登录“趣看”媒体云平台，建立直播间，设置好直播的开始时间和时长。到了开始时间后，在“趣看”手机 App 上通过分账号登录，就可以看到主账号建立的直播间，点击进入直播间，即可选择开始直播。

很多网红在进行多平台同时直播时采用多机位手机直播三脚架固定多部手机，每个手机运行一个直播平台的 App。而媒体新闻类直播经常需要在 5 到 8 个自有平台和商业平台上同时直播，如果也使用相应数量的手机，在技术和现场操作上都不现实。所以使用商业网络直播软件的新闻直播，信号的分发是通过直播视频流网络推流和拉流的方式进行的。

具体来说，后方导播人员在 PC 端登录“趣看”媒体云平台并建立直播间时，该平台会自动生成直播推流地址，常用的推流地址有“rtmp 观看地址”和“hls 观看地址”两类。“rtmp 观看地址”一般用于 PC 端视频直播，“hls 观看地址”一般用于手机端直

---

① 腾讯视频、抖音、哔哩哔哩等平台的直播功能可通过手机 App 上的直播板块打开。

播。后方导播和外联人员将这两个推流地址发送给各播出平台（包括自有平台和商业平台），各平台编辑将相应的推流地址填入编辑后台，进行拉流即可。“rtmp观看地址”和“hls观看地址”的样式如下：

rtmp：//rtmpdist-w.quklive.com/live/w1234567890123456.

http：//hls.quklive.com/live/1234567890123456/index.m3u8.

（三）网络

理论上说，依靠5G网络低延迟、高质量传输的特点，5G直播有更高的传输码流，从而能获得比4G直播更清晰的直播画面。但在网络直播实践中，还需要根据网络信号条件、直播设备等不同情况具体分析。提到5G直播，也要分5G信号覆盖和5G直播设备两方面。

从5G信号覆盖方面来看，目前在各大、中型城市的建成区，5G信号覆盖率较高，但在小城市、城镇，5G信号覆盖范围较窄，城市郊区多数只有4G信号。这对5G直播提出了一定的区域限制条件。一般来说，在市区5G信号覆盖区域内进行的新闻直播，如突发事件、中小型户外活动、主题策划直播等场景，使用5G信号进行稳定流畅直播的成功率较高。

但对于大型晚会、节庆活动、体育赛事等现场人数动辄几千人的直播场景，即便有5G信号覆盖，也会因现场大量5G手机用户共用5G基站数据带宽，导致实际传输网速与4G网络相比并没有明显优势，甚至还可能出现使用4G信号直播比使用5G信号更流畅的情况。在这种情况下，如果想保证直播信号流畅，则需要考虑使用单独的宽带光纤或卫星信号传输等方式。

另一种在新闻直播中经常遇到的复杂情况，就是直播需要在多个不同场景、地点间进行切换。例如网络直播“全国（省）各地新年第一缕阳光”“高考首日多地联动直播”“某某高铁或高速公路开通首发列车（车次）体验直播”等。这些直播中，地域跨度大、网络环境复杂多变，需要在直播前对不同地点的网络环境有所了解，并选择较为稳妥的信号兼容方案，避免在4G、5G信号间反复切换，造成直播卡顿和画面清晰度反复变化。

从5G直播设备方面来讲，目前主要使用5G手机直播和5G直播背包＋摄像机两种模式。在5G信号稳定的直播环境下，5G直播背包可以插入多张5G卡共同传输直播信号，相较5G手机可以支持更高码率的信号传输，理论上直播信号也更为流畅、清晰。同时，5G直播背包在使用外置电池的情况下，续航时间可达6小时以上，也比5G手机的直播续航时间更有优势。

面对复杂的网络环境，目前市面上主流的5G直播背包大多同时支持4G模式，以便在5G信号不稳定或没有5G信号的情况下，仍可以用4G信号进行直播，但具体的信号切换方式，需要根据设备的实际情况来定。

近年来新兴的超高清8K网络直播，需要调动更多的网络带宽和服务器资源，才能保证超高清晰度下的稳定流畅传输。以近年来少数头部新闻网站投资新建的5G＋4K/8K演播室和直播设备为例，即便具备了实现4K/8K超高清推流的硬件条件，但直播前往往需要由技术运维人员提前调试服务器，调动更多的服务器带宽资源进行支持，才能避免直播信号卡顿。而这种服务器资源的调配，很有可能会影响该服务器对其他网络访问的响应速度。因此，在多数新闻网站的实际应用中，这种4K/8K超高清网络直播的使用率并不高。

需要补充说明的是，由于用户的终端观看设备、网络环境各不相同，很多网络直播平台为保证直播流畅都会自动为用户匹配合适的码流（清晰度），或允许用户根据实际网络环境自主选择不同的清晰度观看。

总体而言，在新闻直播实践中，在网络信号环境允许的情况下（如高端政务发布会等直播场景），媒体一般都会选择现有网速下能够支持的最高码流（清晰度）进行直播，保证直播效果和观看体验。如果直播现场网络信号条件有限，或需要从现场赶赴网络信号条件未知的陌生地域，则最好优先选择稍低码流（清晰度），保证直播全程信号流畅传输。因此，在5G网络快速发展的当下，将4G直播设备作为技术备份的方案，仍然很有必要。

本章小结

和一些采访对象一样，一些出镜记者在面对镜头时也会出现“晕镜头”的情况，有时甚至直接导致大脑“短路”、思维空白，先前的准备一下子忘光。出现这种状况主要是心理原因。“台上一分钟，台下十年功”，如果心理状态调整不好，台上的这“一分钟”就会葬送台下的“十年功”。良好的镜前表现是建立在良好的心理状态的基础上的。因此在出镜前，出镜记者应当充满自信，拥有积极、兴奋的报道意愿，沉着应对各种突发情况。作为出镜记者，也要懂得一些技术常识，只有熟悉整个采编播流程，才能在出镜报道中游刃有余。

推荐阅读书目

1. 韩彪．现场直播：新闻改革的标尺．北京：当代中国出版社，2007.
2. 赵华．央视《新闻调查》幕后解密．北京：中国广播电视出版社，2008.

思考题

1. 设想一些具体场景，运用着装的TPO原则设想自己应当如何着装。
2. 在镜前进行报道时，应具备哪些基本的能力？如何训练这些能力？

第十三章
出镜记者的出镜能力与角色冲突

本章学习要点

出镜报道中可能存在的干扰因素
角色期待与自我效能感的冲突
出镜记者的角色错位与越位
“出镜秀”的表现

出镜记者的镜前表现作为出镜报道的“最后一公里”，是出镜报道成功与否、优质与否的关键环节。用“成也萧何败也萧何”形容记者镜前表现的地位一点也不为过。在录播型出镜报道中，记者或许会有修改出镜的机会，但对于直播型出镜报道，机会只有一次。本章我们将围绕出镜记者的出镜能力和角色冲突展开，探讨出镜记者如何走好这“最后一公里”。

第一节　出镜记者的出镜能力

出镜能力是支撑出镜记者镜前表现的基础：基本功扎实的出镜记者，在紧急情况下应变能力较强，“危机”带给出镜记者的不是挑战，而是出彩的机会；基本功较差的出镜记者，一个十几秒的出镜语也得录好几遍，出镜报道不仅没有成为展示媒体形象的良好机会，反而成为观众茶余饭后的谈资。在第一章中，我们提到出镜记者的素质要求，本节将依据出镜报道实际，着重介绍出镜能力的构成维度。

一、抗干扰能力

无论直播还是录播，出镜时的干扰因素都是不可避免的（见表 13 - 1）。例如记者出镜时会有观众围观，他们中有些人将观看记者出镜视为一次难得的“经历”或“看点”，出于各种原因在记者周围说话、走动、拍照。来自现场观众的干扰有的是无意的，有的则是故意的。在录播出镜前，记者或许有机会和现场观众沟通，让观众的举动尽可能减少对记者出镜的干扰。直播出镜则不可控因素太多，一旦出现来自现场观众的干扰，记者不太可能中止连线去维持秩序，这时就需要出镜记者具备强大的抗干扰能力。

表 13-1　出镜报道中可能出现的干扰因素

外部干扰因素	自身干扰因素
1. 记者身后有人有意或无意地走动、说话，影响出镜画面和拾音，分散出镜记者的注意力，造成干扰。 2. 出镜时身后有人故意搞恶作剧，导致出镜报道无法进行。 3. 出镜时对面的摄像记者在拍摄时出现影响出镜记者的干扰行为，如笑场、打手势（由于未提前约定好，出镜记者不知其意）等。 4. 出镜时对面观众的拍照、说笑等行为干扰记者出镜。 5. 设备出现故障导致干扰，如耳机无声音或有回音等。 6. 出镜环境，如蚊虫、异味、惨烈场景等导致干扰。	1. 出镜记者的着装或配饰引起别扭的感觉。 2. 出镜记者身体欠佳导致干扰。 3. 出镜记者的精神状态不集中，想着其他事情。 4. 出镜记者自信心不足或过度紧张导致干扰。

图 13-1 是央视记者面对周围众多观众的围观、拍照，不怯场、不慌乱，从容淡定地完成报道。两位美国记者也是在身后有人故意干扰的情况下，淡定报道，体现了很好的职业修养（见图 13-2、图 13-3，其中图 13-2 参见文前彩页）。锻炼抗干扰能力最好的方法就是模拟实战演练。

图 13-1　无意的干扰

图 13-2　有意的干扰-1

图 13－3　有意的干扰－2

一线者说

注意你身后的人群

如果你做过记者的工作，你就会发现摄像机经常会吸引人群，你必须去解决这个问题。通常情况下，要求直播镜头周围的人保持安静是必要的。如果有人大声喧哗，你可以说："请各位让一下，让我完成工作，之后我再跟你们说。"如果你有时间，可以在这之前给围观群众签名，也可以与他们交谈，问他们一些问题。你经常可以获得一些有用的信息。无论如何，你都要通过向他们提问对他们表示赞美。对于小朋友，如果他们很安静，我建议你在直播之后再拍摄他们，作为录播的素材。如果有很多人在记者身后挥手或者做鬼脸，背对着墙再来一遍，这样就没有人能够在镜头中出现在你身后了。并不是因为这个背景有多棒，而是因为在人员复杂、不好控制的局面下，这样的背景很安全。

资料来源：里尔登，弗林．镜头前：如何报道、主持、采访．成倍，张东岳，译．北京：人民邮电出版社，2015：112.

二、应变能力

直播出镜对出镜记者临场应变能力要求较高。一是因为直播的突发事件本身就是不可预控的，随时会出现新的突发性因素，导致改变直播报道预案；二是不同的主持人主持风格会不一样，有些主持人喜欢脱稿即兴发挥，向记者提一些策划文案以外的问题。出镜记者必须随机应变，根据突发因素迅速做出反应，向观众展示镇定自若的精神风采、灵活多变的非凡能力。①

在直播中，如果遇到技术故障，如耳机没声音或听不清，这时应继续报道，不能停止说话，尤其不能反复说"喂，你听得到吗？"之类的纠缠于技术故障的话。有时在演播室那

① 刘红明．电视新闻直播时代出镜记者的培养与打造．南方电视学刊，2010（4）．

边，记者的画面和声音信号都是正常的。即便前方出现信号问题，出镜记者的声音没有进入直播系统，演播室也会视情况主动中止连线。这时出镜记者继续说话，也不会播出去，不会影响节目的播出效果。如果记者该说话却没说话，反而会将技术失误展示在屏幕前。

出镜记者由于耳机没有声音，听不见演播室主持人的提问和反馈，当新闻说完之后，应直接将技术故障说破："抱歉，由于我听不到演播室的声音，只能将自己目前知道的情况报告给观众。"

在 2003 年"三峡二次截流直播报道"中，张泉灵担任一个报道点的出镜记者，在报道中她也遇到了"险情"。张泉灵说："导播告诉我倒计时 10 秒时，通信突然中断了。我要先判断是导播突然不需要连线我了，还是通信出了问题。我立即断定，如果没有到我开始做现场报道的时间而我开始了，导播不会把我切出去，他有时间告诉我重新开始。但是如果已经到我了，而我没有说话，那么直播活动就会陷入混乱。我想清楚了刚才的道理，自己心里倒计时，然后开始说话。"事后证明，张泉灵的判断是准确的，的确是通信出了问题。

有时需要出镜记者临场应变的还有出镜的内容。正在发生的事件往往会在记者出镜时有最新的进展，或者就在出镜记者出镜的场景中有预期之外的新闻内容加入进来，这需要出镜记者灵活处理、适时加入，让出镜报道与现场紧密结合。一位记者在连线介绍现场爆破的情况，就在这时一辆大型挖掘机从他身后经过，这位记者马上把话题引到了正在缓缓开动的挖掘机上，他说："随着现场爆破的成功实施，大型救援设备也正陆续进入现场进行作业，你看，在我的身后，一台挖掘机正向现场开去，而去往灾区的路已经经过了修整和清理，这辆挖掘机很快就能进入现场，并实施作业。"记者的现场观察和随机应变，让报道立刻鲜活起来。①

在 2018 年 6 月某卫视与江苏一家地方电视台的连线中，出现了出镜记者应变能力不强，导致在直播中"再来一遍"的情况。

> 演播室：今天是端午节，在江苏某地，节日气氛相当浓烈。现在我们马上连线江苏某台的记者。
>
> 记者你好，我想了解一下你们当地包粽子的情况是怎样的（此时画面中，记者已经开始走动，说"主持人你好"），体验下来感觉怎么样？（记者发现主持人的话没说完，停止说话）
>
> 记者：每当粽叶飘香的时候，我们街头巷尾就会传来这个……你把我的问题给打乱了，主持人，你来听一下我准备的话题，然后你再提问可以吗？（这时记者又退回刚才的起始地）
>
> 演播室：你在当地包粽子是怎样的，给我们介绍一下。
>
> 记者：好的。每当我们街头巷尾（传来）我们农人叫卖菖蒲和艾叶的时候，我们就知道端午到了……（随后记者对现场的居民进行采访，介绍当地是如何包粽子的。以下内容略）

---

① 苟凯东．突发事件报道中记者角色的再定位：以重庆武隆山体垮塌事故现场报道为例．电视研究，2009（9）．

在这个案例中，笔者发现电视台的字幕是“记者体验包粽子”，记者报道的内容却是“当地如何包粽子”，说明直播前双方在内容沟通上可能存在问题，对记者出镜造成了一定的“干扰”。但记者应该知道，节目是直播，此时应当先“接住”主持人的问题，再“转移”到自己的报道内容上，而不是在节目中完全按照自己的意图进行报道。

在不改变记者原有出镜思路的基础上，笔者给出的方案如下：

方案一

（假如记者在直播前体验了包粽子）

刚才我在直播前体验了一下当地是怎样包粽子的，没想到粽子不仅种类多，包起来也需要一些技巧呢。下面我们看看当地人是怎样包出花样繁多的粽子的……

方案二

（假如记者在直播前没有体验包粽子）

说到体验包粽子，我是个新手，现在还没完全学会，我就不在镜头前献丑了。刚才我向这些大姐大致了解了一下包粽子的工序。我们请她们介绍一下当地粽子的特色和包粽子的方法。（之后按照既定计划进行报道）……好的，主持人，以上就是我的报道。待会儿放下话筒，我要去好好学学包粽子了。（这句话呼应前边没有体验包粽子的话题，让直播连线更具有节日的色彩）

一线者说

机智应对现场变化

直播不是定数，需要主持人和记者根据现场情况灵活应对。在《央视连战大陆行直播》中，白岩松和张泉灵的现场应变能力值得学习。在直播中，应变效果取决于主持人和记者双方，而不是其中的任何一方。扫一扫二维码，阅读《机智应对现场变化》。

机智应对现场变化

三、注意力分配能力

出镜记者在出镜时要考虑到镜头、出镜语、非言语传播、导播指令、现场环境等多种因素。正常情况下，人可以在同一时间内，把注意力分配到两种甚至两种以上的对象上。但是这种注意力的分配，不是平均使用注意力，而是有前提条件的，这个条件是：当需要同时进行两种以上的活动时，其中只能有一种是不熟悉的、需要集中注意力去对待的，而其余的活动则必须达到相对“自动化”的熟悉程度，因而不需要紧张地注意就能完成它。[①]

例如出镜记者一边听着耳机里导播的指令，一边进行直播连线，导播的指令与连线的内容可能没有关系，只是提示记者出于节目时长的原因，需要提前结束连线，或需要记者多撑一些时间。这时出镜记者如果不具备注意力分配能力，最后的结果往往是思路被耳机里的指令打断，致使连线无法进行下去。

还有的出镜记者本身出镜报道业务不精，连最基本的专业技能，如吐字发声、形体语言的运用等都尚未达到熟练程度，必然会影响对信息内容传递的注意力分配，不仅会对信息传播造成干扰，甚至还会影响整个传播工作的顺利开展。

要想使自己在镜头前做到信息传递的自如、有效，必须以扎实的专业基本功为后盾。没有扎实的功底和精良的专业技能做保障，出镜传播的准确、真实、生动和流畅是难以实现的。[②]

第二节 出镜记者的角色冲突

角色包含四层内涵：角色是社会地位的外在表现，而社会地位则是人们在社会关系体系中所处的位置；角色是人们的一整套权利、义务的规范和行为模式；角色是人们对处于特定地位的人的行为期待；角色是社会群体或社会组织的基础。[③] 结合当下中国正处在社会转型期的社会语境，中国记者的角色内涵可概括为“具有社会责任感的新闻信息传播者”。

角色冲突（role conflict）是指居于一定地位的个体与不相符合的期待发生冲突的情境。角色冲突主要有两种表现形式：角色内部的冲突，即由角色承担者内部的矛盾引起的冲突；角色之间的冲突，即因角色承担者承担了几种角色而引起的内心冲突。[④]

我们认为出镜记者的角色冲突主要包括三个方面：角色期待与自我效能感的冲突、角色失范与前台角色的冲突、“出镜秀”与新闻专业主义的冲突。

一、角色期待与自我效能感的冲突

社会成员要进入角色是通过角色扮演来完成的，一般要经历三个阶段：（1）角色期待，指社会对某一角色的期待和要求，也就是社会对处于一定社会地位的成员所需要和规定的一套权利义务规范。（2）角色领悟，实际上就是角色认知，它是指角色扮演者对自己扮演的角色的理解，是自我对角色的认知形态。（3）角色实践，也就是角色行为，是角色扮演的实际过程和行动，是角色期待和角色领悟的发展。[⑤] 我国现有的新闻规范体

---

① 吴郁，侯寄南．广播电视新闻语言与形体传播教程．北京：中国人民大学出版社，2001：258-259.

② 同①259.

③ 宋正．记者社会角色的探讨．新闻界，2013（1）.

④ 刘京林．新闻心理学概论．5版．北京：中国传媒大学出版社，2014：28.

⑤ 丁水木，张绪山．社会角色论．上海：上海社会科学院出版社，1992：71-74.

系中仍然明确强调新闻媒体的喉舌的角色期望，而在实践中有限地默许新闻媒体的市场竞争主体的角色期望，忽视新闻媒体的社会公器角色期望，已开始出现模糊的格局。这直接影响了新闻媒体及其从业者角色领悟的状态。这是喉舌角色、市场竞争主体角色、社会公器角色相互之间的暧昧状态。[①]

我们将出镜记者的角色期待分为自我期待、媒介期待和观众期待。角色期待虽然是社会对某一角色的期待和要求，但我们也可以看到，对于出镜记者的角色期待，不同的群体和个人会存在差异。

自我期待是出镜记者对自身的角色期待，主要涉及自己应成为一名怎样的出镜记者的问题，与自己的角色定位有关。

媒介期待是指电视媒体对出镜记者的角色期待。出镜记者是电视媒体的人力资源，也是媒体品牌形象的承担者和体现者。电视媒体会对出镜记者有一系列角色期待，如体现媒体专业水平、代表媒体立场发言、提升媒体公信力等。出镜记者的自我期待和媒介期待重合度越高，出镜记者的组织认同感、归属感就越强，就越能实现媒介角色期待的目标。

观众期待主要是指观众对出镜记者的角色期待，这种期待有可能符合社会对出镜记者的角色要求，也有可能不符合社会对出镜记者的角色要求。

角色期待的实现，需要出镜记者将其转化为角色实践。可是并不是所有的角色期待都能实现。能否实现，不仅取决于外部环境，也取决于自我效能感。

自我效能感是指个体对自己是否有能力完成某一行为所进行的推测与判断。美国心理学家阿尔伯特·班杜拉（Albert Bandura）对自我效能感的定义是“人们对自身能否利用所拥有的技能去完成某项工作行为的自信程度”。

角色期待与自我效能感的冲突包括：

1. 自我期待与自我效能感的冲突

自我期待与自我效能感的冲突主要是由自我期待与自我效能感反差太大造成的。如有的出镜记者对自己的期望值过高，希望迅速成长、出名，但能力、机遇有限，内心产生矛盾、焦虑，甚至抑郁的心理。

2. 媒介期待与自我效能感的冲突

记者通过层层选拔被指定为出镜记者时，就意味着他将成为所在媒体的人格化符号。从栏目制片、部门领导到电视台高层都会对出镜记者有所期待和要求。这种期待与要求，有的出镜记者认为暂时达不到或者通过努力也达不到，就会发生媒介期待与自我效能感的冲突。

3. 观众期待与自我效能感的冲突

社会上有一些人受到不公正待遇又得不到解决，很容易求助媒体。然而有些期待超过了记者的能力范围和社会责任，对记者造成了困扰，甚至使记者不堪重负，导致记者的自我效能感降低。尤其是帮办类出镜记者，他们被观众寄予很多期待，但不是所有的问题都能解决，也不是所有问题都可以去“帮办”。如果观众期待与自我效能感的冲突处

---

① 周俊．试析新闻失范行为中的角色期望与角色领悟．国际新闻界，2008（12）．

理不好，往往会打击记者的自信心和工作热情。

解决这些冲突的关键在于：（1）客观看待出镜记者的角色，记者的本质是记录者、报道者。（2）客观评价自己，对自己有清醒的了解，积极进取的同时量力而为。

一线者说

循序渐进提升出镜记者的自我效能感

出镜报道对不少电视记者来说是一种全新的体验，一些记者“怕”出镜，还有的记者只能录播出镜。出镜能力的提高是一个循序渐进的过程，媒体应有意识地通过培训提升记者的出镜能力，打造优质的出镜团队。扫一扫二维码，阅读《循序渐进提升出镜记者的自我效能感》。

循序渐进提升出镜记者的自我效能感

二、角色失范与前台角色的冲突

角色失范是指做出了不符合特定扮演者的行为。角色失范包括角色错位和角色越位。出镜记者在镜前应当扮演恰当的前台角色，但在实践中，出镜记者的角色失范屡见不鲜。

（一）角色错位与前台角色的冲突

角色错位是出镜记者将本应是后台的角色前置，变成前台角色，结果与正当的前台角色发生冲突。例如凤凰卫视在进行“韩国空难”报道时，一名记者出镜采访遇难者家属，由于记者过于悲痛，与家属抱头痛哭，完全忘了自己是记者，导致这条新闻中，只有记者与家属痛哭的场面，而没有任何现场。[①] 出镜记者将自然人的情感直接表露出来，忽视了记者的身份和观众的存在，这是一种角色错位。

造成错位的主要原因是出镜记者模糊了前台角色和后台角色的区别，将后台行为带到前台。当然也并非所有的后台角色前置都会导致错位。新闻记者在工作实践中，时常会面临职业角色与其他社会角色的冲突。如在突发事件中，是仅履行记者的职责进行采访，还是履行公民的责任先救人，一旦选择取舍不当，就会出现道德危机。[②]

声　音

先做记者还是先做人？

2006 年 7 月 10 日下午 5 时，河南电视台都市频道记者曹爱文到黄河边采访一女童落

① 黄杰海．让出镜记者“融入”现场．现代传播（中国传媒大学学报），2006（6）

② 郑瑜．记者角色与社会责任．当代传播，2007（1）．

水事件，当看到女孩被打捞上来生命垂危时，她不顾女童口吐污物，嘴对嘴做起了人工呼吸。经多次努力，女孩最终没能醒来，曹爱文悲伤的眼泪滚落下来。此事被媒体和网络报道后，引起巨大反响。

作为一名出镜记者，当遇到突发性灾难事件时，是应该选择职业传播者的角色先做报道，还是应该选择作为社会人的角色先去救人？曹爱文选择了后者，而且也得到了社会的广泛肯定。正像曹爱文一样，许多出镜记者在现场采访时，也会面临职业责任与社会责任的选择。当两者发生冲突时，当职业理念和社会道德产生对抗的时候，出镜记者应该怎样做呢？笔者认为，记者首先要履行作为一名社会人所应当承担的责任，应把国家利益、公众利益放在首位，把记者角色应尽的社会义务和社会责任放在首位，自觉地做到个人利益服从集体利益，团体利益服从国家利益，媒体利益服从社会利益。只有时时刻刻把社会责任放在第一位，只有时时刻刻把人民的利益放在第一位，才能更好地履行记者的职责，履行为人民服务的责任。所以，出镜记者要始终遵守新闻职业道德规范，将公德意识内化于心，自觉地来指导新闻采访活动。

资料来源：邢彦辉，付佳．出镜记者角色失调的调控．东南传播，2011（11）．

（二）角色越位与前台角色的冲突

角色越位是采访报道中记者的态度、言语以及行为方式等超越了自己身份和职责的传播现象。[①] 出镜记者的角色越位多出现在帮办类新闻中。出镜记者以“帮助”百姓为名，介入新闻事件，推动问题的解决。但有时出镜记者也会忘记自己的角色限定和权力边界，例如要求对节目播出的问题“特事特办”，甚至抢在相关部门责任调查结果公布前给某些问题“定性”，逾越了“监督”与“审判”、“人治”与“法治”的界限。从媒体立场看，这种媒介越位树立了媒体的公信力，有助于社会公众对媒体品牌的认可。但是这种做法却使得社会分工出现重叠和虚空，各司其职的权力关系因此受到消解，长此以往，不仅不利于提高广大百姓的民主、法制意识，甚至会扰乱社会的基本秩序，造成进一步的恶性循环。[②]

当前不少民生新闻类节目主打“帮办”特色。通过出镜记者主动介入新闻事件，帮助百姓解决实际困难，树立媒体公益形象。同时，一些帮办类出镜记者也往往容易陷于角色错位和角色越位之中。有学者总结：帮办类记者在角色越位上，从信息传播者变为问题解决者、从客观记录者变为事件介入者；在职能越位上，越权为事件定性、越权行政执法。[③] 帮办类出镜记者要处理好对新闻事件的介入分寸，避免角色错位和角色越位的发生。

---

① 张弓．记者的角色错位与越位．新闻记者，2004（4）．

② 同①．

③ 牛炳文，王春玲．论帮忙类节目的媒介越位．编辑之友，2012（4）．

三、“出镜秀”与新闻专业主义的冲突

在日趋激烈的媒介竞争下，注意力成为稀缺资源。在一些出镜报道中也出现了媒体或出镜记者为了吸引收视或出于个人成名需要而设计的“出镜秀”。“出镜秀”大致可分两种：一种是以追求收视率为导向的“出镜秀”；一种是以自我表现为导向的“出镜秀”。

以追求收视率为导向的“出镜秀”是指出镜的主要动机是提升收视，而非传递信息或提升报道品质。判断的标准是出镜是否违背行业的通行标准。

观众看到的是出镜记者如何在镜前“秀”自己、“演”新闻。例如香港某电视台在台风报道中告诉观众，要想在台风中站稳，得蹲马步才行。有网友认为，谁会在台风中蹲马步，也只有记者能想得出来。

台湾一家电视台为了体现风大，用油条当道具。为什么非得用油条?![①] 美国一家电视台报道称水淹严重，记者坐着皮划艇出镜，艇上还有被困“群众”，但在直播中，几个人从镜头前走过让这一出镜穿了帮：所谓的大水，只到脚踝。有的帮办类出镜记者在出镜时煽情，故意夸大采访对象的实际困难，甚至有意“导演”出镜场景。

如果出镜记者的出镜演变成“秀”，出镜报道就不是新闻报道，而演变成了以新闻为名的电视“表演”。因此“出镜秀”的危害是显而易见的，它消解了出镜报道作为新闻文本的权威性和专业性，让出镜报道演变成一种“奇观”“狂欢”，最后的结果就是媒体公信力下降。

以自我表现为导向的“出镜秀”源于出镜记者的角色错位：将自己视为明星，而不是记者。“出镜秀”聚焦于展示出镜记者个人，认为自己比现场重要，认为出镜记者是主持人，有一种“我是出镜报道主角”的心理。如出镜前对自己的形象过分关注，使观众的注意力不在出镜报道上，而集中在出镜记者身上。

有一个很在乎自己形象的出镜记者，在报道时对摄像说：“我右半边脸比较好，我稍微侧一点，光最好是侧逆，景别是中景。”摄像则回答说：“我是来拍新闻的，不是专门来拍你的。”[②] 摄像记者的话虽简短，但直指实质。

张泉灵曾说：现场永远比你的脸更有魅力。[③] 对于许多出镜记者而言，出镜就是露脸，多了一次让观众认识自己、认可自己、喜欢自己的机会。因此有的出镜记者进行出镜报道的潜在心理是表现自己。展示自我本无错，但出镜记者的出镜行为是角色扮演，而不是角色表演。许多出镜记者在现场报道时过分注重自己的外在形象，花费大量的时间在自己的着装和说话的修饰上。他们只关注自己的出镜图像是不是漂亮，背出来的话是不是流利，发音是不是标准，语调是不是自然，而没有花时间来观察现场、搜集信息、集中思考采访问题。这就造成了出镜记者在现场报道时流于形式，不能把握事物的本质。

央视《面对面》栏目前主持人王志认为，作为一名出镜记者，如果你过分在意自己

---

① 案例见本书第六章第四节。

② 惠萍．出镜记者的镜头空间．青年记者，2014（20）．

③ 张泉灵．突发新闻和大型公共信号直播现场，记者能做什么：泉灵讲课之三//杨华．咱们电视有力量．北京：中央民族大学出版社，2009：32.

的角度或眼神，那么你会忘了你要干什么，你要问什么问题。而记者出镜时最好的状态是“忘我”，做一个具有自己个性特质的本色记者。[①]

判断“出镜秀”的标准是是否符合新闻专业主义。新闻专业主义是新闻行业“由社会自然行为演革成一种‘职业’，又由‘职业’演革成一种‘专业’，是新闻工作者不断追索‘专业化’目标的最后结果”[②]。新闻专业主义要求出镜记者正视自己的角色、约束自己的行为，按照专业标准采编新闻。

本章小结

著名电视人孙玉胜认为，评判出镜记者或前方记者的水平，有三种能力很重要：魅力、表达能力和发现能力。[③] 这三种能力最终要通过出镜能力表现出来。出镜能力是一个出镜记者综合能力的集中体现。在“出镜”这一特定的情境下，还需要出镜记者具备抗干扰能力、应变能力和注意力分配能力，如此才能在镜前较为成功地完成出镜任务。和其他职业角色一样，出镜记者在工作中也会遇到角色冲突，如角色期待与自我效能感的冲突、角色失范与前台角色的冲突、“出镜秀”与新闻专业主义的冲突等。每一种冲突都有其产生的主客观因素，客观正确地认识自己、正确选择新闻专业价值观是避免冲突、减少冲突的有效方法。

推荐阅读书目

1. 巴纳斯，怀特．广播电视新闻：写作、报道与制作．5版．黄雅堃，译．北京：清华大学出版社，2013.

2. 博伊德，斯图尔特，亚历山大．广播电视新闻报道．6版．嵇美云，译．北京：清华大学出版社，2012.

3. 吴郁．主持人思维与语言能力训练路径．修订版．北京：中国广播电视出版社，2013.

思考题

1. 出镜记者的角色冲突有哪些？对你而言，哪种冲突是最大的？为什么？
2. 角色错位是什么？出镜记者的角色错位有哪些表现？
3. 角色越位是什么？出镜记者的角色越位有哪些表现？
4. “出镜秀”的表现有哪些？如何评价“出镜秀”这种行为？

---

① 邢彦辉，付佳．出镜记者角色失调的调控．东南传播，2011（11）．
② 童兵．厘清对“新闻专业主义”的认知：兼论对美国“新闻专业主义”的质疑．新闻与写作，2015（9）．
③ 孙玉胜．十年：从改变电视的语态开始．北京：三联书店，2003：276.

练习题

1. 找一个人流比较密集的公共场所，在允许拍摄的情况下，面向镜头描述你所看到的景象。要求手持话筒出镜，描述中不能有卡顿或错误；如果出现卡顿或错误，从头开始，直到无失误。视难度录制 1 分钟、2 分钟甚至更长。

训练目的：人越多，干扰越大，出镜记者就会越紧张，一旦出现错误，重新录制，压力就会更大。本训练重在提升出镜记者的抗干扰能力和抗压能力。

2. 报道一个正在举行的户外活动（例如超市大促销、广场晚会），模拟现场连线，对现场活动进行描述，抓取细节。视难度录制 1 分钟、2 分钟甚至更长。要求提前设定好报道时长，录制过程中不停机，出现口误或“意外”情况自行纠正或圆场。

训练目的：锻炼应对直播状态的能力，以及直播中对各种情况的处理能力。

附录：出镜报道学习资源

1. 新华社新闻报道中的禁用词（第一批）

2. 第二十六届中国新闻奖广播电视参评作品差错47例

3. 第二十七届中国新闻奖广播、电视、网络参评作品差错37例

4. 2020年中国记者节特别节目《好记者讲好故事》

5. 2021年中国记者节特别节目《好记者讲好故事》

6. 出镜报道综合训练虚拟仿真实验系统

网址：http://alice.college.vrmajor.com/p/185.html

（读者使用该系统时遇到任何问题可联系客服获取帮助：891848022@qq.com或15106916345）

参考文献

一、著作部分（按著作名音序排列）

B

白岩松．白说．武汉：长江文艺出版社，2015.

布莱希特．布莱希特论戏剧．北京：中国戏剧出版社，1990.

C

韦尔德伯尔 R F，韦尔德伯尔 K S. 传播！．11 版．周黎明，译．北京：中国人民大学出版社，2008.

丹顿，泽雷．传播理论的职业运用．2 版．陈世华，译．北京：清华大学出版社，2014.

宋晓阳．出镜记者现场报道指南．北京：中国广播电视出版社，2008.

高贵武．出镜报道与新闻主持．北京：中国传媒大学出版社，2012.

D

李永健．大众传播心理通论．北京：中国传媒大学出版社，2008.

黄匡宇，黄雅堃．当代电视新闻语言学．北京：中国社会科学出版社，2011.

白贵，彭焕萍．当代新闻写作．北京：中国人民大学出版社，2013.

朱立元．当代西方文艺理论．3 版．上海：华东师范大学出版社，2014.

汪振城．当代西方电视批评理论．北京：中国广播电视出版社，2007.

赵小钦．电视播音员主持人形象设计与造型．北京：中国传媒大学出版社，2014.

舒克，拉森，塔尔西奥．电视现场制作与报道．5 版．雷蔚真，译．北京：中国人民大学出版社，2013.

叶子，赵淑萍．电视采访：探寻事实真相．北京：北京师范大学出版社，2009.

何志武，石永军．电视新闻采写．武汉：武汉大学出版社，2008.

朱羽君，雷蔚真．电视采访学．北京：中国人民大学出版社，1999.

黄秋生，肖良生．电视摄像实验教程．北京：中国人民大学出版社，2009.

于忠广，张丽．电视新闻．北京：中国人民大学出版社，2015.

欧阳照．电视新闻的叙事学研究．重庆：重庆大学出版社，2010.

周勇．电视新闻编辑教程．北京：中国人民大学出版社，2002.

栗平．电视摄像技术．郑州：郑州大学出版社，2007.

王辉．电视新闻实务解析．北京：中国广播电视出版社，2007.

林奇．电视新闻视听心理研究．北京：中国传媒大学出版社，2014.

崔林．电视新闻语言：模式·符号·叙事．北京：中国广播电视出版社，2009.

李水仙．电视新闻语体研究．北京：中国传媒大学出版社，2007.

曾祥敏，周逵．电视新闻学．2 版．北京：中国传媒大学出版社，2015.

饶立华，杨钢元，钟新．电子媒介新闻教程：广播与电视．北京：中国人民大学出版社，2000.

张智华．电视剧叙事艺术研究．北京：中国电影出版社，2013.

考克尔．电影的形式与文化．郭青春，译．北京：北京大学出版社，2004.

章柏青，张卫．电影观众学．北京：中国电影出版社，1994.

李显杰．电影叙事学：理论和实例．北京：中国电影出版社，2000.

E

中国新闻奖评选委员会办公室．2005 年度第十六届中国新闻奖作品选．北京：新华出版社，2006.

F

宋昭勋．非言语传播学．上海：复旦大学出版社，2008.

G

邝云妙．高级新闻写作．广州：广东高等教育出版社，1996.

曼特斯特．光荣与梦想：1932—1972 年美国实录．北京：商务印书馆，1979.

博伊德，斯图尔特，亚历山大．广播电视新闻报道．6 版．嵇美云，译．北京：清华大学出版社，2012.

柴璠．广播电视播音主持．北京：北京大学出版社，2014.

曾祥敏．广播电视新闻采访报道．北京：高等教育出版社，2013.

周小普．广播电视概论．北京：中国人民大学出版社，2014.

巴纳斯，怀特．广播电视新闻：写作、报道与制作．5 版．黄雅堃，译．北京：清华大学出版社，2013.

吴郁，侯寄南．广播电视新闻语言与形体传播教程．北京：中国人民大学出版社，2001.

戴凡，吕黛蓉．功能文体理论研究．北京：外语教学与研究出版社，2013.

H

王希杰．汉语修辞学．北京：北京出版社，1983.

J

里尔登，弗林．镜头前：如何报道、主持、采访．成倍，张东岳，译．北京：人民邮电出版社，2015.

K

莫滕森．跨文化传播学：东方的视角．关世杰，胡兴，译．北京：中国社会科学出版社，1999.

L

麦克奎恩．理解电视：电视节目类型的概念与变迁．苗棣，赵长军，李黎丹，译．北京：华夏出版社，2003.

周勇．理解电视：从理论到方法的路径．北京：中国广播电视出版社，2012.

M

易前良．美国“电视研究”的学术源流．北京：中国传媒大学出版社，2010.

R

李特约翰．人类传播理论．史安斌，译．北京：清华大学出版社，2009.

S

丁水木，张绪山．社会角色论．上海：上海社会科学院出版社，1992.

林秉贤．社会心理学．北京：群众出版社，1985.

任悦．视觉传播概论．北京：中国人民大学出版社，2008.

孙玉胜．十年：从改变电视的语态开始．北京：三联书店，2003.

高世明．实用电视新闻．北京：中国广播电视出版社，2000.

X

韩彪．现场直播：新闻改革的标尺．北京：当代中国出版社，2007.

吴礼权．现代汉语修辞学．3版．上海：复旦大学出版社，2016.

费瑟斯通．消费文化与后现代主义．南京：译林出版社，2000.

瓦莱特．小说：文学分析的现代方法与技巧．陈艳，译．天津：天津人民出版社，2003.

欧阳霞，张晨．新闻采访与写作．2版．北京：清华大学出版社，2014.

李玮．新闻符号学．成都：四川大学出版社，2014.

薛国林，张晋升，陈娟．新闻写作．广州：暨南大学出版社，2013.

密苏里新闻学院写作组．新闻写作教程．褚高德，译．北京：新华出版社，1986.

里奇．新闻写作与报道训练教程．6版．钟新，王春枝，主译．北京：中国人民大学出版社，2012.

黎明洁．新闻写作与新闻叙述：视角·主体·结构．上海：复旦大学出版社，2007.

展江，杨鲁江．新闻与战争．上海：上海人民出版社，1991.

刘京林．新闻心理学概论．5版．北京：中国传媒大学出版社，2014.

刘京林．新闻心理学原理．北京：中国广播电视出版社，2004.

李凌燕．新闻叙事的主观性研究．上海：中国出版集团东方出版中心，2013.

何纯．新闻叙事学．长沙：岳麓书社，2006.

崔应贤．修辞学讲义．北京：清华大学出版社，2012.

胡吉成．修辞与言语艺术．北京：中国广播电视大学出版社，2005.

里蒙-凯南．叙事虚构作品．姚锦清，黄虹伟，傅浩，等译．北京：三联书店，1989.

Y

中央电视台新闻中心．央视新闻·内刊外读．北京：三联书店．2015.

赵华．央视《新闻调查》幕后解密．北京：中国广播电视出版社，2008.

岳淼，迟月利．应用电视新闻学．厦门：厦门大学出版社，2014.

邹煜，白岩松．一个人与这个时代．上海：上海交通大学出版社，2013.

翟杉．仪式的传播力：电视媒介仪式研究．北京：中国传媒大学出版社，2014.

彭吉象．影视美学．北京：北京大学出版社，2002.

Z

杨华．咱们电视有力量．北京：中央民族大学出版社，2009.

梁晓涛．震撼：媒体回想：5·12汶川大地震备忘．北京：中国民主法治出版社，2008.

张鸥．直播幕后：电视突发直播一线手记．北京：北京师范大学出版社，2013.

中国广播电视学会．中国电视奖获奖新闻作品选评（1994年度）．北京：中国广播电视出版社，1995.

江欧利．中国广播电视新闻奖2001年度新闻佳作赏析．北京：新华出版社，2003.

江欧利．中国广播电视新闻奖2002年度新闻佳作赏析．北京：新华出版社，2004.

黄幼民，张卓．主持人形象塑造．武汉：华中科技大学出版社，2006.

二、论文部分（按论文名音序排列）

B

方孜行．别淡忘了《计量法》．新闻与写作，2014（9）．

C

任媛媛．“超级记者”的现实困境与未来出路．青年记者，2013（4）．

周勇，倪乐融，李潇潇．“沉浸式新闻”传播效果的实证研究：基于信息认知、情感感知与态度意向的实验．现代传播（中国传媒大学学报），2018（5）．

陆晔，潘忠党．成名的想象：社会转型过程中新闻从业者的专业主义话语建构．新闻学研究（台北），2002（2）．

李国英．从“出乎意料之外”谈语法规范．语文学刊（高教版），2006（13）．

陈力丹，邵甜甜．从传播角度看“自己人效应”．现代视听，2012（11）．

李响．从《绝对现场》看现场连线直播．中国广播电视学刊，2003（11）．

姚艳芳．柴静：从文艺青年到新闻斗士．人物周刊，2009（9）．

张超．“出场”的叙事：出镜记者的叙事视角初探．编辑之友，2016（5）．

蔡翊岚．出镜记者：变“过去式”为“现在时”．南方电视学刊，2013（3）．

惠萍．出镜记者的镜头空间．青年记者，2014（20）．

郑姗姗．出镜记者的声音控制问题．西部广播电视，2015（12）．

张超，钟新．出镜记者有声语言的表达策略．编辑之友，2015（9）．

张超．出镜记者非言语表达的特点与原则．电视研究，2015（12）．

李蓓．出镜记者角色失调现象分析．新闻实践，2009（3）．

邢彦辉，付佳．出镜记者角色失调的调控．东南传播，2011（11）．

刘静．出镜记者要善于“借题发挥”：以白岩松为例探讨．当代电视，2008（12）．

史加辉．出镜记者语言规范问题研究．语言文字应用，2012（4）．

茅震宇．出镜记者之忌．视听界，2014（6）．

郭珊，彭伟．刍议非言语交际形式的分类．湖北社会科学，2011（11）．

D

张虹．大型体育赛事现场报道重要环节探析．国际关系学院学报，2005（5）．

张兴．“单边注入点”：一种新型的体育报道形式：八运会电视报道断想．电视研究，1997（12）．

周苹．第三人称叙述者及其在文本中的介入．黑龙江社会科学，2005（2）．

陆蓉．电视出镜记者的礼仪形象探析．大舞台，2013（8）．

费兴海，郑惠钦．电视出镜记者在新闻报道中如何“到位”．新闻实践，2012（6）．

石革新．电视镜头的主观性与客观性．当代电视，2006（6）．

陆小华．电视，天然为现场直播报道而生：CCTV 汶川地震现场直播报道与电视竞争力．新闻记者，2008（7）．

丁宇明．电视现场报道的生命力．电视研究，2011（1）．

李岩．电视现场新闻的事件建构．浙江大学学报（人文社会科学版），2000（4）．

刘娅琼．电视现场报道的语体特征浅析．当代修辞学，2012（6）．

谭天，叶芳．电视记者角色的符号解读．广东外语外贸大学学报，2008（3）．

黄匡宇．电视新闻细节论．现代传播（中国传媒大学学报），2001（6）．

方杰．电视新闻现场感刍议．采写编，1996（4）．

张秀文．电视新闻记者出镜要点解析．今传媒，2014（6）．

赵雪，王昕．电视新闻直播节目口误的对策．长江学术，2011（1）．

王楠．电视新闻出镜记者语言传播行为研究．东南传播，2012（8）．

郭金铭．电视新闻现场直播的视觉呈现．新闻研究导刊，2015（6）．

刘红明．电视新闻直播时代出镜记者的培养与打造．南方电视学刊，2010（2）．

F

刘萍萍．非语言符号的话语意义研究．辽宁行政学院学报，2012（1）．

梁茂成．副语言初论．徐州师范学院学报（哲学社会科学版），1994（2）．

G

陆军，张健琪．广播电视新闻对倒金字塔结构的颠覆．声屏世界，2007（5）．

杨刚毅．关于电视新闻连线报道的理性思考．电视研究，2003（3）．

H

姜美玉．汉语口误的修正和词的心理地位．语言科学，2004（1）．

苏锦艳．化熟悉为新奇：浅议“陌生化”理论在新闻写作中的运用．思茅师范高等专科学校学报，2012（5）．

申勇，张宇珺．回击舆情杂音 创新电视表达：央视“东方之星”救援报道的实践．新闻战线，2015（13）．

J

朱然．纪录片长镜头的场面调度．中国广播电视学刊，2005（8）．

应天常．节目主持人口误及其规避与化解．修辞学习，2003（3）．

武安．即兴口语表达与文字表达．语言文字应用，2005（S1）．

张弓．记者的角色错位与越位．新闻记者，2004（4）．

王静．记者角色冲突的原因探析．内蒙古大学学报（哲学社会科学版），2007（5）．

彭晓燕．记者出镜报道非语言符号运用技巧．声屏世界，2014（5）．

黎明洁．记者角色的社会学分析．当代传播，2004（2）．

郑瑜．记者角色与社会责任．当代传播，2007（1）．

宋正．记者社会角色的探讨．新闻界，2013（1）．

顾铭．记者现场报道要解决好三个问题．南方电视学刊，2011（4）．

K

马骏．“看镜头”的实践流变与美学价值：以美剧《纸牌屋》为例．现代传播（中国传媒大学学报），2014（11）．

王小潞，汪运起．口误的意识性探究．自然辩证法通讯，2010（5）．

徐娜娜．口误概念与汉语口误分类．现代语文，2011（12）．

李咸菊，黄丽．口误研究述评．现代语文，2008（7）．

L

童兵．厘清对“新闻专业主义”的认知：兼论对美国“新闻专业主义”的质疑．新闻与写作，2015（9）．

柳敏芳．例说电视记者出镜报道的“三大纪律”“八项注意”．东南传播，2008（4）．

牛炳文，王春玲．论帮忙类节目的媒介越位．编辑之友，2012（4）．

裴高．论电视现场报道的特色与创新．复旦学报（社会科学版），2002（4）．

胡宏云．论调查记者在电视调查性报道中的作用．新闻知识，2009（12）．

赵蕾．论广播连线报道中记者的五种意识．新闻爱好者，2012（13）．

张雅明．论记者的心理素质．河北大学学报（哲学社会科学版），1999（3）．

张大均．论人的心理素质．心理与行为研究，2003（2）．

郭光华．论社会语境对新闻报道的反作用．江苏社会科学，1998（1）．

陈城．论现场直播在电视新闻中的作用．新闻大学，2007（3）．

曾晓剑．论摄影创作的“陌生化”．国际新闻界，2009（5）．

宋嘉扬．论新闻语言的准确性与模糊性．新闻界，2006（5）．

蒋乐进．略论电视新闻节目中“道具”的运用．电视字幕（特技与动画），2004（9）．

谢静．略谈电视节目主持人的语言风格．江西科技师范学院学报，2010（6）．

M

王亿本，蒋晓丽．媒介进化视野下的非言语传播．现代传播（中国传媒大学学报），2012（9）．

崔莉．媒介之媒介：论电视情感传播的工具性价值．现代传播（中国传媒大学学报），2010（9）．

高贵武．民生新闻的价值取向和现实走向．新闻与写作，2006（3）．

傅建华．模糊语言的产生及语用功能．现代语文，2013（7）．

杨建刚．陌生化理论的旅行与变异．江海学刊，2012（4）．

刘斌．陌生化原则与新闻写作．当代传播，2003（5）．

O

刘娜，朱松林．欧洲新闻电视台沉浸式新闻实践探析．传媒，2022（12）．

P

冯德兵，高萍．徘徊在“现场”与“演播室”之间：BBC《十点新闻》与央视《新闻联播》播报结构比较研究．重庆理工大学学报（社会科学），2014（1）．

Q

张超．浅析出镜记者的典型环境选择．电视研究，2015（5）．

杨牧．浅析出镜记者在直播报道中的注意事项．传媒，2015（19）．

卢晓雯．浅析导语式出镜如何才能“言之有物”．东南传播，2015（10）．

陈茜．浅谈模糊语言在公文的运用中应注意的问题．中共成都市委党校学报，2009（6）．

张伟．全景视频技术及应用研究综述．影视制作，2019（4）．

贾盛云，董小染，曾祥敏．全景视频叙事的特点与策略研究．电视研究，2017（6）．

R

黄杰海．让出镜记者“融入”现场．现代传播（中国传媒大学学报），2006（6）．

何星．冗余信息与语言理解．外语研究，2000（4）．

李元胜．“冗余信息”作为语用策略的顺应性研究．北京第二外国语学院学报（外语版），2007（4）．

S

黄俊杰．三大采访阵地：电视体育记者如何取胜．南方电视学刊，2009（2）．

赵秋野．身势语的符号、认知、心理、文化机制．外语学刊，2005（2）．

赵建国．身体在场与不在场的传播意义．现代传播（中国传媒大学学报），2015（8）．

孙永旭．试论电视现场短新闻的现场感．新闻爱好者，2012（22）．

李幸．十年来中国电视的第三次革命．视听界，2004（1）．

周俊．试析新闻失范行为中的角色期望与角色领悟．国际新闻界，2008（12）．

T

倪胜．谈谈第四堵墙．长江文艺评论，2022（3）．

苟凯东．突发事件报道中记者角色的再定位：以重庆武隆山体垮塌事故现场报道为例．电视研究，2009（9）．

张欢．突发现场，记者如何出镜？．南方电视学刊，2011（4）．

林祥雨．台湾电视新闻的放大意识和操作．东南传播，2007（4）．

何博仪．台湾电视新闻细节运用的启示．南方电视学刊，2012（4）．

郝希汉．体验式报道的特征与独特价值．青年记者，2014（29）．

戴进．体育电视出镜记者报道内容研究．电视研究，2014（1）．

安平．体育媒介事件的构建：以世界杯为例．新闻知识，2010（8）．

程蔚．体育新闻出镜记者的现状与培养．新闻战线，2015（1）．

W

陈立生．我国当代受众接受心理的七大基本特征．编辑之友，2005（2）．

王科．我眼中的SNG．传媒，2005（12）．

X

林新．细节的力量：新闻细节的叙事特征与效果分析．新闻记者，2006（7）．

张新宏．细节在电视节目中的作用．新闻爱好者，2005（1）．

赵丽艳．细节在电视新闻报道中的魅力．牡丹江大学学报，2009（9）．

任前方，何晓红．现场报道中出镜记者的语言特点分析．中国广播电视学刊，2009（10）．

王斌，王佳平．现场报道的即兴口语组织．中国广播电视学刊，2009（3）．

刘金平．心理素质的本质和结构新探．河南师范大学学报（哲学社会科学版），2002（4）．

张琪．新闻节目制作直播系统EVS方案建设．声屏世界，2010（10）．

贺丽．新闻出镜记者应该为观众“看说想”．新闻研究导刊，2015（17）．

杨保军．新闻文本的个性特征．当代传播，2004（2）．

何纯．新闻叙事的视角与聚焦分析．求索，2006（2）．

吴昊．新闻叙事视角与聚焦对传播效果的影响．湘潭师范学院学报（社会科学版），2009（5）．

艾丰．新闻语言的具体特点（下）．新闻与写作，2011（4）．

张展．现代派戏剧文学反幻觉的形式策略．戏剧文学，2008（12）．

邱昊．消息类电视新闻报道的陌生化叙事策略．中国广播电视学刊，2013（4）．

张婷．形式升级 理念不变：从《零距离》节目编排看民生新闻的创新与拓展．视听界，2011（6）．

毛毅静．虚拟现实的视觉文化意涵．现代远距离教育，2013（1）．

Y

张立春．“言语传播”与“非言语传播”的符号学辨析．当代传播，2012（4）．

詹新惠．移动新闻直播不该这么冷．青年记者，2021（22）．

曾祥敏，刘日亮．移动新闻直播：临场交互下的信息传播．电视研究，2018（9）．

魏星．一名BBC记者的32年．东方早报，2015-03-24.

张超．《一天零一夜》靠深度赢得高收视．视听界，2010（5）．

储双月．银幕空间的组织方式和运动法则：长镜头、蒙太奇等电影核心概念的理论诠释．内蒙古大学艺术学院学报，2013（1）．

丁雅妮．用新闻穿越“一带一路”：解密央视新闻频道特别节目“数说命运共同体”．新闻与写作，2015（11）．

赵磊．用新闻元素构筑电视新闻的现场感．新闻爱好者（理论版），2008（12）．

庄文中．语法规范和语法错误：论语法教学之一．课程·教材·教法，1986（4）．

张宁．语言研究与口误．外国语，1990（4）．

Z

苟凯东．直播常态化下的现场话语表达分析．电视研究，2010（3）．

应天常．主持人口误现象研究．电视研究，2003（2）．

陆伟，赵晓媛．主题性报道中记者现场出镜的“动态效应”．新闻论坛，2014（6）.

王玉国．驻外电视记者提升视频连线报道生动性的方法：以持续关注泰国政治纷争为例．电视研究，2009（9）．

林文．驻外记者怎样做好电视报道．视听界，2009（3）．

陈晔．追求感性与理性的统一：《追沙溯源北行记》创作谈．新闻与写作，2002（6）．

赵亮．走出“出镜记者”的“现场”误区．当代电视，2013（10）．

丁晓军．走出误区 提高素质：关于电视新闻现场报道的思考．中国广播电视学刊，2010（7）．

图书在版编目（CIP）数据

出镜报道 / 张超著. -- 3 版. -- 北京 ：中国人民大学出版社，2023.8（2025.8 重印）
新编 21 世纪新闻传播学系列教材
ISBN 978-7-300-31973-5

Ⅰ. ①出… Ⅱ. ①张… Ⅲ. ①新闻报道－高等学校－教材 Ⅳ. ①G212

中国国家版本馆 CIP 数据核字（2023）第 137953 号

新编 21 世纪新闻传播学系列教材
出镜报道（第 3 版）
张超　著
Chujing Baodao

出版发行	中国人民大学出版社		
社　　址	北京中关村大街 31 号	**邮政编码**	100080
电　　话	010－62511242（总编室）		010－62511770（质管部）
	010－82501766（邮购部）		010－62514148（门市部）
	010－62511173（发行公司）		010－62515275（盗版举报）
网　　址	http：//www. crup. com. cn		
经　　销	新华书店		
印　　刷	北京溢漾印刷有限公司	**版　　次**	2017 年 1 月第 1 版
开　　本	787 mm×1092 mm　1/16		2023 年 8 月第 3 版
印　　张	21.75 插页 4	**印　　次**	2025 年 8 月第 4 次印刷
字　　数	486 000	**定　　价**	59.80 元

版权所有　侵权必究　　印装差错　负责调换

关联课程教材推荐

书号	书名	第一作者	定价	出版时间
978-7-300-29101-7	视听新闻报道	周勇	65	2021-03
978-7-300-30669-8	视听新闻实务	郭子辉	59.8	2022-07
978-7-300-27213-9	出镜报道与新闻主持	刘培	45	2019-08
978-7-300-29739-2	融合新闻学概论	李沁	49.8	2021-08
978-7-300-30933-0	融合新闻创作	韩姝 严亚	39.8	2022-09
978-7-300-29900-6	媒介融合案例教程	本书编写组	45	2021-09

配套教学资源支持

尊敬的老师：

衷心感谢您选择使用人大版教材！

相关的配套教学资源，请到人大社网站（www.crup.com.cn）下载，或是随时与我们联系，我们将向您免费提供。

欢迎您随时反馈教材使用过程中的疑问、修订建议并提供您个人制作的课件。您的课件一经采用，我们将署名并付费。让我们与教材共成长！

联系人信息：

地址：北京海淀区中关村大街31号206室　龚洪训 收　　邮编：100080

电子邮件：gonghx@crup.com.cn　　电话：010－62515637　　QQ：6130616

如有相关教材的选题计划，也欢迎您与我们联系，我们将竭诚为您服务！

选题联系人：　电子邮件：　电话：

翟江虹　zhaijh@crup.com.cn　010－62515636

俯仰天地　心系人文

人大社网站　www.crup.com.cn

专业教师QQ群：

259226416（全国新闻教师群）

欢迎您登录人大社网站浏览，了解图书信息，共享教学资源

期待您加入专业教师QQ群，开展学术讨论，交流教学心得